Neuruppin

gez. v. Herrmann.

Neu

gest: v. H. Fincke.

Puppin.

Brigitte Meier

Fontanestadt
NEURUPPIN

Kulturgeschichte
einer märkischen Mittelstadt

EDITION RIEGER

Inhalt

Vorwort 9
Einleitung 13

I. Von den Anfängen der Stadtentwicklung bis zur Reformation 1539/41 18

Stadtwerdung 18
Das mittelalterliche Stadtbild 26
Blüte und Verfall der mittelalterlichen Wirtschaft 30
Die Mobilität der mittelalterlichen Stadtbewohner 33
Bürgerrechte und Bürgerpflichten der mittelalterlichen Stadtgemeinde .. 36
Die städtische Selbstverwaltung zur Zeit der Grafen von Arnstein 38
Kultur und Bildung im mittelalterlichen Neuruppin 40
Das mittelalterliche Neuruppin und die Grafen von Arnstein 43

II. Das frühneuzeitliche Neuruppin zwischen Reformation und 1848er Revolution 47

Die Reformation und ihre Folgen 47
Die Stadt im Machtgefüge der Kurfürsten und Könige 51
Die städtische Wirtschaft und das Militär 61
Friedrich II. und Neuruppin 74
Die lokale und soziale Mobilität der frühneuzeitlichen Stadtbewohner . 91
Die jüdische Gemeinde 94
Die städtische Verfassung und Verwaltung zwischen Autonomie, staatlicher Bevormundung und Selbstregierung 97
Kultur und Bildung im frühneuzeitlichen Neuruppin 109
Hexenverfolgung 110
Das Schulwesen 112
Das städtische Gesundheitswesen 122
Das erste Neuruppiner Wochenblatt 124
Leihbibliotheken und Bilderbogen 128
Der Stadtbrand 1787 als Wegbereiter einer modernen Städtearchitektur . 129
Die Befreiungskriege 1813/15 als kommunales und nationales Kollektiverlebnis 133

III. Das bürgerliche Neuruppin zwischen Tradition und Moderne (1848–1945) 137

Das Verhältnis von Stadt und Staat im Wandel der Neuzeit ... 137
Die Folgen des Ersten Weltkrieges 145
Die städtische Entwicklung zur Zeit des Nationalsozialismus 148

Urbanisierung und Industrialisierung 157
   Die Freilandsiedlung Gildenhall 169
   Die Auswirkungen der ersten Industrialisierungswelle
   auf die städtische Gesellschaft 172
   Kinderarbeit 174
   Die zweite Industrialisierungswelle 177
   Schiffsverkehr und Tourismus 179
   Handwerk und Handel 181
Das preußische Militär und die städtische Wirtschaft 184
Architektur und Denkmalspflege zwischen Tradition und Moderne ... 190
Vom Stadtbürger zum Staatsbürger – der aufkeimende Nationalismus . 203
Bürgerliche Kultur als Ausdruck bürgerlichen Selbstbewusstseins 210
   Städtische Vereine und Gesellschaften 214
Toleranz und Untertänigkeit – der Mikrokosmos einer preußischen
Garnison- und Behördenstadt 225

IV. Neuruppin auf dem Weg in das 21. Jahrhundert ... 233

Das Ende des Zweiten Weltkrieges und
der erwartungsvolle Neubeginn 233
Der Aufbau des Sozialismus und der kulturelle Wertewandel 246
   Die sozialistische Planwirtschaft und ihre Folgen 247
Das kulturelle Leben in der DDR 258
   Märkte und Feste 274
Bevölkerungs- und Stadtentwicklung zur Zeit der DDR 275
   Sozialistischer Wohnungsbau 277
   Sozialistischer Alltag 279
Die Wende 1989 und die wirtschaftlichen Folgen 287
Die postsozialistische Transformation und die neue Bürgerlichkeit ... 291
   Der Arbeitslosenverband und seine Initiativen 293
   Gesellschaften und Vereine als Hoffnungsträger für Arbeitslose
   und sozial Schwache 295
   EAN mbH – Entwicklungs- und Arbeitsfördergesellschaft
   Neuruppin 296
Das kulturelle Leben nach der Wende 298
   Die postsozialistische Stadtentwicklung 304

V. Neuruppin – ein zukunftsträchtiger Wirtschafts- und Kulturstandort? ... 313

Fußnoten und Quellen 317
Literatur 332
Personenregister, Bildquellennachweis 341

Vorwort

»... vor allem sollen wir, wie der Stechlin uns lehrt, den großen Zusammenhang der Dinge nie vergessen. Sich abschließen heißt sich einmauern, und sich einmauern ist Tod. Es kommt darauf an, daß wir gerade das beständig gegenwärtig haben.«[1]

Also folgen wir dem Rat Fontanes und blicken erst einmal auf die großen Zusammenhänge.

Neuruppin liegt ca. 75 km nordwestlich von Berlin im Land Brandenburg und somit im östlichen Teil Deutschlands. Umgeben von einer wald- und seenreichen Landschaft bietet die Stadt eine reizvolle Kulisse für neugierige Besucher. Die Stadt ist das Tor zur Ruppiner Schweiz, einer reich strukturierten Landschaft, die sich von den leichten Höhenzügen südlich von Rheinsberg bis zum Ruppiner See erstreckt. Am Westufer jenes Ruppiner Sees entfaltete sich im Mittelalter ein städtisches Gemeinwesen, das zum wirtschaftlichen und kulturellen Mittelpunkt der Herrschaft Ruppin wurde.

Zur Konsolidierung der neu erworbenen Herrschaft Ruppin benötigten die Grafen von Arnstein und Herren zu Ruppin Burgen und Städte. So förderten sie u. a. die Entwicklung der Stadt Ruppin, verliehen ihr Rechte und Privilegien. Nach dem Aussterben des Grafengeschlechts 1524 kamen die Herrschaft und somit auch die Immediatstadt Neuruppin zu den Besitzungen der brandenburgischen Kurfürsten. Die neuen Landesherren aus dem Hause Hohenzollern prägen mit ihrer »Städtepolitik« und ihrem Machtstreben die weitere Entwicklung der nunmehrigen brandenburgischen Mittelstadt Neuruppin nachhaltig. Die Herrschaft Ruppin wurde als Kreis der Kurmark eingegliedert. Neuruppin blieb »Hauptstadt« des Kreises und erhielt Stimmrecht innerhalb der märkischen Landstände.

Kriege, Katastrophen und Epidemien, diese uralten Geißeln der Menschheit, suchten die Stadt im Verlaufe ihrer Geschichte immer wieder heim. Besonders verheerend wütete der große Stadtbrand vom 26. August 1787, der große Teile der Stadt vollständig vernichtete. Diese Katastrophe ermöglichte jedoch einen städtebaulichen und wirtschaftlichen Neubeginn, der bis heute in seiner Komplexität einmalig blieb. Für den Kunsthistoriker Ulrich Reinisch zeugt die unter Denkmalschutz stehende Altstadt von einer Architektur der Transformation, in der Elemente der Gotik, des Barocks und der klassizistischen Strömungen in ansprechender Weise verflochten sind. In dieses großzügig gestaltete städtebauliche Ensemble zog allmählich auch ein neuer bürgerlicher Geist. Das Zentrum der Stadt mit dem einem Schloss ähnelnden Gymnasium und dem großflächigen Schulplatz dokumentiert auch heute noch die Vision einer sich entfaltenden selbstbewussten bürgerlichen Gesellschaft, in der vor allem über die Bildung Chancengleichheit für alle Bürger gewährleistet werden sollte. Die Einwohner der Stadt sollten die Möglichkeit erhalten, sich über die eigene Bildung einen geachteten und wirtschaftlich erfolgreichen Platz innerhalb der Bürgergesellschaft zu erarbeiten. Daher wurde der Schulbau sehr bewusst am zentralen Platz der Stadt errichtet und mit einem Glockenturm geschmückt, der den Bürgern auch symbolisch die neue bürgerliche Zeit verkünden sollte. Diese Vision einiger aufgeklärter Beamter, Akademiker und Bürger blieb in vielen Bereichen ein Wunschtraum der Menschen.

Die preußischen Reformen zu Beginn des 19. Jahrhunderts, die Industrialisierung und Urbanisierung veränderten die Kultur- und Lebensweise ebenso wie das Stadtbild. Pauperismus und Militarismus gehörten zu den Begleiterscheinungen der Industrialisierung auch in Neuruppin. Die preußische Verwaltungsreform 1816 führte zu einer territorialen Neugliederung. Neuruppin gehörte nun als Kreisstadt des Kreises Ruppin zum Regierungsbezirk Potsdam. 1846 wurde das Kreisgericht nach Neuruppin verlegt und bis zum Ende des 19. Jahrhunderts ließen sich weitere Behörden und Verwaltungseinrichtungen in der Stadt nieder. Neben den Behörden gewannen mit der Anbindung an das moderne Verkehrsnetz auch die Touristen für die städtische Wirtschaft an Bedeutung.

Die einstige Handwerker- und Garnisonstadt mutierte allmählich zu einer mittelgroßen Behörden- und Garnisonstadt, in der sich die preußische Rüstungspolitik sehr konkret in dem Ausbau der Garnison manifestierte. Die Kriege und ihre Folgen bekamen die Neuruppiner unmittelbar zu spüren, da die zivile und die militärische Bevölkerung zumeist in gutem Einvernehmen zusammenlebten. Nach dem Zweiten Weltkrieg zogen sowjetische Truppen in die Kasernen. Neuruppin blieb Garnisonstadt. Doch das zivile städtische und das militärische Leben wurden nun nicht nur räumlich getrennt. Gegenseitige freiwillige und nicht von den zuständigen Behörden gesteuerte Kontaktaufnahmen waren unerwünscht. Von 1945 bis 1952 gehörte Neuruppin zur Provinz bzw. zum Land Brandenburg.

Infolge der Kreisverwaltungsreform der DDR 1952 wurde Neuruppin Kreisstadt des Kreises Neuruppin im Bezirk Potsdam. Die sozialistische Industrialisierung brachte der Stadt nicht nur die weithin bekannten Neubaugebiete mit ihren zweckmäßigen sozialen und kulturellen Einrichtungen, sondern auch größere Industriebetriebe. Die Arbeits- und Lebensweise veränderte sich nachhaltig.

In den Jahren nach der Wende 1989/90 wandelte sich der städtische Charakter abermals. Es wurde versucht, den Verlust an industrieller Substanz durch den Ausbau der Stadt zu einem regionalen Entwicklungszentrum innerhalb des gemeinsamen Landesentwicklungsprogramms Berlin/Brandenburg auszugleichen. Neuruppin wurde nun Kreisstadt im Landkreis Ostprignitz-Ruppin und Sitz des Landgerichtes und zahlreicher Bildungs- und Kultureinrichtungen. Die liebevoll restaurierten Häuser der Altstadt und die weitgehend gelungene Konversion der alten militärischen Einrichtungen laden heute die Besucher ein, die vielen denkwürdigen Geschichtsorte der Stadt zu besuchen.

Dieses Buch soll dazu beitragen, Neugierde und Interesse für die Geschichte Neuruppins zu wecken. Denn nicht nur der preußische König Friedrich II., der große Romancier Theodor Fontane, der berühmte Baumeister Karl Friedrich Schinkel oder die Bilderbogenproduzenten hinterließen ihre Spuren in dieser Stadt, sondern auch der Mediziner Bernhard Feldmann, die Schulreformer Julius Lieberkühn und Johann Stuve, der Justizrat und Bürgermeister Daniel Noeldechen, der Stadtkommandant Oberst von Tschammer, der Maler Walter Kuphal, der Bildhauer Max Wiese, der Schriftsteller Erich Arendt, die Schriftstellerin Eva Strittmatter, die Künstler Marianne Kühn-Berger, Robert W. Wagner, Ursula Zänker und Matthias Zágon Hohl-Stein. Dies ist nur eine kleine Auswahl von Namen aus der Kulturgeschichte, die auf vielfältige Art und Weise den Charakter bzw. das Bild Neuruppins prägten bzw. prägen.

Eine bewusste Auswahl der Personen und Ereignisse wurde schon aus Platzgründen erforderlich. Darüber hinaus begrenzten der gegenwärtige Forschungsstand der Neuruppiner Stadtgeschichte und das Archivgut, das in den letzten fast 750 Jahren aus unterschiedlichen Gründen verloren ging, den Umfang und den Inhalt dieser Kulturgeschichte. Möge dieses Buch weitere

Forschungen anregen und zu einem intensiven Diskurs über die interessante Geschichte dieser mittelgroßen Kreisstadt und ihrer Akteure führen.

Nun wäre diese Kulturgeschichte nie so facettenreich geworden, wenn nicht eine Vielzahl von historisch und künstlerisch interessierten Neuruppinern und Auswärtigen mit ihren Forschungen dazu beigetragen hätten. All jenen sei an dieser Stelle herzlich gedankt. Dank schulde ich vielen hilfsbereiten Neuruppinerinnen und Neuruppinern für Hinweise, Informationen und für menschliche Zuwendung. Nennen möchte ich hier nur Norbert Arndt, Dr. Franz Fritzsche, Herrn Gorsleben, Eva-Maria Klucke, Arne Krohn, Martina Krümmling, Uta Land, Eva Schiemenz, Ilse Schöpfel, Magdalena Strahl, Petra Torjus und natürlich Lisa Riedel.

Widmen möchte ich dieses Buch meiner Tochter Maria.

Brigitte Meier

Einleitung

Mit der Geschichte Neuruppins beschäftigten sich zahlreiche Historiker und historisch interessierte Laien, vor allem Pfarrer, Ärzte und Lehrer. Die Veröffentlichungen zur Stadtgeschichte füllen inzwischen etliche Regale, so dass an dieser Stelle nur einige wenige verdienstvolle Arbeiten erwähnt werden können.

Üblicherweise wurden die juristisch wertvollen Überlieferungen zur Stadtgeschichte im Ratsarchiv gesammelt und verwahrt. Da nun Neuruppin mehrfach ein Opfer der Flammen wurde und insbesondere der Standbrand vom 26. August 1787 große Teile der Stadt in Schutt und Asche legte, blieb auch das Ratsarchiv davon nicht verschont. Die ältere Geschichte Neuruppins erschließt sich uns heute daher zumeist nur mittelbar. Einige wenige Archivalien, die sich nicht in der Stadt befanden, und die zeitgenössischen Überlieferungen dienen uns als Quellen. Darüber hinaus hatte Neuruppin das Glück, dass ein junger Arzt namens Bernhard Feldmann (1704–1776), der in Berlin, Halle, Amsterdam und Leiden studiert hatte, großes Interesse an den älteren Neuruppiner Archivalien fand und diese akribisch in seine »Miscellanea historica« übertrug. Anfänglich sammelte er Informationen zu einzelnen Familien. Doch schon bald faszinierten ihn die Archivalien über die Ahnenforschung hinaus. Feldmann legte sozusagen den Grundstein des »Neuruppiner Historismus«. So blieben uns viele Informationen zur mittelalterlichen und frühneuzeitlichen Stadtgeschichte erhalten. Schon die großen brandenburgischen Historiographen, Geographen und Statistiker nutzten die Feldmannschen Aufzeichnungen für ihre Recherchen. Dieses zeitgenössische Interesse rettete dann auch diese handschriftlichen Überlieferungen vor dem großen Stadtbrand. Die wertvollen Aufzeichnungen befanden sich zum Zeitpunkt des Brandes in Berlin und wurden auf diese Weise für die Nachwelt erhalten.[2]

Der Gymnasiallehrer Dr. Campe, der von 1832 bis 1852 am Neuruppiner Gymnasium lehrte, nutzte beispielsweise die handschriftlichen Aufzeichnungen Feldmanns für seine »Aeltere Geschichte der Stadt Neuruppin«, die der Pfarrer Bittkau nach dessen Tod 1887 herausgab.

Mit der Geschichte Neuruppins nach der Feuerkatastrophe von 1787 beschäftigte sich der Pfarrer der evangelischen Kirchengemeinde Ferdinand Heydemann, der seine »Neuere Geschichte der Stadt Neu-Ruppin« 1863 bei

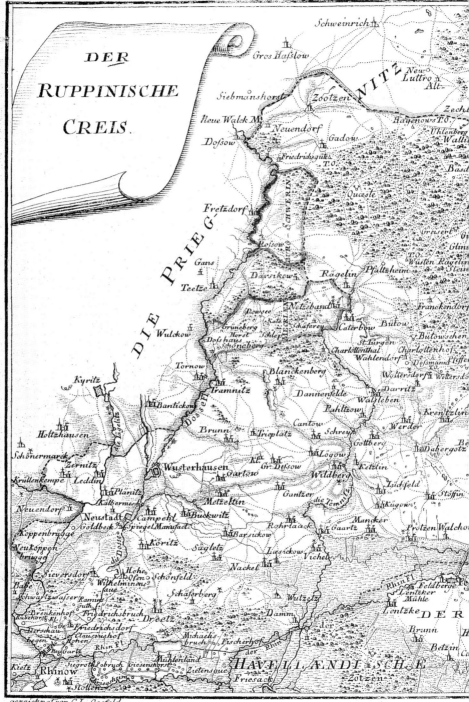

Das Fontane-Denkmal von Max Wiese, eingeweiht am 8. Juni 1907.

Oehmigke & Riemschneider verlegte. Heydemann erzählt die Geschichte seiner Zeit aus seiner individuellen Perspektive heraus. Hin und wieder beruft er sich dabei auch auf Berichte älterer Stadtbewohner.

Einzelne historische Ereignisse, Gewerke, Personen, das Militär bzw. die Denkmäler der Stadt wurden auch im 19. und 20. Jahrhundert von vielen Neuruppiner Akademikern und Landeshistorikern erforscht. Stellvertretend sei hier nur Johannes Schultze genannt. Den weithin geschätzten Landeshistoriker und Archivar zog die Neuruppiner Geschichte immer wieder in den Bann. Zahlreiche Publikationen zeugen davon. 1932 erschien seine »Geschichte der Stadt Neuruppin«, die einen stadthistorischen Überblick von den Anfängen bis 1945 gibt. Diese Stadtgeschichte wurde 1963 und 1995 nochmals aufgelegt.

Die Mehrzahl der älteren stadthistorischen Arbeiten steht in der Tradition der Borussischen Historiographie. Sie widmen sich überwiegend den vorherrschenden politischen und wirtschaftlichen Ereignissen des Mittelalters oder der frühen Neuzeit. Nur vereinzelt geben sie Einblicke in das alltägliche Leben und in die Kultur der Neuruppiner. Die Mehrzahl dieser älteren Arbeiten ist heute als Reprint zugänglich.

Nach 1945 konzentrierte sich die offizielle Stadtgeschichtsforschung auf die Entwicklung der örtlichen Arbeiterbewegung. In den Heften »Revolutionäre Traditionen – lebendige Geschichte«, die die Kommission zur Erforschung der Geschichte der örtlichen Arbeiterbewegung der SED-Kreisleitung Neuruppin seit 1980 herausgab, finden sich eine Vielzahl von Informationen zur politischen und wirtschaftlichen Entwicklung der Arbeiter im 19. und 20. Jahrhundert. Dem besonderen kulturgeschichtlichen Interesse der Historikerin und Museologin Lisa Riedel, die von 1958 bis 1987 das Neuruppiner Heimatmuseum leitete, verdankt die Historiographie der Stadt eine Fülle von quellennahen Arbeiten zur Revolution von 1848/49, zu Karl Friedrich Schinkel und Theodor Fontane, zur Künstlerkolonie Gildenhall und zu den Neuruppiner Bilderbogen. Rudolf Bellin sei hier als ein Beispiel der vielen historisch interessierten und engagierten Lehrer genannt, der nicht nur zur Stadtgeschichte forschte, sondern sich auch in verschiedenen Gremien und Institutionen für die Kultur einsetzte. Seine Tochter, Karen Bellin, setzte diese Familientradition fort und widmete sich insbesondere der Erforschung des Gesundheitswesens.

Nach der Wende erschienen im Jahrbuch Ostprignitz-Ruppin und im Kreiskalender Ostprignitz-Ruppin eine Vielzahl von Aufsätzen zu einzelnen Episoden der Stadtgeschichte, die das große Interesse an der Geschichte der Fontanestadt ebenso belegen wie die kulturelle Vielfalt, die Neuruppin bis in die Gegenwart hinein zu bieten hat. Einzelne Arbeiten widmeten sich den Familien Fontane oder Schinkel in Neuruppin, der historisch-demographischen Entwicklung oder geben einen Überblick über die Stadtentwicklung von den Anfängen bis 1945. Die Geschichte der Kreissparkasse, der Ruppiner Kliniken, des Flugplatzes oder die des Wiederaufbaus Neuruppins nach dem 26. August 1787 kann man inzwischen in ansprechenden Monographien nachlesen. Wegweiser durch die Stadt oder kleine Geschichten einzelner Denkmäler erleichtern den Touristen das Kennenlernen der historisch bedeutsamen Orte.[3] Wer sich nun Einblicke in die Stadtgeschichte von den Anfängen bis in die Gegenwart verschaffen und auf den Spuren ihrer Einwohner lustwandeln möchte, dem sei das vorliegende Buch empfohlen.

I. Von den Anfängen der Stadtentwicklung bis zur Reformation 1539/41

Stadtwerdung

Die ersten Siedlungen in dieser Region reichen in jene Zeit zurück, die sich nur spärlich aus archäologischen Quellen rekonstruieren lässt. Seit der Mittelsteinzeit (9000 bis 5000 v. Chr.) gab es hier verschiedene Siedlungen. Im Altstadtbereich Neuruppins ist auch eine slawische Siedlung nachweisbar. Die Seenähe erwies sich für den Fischfang und den Handel zu Wasser und zu Land als sehr vorteilhaft. Ob nun allerdings der slawischen Siedlung eine deutsche Siedlung folgte und man daher von einer Siedlungskontinuität sprechen kann oder ob es zu einer Durchmischung beider Siedlungsarten kam, bleibt angesichts der Quellenlage ungewiss. Denkbar wäre auch eine Siedlungspause zwischen der slawischen Siedlung und der Neubesiedlung im 12. Jahrhundert.

Durch die Ostexpansion deutscher Adliger kam es im Mittelalter zur gewaltsamen Landnahme slawischer Gebiete östlich der Elbe. In der so neu entstehenden Mark Brandenburg kämpften die Askanier, ein Adelsgeschlecht vom Nordharz, besonders erfolgreich gegen die Ansprüche slawischer und anderer deutscher Fürsten. Nach den militärischen Eroberungen bemühte sich dieses Adelsgeschlecht um die politische und wirtschaftliche Festigung ihrer Machtposition in dieser Region. Zur Sicherung der neu eroberten Landesherrschaften diente auch der Ausbau eines Städtenetzes.

Zuvor mussten die Bauern jedoch dafür sorgen, dass genug landwirtschaftliche Erzeugnisse für die Ernährung der Stadtbewohner zur Verfügung standen. Die Intensivierung der landwirtschaftlichen Produktion, die Rodungen der Wälder und die Einführung der Dreifelderwirtschaft ermöglichten die Arbeitsteilung zwischen Stadt und Land. Slawische und die zuziehenden deutschen Bauern arbeiteten hart, um dem Land ausreichende Erträge abzuringen. Als ein kontinuierlicher Überschuss an agrarischen Produkten erzeugt wurde, konnten sich Handwerker und Händler auf ihr eigentliches Gewerbe konzentrieren und zunehmend spezialisieren.

Erfahrene Kaufleute und Handwerker siedelten sich am Ruppiner See rund fünf Kilometer von der Altruppiner Burg entfernt an. Sie begründeten eine Marktsiedlung mit der für Handelsniederlassungen dieser Art typischen Nikolaikirche und einem ungewöhnlichen angerartigen Straßenmarkt. Die Anlage ähnelte einem Straßendorf.

Sie lag im Herrschaftsbereich der Grafen von Arnstein, die vermutlich mit dem Slawenkreuzzug 1147 in diese Region gekommen waren und hier ihre neue Herrschaft konsolidierten. Sie bauten neben der alten slawischen Burganlage bei Alt Ruppin eine große Niederungsburg (Planenburg). Dort residierten die Edlen von Arnstein, Grafen von Lindow und Herren zu Ruppin, bis ihr Geschlecht 1524 ausstarb.[4]

In der älteren Forschung ist umstritten, wer aus diesem Grafengeschlecht für die Erweiterung der Marktsiedlung Rapin am Ruppiner See verantwortlich zeichnete. 1744 erklärte der Neuruppiner Magistrat selbst dazu Folgendes: »Wenn diese Stadt, und von wem sie erbauet ist, findet sich keine Nachricht, muthmaslich wird angegeben, dass sie zu Ende des XII. Seculi angeleget worden sey. Sie ist die Haupt-Stadt der Grafschaft Ruppin in der Mittel Mark belegen und hat ehe dem ihre eigenen Grafen gehabt, welche sich Grafen von Lindow und Herren zu Ruppin geschrieben.«[5] Im Selbstverständnis des 18. Jahrhunderts erschien es ganz folgerichtig, dass es einen Stadtgründer geben musste. Doch heute ist es in der modernen Stadtgeschichtsforschung unumstritten, dass sich die Städte, beeinflusst durch sehr verschiedene innere und äußere Rahmenbedingungen, allmählich entwickelten. Heinz Stoob, ein Nestor der modernen Stadtgeschichtsschreibung, schrieb dazu: »Genauer besehen stellen sich die Wachstumsphasen bei der großen Mehrzahl mittelalterlicher Bürgergemeinden als eine ineinander greifende Abfolge von spontanen und planmäßigen Vorgängen dar, und zwar gilt das nicht nur für die topographische Entfaltung, sondern sinngemäß wieder ebenso für die verfassungsrechtlichen und die wirtschaftlich-sozialen Abläufe.«[6]

Die Marktsiedlung am Ruppiner See nahm alsbald einen städtischen Charakter an, denn die Verkehrslage an dem Fernweg Havelberg–Wusterhausen, an mehreren Altwegen und am Ruppiner See förderte den Ausbau von Handel und Handwerk. Gebhard von Arnstein (1180–1256), der auf der Burg bei Alt Ruppin das politische Machtzentrum seiner Territorialherrschaft errichtet hatte, stiftete dann ein Dominikanerkloster[7] in der neuen Stadt am Westufer des Ruppiner Sees und sein Bruder Wichmann wurde deren erster Prior. In der ältesten Biografie Wichmanns findet sich dazu folgende Passage: »Im Jahr 1246 hat der angesehene Gebhard, Graf von Arnstein, dem Orden der Prediger und seinem Fürsprecher, dem Heiligen Gottes Bruder Wichmann von Arnstein, ein Gelände in Ruppin gegeben und reiche Spenden zum Erbauen des Klosters. Dort war dieser Heilige erster Prior. In der dortigen Kirche ist er begraben und ruht glücklich im Frieden unseres Herrn Jesus Christus.«[8]

Das Kloster wurde an der südwestlichen Seeseite der Stadtmauer errichtet. Bis auf wenige Ausnahmen (u. a. Magdeburg) befanden sich die ersten Niederlassungen der Dominikaner immer am Stadtrand. Mit der zunehmenden Akzeptanz in der Bevölkerung erfolgte dann die städtebauliche Eingliederung in das städtische Leben. Die Bettelmönche lebten von frommen Gaben, erteilten Unterricht und sorgten mit ihren Predigten und Schriften für die Verbreitung

Johannes Graf zu Lindow und Herr zu Ruppin (in der Mitte) hält den Kurhut, rechts Kurfürst Albrecht Achilles und links Busso Gans zu Putlitz. Das Gemälde – eine Kopie aus der Zeit um 1800 nach einem älteren, verschollenen Vorbild – demonstriert den Rang der Ruppiner Grafen im Herrschaftsgefüge des jungen Kurfürstentums.

ihres Glaubens. Da die Klosterbrüder ohne eigene Einkünfte waren, bedurften sie zur Sicherung ihres Lebensunterhaltes der Unterstützung der Stadtbewohner. Dafür wurde diesen eine besonders innige Seelsorge und eine intensive religiöse Unterweisung durch die Predigten der Dominikaner zuteil. Für das religiöse Leben der Stadtbewohner stellten die in Armut lebenden und das reine Evangelium verkündenden Mönche einen bemerkenswerten Gewinn dar.

Pater Wichmann gründete also, finanziell unterstützt von seinem Bruder Gebhard, 1246 das Dominikanerkonvent in Neuruppin und damit das erste Kloster der Dominikaner in der Mark Brandenburg.[9] Der gebildete Mönch (1185–1270) erarbeitete sich nicht nur in der gelehrten Welt eine geachtete Stellung, sondern auch innerhalb der Ruppiner Bürgergemeinde. Sein umsichtiges Verhalten und seine Weitsicht dokumentierten sich auch in der Wertschätzung der Volkskultur. Von daher verwundert es nicht, dass der Pater beispielsweise das umfangreiche, seit Generationen tradierte Wissen der Kräuterfrauen sammelte. Er ließ sich die Kräuter ins Kloster bringen und ihre Wirkungsweisen von den Frauen erklären. Anschließend notierte er die so gewonnenen Kenntnisse. Von dieser Sammelleidenschaft profitierte nicht nur die Apotheke des Klosters, sondern auch die medizinische Versorgung der Bewohner im Umkreis des Klosters. Doch nicht nur die Neigung des Paters zur Naturheilkunde sorgte für Aufsehen in der Region, sondern auch die Gelehrsamkeit und das Charisma. Der Pater war allseits beliebt und die zeitgenössische Verehrung manifestiert sich bis heute in den Sagen und Legenden über die Wunder, die der Pater vollbracht haben soll. Seine Wundertaten begründeten seinen Ruf, der einzige mittelalterliche Heilige zu sein, der in märkischer Erde ruht.[10]

Natürlich diente dieses Kloster auch der Pflege der traditionellen Wissenschaften des Mittelalters. Von 1284 bis 1288 konnte man in Neuruppin Philosophie, Theologie und die so genannten Künste (artes) studieren. Bereits zwischen 1260 und 1270 hatte der Konvent ein Studium eingerichtet. Heinrich von Halle, der Seelenberater der Mechthild von Magdeburg, soll in Neuruppin unterrichtet haben.

Das Ansehen des Neuruppiner Dominikanerklosters und die wirtschaftliche Leistungsfähigkeit der Kommunität nahmen schon unmittelbar nach der

Kreuzigungsgruppe mit Sonne und Mond aus Sandstein im Chorraum der Klosterkirche, bis 1906 außen am nordöstlichen Treppenturm angebracht. Foto 2000.

Gründung eine bemerkenswert positive Entwicklung. Dafür spricht die Tatsache, dass 1299 das Provinzialkapitel der noch ungeteilten Teutonia, das 90 Konvente umfasste, in Neuruppin tagte. Dies war zweifelsohne eine Anerkennung der Leistungen und der Ausstrahlung des Neuruppiner Klosters. Die Kosten für die Unterbringung und die Verpflegung der Teilnehmer des Konvents hatte die Kommunität zu tragen. Nur wenige Klöster östlich der Elbe waren damals so leistungsstark wie das Neuruppiner Kloster. Zu jener Zeit brauchte das Dominikanerkloster Neuruppins den Vergleich mit den Klöstern der großen Hansestädte wie Lübeck, Rostock oder Stralsund nicht zu scheuen. Dafür spricht auch der imposante Bau der Klosterkirche.[11]

Nun ließen sich bekanntlich die Dominikaner in bereits entwickelten städtischen Siedlungen nieder. Handwerk und Handel wiesen 1246 schon ein beachtliches Niveau auf. Der Aufbau dieses ältesten Dominikanerklosters der Mark Brandenburg zeugt darüber hinaus auch von erstaunlichen bautechnischen und wirtschaftlichen Leistungen. Unmittelbar nach der Klostergründung begann der Bau dieser an eine Kathedrale erinnernden Backsteinhallenkirche, die eher dem Repräsentationsbedürfnis der Grafen entsprach als der Lebensweise der Dominikaner. Der Bau wurde um 1300 beendet. Die Klosterkirche, in der schon 1256 der Graf Gebhard von Arnstein begraben wurde, besteht aus einem einschiffigen Chor und einer dreischiffigen Halle. Bis heute zählt

Sandsteinfigur eines Dominikanermönches, in der Volksüberlieferung »Pater Wichmann«, aus der Zeit um 1370/80. Pater Wichmann ist der Gründer und erste Prior des Dominikanerklosters, er starb 1270 und wurde hier in der Grablege der Grafen von Ruppin, deren Geschlecht er angehörte, bestattet.

Wichmannlinde und Stadtmauer. Foto 2004.

die Klosterkirche zu den schönsten und interessantesten gotischen Backsteinbauten Brandenburgs. Darüber hinaus ist sie auch eines der ältesten gotischen Bauwerke der Mark überhaupt.[12]

In Ruppin lebten bereits geschäftstüchtige Kaufleute und hoch spezialisierte Handwerker, als Günther von Arnstein, Graf in Mühlingen, sich am 9. März 1256 anschickte, seiner Stadt eine inhaltsreiche Urkunde auszustellen. Mit dieser zweiten nachweisbaren Urkunde – erstmals wurde der Name »Rapin« 1238 erwähnt – erhielt die Stadt Ruppin das Stendaler Recht. Der Inhalt der Urkunde bestätigt uns die bereits vorhandene wirtschaftliche und politische Bedeutung des bürgerlichen Gemeinwesens.

Ein Ratskollegium verwaltete die städtischen Angelegenheiten. Die Stadt durfte nun auch die Gerichtsbarkeit über ihre Bürger selbst ausüben. Bemerkenswert ist auch die Tatsache, dass der Rat das Recht der »Selbstergänzung« erhielt, das heißt, die Nachfolge ausscheidender Ratsmitglieder wurde intern ohne die sonst übliche Einflussnahme durch den Landesherrn geregelt. Nur einige wenige angesehene Bürger mussten dazu befragt werden. Die städtische Selbstverwaltung strebte damals erfolgreiche und wirtschaftlich starke Städte an. Die Bürger dieser Städte waren selbstbewusst und finanzkräftig genug, um den Landesherren für diese Zugeständnisse finanziell zu entschädigen.

In dieser Urkunde von 1256 wurde neben dem Kauf- oder Rathaus auf dem alten Markt (Kornmarkt) eine Vielzahl von Gewerken erwähnt. In der Stadt arbeiteten demnach Fleischer, Wurstmacher, Fischer, Krämer, Kürschner, Bäcker, Wollen- und Leinenweber, Weinschänker und Weinhändler. Sicherlich dienten die meisten Gewerbe der elementaren Versorgung der Einwohner. Die Wurstmacher, die Kürschner oder die Weinhändler orientierten sich darüber hinaus an den spezifischen Bedürfnissen des nahe gelegenen Hofes der Grafen von Arnstein. Die Hofhaltung der Grafen und diverse Feste sorgten für einen guten Warenabsatz der Neuruppiner Handwerker und Gewerbetreibenden.[13]

Die Gewerbe-, Markt- und teilweise auch die Bauaufsicht wurden vom Rat selbstständig wahrgenommen. Als Eigentümerin des städtischen Grund und Bodens, der Einkünfte aus dem Marktverkehr, der Marktpolizei und der Gewerbeabgaben sowie als Inhaberin weiterer städtischer Elementarrechte erwies sich Ruppin 1256 als eine achtbare mittelalterliche Stadt. Die Grafen von Arnstein dokumentierten mit ihrer Urkunde ein bemerkenswertes Entwicklungsniveau, und sie legten darüber hinaus einen wichtigen Grundstein für den weiteren Ausbau dieses bürgerlichen Gemeinwesens. Die gräflichen Ortsherren und die Bürgergemeinde trugen jeweils das Ihre dazu bei, dass sich

Das Chorgestühl aus dem Jahre 1519 in der Kirche St. Nikolai zu Röbel/Müritz dokumentiert mit der Inschrift »Rupinensis 1246« die Aufnahme des Neuruppiner Konvents in den Dominikanerorden. Foto 1996.

In der Siechenhauskapelle zu Neuruppin, Foto um 1935. Der Kanzelaltar wurde 1715 eingebaut. Das Kruzifix (um 1500) befindet sich heute in der Klosterkirche.

Neuruppin als ansehnliche Mittelstadt im Reigen der mittelalterlichen Städte etablieren konnte.

Die Ruppiner Stadtentwicklung fiel in eine Zeit, wo in der Mark Brandenburg das Städtewesen zur ersten Blüte gelangte. In der näheren Umgebung Neuruppins befanden sich schon die Städte Wusterhausen (1232), Kyritz, Berlin/Cölln (1237) und Wittstock (1240/48). 1247 wurde die Neustadt Salzwedel gegründet und 1253 erhielt Frankfurt an der Oder das Berliner Stadtrecht. Zu dieser Zeit existierten in Mitteleuropa etwa 1500 Städte. In der Mehrzahl von ihnen lebten jeweils weniger als 2000 Einwohner. Die Kleinstädte überwogen auch in der Mark Brandenburg. Die Zahl der Mittelstädte mit 2000 bis 10 000 Einwohnern lag bei 450 bis 500. Zu ihnen gehörte nun auch Neuruppin. Die wenigen Großstädte (etwa 50 bis 60) mit mehr als 10 000 Einwohnern konzentrierten sich vornehmlich westlich der Elbe in den alten Städtelandschaften.[14]

Klosterkirche mit Stadtmauer, die Türme wurden erst vor hundert Jahren errichtet. Foto 2001.

Das mittelalterliche Stadtbild

Der Stadtplan von 1723 zeigt noch den ursprünglichen Grundriss Neuruppins mit den gewaltigen Befestigungsanlagen an den drei Landseiten und den drei Stadttoren. Auf den ersten Blick mag es scheinen, dass diese Stadt systematisch geplant und erbaut wurde. Doch dem war nicht so. Dennoch erfolgte die Bebauung nicht willkürlich, sondern sie wurde von dem Sachverstand und der Vernunft unserer Vorfahren gesteuert. Die ursprünglichen zwei Hauptstraßen (Mittlere Straße, später Steinweg, und Bauern- bzw. Baustraße) dienten dem Warenverkehr und sie verbanden das Bechliner (Berliner) Tor im Süden mit dem Altruppiner (Rheinsberger) Tor im Norden. Von ihnen gingen fast rechtwinklig die Seitenstraßen ab. Die Straßen teilten die Stadtfläche in kleine Karrees oder Häuserblöcke, die zur Organisation der innerstädtischen Verwaltung und Verteidigung in vier Stadtviertel zusammengefasst wurden. Eines dieser Karrees in der Nähe des Sees war dem Neuen Markt vorbehalten. Ein weiteres Karree in der Mitte der Stadt diente später dem Kirchenneubau.

Die älteste Kirche der Stadt, die romanische Nikolaikirche vom Anfang des 13. Jahrhunderts, befand sich am Ende der Mittelstraße auf dem mittelalterlichen Anger und somit in der Nähe des Bechliner Tores. Die Bewohner weihten dem Heiligen Nikolaus ihre erste Kirche ganz bewusst, denn er war der Schutzpatron der Fernfahrer und Schiffer. Es ist daher auch nicht verwunderlich, dass die ältesten Kirchen von Perleberg, Kyritz, Lenzen oder Pritzwalk ebenfalls dem Heiligen Nikolaus geweiht wurden. Die günstige Verkehrslage war für die Ansiedlung von Kaufleuten und Gewerbetreibenden von grundlegender Bedeutung, wie Lieselott Enders in ihrem Buch über die Prignitz mit Recht betonte.[15] Der Glaube an die Wirkungsmächtigkeit von Schutzpatronen und die Allgegenwart Gottes gehörte zum mittelalterlichen Alltag.

Gegen Ende des 13. Jahrhunderts begannen die Neuruppiner, eine weitere Kirche auf dem Karree in der Mitte der Stadt zu erbauen. Das religiöse Leben, die Seelsorge und die Sorge um das Seelenheil nahmen im Leben eines mittelalterlichen Stadtbewohners einen wichtigen Platz ein. Die Kirchenglocken regelten nicht nur den Tagesablauf, sondern sie signalisierten auch Gefahren wie Feuer oder nahende Feinde. Von der Kanzel erfuhren die Gemeinden wichtige Informationen über Krieg oder Frieden, über das Herrscherhaus oder über neue Gesetze. Daher erhielten die mittelalterlichen Kirchen nicht nur architektonisch einen zentralen Platz in der Stadt. Die Bevölkerungszunahme und der wirtschaftliche Erfolg bewogen die Neuruppiner sicherlich, der eher dezentral gelegenen Nikolaikirche noch eine Kirche in zentraler Lage zur Seite zu stellen. Diese fünfschiffige, hoch aufragende gotische Hallenkirche zählte mit ihren beiden Westtürmen und der reichen Ausstattung zu den größten Stadtkirchen der Mark überhaupt. Sie wurde die Hauptpfarrkirche Neuruppins und der Heiligen Maria geweiht. Bemerkenswerterweise stand

Der Altar (ein Sandsteinretabel) der Klosterkirche wurde Ende des 14. Jahrhunderts geschaffen. Die neogotische Fassung entwarf Karl Friedrich Schinkel in den dreißiger Jahren des 19. Jahrhunderts.

die Hauptpfarrkirche schräg auf dem rechteckigen Friedhof. Bei dem großen Stadtbrand 1787 wurde diese Kirche stark beschädigt und später durch einen Neubau ersetzt.

An der Ostseite des Kirchplatzes lagen die alte Lateinschule, die 1365 erstmals erwähnt wurde, und das Lehrerhaus. Wie in den meisten mittelalterlichen Städten gruppierte sich um die Hauptkirche das wirtschaftliche und kulturelle Leben der Stadt. Das alte Rathaus, das schon in der Urkunde von 1256 erwähnt wurde, bestand vermutlich aus Holz und wurde dann um 1300 durch einen massiven Bau am alten Markt erneuert. Denn neben den Kirchen spiegelte sich der Reichtum der Bürgergemeinde in den Rathausbauten wider. Im Rathaus fanden die Sitzungen des Ratskollegiums statt. Im Laubenvorbau tagte das Gericht. In den zahlreichen Nebengebäuden des alten Rathauses waren die Brot- und Fleischscharren (Stände) sowie die Töpferscharren, die Waagebude und die Garküche untergebracht.

Die Wochen- und Jahrmärkte fanden ebenfalls in diesem engen räumlichen Zentrum statt. An den Markttagen herrschte am alten Markt und den angrenzenden Straßen sicherlich ein unvorstellbares Gedränge. Denn nicht nur die Fuhrwerke, die Waren zum Markt brachten, passierten diesen städtischen Raum, sondern auch der ganze Durchgangsverkehr verlief über diese beiden Hauptstraßen, die Bau- und Mittelstraße. Vermutlich wurde die Mittelstraße gepflastert und so zum Steinweg, um den Durchgangsverkehr zu erleichtern.

Der Neue Markt, der sich an der Scharrenstraße (später Fischbänkenstraße) und unweit vom Ruppiner See befand, diente dem Fischmarkt. Die Fisch- oder Heringsbänke mit dem Brunnen ermöglichten diesen speziellen und geruchsintensiven Handel. Daneben ist auch schon 1291 ein Kaufhaus auf dem Neuen Markt bezeugt. Später wurde der Platz neu bebaut und auf ihm um 1550 das Schöppenhaus errichtet. An diesem Markt lag auch das städtische Hochzeitshaus.

Vom Neuen Markt führte eine kleine Gasse zum Dominikanerkloster. Sie trug im Verlaufe der Jahre unterschiedliche Bezeichnungen. Aus der einstigen Lapp- oder Bruderstraße wurde nach der Errichtung des Siechenhauses und der Kapelle 1491 die Siechenstraße.

Nordwestlich vom Dominikanerkloster lagen die erste und die zweite Beginenstraße. Diese Straßenbezeichnungen weisen uns auf eine religiöse Frauengenossenschaft hin, die um 1200 im südlichen Brabant entstanden war und sich insbesondere der Mädchenerziehung und der Krankenpflege widmete. Die Beginen verbreiteten sich im 13. und 14. Jahrhundert in den Niederlanden, Frankreich und Deutschland. Die Frauen lebten in kleineren Gruppen, den Beginenhöfen, Klausen oder Samenungen. Offenbar hatten sich auch in Neuruppin Beginen niedergelassen. Neben dieser religiösen Frauenvereinigung lebten in diesem Stadtviertel auch hin und wieder einzelne Nonnen des Lindower Prämonstratenserklosters, die hier ein so genanntes Absteigehaus besaßen. Auch das Kalandshaus lag an der großen Beginenstraße. Dieses

Die Stadtmauer an der Ecke Zietenstraße/Kommunikation, Foto 2004.

Haus gehörte einer Gebetsbruderschaft, die sich aus Geistlichen und Laien zusammensetzte und sich speziell dem gegenseitigen Beistand, dem Grabesgeleit und dem Totengedächtnis verschrieben hatte. Da ihre Gottesdienste am ersten Tag des Monats (calendae) zur Tradition geworden waren, wurden sie Kalandbruderschaften genannt. In diesem von Vereinigungen und Bruderschaften geprägten Viertel besaß auch die Nikolaikirche einige Häuser.

Zu den architektonischen Kleinoden der Stadt gehören die schon erwähnte Siechenhauskapelle St. Laurentius, um 1491 erbaut, und die Kapelle St. Georgen.[16] Diese beiden bemerkenswerten Bauten der Backsteingotik hielten den Unbilden der Zeiten bis heute stand. Im Mittelalter dienten diese Kapellen mit ihren dazugehörigen Hospitälern der Versorgung armer, kranker und Not leidender Menschen. Das dem Heiligen Georg geweihte Hospital nahm die an Lepra Erkrankten auf. Der Heilige Georg war der Schutzpatron der Leprakranken. Das Hospital lag vor dem Altruppiner Stadttor und die an Aussatz Erkrankten konnten dort außerhalb der Stadt Hilfe und Unterstützung finden. Im Siechenhaus hingegen erhielten jene Unterkunft, die aus unterschiedlichen Gründen arbeitsunfähig wurden. Der Schwertfeger Klaus Schmidt hatte dieses Hospital gestiftet, um das Seelenheil seiner Familie im Jenseits zu sichern. Auch später stifteten wohlhabende Bewohner dem Hospital so manche Zuwendung. Neben diesen beiden Hospitälern existierten noch drei weitere derartige soziale Einrichtungen. Das Heiligen-Geist-Hospital, das sich in der Nähe des Altruppiner Tores befunden hatte, nahm jene auf, die für den Fall der Bedürftigkeit bereits einen Platz in dieser Einrichtung erworben hatten oder noch in der Lage waren, eine geringe Miete zu zahlen. Es ähnelte demnach einem Altersheim für zahlende Einwohner. Das Hospital St. Gertraud lag vor dem Bechliner Tor und nahm kranke Pilger auf. Die Heilige Gertrud ist bekanntlich die Schutzheilige der Reisenden und so erklärt sich auch die Namensgebung dieses Hospitals. Vor dem Altruppiner Tor befand sich dann noch die Jerusalemkapelle mit einer Klause.

Diese sozialen Einrichtungen sowie die Elendsgilde, der Kaland und die Beginen bezeugen, dass in Neuruppin eine Vielzahl von wohlhabenden Bürgern zielgerichtet Geld für die Versorgung der Armen und Bedürftigen bereitstellte. Offenbar zählte Neuruppin zu jenen mittelalterlichen Städten, in denen zahlreiche wohlhabende Bürger lebten, die ein so weitreichendes soziales und karitatives Netzwerk unterhalten und pflegen konnten. Immerhin hatte Neuruppin mit fünf Hospitälern zahlenmäßig sogar Berlin/Cölln übertroffen. Für das Seelenheil des einzelnen Bürgers hätte auch die übliche monatliche Spende genügt. Im Mittelalter verpflichtete Reichtum jedoch zu sozialem Handeln. Das Prestige und die Ehre des reichen Bürgers basierten nicht zuletzt auf diesem fürsorglichen Verhalten den anderen Bürgern der Stadtgemeinde gegenüber.

Neben den internen Verwaltungs- und Versorgungsaufgaben sorgte die Bürgergemeinde auch für ihren äußeren Schutz. Die häufigen Fehden, Überfälle und die unsicheren Herrschaftsverhältnisse erforderten eine spezielle Verteidigungsanlage. Anfänglich sollten Palisaden und später ein ausgeklügeltes Wallgrabensystem die Bewohner vor unliebsamen Eindringlingen und unverhofften Überfällen adliger Eroberer schützen. Die steinerne Stadtmauer wurde am Ende des 13. Jahrhunderts errichtet und mit etwa 24 Wieckhäusern und zwei Türmen verstärkt. Das Altruppiner oder Königstor, das Bechliner oder Berliner Tor und das Seetor dienten dem kontrollierten Einlass und dem Verlassen der Stadt zu genau festgelegten Zeiten.

Ein natürlicher Wassergraben, der durch die Stadt floss und nördlich des Klosterbezirks in den Ruppiner See mündete, versorgte die Wallanlagen und die Stadtbewohner mit Wasser. Klappen regulierten den Wasserstand in diesem Graben. Daher wurde er später auch Klappgraben genannt.

Die mittelalterliche Stadtanlage blieb im Wesentlichen bis zum großen Stadtbrand 1787 erhalten. Ihre ursprüngliche Ausdehnung ist noch heute an den Resten der alten Stadtmauer zu erkennen.[17]

Blüte und Verfall der mittelalterlichen Wirtschaft

Die Quellenlage gestattet nur vage Aussagen zur mittelalterlichen Ökonomie. Wir können nur vermuten, dass die städtische Wirtschaft florierte und die Bewohner ihr Auskommen hatten. Die Stadt, die seit 1272 auch Nouo Repyn genannt wurde, nutzte ihre Standortvorteile und festigte ihre wirtschaftliche und politische Stellung innerhalb der Region. Die städtischen Einnahmen ermöglichten es den Ratsherren, von den Grafen weitere Rechte, Freiheiten und Besitzungen zu erwerben. Anfänglich besaß die Stadt wohl nur eine Luchwiese bei Langen. 1315 erhielt sie dann ein Waldstück zwischen Kränzlin und Bechlin, dann die Quäste und die Wendemark. 1395 erwarb die Stadt das Dorf Treskow mit 52 Hufen für 40 Mark Silber vom Grafen Ulrich IV. Das Rittergut Stöffin mit dem Forst Gadow und der halben Feldmark Tornow konnte Neuruppin 1699 und das Lehnschulzengut Zermützel 1780 kaufen. 1930 besaß die Stadt noch 1565 Hektar Land.[18]

Die Neuruppiner Kaufleute engagierten sich, wie die Mehrzahl ihrer märkischen Gildebrüder, besonders im Getreide- und Tuchhandel. Schließlich gestattete ihnen die günstige Verkehrslage am Ruppiner See die Verschiffung des Korns zur Havel und zur Elbe. 1323 erhielten sie von den Grafen von Arnstein die Erlaubnis, das überschüssige Korn des Landes frei zu verkaufen und auszuführen. Dieses Recht, Getreide frei exportieren zu dürfen, ermöglichte vielen Kaufleuten gute Geschäfte und somit einen gewissen Wohlstand. Neben dem Getreide wurden Bier und Tuche weitere »Exportschlager« der Neuruppiner Kaufleute.

Der Arzt Bernhard Feldmann betonte in seiner »Miscellanea historica«, dass Neuruppin »in Andenken des alten Hansebundes noch Zollfreiheit zu Lübeck, Franckfurt an der Oder und Stettin«[19] besaß. Im 14. Jahrhundert erhielten viele Städte Zollfreiheit in einzelnen Hansestädten. Lieselott Enders erwähnte diese Zollfreiheit auch für die Prignitz-Städte.[20] Neuruppin gehörte demnach zu dem Kreis der privilegierten Städte, deren Kaufleute zollfrei ihre Waren über ausgewählte Hansestädte transportieren konnten. Das lässt die Schlussfolgerung zu, dass einige Neuruppiner Kaufleute erfolgreich im Fernhandel tätig waren.

Die Neuruppiner Handwerker versorgten hingegen in erster Linie die einheimische Bevölkerung und das nahe Umland mit den lebensnotwendigen Waren. Für den Export arbeiteten neben den Neuruppiner Brauern noch die Tuch- und Leineweber.

Sowohl die Neuruppiner Handwerker als auch die Kaufleute organisierten sich in Gilden oder Zünften, die der internen Organisation, der Feststellung und Einhaltung von Normen, Riten und Rechten ebenso dienten wie der Interessenvertretung gegenüber dem Rat oder dem Landesherren. Die selbstständige Organisation der Handwerker und Kaufleute gefiel dem Rat anfänglich durchaus nicht. Er büßte so die Möglichkeit der Aufsicht und der direkten Einflussnahme ein. Andererseits wollten die erfolgreich agierenden Gilden auch selbst in der städtischen Verwaltung sowie bei wichtigen Entscheidungen mitreden. Der Konflikt zwischen den Gilden auf der einen Seite und dem Rat auf der anderen Seite ließ daher nicht lange Zeit auf sich warten. Natürlich konnte der Rat beispielsweise 1315 seine vorherrschende Machtposition wahren. Denn die Grafen von Arnstein unterstützen den Rat und sie verlangten von den Gilden untertänigsten Gehorsam gegenüber dem städtischen Rat. Offenbar erhofften sich die Grafen zu jener Zeit von den Stendaler Zunftprivilegien und Statuten mehr Rechtssicherheit für beide Seiten, denn sie übertrugen 1315 der Neuruppiner Gewandschneidergilde und den Viergewerken (Tuchmacher, Fleischer, Schuster und Bäcker) diese Privilegien und Statuten. Zwar durften die Gilden fortan ihre Vorsteher frei wählen, aber die Gewählten mussten dann in die Ratslaube gehen und dort ihr Gilderecht beschwören. So konnte der Rat gleich kontrollieren, mit wem er es zukünftig zu tun haben würde. Über die Aufnahme der Gildegenossen entschied auch der Rat. Die Gildemeister brachten die Kandidaten lediglich zur Ratslaube. Dort beschworen sie dann ihr Gilderecht.

Nun war es im Mittelalter für einen Handwerker oder Kaufmann durchaus nicht unwichtig, einer Gilde anzugehören. Denn diese Zugehörigkeit sicherte ihm nicht nur die Möglichkeiten der gewerblichen Arbeit, sondern auch soziale Leistungen im Falle der Bedürftigkeit und einen gewissen externen Schutz. Innerhalb der städtischen Gesellschaft entschied die Mitgliedschaft in der Gilde auch über das Sozialprestige des einzelnen. Beispielsweise zählte die Gewandschneidergilde zu der renommiertesten Gilde Neuruppins. Mitglieder dieser Gilde stellten oft die Ratsherren, da sie es sich am ehesten leisten konnten, neben ihrem Gewerbe dieser Tätigkeit nachzugehen.

1315 erhielten die Gewandschneider mit den Stendaler Statuten auch das alleinige Recht des Gewandschnitts. Dieses Monopol erregte immer wieder den Widerspruch der Tuchmacher, die wenigstens ihre eigenen Erzeugnisse zuschneiden wollten. Bereits 1323 erzielten die Neuruppiner Tuchmacher einen ersten Erfolg im Kampf gegen die Gewandschneidergilde. Ihnen wurde gestattet, als Weber-Gewandschneider in die Gewandschneidergilde einzutreten, wenn sie 2 Mark Silber an den Rat zahlten, nur einen Webstuhl betrieben und lediglich mit Waren aus der Stadt und der Herrschaft Ruppin handelten. Über diese Regelung ärgerten sich natürlich die Gewandschneider, und so blieben auch in Zukunft die Streitigkeiten zwischen den beiden Gilden nicht aus. Die permanenten Auseinandersetzungen zwischen diesen beiden Gewerken waren typisch für die Mehrzahl der märkischen Tuchmacherstädte.

Einen weiteren wirtschaftlich wichtigen Erwerbszweig der Stadt stellte das Neuruppiner Braugewerbe dar. Das wohlschmeckende Neuruppiner Bier wurde nicht nur in den eigenen Krügen und Schänken getrunken, sondern es gelangte auch auf die Tische der Wirtshäuser und Schänken der näheren Umgebung sowie nach Berlin, Bernau oder Potsdam.

Die Handwerkerverzeichnisse von 1362 und 1365 geben Auskunft über weitere sechzig Handwerkszweige, die in der Stadt ihr Auskommen fanden. In diesen Handwerksbetrieben arbeiteten im Durchschnitt 2,32 Personen. Die Mehrzahl der Handwerksmeister arbeitete allein. Nur in den Exportgewerben und einigen gut florierenden Betrieben beschäftigte der Meister auch Gesellen und Lehrjungen. Die meisten Handwerker versorgten die Stadtbewohner mit den alltäglichen Waren. Wollte ein Handwerker seine Waren exportieren, so musste er mindestens drei Gesellen beschäftigen, um genug produzieren zu können. Die wenigsten Neuruppiner Handwerker konnten jedoch drei Gesellen in ihrer Werkstatt auslasten. Daher dominierte auch in dieser märkischen Stadt der allein arbeitende Handwerksmeister, der von dem lebte, was er in der Stadt verkaufen konnte.

Der Glockengießer, der 1365 erwähnt wird, stellte sicherlich eine Ausnahme dar, da er ja nur leben konnte, wenn Auswärtige seine Glocken erwarben. Im Mittelalter hingegen gab es in Neuruppin darüber hinaus wohl nur die drei oben genannten Exportgewerbe. Die Schneider, Pelzer, Büren- und Drellweber, Gold- und Messerschmiede oder Harnischschmiede lebten vom Verkauf in der Stadt und von dem, was der nahe gelegene gräfliche Hof benötigte.[21]

Die Mobilität der mittelalterlichen Stadtbewohner

Die Marktsiedlung wurde vermutlich von Zuwanderern aus der Altmark und dem nordöstlichen Harzgebiet ausgebaut. Später kamen die Zuziehenden aus der näheren Umgebung in die Marktsiedlung und hin und wieder verirrte sich auch ein Zuwanderer aus ferneren Regionen in die Stadt. Die Namen geben uns heute Aufschluss über die lokale Herkunft bzw. über das Gewerbe, dem sie nachgingen. In den spärlichen Überlieferungen jener Zeit finden sich beispielsweise Namen wie Lambert von Moringen, Johann von Sualenberghe, Heinrich von Jerichow, Eckard von Kyritz, Gerhard von Rheinsberg, Peter von Lindow oder Salomon Münzmeister, Hermann Schuster, Heine Maler oder Klaus Färber.[22] Zu jener Zeit deutete das »von« noch nicht auf die adlige Geburt hin, sondern verband den Taufnamen mit dem Herkunftsort. Schuster, Maler und Färber bezeichnen zu jener Zeit noch den jeweiligen Beruf des Zuziehenden.

Um 1350 gab es in der Stadt ca. 420 Häuser, wie ein Steuerregister belegt. Das entspräche in etwa einer Einwohnerzahl von 2100 Bewohnern. Die Mehrzahl dieser Häuser wurde in der bewährten Lehm-Holz-Bauweise errichtet. Diese Fachwerkhäuser erhielten zumeist Stroh- oder Schilfdächer und vereinzelt auch Holzschindeldächer. Da diese mittelalterlichen Häuser keine Wasserver- und -entsorgung besaßen, waren für die Reinlichkeit der Neuruppiner die Badstuben von großer Bedeutung. 1365 verzeichnete das Handwerkerregister immerhin drei Badstuben, eine am Ende der Fischbänkenstraße, eine in der Papestraße und eine am alten Markt. Das erforderliche Wasser holten sich die Bader, die auch als Barbiere arbeiteten, aus dem Klappgraben, denn ihre Stuben lagen direkt an diesem Wassergraben.[23]

Die Hausbewohner waren meist Bürger der Stadt, die das Stadtrecht erworben hatten. Sie besaßen die für ein freieres Leben in der Stadt so wichtigen

Bürgerrechte, die sie auch verpflichteten, für den Schutz der Stadt, aber auch für die Armen und Bedürftigen zu sorgen. Neben den Bürgern lebten ärmere Einwohner im Ort, die entweder zur Miete bzw. bei ihren Arbeitgebern wohnten oder in den so genannten Buden hausten. Sie besaßen nur vereinzelt das Bürgerrecht. Darüber hinaus befand sich auch in Neuruppin das eine oder andere Haus im Besitz des Adels.

Die städtische Gesellschaft gliederte sich in verschiedene Schichten und soziale Gruppen. An der Spitze standen der Adel und die Ratsherren, die zumeist von den reichen Kaufleuten gestellt wurden. Dieser Schicht folgten die erfolgreichen Handwerker und Kleingewerbetreibenden, die in Gilden organisiert waren. Zu den unteren sozialen Schichten zählten die Lohnarbeiter, die Armen und die Vertreter der weniger geachteten Berufsgruppen wie die Scharfrichter, Badstübner, Büttel oder Leineweber.

Außerhalb der mittelalterlichen städtischen Gesellschaft standen die Juden, die in Neuruppin schon sehr früh ansässig waren. Nördlich des Neuen Marktes führte eine Straße an der Marienkirche vorbei zur Mittelstraße. Diese Straße trug die Bezeichnung »Judenstraße«. Hier lagen wohl auch die Synagoge und die Wohnhäuser der Juden. Auch ein rituelles Bad ist für die zweite Hälfte des 14. Jahrhunderts bezeugt.[24] Es lag an der Stadtmauer in der heutigen Leineweberstraße. Aber auch außerhalb der Judenstraße wohnten Juden, und in der Judenstraße waren auch Christen ansässig, so dass man für Neuruppin davon ausgehen kann, dass es hier kein Ghetto gab. Abgeschlossene Judenghettos sind in der Mark bis auf die Ausnahme von Salzwedel nicht nachweisbar.

1315 wurden die Juden urkundlich erwähnt. Der Graf von Arnstein betonte, dass die Juden seiner Gerichtsbarkeit auch weiterhin unterstanden. Mit der Rechtshoheit hatte der Graf aber auch für den Schutz der Juden zu sorgen und sie vor Übergriffen der Christen zu schützen. Den landesherrlichen Schutz erhielt diese Minderheit zu jener Zeit aus sehr unterschiedlichen Gründen.

Die Abgaben der jüdischen Einwohner füllten die gräfliche Kasse. Aber auch die Ruppiner Kämmerei, die Stadtschreiber und -diener profitierten von den Abgaben, die die Juden für ihre Synagoge, die Häuser und die Aufnahme eines jeden neuen Gemeindemitgliedes zu zahlen hatten. Für die Synagoge und ein mit dieser verbundenes Haus sollten die Juden alle Vierteljahre eine halbe Mark Silber in die gräfliche Kasse geben. Die Aufnahme in die Bürgerschaft musste ebenfalls gesondert bezahlt werden. Unter welchen Bedingungen die Grafen Juden in ihre Herrschaft aufnahmen, ist leider nicht bekannt. In der Stendaler Judenverordnung jener Zeit war beispielsweise festgelegt worden, dass nur Juden mit einem Vermögen von 20 Mark Silber in der Stadt wohnen sollten.

Wirtschaftlich konnten sich die Juden anfänglich noch frei entfalten. Einschränkungen im Handwerk und Handel, wie sie später üblich wurden, sind für jene Zeit nicht nachweisbar. 1323 gestatteten die Grafen den Juden, »die ›redlich den Schoß geben‹, Vieh nach Bedarf zu schlachten«. Das von ihnen nicht verwertete Fleisch durften sie verkaufen. Ihnen wurde darüber hinaus auch erlaubt, Korn für den eigenen Bedarf und für den Handel zu kaufen, wenn sie die entsprechende Steuer wie die anderen Bürger zahlten.

Mit dem Ausbruch der Pest in Europa nach 1348 verschlechterte sich die Lage der Juden auch in der Mark Brandenburg. Die jüdische Kultur blieb den christlichen Einwohnern fremd. Die mittelalterlichen Kleidervorschriften, ihr andersartiger Lebensrhythmus und die besondere Liturgie des Gottesdienstes erregten in den engen, mittelalterlichen Städten Aufsehen. Sie wurden begafft und oft auch tätlich angegriffen. Hinzu kam, dass seit dem 12. Jahrhundert immer wieder die legendären Beschuldigungen vom Ritualmord, der Hostienschändung sowie der Brunnen- und Lebensmittelvergiftung in die öffentliche Wahrnehmung getragen und so weiter tradiert wurden.

Als die Pest die Menschen stark verunsicherte und die Angst vor dem scheinbar Unabwendbaren das Denken und Handeln beeinflusste, mussten nicht selten die Juden als Schuldige herhalten. Sie wurden für den Ausbruch der Pest verantwortlich gemacht. Wenn auch nur in der Neumark, im dortigen Königsberg, eine Judenverfolgung und -verbrennung bezeugt ist, so verschlechterte sich dennoch die Stellung der Juden in der Mark insgesamt. Um 1500 lebten dort lediglich ca. 400 bis 500 Juden und dennoch wurden sie zunehmend als Bedrohung der christlichen Existenz betrachtet.[25]

1472 sind für Neuruppin vier Juden (Mosse, Salomon, Mosse, der Tochtermann von Isaak, und ein namenloser alter Jude) bezeugt. Zuziehende Juden mussten an die Stadt einen Gulden und jeweils einen Groschen an den Schreiber und den städtischen Diener zahlen. Die Juden waren verpflichtet, ihre Häuser in gutem baulichen Zustand zu erhalten und zum Laubhüttenfest mussten sie eine Tonne Bernauer Bier und vier Gänse abliefern.[26]

Das Leben dieser kleinen Minderheit inmitten einer christlichen Mehrheit lässt sich aus den spärlichen Akten kaum rekonstruieren. Da sie unter dem Schutz der Grafen von Arnstein standen, bleibt unklar, ob sie von den Folgen des Hostienschändungsprozesses 1510 in Berlin und der Judenvertreibung aus der Mark Brandenburg betroffen waren. Vermutlich war das nicht der Fall. Nach dem Aussterben des Grafengeschlechts 1524 fiel die Herrschaft an den Kurfürsten Joachim I. und somit kamen die Juden unter den Schutz des Kurfürsten. Joachim gestattete seit 1532 den polnischen Juden, wieder in der östlichen Mark Handel zu treiben, und seit 1539 durften wieder alle Juden in seinem Land den Handel beleben, denn sie waren für spezielle Waren und für den osteuropäischen Transferhandel unentbehrlich. Nach 1542 konnten sich Juden abermals in der Mark niederlassen. Eine Aufnahmeurkunde aus dem Jahr 1564 gibt uns Aufschluss über zwei Neuruppiner Juden. So erhielten die jüdischen Familien Ruben und Eliaß Geleitbriefe für ihre Niederlassung in Neuruppin.[27] Welche Bedeutung diese kleine Minderheit mit ihren weit verzweigten Handelsbeziehungen für die städtische Wirtschaft hatte, lässt sich heute angesichts der Quellenlage nicht mehr ermessen.

Bürgerrechte und Bürgerpflichten der mittelalterlichen Stadtgemeinde

»Stadtluft macht frei«, das wussten die Menschen im Mittelalter sehr wohl zu schätzen. Unfreie vom Lande oder aus anderen Städten suchten gern Unterschlupf in der Stadt. Denn hier konnten sie wenigstens über sich und ihre Arbeitskraft relativ frei bestimmen. Anfänglich nahm der Schulze, der Inhaber des bis 1402 nachweisbaren Schulzenamtes, gern jeden Zuwanderer auf. Die Zuziehenden gewährleisteten den zügigen Ausbau der Siedlung und ihre Abgaben füllten nicht nur die Kassen der Landesherren, sondern auch die des Schulzen. Immerhin erhielt er den dritten Pfennig von einigen lukrativen Einnahmen. Später, als die Ratsherren über die Aufnahme neuer Bürger allein entschieden, versuchten sie den Zuzug insbesondere von mittellosen Wanderern, Gesellen, Handwerkern oder Händlern zu erschweren. Die Aufnahmegebühr in die »Burschaft« betrug drei Schillinge und zwei Pfennige. So erhielt nur ein auserwählter Kreis von Zuziehenden das Neuruppiner Bürgerrecht. Der Neubürger leistete dann folgenden Eid: »Ich schwöre meinen Herren von Lindow treu und hold wesen, dem Rat gehorsam, der Stadt und des ganzen Landes Bestes zu warten, dazu mir Gott helfe und die Heiligen!«[28] Daraufhin erteilte der Rat das Bürgerrecht mit den Worten: »Hiermit erlaube ich dir die Burschaft, daß du magst kaufen und verkaufen, nur sollst du deinem Nachbarn keinen Unterkauf thun, und sollst dir genügen lassen an den Rechten, dazu wir bestätigt sind.«[29] Diese Verhaltensregeln dienten der moralischen und gesellschaftlichen Einbindung des Neubürgers in die Sitten und Gebräuche der Bürgergemeinde. Andererseits durfte bzw. musste er nun auch an den »Bursprachen« teilnehmen, wo er offen seine Meinung äußern konnte. Diese Bursprachen fanden jeweils in den vier Stadtvierteln (das Heilige-Geist-Viertel, der Rentzkow, das St.-Nikolas-Viertel und das Beginen-Viertel) statt. Die einzelnen Viertel erwählten sich zwei Hauptleute und zwei Viertelmeister, die sich speziell um die Belange der Einwohner der einzelnen Stadtviertel kümmerten. Ursprünglich scheinen sich die Bürger im Vierteljahr einmal versammelt zu haben. Wer es versäumte an dieser Versammlung teilzunehmen, musste drei Schillinge Strafe zahlen. Drei Schillinge waren sehr viel Geld. Diese Strafandrohung deutet darauf hin, dass die Bürger sehr viel Wert darauf legten, dass alle Bürgerrechtsinhaber auch daran teilnehmen. Gemeinsam wollte man über die Probleme der Stadt beraten und sich informieren. Dem Rat missfielen jedoch diese Bursprachen, da er sich durch sie kontrolliert und in seinen Entscheidungen kritisiert sah. Daher versuchte er immer wieder, diese Bursprachen zu verhindern, was ihm wohl auch über viele Jahre gelungen war. Diese basisdemokratische Kontrolle stieß nicht auf die ungeteilte Zustimmung der Amtsinhaber.

Wer das Bürgerrecht erworben hatte, konnte nun erst ein Gewerbe in der

Stadt frei ausüben, und dafür musste er sich wiederum in Gilden organisieren. Somit waren die meisten Gewerbetreibenden in relativ engen sozialen und berufsständischen Organisationen eingebunden. Die Pflichten der Bürger und die Statuten der Gilden grenzten den Bewegungs- und Entfaltungsspielraum erheblich ein. Andererseits konnten sich der Bürger und seine Familie bei Unglücksfällen, Krankheit und anderen Katastrophen auch auf die soziale Verantwortung der Bürgergemeinde und der Gilde verlassen. Armen und Bedürftigen durch eine milde Gabe zu helfen, galt im Mittelalter als eine gottgefällige gute Tat. Darüber hinaus bot die Gilde auch so manches kulturelle Ereignis, das die Zusammengehörigkeit und das Solidargefühl der Mitglieder festigte.

Doch die Bürger unterstützten sich nicht nur gegenseitig, sondern sie mussten auch für ihre Verteidigung sorgen. Dazu diente einmal die oben schon beschriebene Stadtmauer mit ihrem Wallsystem, die von den Bürgern mit Unterstützung fremder Handwerker in mühsamer Arbeit errichtet und ständig unterhalten werden musste. Darüber hinaus galt es, die Stadttore und die Wieckhäuser zu bewachen. Die Bürger wurden also in ständig wechselnde Wachdienste eingeteilt, die zeitaufwändig und kaum erfreulich waren. Die Wehrpflicht der Bürger diente der Selbstverteidigung der Bürgergemeinde. Dennoch brachten die Verteidigungsübungen und die nicht unproblematische Organisation dieser Art der Selbstverteidigung auch so manchen Verdruss mit sich. Denn neben dem täglichen Wachdienst, der in den vier Stadtvierteln organisiert wurde, mussten die Bürger auch ihrem Landesherren zur Verfügung stehen, wenn jener Krieg führen oder auch nur jagen wollte.

Die Bürgerwehren dienten der Verteidigung der Städte gegen äußere Angreifer. Auf den landesherrlichen Schutz konnten sich die Bürger nur selten verlassen. Die Wehrhaftigkeit belastete die Bürger zeitlich, körperlich und finanziell erheblich. Die Grundausrüstung eines Bürgerhauses bestand immerhin aus einem Panzer, einem Hut, einem Schild, der Armbrust sowie verschiedenen Spießen (Glevinge). Darüber hinaus bewahrte man im so genannten Blidenhof in der Schulzenstraße noch die Wurfgeschosse (Bliden) und die Feuerwaffen auf, die bei äußeren Angriffen auf die Wieckhäuser und Türme verteilt wurden. 1480 gehörten auch Kanonen zur Ausrüstung der Stadt.

Der Umgang mit den Waffen erfüllte den Bürger natürlich auch mit einem gewissen Stolz. Daher organisierten sich besonders privilegierte Bürger in der Schützengilde. Das anfängliche Schießen mit der Armbrust wurde aus sportlichen Gründen intensiv trainiert und bei den Schützenfesten unter Beweis gestellt. Das jährliche Königsschießen entwickelte sich allmählich zu einem kulturellen Ereignis der ganzen Stadt. Der anfängliche sportliche Wettbewerb einiger Bürger mutierte zum kulturellen Höhepunkt im Festkalender der Bürgergemeinde. An dem Volksfest beteiligten sich Jung und Alt voller Begeisterung. Es fand meist um den Himmelfahrtstag statt. Wie in vielen anderen märkischen Städten, so kam auch in Neuruppin das Schießen mit dem Bogen auf den so genannten Königsvogel aus der Mode. Die Armbrust wurde von der Büchse abgelöst. Doch wann das genau geschah, lässt sich heute kaum mit Gewissheit sagen. Feldmann erwähnt in seiner »Miscellanea« ein Privileg wegen der Aufrichtung hiesiger Schützengilde aus dem Jahr 1585.[30]

Die städtische Selbstverwaltung zur Zeit der Grafen von Arnstein

Anfänglich organisierten der Schulze, der Vogt und die Ratsherren die städtische Verwaltung. Das Schulzenamt ist ein erbliches Lehen. Belehnt wurden zumeist die Gemeinfreien, aber hin und wieder auch Vertreter des Adels. Hugo und seine Söhne gehörten als Inhaber des Schulzenamtes zu den Unterzeichnern der wichtigen Urkunde von 1256. Vermutlich zählten zum Schulzenamt der Stadthof in der Schulzenstraße mit den 1½ Hufen Ackerland, zwei Wörten, zwei Breiten, die Bullenwiese und eine andere Hufe. Gustav Bittkau betonte zu Recht, dass das Neuruppiner Schulzenamt im Vergleich zu anderen Städten eher bescheiden ausgestattet war. Dem Schulzen oblag auch die niedere Gerichtsbarkeit über die Bürgerschaft und die städtischen Angelegenheiten. Die hohe Gerichtsbarkeit, dazu zählte die Verhandlung von Körperverletzung, Mord und Totschlag, wurde vom Landesherren oder seinem Stellvertreter, dem Vogt, auf der Burg in Alt Ruppin bis 1315 ausgeübt. Von den Einnahmen aus den Gerichtsfällen stand dem Schulzen ein Drittel zu.

1402 wurde der Schulze das letzte Mal urkundlich erwähnt. Danach befand sich der städtische Rat im Besitz der Rechte des Schulzenamtes. Der Stadtschulze sorgte fortan für die Übermittlung der städtischen Abgaben an die gräfliche Kasse und nahm zwischen den städtischen und den gräflichen Positionen eine beratende Position ein.

Der Vogt hatte die Aufgabe, die Interessen des Landesherren in der Stadt durchzusetzen. In der Urkunde von 1256 erscheint Symon Reinhart als Vogt, und in einer anderen Urkunde aus dem Jahr 1315 wird Busso von Trippehne als Vogt genannt. Dieses Amt scheint 1355 eingegangen zu sein, denn in den späteren Urkunden wird kein Vogt mehr erwähnt. Ob die Grafen von Arnstein selbst dieses Amt ausübten oder ob die Ratsherren es verstanden hatten, die Aufgaben eines Vogtes selbst zu übernehmen, bleibt unklar.

Überblickt man die ersten Jahrzehnte der Stadtentwicklung nach der Stadtrechtsverleihung von 1256, wird unschwer sichtbar, dass es in der Stadt eine erfolgreich agierende Schicht von Kaufleuten und Grundbesitzern gab, die eine solide Stadtpolitik betrieben. So konnte Neuruppin dem Landesherren immer weitere Rechte und Privilegien abkaufen. Viele angesehene Kaufleute saßen als Ratsherren oder Ratsverwandte in den städtischen Verwaltungsorganen. Durch die ihnen vom Grafen zugesicherte Selbstergänzung kamen auch zukünftig nur Vertreter dieses privilegierten Standes in den Rat. So bildete sich ein städtisches Patriziat als erster Stand der städtischen Gesellschaft heraus. Diese Ratsgeschlechter verfügten natürlich sehr bald über wertvolle Erfahrungen und juristische Kenntnisse. Die Ratsherren mussten einen Eid ablegen, der sie verpflichtete, nur dem Wohl der Stadt zu dienen, Verschwiegenheit zu wahren und sich nicht korrumpieren zu lassen.

Der Rat bestand anfänglich aus zwölf Personen, von denen im jährlichen Wechsel immer sechs regierten. Der neue Rat nahm jeweils am Dienstag nach dem Johannestag (24. Juni) die Geschäfte auf. Lediglich der Stadtschreiber blieb dauerhaft im Amt. Einmal in der Woche traf sich dann der Rat und besprach die anliegenden Probleme.

Das Wahlsystem führte im Verlaufe der Zeit zu einer Konzentration der politischen Macht in den Händen der schon immer privilegierten Ratsgeschlechter. Zuziehende oder soziale Aufsteiger unter den erfolgreichen Handwerkern und Kaufleuten hatten keine reale Chance, in den Rat gewählt zu werden. So kam es in Neuruppin wie in vielen mittelalterlichen Städten zu Konflikten zwischen den alten Ratsgeschlechtern und der übrigen Bürgerschaft. Vielleicht erklären diese Auseinandersetzungen die Veränderungen in der Ratsverfassung um 1430. Denn das Ratskollegium wurde auf sechs Bürgermeister und 18 Ratsherren erweitert, von denen jeweils zwei Bürgermeister und sechs Ratsherren im dreijährigen Wechsel regierten. So gab es also einen neuen regierenden Rat und einen alten ruhenden Rat. Dieser jährliche Wechsel diente auch der Kontrolle der Verwaltung und sollte Vetternwirtschaft und Korruption verhindern. Für Gustav Bittkau kam um diese Zeit das Schulzenamt in die Obhut der Stadt und erklärt so den vermehrten Personalbedarf.[31]

Von Anfang an erhielten die Ratsherren wichtige Kontrollrechte über ihre Bürger. So wurde ihnen in der Urkunde von 1256 die Aufsicht über die Warenqualität vieler Handwerker und Kleinhändler übertragen. Beispielsweise mussten die Bäcker, wenn sie schlechtes Brot buken, dem Rat 36 Schillinge zahlen. Die gleiche hohe Summe zahlten die Fleischer für schlechtes Fleisch oder die Höker für gepanschten Wein. Wiederholungstätern drohte die öffentliche Auspeitschung auf dem Markt. Natürlich dienten die hohen Strafen der Abschreckung. Sie sollten verhindern, dass die Bürger vom rechten Weg abwichen und den kommunalen Frieden störten. In den folgenden Jahrhunderten gewannen diese Aufgaben eine immer größere Bedeutung. Sie sollten ein faires und friedliches Miteinander der Bürger sichern.

Seit 1315 durfte der Neuruppiner Rat die hohe und die niedere Gerichtsbarkeit über die Bürgerschaft ausüben. Neben dem Stadtrichter sorgten die Schöppen für die Einhaltung von Recht und Ordnung. Anfänglich saß man zweimal im Monat und dann zweimal in der Woche (Dienstag und Freitag) zu Gericht. Die Leibesstrafen wurden jedoch nach wie vor von den gräflichen Organen vollstreckt. Hängen, Köpfen oder Auspeitschen gehörte demnach nicht in die Regie der Stadt. Die Richtstätte selbst befand sich vor dem Altruppiner Tor zwischen der Rheinsberger und der Altruppiner Straße. Will man den Erzählungen des Rektors Dieterich glauben, dann missachtete der Neuruppiner Rat 1397 dieses Gesetz. Der Geistliche Jacob Schildicke, der zahlreiche Diebstähle in Häusern und Kirchen begangen hatte, wurde zum Tode verurteilt. Die Bürger warteten offenbar nicht, bis das Urteil von dem dafür zuständigen Beamten vollstreckt wurde, sondern sie hängten den Geistlichen selbst auf. Daraufhin soll über die Stadt und den Grafen, der die Urteilsvollstreckung duldete, der Bann verhängt worden sein. Erst auf reuevolles Bitten der Stadt soll der Bann am 1. September 1398 wieder aufgehoben worden sein. Die spärlichen Überlieferungen geben uns keine Auskunft darüber, wer den Bann aussprach, der König oder der Papst, und welche Auswirkungen er für die Stadt konkret hatte. Da die Bürger einen Geistlichen zum Tode verurteilten, könnte auch der Papst den Bann ausgesprochen haben. Außerdem hätte es zur Aufhebung des Bannes der Buße bedurft, doch davon erfahren wir nichts. Wie dem auch sei, dieses Beispiel zeigt sehr deutlich, dass die Einhaltung der Gesetze gerade im Mittelalter streng überwacht wurde. Die hohen Strafen selbst für aus unserer heutigen Sicht kleinste Vergehen sollten abschreckend und disziplinierend wirken. Nur so glaubten die Inhaber der Macht, die Beständigkeit der streng hierarchisch gegliederten mittelalterlichen Gesellschaft garantieren zu können.[32]

Kultur und Bildung im mittelalterlichen Neuruppin

Die ersten Jahrhunderte der kulturellen Stadtentwicklung wurden von der Scholastik und dem Übergang zum Humanismus geprägt. Die Bettelmönche des Dominikanerklosters sorgten sowohl für die wissenschaftliche Ausbildung junger Menschen als auch für die seelsorgerische Betreuung der Stadtbewohner.

Der Alltag der Stadtbürger folgte im Mittelalter zumeist festen Regeln und Gewohnheiten. Mit der Geburt und der häuslichen Erziehung in einem bestimmten sozialen Stand wurde der Grundstein für die weitere persönliche Entwicklung gelegt. Einem Kaufmannssohn beispielsweise wurden im Hause seiner Eltern neben den allgemein üblichen stadtbürgerlichen Grundwerten spezielle Erfahrungen sowie Denk- und Verhaltensweisen vermittelt, die ihn auf sein zukünftiges Leben als Kaufmann vorbereiteten. Im Mittelalter legte man noch großen Wert darauf, den väterlichen Beruf auf die Söhne zu »vererben«. Die Gnade der Geburt, also in welchen sozialen Stand man hineingeboren wurde, bestimmte im Wesentlichen die Zukunft des einzelnen Stadtbürgers. Die soziale Herkunft der Stadtbürgerin spielte auch für ihre Zukunft eine entscheidende Rolle. Allerdings hatte eine junge, schöne Tochter aus bürgerlichem Hause auch immer noch die Chance, die soziale Stufenleiter mit einer günstigen Heirat hinaufzusteigen. Ebenso konnte ein junger Handwerksgeselle durch die Heirat mit einer Handwerkerwitwe seinen sozialen Status verbessern. Die soziale Mobilität blieb in jenen ersten Jahrhunderten wohl eher eine Ausnahmeerscheinung. Im Allgemeinen entschied daher die soziale Herkunft darüber, welche Bildung der Einzelne erfuhr und an welcher Kultur er partizipieren konnte.

Im mittelalterlichen Neuruppin oblag es in erster Linie den Geistlichen, ihren Gemeindemitgliedern neben den religiösen auch kulturelle Kenntnisse zu vermitteln. Die Predigten dienten also nicht nur der Erbauung, sondern auch der Erziehung und der Bildung im Allgemeinen. Die Geistlichen, die lange Zeit das Bildungsmonopol für sich beanspruchten, bestimmten so auch das geistig-kulturelle Niveau der bürgerlichen Stadtgemeinde. Darüber hinaus vermittelten sie über Jahrhunderte Wissen, Information, Edikte, Anordnungen und auch Wünsche zwischen dem Staat/Landesherren auf der einen Seite und der Bürgergemeinde auf der anderen Seite. Von der Kanzel erfuhren die Menschen zumeist von den neuen Ansprüchen, Gesetzen und Abgaben, die der Landesherr ihnen auferlegte. Dort wurden sie über Krieg oder Frieden, das Weltgeschehen und die Landespolitik informiert.

Neben diesen kirchlichen Bildungseinflüssen sorgte die lokale Mobilität bestimmter Stadtbewohner für einen überregionalen Informationsaustausch. Die Fernhändler oder die wandernden Gesellen, die vagabundierenden unteren sozialen Schichten oder das fahrende Volk – sie alle trugen wesentlich zur Kommunikation der mittelalterlichen Gesellschaft und so auch zur Wissens- und Informationsvermittlung bei.

Eine schulische Bildung genossen die wenigsten. Wer es sich leisten konnte, ließ seine Kinder von Hauslehrern unterrichten oder schickte sie auf die wenigen gelehrten Schulen. Die Fähigkeiten des Lesens und Schreibens gewannen erst allmählich für die Stadtbewohner an Bedeutung. Das für die Bewältigung des Alltags wichtige Grundwissen wurde von Generation zu Generation mündlich überliefert. Für den Ratsherren oder den Kaufmann wurde es allerdings zunehmend wichtiger, selbst lesen und schreiben zu können. Eine wohlhabende Stadt investierte daher in die Einrichtung einer eigenen Schule.

Wie oben bereits beschrieben wurde, lag die Stadtschule Neuruppins an der Südseite des Kirchplatzes und somit im Zentrum der Stadt. Sie wird bereits in einem Häuserverzeichnis des Jahres 1365 erwähnt.[33] Aus den spärlichen Überlieferungen der folgenden Jahrhunderte erfahren wir nicht sehr viel über diese Schule, die offenbar dem städtischen Rat unterstand. Somit teilte sie das Schicksal des von den Einkünften der Stadt jeweils Abhängigen. Die Ausstattung, die personelle Besetzung und gar die Schülerzahl können wir für das erste Jahrhundert ihres Bestehens kaum noch rekonstruieren. Vermutlich arbeiteten im Durchschnitt drei »Schuldiener« an der Schule, der Rektor, der Kantor und der Baccalaureus. Die Scholastik prägte zuerst die Lehrinhalte der alten Lateinschulen. Doch allmählich gelangten auch humanistische Einflüsse in das alte Gemäuer.[34]

Die Pfarrer predigten zu jener Zeit in lateinischer Sprache. Die gelehrte Welt kommunizierte in Latein. Daher war es auch für viele Bürgersöhne wichtig, diese Sprache zu erlernen. So gewann die Lateinschule immer mehr an Bedeutung. Dem Latein als der Muttersprache der Humanisten gesellten sich alsbald das Griechische als Eintrittsbillet zum Wissen der Antike und das Hebräische als der dritten klassischen Sprache hinzu.

Um 1477 war ein Jacobus Schulrektor. Er galt als ein gelehrter Mann und guter Rhetoriker. Drei Jahre später wurde Johann de Gräden als Schulrektor genannt, der mit seinen Kollegen für ein ansprechendes Niveau insbesondere in der Vermittlung der lateinischen Sprache sorgte. Zu jener Zeit schickten viele auswärtige Familien ihre Kinder in die Neuruppiner Stadtschule, deren Lehrinhalte und Methoden schon auf den dominanten Einfluss des Humanismus hindeuten.

Der Rektor Petrus Poche hatte u.a. in Leipzig studiert und führte, als er 1491 an die Neuruppiner Stadtschule kam, den Griechischunterricht ein. Vier Jahre später zog es ihn in seine Geburtsstadt Bernau zurück, wo er als Pfarrer verstarb. Ihm folgte Adularius Roelen aus Meißen und 1500 Paulus Bredickow aus Neuruppin. Der Neuruppiner Rektor Bredickow blieb auch nicht allzu lange Zeit in seinem Heimatort. Ihn zog es 1507 an die 1506 neu gegründete Universität Viadrina nach Frankfurt an der Oder, wo er als einer der ersten Professoren der Jurisprudenz berufen wurde.

Die Lehrerfluktuation sorgte auch in den folgenden Jahren für so manche personelle und inhaltliche Abwechselung. Beispielsweise ließ der aus Neuruppin gebürtige Michael Walsleve 1517 in der Schule öffentliche Reden gegen Martin Luther halten. Da es zu jener Zeit keine spezielle Lehrerausbildung gab, hatten die Lehrer zumeist Theologie studiert. Sie strebten daher nach einer eigenen Pfarrei, die ihnen im Vergleich zum spärlichen Lehrergehalt ein angenehmeres Leben sicherte. Lehrer warteten also sehnsüchtig auf frei werdende Pfründe. Wohlverhalten gegenüber den vorgesetzten Behörden erhöhte die Chance auf die Verwirklichung des ursprünglichen Berufswunsches. So ließe sich vielleicht das besondere Engagement des Lehrers Walsleve gegen den Reformator Martin Luther erklären.

Martin Luther, der 1517 seine 95 Thesen an die Schlosskirche zu Wittenberg geheftet hatte, um so gegen die Missstände innerhalb der katholischen Kirche zu protestieren, und damit die Reformation auslöste, spaltete mit seinen Reformbemühungen die Geistlichkeit und die Gemeinden. Natürlich könnte es auch die religiöse Überzeugung des Walsleve gewesen sein, die ihn bewog, seinen Zöglingen den »Irrglauben« Luthers vorzuführen.

Einer seiner Nachfolger tat genau das Gegenteil. Ambrosius Martin kam wieder aus Bernau und agierte hier 1528 als ein treuer Anhänger Luthers und des Humanismus und war ein exzellenter Kenner der hebräischen Sprache. Er begrüßte auch die Verhandlungen auf dem Augsburger Reichstag 1530 zur Sicherung des Religionsfriedens zwischen den Lutheranern, den Calvinisten und den Katholiken. Nachdem ihm in Bernau eine Pfarrstelle angeboten wurde, zog er 1531 in diese märkische Stadt, wo er die Reformation einführte.

1541 kehrte er dann als Inspektor nach Neuruppin zurück, um nunmehr in dieser Position die Aufsicht über die Kirche und das städtische Schulwesen auszuüben.[35]

Das mittelalterliche Neuruppin und die Grafen von Arnstein

Die geographische Lage der Stadt, ihr wirtschaftlicher Aufschwung und der damit einhergehende Stolz der Bürgerschaft bedingten es, dass sich Neuruppin binnen kurzer Zeit zum Zentrum der Herrschaft Ruppin entwickelte. Im Bewusstsein der Zeitgenossen war Neuruppin also die »Hauptstadt« der Herrschaft, obwohl sich das eigentliche politische Machtzentrum auf der Altruppiner Burg der Grafen von Arnstein befand. Innerhalb der an Intrigen und Händeln so reichen mittelalterlichen Gesellschaft des Heiligen Römischen Reiches Deutscher Nation spielte Neuruppin wohl keine eigenständige Rolle. Vielmehr wurden ihre Interessen auf dem politischen Parkett des Reiches von den Grafen vertreten. Diese wiederum durften auch erst im 13. Jahrhundert auf der so genannten Grafenbank Platz nehmen, wenn der Anlass des Reichstages es gebot. Seit 1498 konnten sie dann ständig auf den Reichstagen erscheinen und dort die Reichspolitik mitberaten. Auch für eine so kleine und nicht gerade reiche Herrschaft, wie sie Ruppin nun einmal darstellte, war es durchaus wichtig, auf den Reichstagen präsent zu sein.

Die Grafen Johann und Jakob von Arnstein reisten beispielsweise 1495 auf den Reichstag zu Worms, um u. a. vom Kaiser das Recht zur Einführung eines neuen Zolls zu erbitten. Die Zolleinnahmen gedachten die Grafen zur Verbesserung der Infrastruktur zu verwenden. Sie wollten die Straßen durch Neuruppin, Alt Ruppin, Gransee, Wusterhausen und weitere Orte reparieren lassen, um so den Handels- und Reiseverkehr zu erleichtern. Innerhalb des mittelalterlichen Reiches durfte nicht jeder nach eigenem Ermessen Zölle erheben, da es sich hierbei um ein königliches Recht, ein Regal, handelte. Wohlhabende Fürsten oder reiche Städte erwarben dieses Recht vom Kaiser. Aber dazu fehlte den Grafen von Arnstein das Geld und so mussten sie die Entscheidung des Kaisers abwarten. Der Kaiser machte seine Zustimmung in diesem konkreten Fall von der der Kurfürsten von Brandenburg abhängig. Billigten die Kurfürsten diesen Zoll, so konnten die Grafen ihn in ihrem Territorium einführen. Bezahlen mussten ihn dann alle Händler und Kaufleute, die mit ihren Waren durch diese Orte fuhren. Dafür verbesserten sich jedoch die Transportbedingungen. Leider geben uns die Quellen keinen Aufschluss darüber, ob diese Pläne überhaupt realisiert wurden. Welche Interessen die Grafen sonst noch auf den Reichstagen durchzusetzen versuchten, bleibt wie die Sichtweise des Neuruppiner Rates auf die gräfliche Politik im Dunkeln.[36]

Natürlich waren die Neuruppiner nicht erfreut, wenn sie für die Grafen

Die Burg der Grafen von Ruppin, die so genannte Planenburg auf dem Amtswerder zu Alt Ruppin. Modell im Heimatmuseum Neuruppin. Foto 1995.

Dienstleistungen zu verrichten hatten oder zusätzliche Zölle bzw. Steuern entrichten mussten. Zumal die gräfliche militärische Macht zu ihrem Schutz nicht ausreichte. Andererseits stellte der gräfliche Hof auch einen sicheren Absatzmarkt für viele Erzeugnisse und Handelswaren der Neuruppiner dar. Die finanziellen Engpässe der Grafen ermöglichten es den Neuruppinern, das eine oder andere Recht, Privileg oder Besitzungen zu günstigen Konditionen zu erwerben.

Das Verhältnis zwischen den Grafen und ihrer Stadt dürfte durchaus zwiespältig gewesen sein. Doch wie sich der alltägliche Umgang zwischen den Grafen und den Stadtbewohnern wirklich gestaltete, können wir heute angesichts der fragwürdigen Überlieferungen nicht mehr rekonstruieren.

In dem denkwürdigen Jahr 1506, als in Frankfurt an der Oder die neue Universität vom Kurfürsten von Brandenburg eröffnet wurde, huldigte der Neuruppiner Rat dem Grafen Joachim von Arnstein, der bereits im Jahr darauf im Alter von 32 Jahren verstarb. Der junge Graf hatte eine Gräfin von Hohenstein geehelicht. In dieser Ehe wurden der Sohn Wichmann 1503 sowie zwei Töchter geboren. Wichmann trat nun mit drei Jahren die Nachfolge seines Vaters an. Der Bischof von Havelberg, Johann von Schlabrendorf, erhielt die Vormundschaft über den kleinen Grafen. Während dieser nun langsam in seine zukünftigen Aufgaben als Landesherr hineinwuchs, entschloss sich der brandenburgische Kurfürst Joachim I. im Februar des Jahres 1512, ein großes Turnier in Neuruppin zu veranstalten. Für den neunjährigen Grafen war dieses festliche Spektakel, zu dem neben der fürstlichen Familie viele Herzöge, Ritter und Grafen aus vielen deutschen Territorien anreisten, sicherlich eine unterhaltsame und willkommene Abwechslung. Hingegen erwies sich die Anwesenheit so vieler Adliger mit ihrem jeweiligen Gefolge für die Bürger der Stadt als logistische und wirtschaftliche Herausforderung. Die Stadt wollte schließlich einen guten Eindruck bei den hohen Herrschaften hinterlassen und sich der Ehre, dass dieses kurfürstliche Turnier in ihren Stadtmauern stattfinden sollte, als würdig erweisen. Für standesgemäße Unterkünfte und Verpflegung der Gäste, ihres Personals und ihrer Pferde galt es also, umfangreiche Vorbereitungen zu treffen. Der Turnierplatz musste präpariert werden; das unterhaltende Rahmenprogramm, die festlichen Mahlzeiten und der Ball erforderten eine straffe Organisation. Den Zeitgenossen und den Nachgeborenen blieb dieses prunkvolle Turnier als Höhepunkt ihrer Stadtgeschichte auf vielfältige Art und Weise im Gedächtnis. Selbst eine Druckschrift zeugte alsbald von diesem großen Ereignis und diente der bewussten Erinnerung daran.[37]

Acht Jahre nach diesem denkwürdigen Turnier wurde Graf Wichmann mündig erklärt und konnte nun seine Interessen als Graf von Lindow und Herr zu Ruppin selbstständig verfolgen. Doch angesichts der leeren Kassen des Grafen schien es ihm wohl ratsam, sich in den Dienst des Herzogs Johann von Sachsen zu begeben. In dessen Auftrag reiste er 1521 zum Reichstag nach Worms, wo unter maßgeblicher Beteiligung des brandenburgischen Kurfürsten Joachim I. das Wormser Edikt als Kampfansage an Martin Luther und seine Schriften verabschiedet wurde. Wie der junge Graf zu den angestrebten Reformen Luthers stand, das wissen wir nicht. Überhaupt fehlte dem letzten Grafen die Zeit, sich politisch zu profilieren. 1524 erkrankte er an den Pocken. Nach einer kurzzeitigen Besserung bekam er hohes Fieber und starb am 28. Februar 1524. Wenige Tage später, am 3. März 1524, wurde der junge Herr in der Familiengruft des Neuruppiner Dominikanerklosters mit Helm und Schild beigesetzt.

Mit dem letzten männlichen Erben endete sodann die Herrschaft des Grafengeschlechts. Die Schwestern Wichmanns, Anna und Apollonia, erbten lediglich die so genannte bewegliche Habe. Die Herrschaft Ruppin fiel als erledigtes Lehen an den brandenburgischen Kurfürsten Joachim I., der auch gleich den Stendaler Probst Wolfgang Redorf(er) beauftragte, ein Landregister anzufertigen. Denn schließlich wollte der neue Herrscher ja wissen, was ihm da so plötzlich in den Schoß gefallen war.[38]

Die Herrschaft kam als Kreis zur Kurmark. Der Kurfürst sandte den Landeshauptmann als seinen Vertreter vor Ort nach Alt Ruppin. Neuruppin wurde Hauptstadt des Kreises Ruppin und erhielt Stimmrecht auf den Städtetagen der Mittelmark. Als Immediatstadt zählte sie nun zu den wenigen privilegierten Städten der Mark.

Die gräfliche Hofhaltung im nur vier Kilometer entfernten Alt Ruppin und die zentrale Bedeutung Neuruppins innerhalb der Herrschaft Ruppin sicherten vielen Einwohnern über Jahrhunderte ihr wirtschaftliches Auskommen und ein achtbares Sozialprestige. Die Stadt hatte sich mit den Grafen zumeist arrangiert und umgekehrt. Mit dem Herrschaftswechsel 1524 veränderte sich für die Neuruppiner nicht nur die machtpolitische und somit territoriale Zuordnung. Der Hof des Kurfürsten lag weit entfernt, und dessen Versorgung sicherten längst andere Handwerker und Kaufleute. Darüber hinaus standen die Interessen und die Machtstellung des Kurfürsten den städtischen Autonomiebestrebungen Neuruppins eher entgegen. Die stolzen Neuruppiner Bürger wurden in einer Zeit des Umbruchs und der globalen Veränderungen Untertanen des brandenburgischen Kurfürsten Joachim I.

Gemälde von Heinrich Crüger (1694) in der Dorfkirche zu Wuthenow.

II. Das frühneuzeitliche Neuruppin zwischen Reformation und 1848er Revolution

Die Reformation und ihre Folgen

Die großen geographischen Entdeckungen erweiterten das Weltbild der Menschen in vielerlei Hinsicht; die Erde mutierte von der Scheibe zur Kugel. Wenige Jahre später (1542) veröffentlichte der Domherr zu Frauenburg im ostpreußischen Ermland, Nikolaus Kopernikus, nach 35-jährigem mühevollem innerem Disput sein Manuskript »De revolutionibus orbium coelestium«. Kopernikus erschütterte das bisherige Weltbild, das sich auf Ptolemäus berief. Nach Kopernikus drehte sich die Sonne nicht um die Erde, sondern die Erde um die Sonne. Die neue Beschreibung der Umdrehungen der Himmelskörper revolutionierte das Denken. Die bildungspolitische Allmacht der katholischen Kirche ließ sich nicht mehr länger aufrechterhalten. Die Zweifel an der Glaubwürdigkeit der Dogmen der Kirche mehrten sich.

Der Buchdruck eröffnete neue Möglichkeiten der Bildung und der Archivierung von Wissen. Die städtische Gesellschaft nahm sehr bewusst die inneren und äußeren Veränderungen des politischen Machtgefüges in Europa wahr. Die Monopolstellung der Papstkirche innerhalb der gelehrten Welt wurde zunehmend von Vertretern der verschiedenen Stände und Schichten der Gesellschaft in Frage gestellt. Auch der Stadtbürger übte immer häufiger Kritik an den bestehenden Verhältnissen. Die Reformbedürftigkeit nicht nur der Kirche offenbarte sich im alltäglichen Leben der Stadtbewohner.

In diese Zeit fiel der Thesenanschlag Martin Luthers und der Beginn der Reformation. Obwohl Neuruppin nun einem Landesherren unterstand, der noch einige Zeit fest zur katholischen Kirche hielt und die Reformation ablehnte, agierten in der Stadt schon einige Bürger für diese Reformbewegung. Kaufleute kamen auf ihren Handelswegen und bei Messebesuchen mit Anhängern der Reformation in Berührung – ebenso wie jene Studenten, die in Wittenberg ihr Studium absolvierten, oder wie die wandernden Gesellen, die durch reformierte Regionen zogen. Der Tuchmachergeselle und spätere Gildemeister Hans Litzmann hörte in Wittenberg und Prag von der reformierten Lehre. Als er dann wieder in Neuruppin weilte, schien er unter seinen Gewerksbrüdern für eine Verbesserung der kirchlichen Verhältnisse eingetreten zu sein. Das Verbreiten von ketzerischen Ideen stand jedoch noch unter Strafe. Daher mussten die Luther-Anhänger konspirativ vorgehen. An einem Sonntag des Jahres 1539 testeten Hans Litzmann und zwei Tuchknappen in der Klosterkirche die allgemeine Stimmung in der Gemeinde. Während des Gottesdienstes stimmten sie das zu jener Zeit schon berühmte Luther-Lied »Vater unser im Himmelreich« an. Doch die erwartete Zustimmung seitens der Gläubigen blieb aus. Unter Drohungen der Mönche und dem Stillschweigen der Kirchenbesucher mussten die drei mutigen Neuruppiner die Klosterkirche verlassen. Wenige Monate später wurde auf Veranlassung des Kurfürsten in der Mark Brandenburg die Reformation eingeführt, denn gemäß dem Grundsatz »cuius regio eius religio« bestimmte noch die weltliche Macht das Glaubensbekenntnis der Untertanen. Kurfürst Joachim II., der Sohn Joachims I., hatte bereits am 1. November 1539 das Abendmahl in beiderlei Gestalt genommen und war so offiziell zum lutherischen Glauben übergetreten.

Dem offiziellen Konfessionswechsel folgte eine ernüchternde Bestandsaufnahme der kirchlichen Einrichtungen. Die inneren und äußeren kirchlichen Verhältnisse zu jener Zeit zeugten allenthalben von Verfall, Verwahrlosung und pflichtvergessenem Handeln der katholischen Geistlichen. In Neuruppin wurde wohl schon seit Jahren kein Geld mehr in die Erhaltung der Gebäude investiert. Nach einem Gewölbeeinsturz der Hauptkirche St. Marien 1524 war die Reparatur im Jahr 1540 noch immer nicht abgeschlossen. Die älteste Kirche der Stadt, die Nikolaikirche, verfiel, ohne dass jemand etwas zu ihrer Rettung unternommen hatte. 1560 brannte sie gänzlich nieder. Das Pfarrhaus bot ebenfalls einen traurigen Anblick. Selbst die Seelsorge blieb von dieser allgemeinen Dekadenz nicht unberührt, da viele katholische Pfarrer ihre täglichen Aufgaben kaum erfüllt hatten.

Der oben bereits erwähnte, aus Bernau kommende Ambrosius Martin wurde zum ersten lutherischen Inspektor berufen und führte in Neuruppin die lutherischen Glaubensgrundsätze ein. Da er im Briefwechsel mit Luther und Melanchthon stand, scheint er die reformierte Lehre vehement vertreten zu

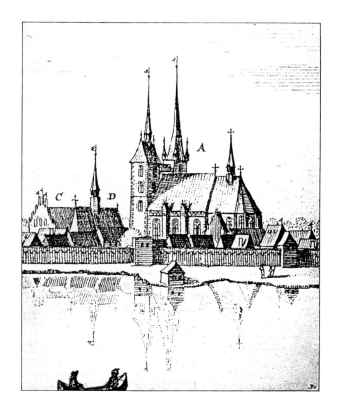

Der Ausschnitt aus dem Kupferstich von Caspar Merian (um 1650) zeigt die Pfarrkirche St. Marien (A), das Rathaus (C) und die Siechenhauskapelle (D).

haben. Irritationen bei einigen Altgläubigen, denen der Übergang zu einer neuen Glaubenslehre ohnehin schwer fiel, blieben da nicht aus. Im Urteil der Nachwelt kommt dieser engagierte Pfarrer in der Stadtgeschichte von Johannes Schultze am schlechtesten weg. Heydemann und Begemann hingegen würdigen die Leistungen dieses gebildeten Geistlichen sehr angemessen. Martin starb 1569 im Alter von 67 Jahren. Er wurde in der Marienkirche hinter dem Altar begraben. Sein Nachfolger, der schon 1564 als Prediger in der Stadt wirkte, wurde Andreas Buchovius. Dieser kam ebenfalls aus dem Brandenburgischen, aus Etzin, und dürfte der erste verheiratete Neuruppiner Pfarrer gewesen sein. Außerdem hatte er eine interessante Vergangenheit.[39]

Sein Nachfolger im Amt wurde ein gebürtiger Neuruppiner, Jonas Böttcher, ein Sohn des Gerichtsassessors und Schöppen Johannes Böttcher. Schon als er 1563 Rektor der Stadtschule geworden war, erwarb er sich einen guten Ruf als ein fleißiger und fähiger Lehrer. Mit der Reformation veränderten sich auch die Inhalte und die Methoden der Schulbildung. Böttcher erneuerte erfolgreich die Neuruppiner Stadtschule. Leider zog ihn dann 1566 eine Pfarrstelle nach Zerbst, wo er seine erste Frau Rebecca Brunstorf heiratete. Doch als die Inspektion in Neuruppin wieder vakant war, bemühte sich der Rat um die Anstellung Böttchers. Auch als Inspektor sorgte er sich intensiv um die Bildung seiner Gemeindemitglieder. Gemeinsam mit dem Bürgermeister Caspar Witte konnte er sogar 1579 ein neues Schulgebäude einweihen. Darüber hinaus legte er 1585 den Grundstein für die Pfarrkirchen-Bibliothek, die durch Spenden und Stiftungen erheblich erweitert werden konnte. Böttchers Leistungen um das Gemeinwohl erfuhren vielfältige Anerkennung. Er verstarb am 19. Mai 1604. In dem Visitationsbericht aus dem Jahr 1602 wurden die Neuruppiner Pfarrer und Lehrer auf Grund ihrer Qualifizierung und ihres Engagements von den Bürgern und den Ratsherren sehr gelobt.[40]

Die Reformation hatte das kirchliche Gemeindeleben grundlegend verändert und mit ihren allgemeinen Bildungsbestrebungen wesentlich dazu beigetragen, dass Bildung innerhalb der Stadt einen neuen und von einer breiten Bürgerschicht akzeptierten Stellenwert erhielt. Humanistische Bildungsbestrebungen sollten letztendlich dem Gemeinwohl dienen.[41]

Die neue Kirchenordnung, die 1540 erlassen worden war, wurde im Juli 1541 durch eine kurfürstliche Visitationskommission in Neuruppin eingeführt. Die zahlreichen geistlichen Pfründe, also das mit dem Kirchenamt dauernd verbundene Einkommen aus dem Landbesitz oder Geldvermögen, wurden aufgehoben und teilweise der Stadt, dem Domstift zu Berlin und einigen Stipendien übergeben. Das Kloster, in dem nur noch zwei Mönche lebten, fiel an den Kurfürsten, der erst 1550 die Orgel der Klosterkirche der Neuruppiner Marienkirche schenkte und sich dann 1564 entschloss, der Stadt das ganze Kloster zu überlassen. Schon 1561 hatten in den Räumen des Klosters die wegen der Pest aus Frankfurt an der Oder fliehenden Professoren und Studenten der Viadrina Unterkunft gefunden. Die Stadt wollte das Kloster als ein Spital für alte Bürger nutzen. Die wiederhergestellte Klosterkirche selbst diente als Gotteshaus. Am 14. Oktober 1564 hielt der lutherische Pfarrer Andreas Buchovius (Buchow) die erste lutherische Predigt mit Abendmahl in der Klosterkirche. Der Familie Kriele verdankte die Kirche dann 1586 ihre neue Orgel. Der Bürgermeister Joachim Kriele und seine Frau Anna stifteten bereits der Pfarrkirche St. Marien einen prächtigen geschnitzten Altar, der 1594 dort seinen Platz fand. Die geschnitzte Kanzel der Marienkirche finanzierte 1596 der angesehene Bürger Witte. Immerhin zog es am Ende des 16. Jahrhunderts das Berliner Kammergericht und die märkischen Stände zu ihren Beratungen in die Stadt. Diese Tatsachen lassen vermuten, dass der bauliche Zustand und das Renommee des Ortes über die Stadtmauern hinaus Anerkennung fanden.

Infolge der Reformation nahm die Bedeutung der Geistlichen innerhalb der Bürgergemeinde allmählich zu. Sie trugen nun nicht nur für die Seelsorge ihrer Gläubigen die Verantwortung, sondern auch für deren Bildung und Erziehung. Neben dem kirchlichen Grundwissen sollten elementare Kenntnisse im Lesen, Schreiben und Rechnen vermittelt werden. Die eigene Bildung der Pfarrer und ihr Engagement hatten zukünftig einen großen Einfluss auf die Qualität des Unterrichts an der Stadtschule sowie auf die Katecheten. Der Inspektor führte die Oberaufsicht über alle Bildungsträger. Er musste regelmäßig dem Konsistorium gegenüber Rechenschaft ablegen. Die Grundlagen für eine breite Volksbildungsbewegung waren erst einmal gelegt. Die Realisierung der angestrebten Ziele ließ jedoch noch etwas auf sich warten.[42]

Die Stadt im Machtgefüge der Kurfürsten und Könige

Die spärlichen Überlieferungen zur mittelalterlichen Geschichte Neuruppins lassen immerhin die Vermutung zu, dass es der Stadt wirtschaftlich durchaus nicht schlecht ging, als sie unter die Herrschaft der Hohenzollern kam. Einige Fernhändler und die Ratsgeschlechter lebten in relativem Wohlstand, wenn man bedenkt, dass die Mark Brandenburg ohnehin nicht zu den reichsten Regionen des Deutschen Reiches gehörte. Im Vergleich zu den mächtigen Lübecker oder Rostocker hanseatischen Kaufleuten führten die Neuruppiner wohl eher ein bescheidenes Dasein. Dennoch vermochte die Stadt gerade in den ersten beiden Jahrhunderten nach dem Herrscherwechsel den brandenburgischen Kurfürsten mit größeren Geldsummen aus so mancher finanziellen Bedrängnis herauszuhelfen.

Joachim II. hatte bekanntlich erhebliche Schulden zu tilgen. Die Stadt Neuruppin wurde, wie die anderen Städte seines Landes auch, immer wieder zur Kasse gebeten. Beispielsweise zahlte Neuruppin 1536 1424 Floren Städteschoss (Steuer) und die mittel- und uckermärkischen Städte zusammen 47 000 Floren (3 Taler = 4 Floren). Reiste der Kurfürst zum Reichstag, wie beispielsweise 1541 nach Regensburg, so hatten die Städte die Reise und den dortigen Aufenthalt mitzufinanzieren. Jährlich kamen so schnell 8000 bzw. 10 000 Taler zusammen, die die Städte neben den regulären Abgaben aufbringen mussten, und wovon Neuruppin jeweils drei Prozent zu tragen hatte.

Anfänglich scheint die Stadt diese Mehrbelastungen des städtischen Haushalts gut verkraftet zu haben. Nikolaus Leutinger beschrieb 1729 die Zeit unter Joachim II. wie folgt: »Ruppin sei sehr berühmt durch seine Kirchen, seine Schulen, durch geistreiche und gelehrte Männer, so daß man kaum eine zweite Stadt derart finden dürfte, es zeichne sich aus durch seinen Handel, durch sein vortreffliches Bier, durch blühende Handwerke und Webereien, durch Tüchtigkeit seiner Bürger und durch großen Kinder-Reichtum.«[43] Selbst wenn man bedenkt, dass der Verfasser dieser Zeilen etwas übertrieb, so bleibt dennoch festzuhalten, dass Neuruppin im 16. Jahrhundert durchaus noch eine prosperierende Stadt war.

Joachim II. verstarb 1571 und hinterließ seinem Nachfolger Johann Georg erhebliche Schulden. Johann Georg machte die Juden für die Schulden seines

Vaters verantwortlich und vertrieb sie aus seinem Land. Vermutlich mussten zu dieser Zeit auch die in Neuruppin lebenden Juden die Stadt verlassen. Mit den Juden ging dem Kurfürstentum ein beachtliches Wirtschaftspotenzial verloren. Erhöhte Steuern und zahlreiche Naturkatastrophen trugen das Ihre dazu bei, dass die Leistungsfähigkeit der Städte weiter nachließ.[44]

Im Jahre 1598 trat Kurfürst Joachim Friedrich die Regierung an. Der Kurfürst erschien am 23. Juni mit seinem Gefolge zu den Huldigungsfeierlichkeiten in Neuruppin, die die Stadt 1046 Taler kosteten. Dennoch stellten diese Feierlichkeiten für die Bürger ein bedeutendes kulturelles Ereignis dar, an dem der Einzelne mehr oder weniger aktiv beteiligt war. Auf alle Fälle war es eine willkommene Abwechselung im sonst doch schweren Alltag jener Zeit. Der Kurfürst Joachim Friedrich sann nach Wegen, die hohen Schulden des Kurfürstentums zu reduzieren. Die Steuern und Abgaben wurden also abermals erhöht. Die Biersteuer und nun auch die Steuern von der verkauften Wolle (pro Stein einheimischer Wolle zwei Schillinge) belasteten die Haupterwerbszweige der märkischen Städte erheblich. Neben diesen finanziellen Belastungen plagten sich insbesondere die männlichen Einwohner mit der Pflicht zur Heeresfolge und zu persönlichen Dienstleistungen, zu denen die Wolfsjagden gehörten. Die Stadt musste, wenn es der Kurfürst wünschte, Spanndienste leisten und zwischen 30 und 200 Mann zur Verfügung stellen. Weigerte sich die Stadt, drohten ihr hohe Strafen. Immer wieder versuchte der Neuruppiner Rat, sich von dieser äußerst lästigen Verpflichtung freizukaufen. Der Erfolg dieser Bemühungen ließ auf sich warten. Erst 1674 konnte sich Neuruppin mit 500 Talern von der Verpflichtung zur Wolfsjagd befreien.

Extrem kalte Winter (1599/1600) und die Pest dezimierten die Einwohnerzahl rapide. Die wirtschaftliche Situation verschlechterte sich. In den wichtigen Gewerbezweigen wie der Bierproduktion und dem Getreidehandel etablierten sich mächtige adlige und auch bäuerliche Konkurrenten.

Kurfürst Johann Sigismund, der 1608 die Nachfolge seines Vaters antrat, betrieb keine städtefreundliche Politik. Nach den Huldigungsfeierlichkeiten, die dieses Mal mit 429 Talern in Neuruppin zu Buche schlugen, widmete er sich erst einmal der Reichspolitik. Angesichts des explosiven Konfliktpotenzials zwischen dem protestantischen und dem katholischen Lager innerhalb des Deutschen Reiches schien es dem Kurfürsten ratsam zu sein, sich der neu formierten protestantischen Union anzuschließen. Auf dem Städtetag in Neuruppin 1610 bewilligten ihm die Landstände immerhin 90 000 Taler zur Aufrüstung eines Heeres. Der Kurfürst verlangte dann, dass die Städte 3000 Landsknechte mit den erforderlichen Vorgesetzten für drei Monate zur Verfügung stellten. Da der Kurfürst weder über ein stehendes Heer noch über ausreichende Einnahmen, dieses auf eigene Kosten zu errichten, verfügte, war er auf die Einsicht der Landstände angewiesen.

Als der Dreißigjährige Krieg 1618 begann, fehlten dem Kurfürstentum Brandenburg eigentlich alle wesentlichen Voraussetzungen, um an diesen macht-

Standbild des Kurfürsten Joachim II. in Spandau. »Am 350. Gedenktage des am 1. November 1539 in der St. Nikolaikirche zu Spandau geschehenen feierlichen Übertritts dieses Fürsten zum evangelischen Glauben errichtet 1869.« – so lautet die Inschrift am Sockel.

politischen Auseinandersetzungen erfolgreich teilnehmen zu können. Die militärische Schwäche des Kurfürstentums, gepaart mit der geographischen Lage zwischen den Fronten führte dazu, dass Brandenburg eine der am stärksten betroffenen und verwüsteten Regionen dieses furchtbaren Krieges wurde. Der Neuruppiner Rat versuchte noch 1626 gemeinsam mit der Ritterschaft Schutzmaßnahmen gegen die plündernden und brandschatzenden feindlichen Söldner zu organisieren, als schon Mansfelder und kaiserliche Truppen in der Stadt wüteten. Mehrmals besetzten feindliche Truppen die Stadt und forderten ihren Tribut. 1635, als Brandenburg dem Prager Frieden beitrat und sich mit Kursachsen und dem Kaiser verbündete, folgten beispielsweise den abziehenden sächsischen Truppen die nun zu Feinden gewordenen Schweden, die hier bis 1641 das Leben der Bewohner erschwerten.

Das Echo einer der größten Schlachten des Dreißigjährigen Krieges, die am 4. Oktober 1636 am Scharfenberg bei Wittstock zwischen den schwedischen und den kaiserlichen Truppen geschlagen wurde, drang bis nach Neuruppin.

In der Stadt setzte man schon längst auf Selbstverteidigung und eigenes diplomatisches Geschick, wenn es galt, sich mit den Feinden zu arrangieren.

Kurfürst Georg Wilhelm, der 1619 das Erbe Johann Sigismunds angetreten hatte, lebte zumeist in Königsberg. Dort verstarb er am 1. Dezember 1640 und sein erst 20-jähriger Sohn Friedrich Wilhelm trat die Nachfolge an. Wie die Neuruppiner diesen Herrscherwechsel wahrnahmen und ob sie mit ihm Hoffnungen auf Frieden und eine bessere Zukunft verbanden, können wir nur vermuten. Immerhin bewies der junge Kurfürst schon einige Jahre später, dass er nicht nur handlungswillig, sondern auch fähig war, für Brandenburg eine eigene Handlungsstrategie zu entwickeln. Er schloss mit den Schweden einen Waffenstillstand und reduzierte die Truppenzahl. Bis zum ersehnten Frieden vergingen allerdings noch weitere sieben Jahre. Am 24. Oktober 1648 endete mit dem »Westfälischen Frieden« von Münster der Dreißigjährige Krieg.[45]

Die Lebenssituation der Stadtbewohner verschlechterte sich in den nächsten Jahren immer weiter. Die Kultur im Allgemeinen und die Wirtschaft im Besonderen verfielen zusehends. Am Ende des Dreißigjährigen Krieges 1648 standen die Überlebenden vor kaum zu bewältigenden wirtschaftlichen und sozialen Problemen. Die städtische Entwicklung befand sich ohne Frage an einem Tiefpunkt. Die wenigen Bewohner Neuruppins versuchten, irgendwie zu überleben und sich langsam wieder in ihrem jeweiligen Gewerbe eine solide Arbeitsbasis zu schaffen.

Kurfürst Friedrich Wilhelm nutzte die wirtschaftliche und politische Schwäche der Städte und der Landstände, um seine Machtstellung gegenüber diesen zu festigen. Zielgerichtet und beharrlich arbeitete er an der Konsolidierung Brandenburgs und an der Zentrierung der politischen Macht. So verwandelte er das Söldnerheer in ein stehendes Heer, für dessen Unterhalt zusätzliche Steuern eingeführt wurden. Zuvor garantierte er dem Adel besondere Rechte, so dass dieser auf dem Landtag von 1653 bereit war, dem Kurfürsten eine größere Summe für seine Interessen zu bewilligen. Leidtragende dieser kurfürstlichen Politik, die die Alleinherrschaft anstrebte und die Macht der Landstände minimierte, waren neben den Bauern die Städte. Sie mussten nicht nur für den Unterhalt des Heeres zahlen, sondern er verlegte die Infanterie auch in die Städte. Wie viele brandenburgische Städte so erhielt auch Neuruppin um 1688 eine ständige Garnison. Die Vor- und Nachteile der alltäglichen Anwesenheit von Soldaten erlebten die Neuruppiner dann mit mehr oder weniger langen Unterbrechungen bis 1991.

Zur Finanzierung eines stehenden Heeres benötigte der Kurfürst verlässliche Einnahmen. So führte er die Akzise ein, die nur in den Städten erhoben wurde. Diese erweiterte Form der Verbrauchersteuer wurde von den Waren des täglichen Bedarfs erhoben und stellte eine Art Binnenzoll dar. Die Neuruppiner Bürger setzten sich sogar 1667 für die Einführung der Akzise ein, weil sie sich dadurch eine gerechtere Verteilung der Steuern erhofften. Denn seit der Mitte des 17. Jahrhunderts kam es immer wieder zu Auseinandersetzungen zwischen dem regierenden Rat und der Bürgerschaft, die dem Rat Verschwendungssucht, Veruntreuung von städtischem Vermögen und Korruption vorwarf. Den kurfürstlichen Interessen kamen diese innerstädtischen Auseinandersetzungen sehr entgegen. Kurz entschlossen setzte der Kurfürst daher den alten Rat 1679 ab. Nun stand der störungsfreien Erhebung der Akzise in Neuruppin nichts mehr im Wege.

Die Städte, die sich nur ganz allmählich von den schwerwiegenden Folgen des Dreißigjährigen Krieges erholten, vermochten unter dem willensstarken Kurfürsten Friedrich Wilhelm bis auf wenige Ausnahmen nicht, ihre einstige wirtschaftliche und kulturelle Leistungsfähigkeit zurückzugewinnen. Innerhalb des staatlichen Gefüges blieb ihr politischer Einfluss marginal und ihre Wirtschaftskraft schwach. Daran änderte sich auch unter dem Nachfolger des Kurfürsten Friedrich Wilhelm nur wenig.

Kurfürst Friedrich III., der 1688 das 111 000 Quadratmeter große Kurfürstentum Brandenburg-Preußen mit seinen 1,6 Millionen Einwohnern übernahm, setzte im Wesentlichen die wirtschaftlichen Bemühungen seines Vaters fort. In politischer Hinsicht jedoch wollte er mehr erreichen. Zwar hatte der Kurfürst Friedrich Wilhelm durch den glorreichen Sieg über die Schweden 1675 in der Schlacht bei Hakenberg auch innerhalb des Deutschen Reiches erheblich an Ansehen gewonnen, aber sein Hauptverdienst lag auf dem Gebiet der staatlichen Konsolidierung des weit verzweigten Besitzes. Friedrich III., der den Prunk und die glanzvolle Repräsentation liebte, strebte die Königskrone an. Mit großem diplomatischen Geschick gelang es ihm, die Zustimmung des Kaisers zu dieser Rangerhöhung zu erwirken. Am 18. Januar 1701 setzte sich Friedrich III. in Königsberg im Herzogtum Preußen die Königskrone auf das Haupt und nannte sich fortan Friedrich I., König in Preußen. Diese Rangerhöhung war nur außerhalb des Heiligen Römischen Reiches Deutscher Nation möglich und fand deshalb im Herzogtum Preußen statt, das 1618 nach dem Tod des letzten fränkischen Hohenzollern an das brandenburgische Stammland gefallen war. Das dünn besiedelte und noch immer sehr dezentrale Brandenburg-Preußen rückte so in den Rang eines Königreiches auf. Diese Prestigeerhöhung kostete dem Land sehr viel Geld, das auch die Neuruppiner mit aufbringen mussten. Dennoch jubelte man diesem neuen König gern zu und freute sich mit ihm über die neue Würde. Denn die Neuruppiner lebten fortan in einem Königreich. Diese Tatsache war in einer ständisch organisierten und orientierten Gesellschaft auch für die Untertanen von eminenter Bedeutung. Dieser Prestigegewinn veränderte die Selbstwahrnehmung in allen gesellschaftlichen Schichten.[46]

Da die Bestandsaufnahme in Neuruppin 53 Jahre nach dem Friedensschluss von Münster und zwei Jahre nach dem verheerenden Stadtbrand 1699 noch immer betrüblich ausfiel, schenkte der erste preußische König der Stadt Holz und garantierte ihr zehn Freijahre zum Wiederaufbau ihrer Häuser. Die städtische Verwaltung erhielt 1711 ein neues Rathäusliches Reglement, das die

Aufgaben jedes einzelnen Mitgliedes des Rates sowie die Einnahmen und die Ausgaben genau regelte. Die innerstädtischen Auseinandersetzungen zwischen den Ratsherren und den Bürgern sollten so reduziert werden.

Nur zwei Jahre später, 1713, verstarb Friedrich I. und sein Sohn Friedrich Wilhelm trat die Nachfolge an. König Friedrich Wilhelm I. liebte das Militär und verabscheute die Prunksucht seines Vaters. Er organisierte sein Königreich streng nach rationalen Gesichtspunkten und setzte so die Politik seines Großvaters, des Kurfürsten Friedrich Wilhelm, auch der Große Kurfürst genannt, fort. Friedrich Wilhelm I., der eine besondere Vorliebe für die »Langen Kerls« hatte, wurde im Vergleich zu seinem aufgeklärten Sohn Friedrich in der Erinnerung der Nachwelt eher negativ beurteilt. Dieser »geizige«, »cholerische« und kulturell nicht sehr gebildete »Soldatenkönig« förderte nur, was einen unmittelbaren Nutzen für den Staat hatte. Jeder Untertan sollte an seinem Platz seine Aufgaben gewissenhaft und fleißig erfüllen. Folter und Todesstrafen durften nur noch mit seiner persönlichen Genehmigung vollzogen werden. »Hexenprozesse« verbot er 1714 ganz und 1717 verordnete er, dass in den Orten, in denen sich Schulen befanden, die Kinder auch in die Schule zu gehen hatten. Die Umsetzung dieser verordneten Schulpflicht zog sich allerdings aus Mangel an geeigneten Lehrern, Lehrmaterialien und Räumlichkeiten noch Jahrzehnte hin. 1718 stellte er das »Voll-Saufen« unter Strafe. Immer wieder griff er rigoros ein, wenn ihm alte Rechte und Gewohnheiten »unnütz« erschienen. Seine Städtereform diente 1719 der strafferen Organisation der städtischen Verwaltung und der Sicherung des staatlichen Einflusses in dieser. Die Zunftreform 1731/1732 sollte die Gesellen disziplinieren und die Arbeit der Handwerker rationalisieren. Sie verstärkte zugleich die staatliche Kontrolle über die Zünfte.

Friedrich Wilhelm I. beabsichtigte, die Städte fest in das staatliche Verwaltungs- und Kontrollsystem einzubinden und ihnen nur einen minimalen eigenständigen Handlungsraum zu belassen. Die Steuerräte kontrollierten und berieten die Städte. Ihnen zur Seite standen seit 1713 der Polizeiausreiter und seit 1723/24 die Fabrikinspektoren. Die bevormundeten und ständig kontrollierten Untertanen fügten sich offenbar in ihr Schicksal. Denn gerade die lange Friedensperiode, die der Soldatenkönig seinen Untertanen bescherte, und die merkantilistische Wirtschaftspolitik brachten den Städten, die von der Tuch- und Bierproduktion lebten, einen beachtlichen wirtschaftlichen Aufschwung. Warum also sollten die Stadtbewohner gegen die staatliche Bevormundung rebellieren? Sie duldeten sie und profitierten in den ersten Jahrzehnten des 18. Jahrhunderts sogar davon. In der Regierungszeit des Soldatenkönigs florierte die städtische Wirtschaft Neuruppins.[47]

Friedrich Wilhelm I. starb am 31. Mai 1740 und hinterließ seinem Sohn Friedrich eine gut organisierte Armee mit einer Stärke von 81 000 Mann und zehn Millionen Taler, die in Kisten im Keller des Berliner Schlosses lagerten. Friedrich II. beabsichtigte, das Erbe seines Vaters zu vermehren und investierte es in einen Eroberungskrieg. Am 16. Dezember 1740 marschierte er mit seiner Armee in Schlesien ein. Die Eroberung Schlesiens hatte zwei weitere Kriege (1744/45 und 1756–1763) zur Folge, die dem Land zwar einen beachtlichen Gebiets- und Prestigezuwachs brachten, aber seinen Untertanen große finanzielle und physische Opfer auferlegten.

Friedrich II., der aufgrund seiner Bildung und seiner künstlerisch-kulturellen Einstellung auch als aufgeklärter und toleranter Monarch in die Annalen der Geschichte einging, beanspruchte die ohnehin nicht üppigen wirtschaftlichen Reserven seiner Stadtbewohner über ein erträgliches Maß hinaus. Zwar unterstützte er gerade auch Neuruppin immer wieder mit größeren Summen, die für den Hausbau oder das Schulwesen bestimmt waren, aber der städtischen Wirtschaft half das wenig. Die Neuruppiner Tuchmacher und Handwerker hatten sich auf die Versorgung der großen Armee spezialisiert. Verließ die Garnison die Stadt, um in den Kampf zu ziehen, fehlten der Stadt wichtige Einnahmen, die sie auch nicht auf anderen Wegen kompensieren konnte.

Der aufgeklärte Monarch oder – wie er selbst sagte – der »erste Diener seines Staates« zeigte sich in Glaubensfragen tolerant. Im Hinblick auf die klein- und mittelstädtischen Privilegien und Rechte jedoch erwies sich Friedrichs Haltung als konservativ. Ob Kaufmann oder Handwerker – jeder sollte seine Zunftvorschriften beachten. Wirtschaftliche Initiativen, die diesen engen Zunftrahmen sprengten, konnten nicht mit der Unterstützung des Königs rechnen. Diese starre Wirtschaftspolitik den kleinen und mittleren Städten gegenüber sowie die Auswirkungen der Kriege bewirkten, dass auch in Neuruppin am Ende seiner Regierungszeit die Bilanz der städtischen Wirtschaft nicht positiv ausfiel.

Im Bereich der Bildung hingegen vollzog sich eine erfreulichere Entwicklung. Die viel gerühmte Toleranz Friedrichs II. kam auch der Kultur der Bürgerschaft zugute. Sowohl Pfarrer als auch Lehrer und städtische Beamte blieben von den Prozessen der Aufklärung nicht unbeeinflusst, und sie vermittelten diese Ideen auf vielfältige Weise weiter. Der Staat duldete dies im Allgemeinen. Manchmal unterstützte er diese Vermittlung auch bewusst. Unübersehbar ist der Einfluss der Aufklärung in der Diskussion um und während der Durchführung der Schulreform um 1777 in Neuruppin, die von staatlichen Beamten unterstützt und auch von Friedrich finanziell gefördert wurde. In der Regierungszeit Friedrichs II. wurden die kulturellen Grundlagen für die erfolgreiche Durchführung der späteren großen Reformprojekte gelegt.[48]

Der Nachfolger Friedrichs II., sein 42-jähriger Neffe Friedrich Wilhelm II., übernahm 1786 einen in vieler Hinsicht reformbedürftigen Staat. Doch Friedrich Wilhelm II., dem Schwärmer und »Rosenkreuzer«, fehlte es so ziemlich an allen dafür erforderlichen Voraussetzungen. Der Pfarrer Johann Christoph Wöllner und der einstige sächsische Offizier J. R. von Bischoffswerder übten einen großen und durchaus nicht positiven Einfluss auf den nicht mehr jungen König aus. Bereits 1788 erließ Friedrich Wilhelm II. ein neues Religions- und

Zensuredikt, das nach dem neuen Kultusminister auch das Wöllnersche Edikt genannt wurde. Es richtete sich gegen die Aufklärung und gegen ihre Protagonisten. Die Neuruppiner Schulreform musste auf Grund dieser Edikte in Teilen wieder zurückgenommen werden.[49]

Die Stärken dieses Königs lagen eher auf städtebaulichem und künstlerischem Gebiet. Dort investierte er auch erhebliche finanzielle Mittel, so dass der Staatsschatz in Höhe von ca. 51 Millionen Taler, den Friedrich II. seinem Neffen hinterlassen hatte, schon 1795 aufgebraucht war.[50] Das königliche Interesse an der Architektur und eine gewisse Leichtfertigkeit im Umgang mit dem Geld kamen auch den Neuruppiner Bürgern zugute, als sie einen schweren Schicksalsschlag verkraften mussten. Am 26. August 1787 vernichtete ein verheerender Stadtbrand große Teile Neuruppins. An dem Leid und der Not der Neuruppiner nahm Friedrich Wilhelm großen Anteil und versprach, den Wiederaufbau der Stadt finanziell zu unterstützen. An dieses Versprechen erinnerten ihn dann weit blickende staatliche und städtische Beamte immer wieder, so dass die Stadt – wie wir später noch sehen werden – in einem modernen Gewand neu errichtet werden konnte, und das, obwohl der Staat doch eigentlich angesichts der Kriege (Koalitions- und Interventionskriege gegen das revolutionäre Frankreich und durch die Teilungen Polens) keine finanziellen Reserven hatte. Der geschickten Diplomatie des Präsidenten der kurmärkischen Kammer, Otto Carl Friedrich von Voß, verdankt Neuruppin seine neue großzügige Stadtanlage. Doch in der Erinnerung der Zeitgenossen und der Borussischen Geschichtsschreibung wurde diese Ruhmestat stets dem König zugerechnet.[51]

1797 erlag Friedrich Wilhelm II. seinem Leiden, der Wassersucht[52], und hinterließ seinem Sohn, dem melancholischen Friedrich Wilhelm III., einen mit 40 Millionen Talern hoch verschuldeten und wirtschaftlich schwachen Staat. Auch dieser König besaß keine der Fähigkeiten, die zur Bewältigung der anstehenden Aufgaben nötig waren. Die äußere Bedrohung und der Reformstau im Innern des Staates überforderten diesen frommen und bescheidenen 27-jährigen Mann. Die vernichtende Niederlage der preußischen Armee bei Jena und Auerstedt 1806, der schmachvolle Frieden und die fragwürdige Bündnispolitik brachten Brandenburg-Preußen an den Rand seiner Existenz. Als Garnisonstadt bekam Neuruppin die Folgen dieser Politik leidvoll zu spüren. Die französische Besetzung und die hohen Kontributionen, die die Stadt zu zahlen hatte, beeinträchtigten die städtische Wirtschaft erheblich. Umso hoffnungsvoller nahmen die Bürger die am 19. November 1808 erlassene Städtereform auf und setzten sie mit Tatkraft um. Skeptischer wurde hingegen die Gewerbefreiheit von 1811 aufgenommen, da die kleinen Handwerker und Kaufleute die nicht zünftig eingebundene Konkurrenz fürchteten.

Die preußischen Reformen und die kollektiven Erlebnisse der Befreiungskriege 1813–1815 veränderten die Denk- und Verhaltensweisen der Bürger nachhaltig. Infolge der Verwaltungsreform 1815 wurde Neuruppin Kreisstadt.

Das nach alten Vorlagen 1998 neu geschaffene Standbild des preußischen Königs Friedrich Wilhelm II. auf dem Schulplatz. Die ursprüngliche Denkmalsanlage wurde von Karl Friedrich Schinkel entworfen; die Skulptur schuf Friedrich Tieck.
Die Ersteinweihung fand am 26. August 1829 statt; die Wiedereinweihung am 22. November 1998.

Zum Kreis Ruppin zählten sieben Städte und 128 Landgemeinden, die nunmehr zum Regierungsbezirk Potsdam der Provinz Brandenburg gehörten.[53]

Die Aufbruchsstimmung der Bürger, die aus den positiven Erlebnissen der Befreiungskriege und dem wirtschaftlichen Aufschwung gespeist wurde, hielt der politischen Realität der 30er-Jahre nicht sehr lange stand. Die Demagogenverfolgungen und die Restaurationszeit raubten den liberalen und fortschrittlich gesinnten Bürgern schnell ihre Illusionen. Dennoch entwickelte sich auch in den Provinzstädten eine bürgerliche Kultur und Lebensweise mit neuen Wertmaßstäben.

Das Selbstbewusstsein der Bürger speiste sich zunehmend aus der wirtschaftlichen Stärke, der kulturellen Bildung, dem sozialen Engagement und dem neuen Sozialprestige, das aus den persönlichen Leistungen resultierte. Dessen ungeachtet lebte man bewusst in einer Monarchie und zeigte dem Königshaus gegenüber die gebotene Achtung und Anerkennung. Erst mit den zunehmenden wirtschaftlichen Schwierigkeiten der dreißiger und vierziger Jahre des 19. Jahrhunderts begannen einige Bürger, am Gedanken der Monarchie als einer gottgewollten Ordnung zu rütteln. Als Friedrich Wilhelm IV.

1840 mit 45 Jahren den Thron bestieg, hofften viele Bürger auf wirtschaftliche und politische Veränderungen. Schließlich hatte sein Vater den Untertanen schon 1815 und dann noch einmal 1830 eine Verfassung versprochen, ohne dieses Versprechen jemals einzulösen. Die 1823 einberufenen Provinzialstände der Provinz Brandenburg setzten sich nicht nur aus den drei alten Ständen (1. Stand: Kirche, hoher Adel mit 34 Sitzen, 2. Stand: die Vertreter der Städte mit 22 Sitzen und 3. Stand: die Gutsbesitzer und Bauern mit 12 Sitzen) zusammen, sondern sie sicherte auch den konservativen Kräften die Mehrheit.[54]

Würde Preußen nun unter Friedrich Wilhelm IV. eine Verfassung erhalten? All die Erwartungen, die bürgerlich-liberale und demokratisch gesinnte Untertanen an diesen Regierungswechsel knüpften, erfüllten sich nicht. Stattdessen verschlechterte sich die wirtschaftliche und politische Situation im Lande rapide und führte letztendlich zum Ausbruch der 1848er Revolution.

In der ersten Hälfte des 19. Jahrhunderts erschütterten des Öfteren Wirtschaftskrisen, Teuerungen und Hungersnöte das städtische Leben. Die Unzufriedenheit der Bürger mit der Arbeit ihrer städtischen Verwaltungsgremien und speziell mit dem einen oder anderen Beamten nahm zu. Zwar wandten sich Vertreter der Stadt und der einzelnen Gewerke immer wieder an den Staat mit der Bitte um Hilfe und Unterstützung, aber die erstarrten Strukturen der staatlichen Verwaltung verhinderten zeitgemäße und flexible Problemlösungen. So wuchs auch in Neuruppin die Unzufriedenheit mit den bestehenden Verhältnissen.

Als es nun am 18. und 19. März 1848 in Berlin zu den blutigen Auseinandersetzungen zwischen den Demonstranten und dem Militär kam, gelangten die Informationen über die Ursachen und den Verlauf der Barrikadenkämpfe sehr schnell auch nach Neuruppin. Hier hatte man schon längere Zeit die revolutionären Ereignisse in Frankreich mit Spannung verfolgt. Alexander Gentz, ein Neuruppiner Kaufmannssohn, arbeitete zu jener Zeit als Volontär in Paris und berichtete seine Beobachtungen per Brief nach Neuruppin. Auch Zeitungen kamen so aus Frankreich in die märkische Provinzstadt und informierten über das Geschehen in Europa. Der 22-jährige Kaufmannssohn erfasste das Kernproblem dieser europäischen Revolutionen sehr schnell. So schrieb er, die Pariser und die Berliner revolutionären Ereignisse vergleichend, an seinen Bruder Wilhelm Folgendes: »Die Berliner sei zwar blutiger, dafür nicht so erfolgreich gewesen, denn die Hauptaufgabe der Revolution: den Sturz der Monarchie und die Herstellung eines einheitlichen demokratischen Deutschlands wurde nicht erfüllt. ... Jedenfalls müssen doch erst die unnützen Könige und Fürsten weggejagt werden, ehe wahre Einigkeit und ein deutsches Reich hergestellt werden kann. Bis jetzt ist die Revolution immer nur halb, denn nach heutigen Nachrichten zanken sich ja schon Preußen, Österreich, auch wohl die Bayern, um den Vorrang.«[55] Der Briefwechsel dieses jungen Kaufmanns aus der märkischen Provinz bezeugt einen beachtlichen Bildungsgrad, den er in Neuruppin erworben hatte und den er im Ausland erweiterte. Alexander Gentz gehörte zu jener heranwachsenden neuen Bürgergeneration, die zukünftig auch in Neuruppin versuchte, wirtschaftliche Innovation und demokratisches Denken erfolgreich in ihrem Wirken zu vereinen.

Die revolutionären Ereignisse 1848/49 veränderten den städtischen Alltag, da sich viele Einwohner politisch bewusster und radikaler engagierten und gruppierten. Die Anhänger der Monarchie mussten sich nun mit den Demokraten, den Liberalen und den organisierten Arbeitern auseinander setzen. Das Regieren auf allen Ebenen wurde dadurch nicht leichter, aber bürgerlicher und demokratischer. Die staatlichen, monarchischen Interessen scheiterten nicht selten an der kommunalen Sachpolitik.[56]

Seit der Einführung der Steinschen Städteordnung 1809 hatte sich die Stadt zunehmend auf ihre ureigensten Interessen konzentriert und den Einfluss des Staates so weit wie möglich zurückgedrängt. Die kommunale Selbstverwaltung ermöglichte es der Stadt, sich gegen staatliche Bevormundung und Einmischungen erfolgreich zu wehren. Das gewachsene bürgerliche Selbstbewusstsein zeigte sich auf wirtschaftlichen, kulturellen, sozialen und politischen Gebieten. Dennoch blieben die Bürger Neuruppins in das Machtgefüge des preußischen Staates fest eingebunden und in vieler Hinsicht auch abhängig von diesem.

Die städtische Wirtschaft und das Militär

In den drei Jahrhunderten zwischen der Mitte des 16. und der Mitte des 19. Jahrhunderts veränderten sich die Voraussetzungen für die Entwicklung der städtischen Wirtschaft grundlegend. Das starre Zunftwesen und die merkantilistische Wirtschaftspolitik des Staates grenzten den Bewegungsspielraum von Handwerkern, Kaufleuten und Kleingewerbetreibenden in den kleinen und mittleren Städten lange Zeit stark ein. Erst die Einführung der Gewerbefreiheit ermöglichte nach 1811 vereinzelt den Übergang vom Handwerk zur Manufaktur oder zur Fabrik. Dieser Übergang erfolgte zuerst im Textilgewerbe, das sich auf die Versorgung der Armee mit Tuchen spezialisiert hatte. Das Kaufmannskapital spielte im Vergleich zu Berlin oder anderen Großstädten im Neuruppiner Industrialisierungsprozess keine dominierende Rolle.

Doch schauen wir uns die wirtschaftliche Entwicklung nun etwas detaillierter an.

Mit dem Herrscherwechsel 1524 mussten sich auch die Neuruppiner Kaufleute, Handwerker und Kleingewerbetreibenden in den von den Hohenzollern vorgegebenen Aktionsradius einpassen. Im Mittelalter und unter der Herrschaft der Grafen von Arnstein ging es den Neuruppiner Fernhändlern durchaus gut. Der Getreidehandel und der Bierexport zählten neben der Tuchproduktion zu den wichtigsten Wirtschaftszweigen. Das änderte sich im 16. und 17. Jahrhundert. Nur noch wenige Kaufleute lebten in der Stadt vom Fernhandel. Die Zollpolitik der Kurfürsten und die Unsicherheit auf den Handelswegen schränkten die Möglichkeiten eines erfolgreichen Fernhandels stark ein. Der Getreidehandel kam fast ausschließlich in die Hände des Adels, der die bürgerlichen Kaufleute mit Billigung der brandenburgischen Kurfürsten erfolgreich verdrängen konnte. Adelsfehden, Kriege und Naturkatastrophen sorgten darüber hinaus für wirtschaftliche Einbußen.

Lebten im 14. Jahrhundert in Neuruppin ca. 2000 bis 3000 Einwohner in 420 Häusern, so wuchs bis 1500 die Bevölkerungszahl eher mäßig. Erstaunlich ist im Vergleich dazu jedoch, dass die Zahl der Häuser um 180 zunahm. Vermutlich investierten einige erfolgreiche Kaufleute und Handwerker in den Hausbau oder die wenigen Zuziehenden etablierten sich in neu erbauten Häusern.

Die spärlichen Überlieferungen aus jener Zeit berichten von den Klagen einzelner Handwerkszweige über die zunehmende Konkurrenz auf dem Lande und von nicht zünftigen Handwerkern, auch Störer genannt, die den Wettbewerb verzerrten. Die preisgünstige Rohstoffbeschaffung und der gesicherte Absatz der fertigen Erzeugnisse wurden den Handwerkern auf vielfältige Art und Weise erschwert. Je geringer der Umsatz der Handwerker und Kaufleute jedoch wurde, desto strikter versuchten sie, ihre Zunft vor unliebsamen Konkurrenten zu schützen. Fremde Handwerker wurden nur noch unter erschwerten Bedingungen in die Zunft aufgenommen, während die Meistersöhne oder Schwiegersöhne des Meisters doch so manches Privileg genossen. Die Zünfte hofften so, ihren Mitgliedern ein wirtschaftliches Auskommen zu sichern. Dieses zunehmend starrere Zunftsystem beeinträchtigte die wirtschaftliche Entwicklung Neuruppins bis zur Einführung der Gewerbefreiheit 1811. Lediglich die veränderten staatlich vorgegebenen Rahmenbedingungen ermöglichten im 18. Jahrhundert trotz strikter Zunftvorschriften wieder ein beachtliches wirtschaftliches Wachstum, das sich in erhöhten Akziseeinnahmen, der Bevölkerungszunahme und der zunehmenden Häuserzahl manifestierte. Bei allen Einschränkungen der lokalen Handlungsfreiheit, die der Merkantilismus und der Kameralismus für die städtische Wirtschaft bedeuteten, ermöglichten sie andererseits gerade in den ersten Jahrzehnten des 18. Jahrhunderts auch einen wirtschaftlichen Aufschwung.

Vor dem Dreißigjährigen Krieg wohnten in Neuruppin ca. 3500 Menschen in 623 Häusern. Die Kriegsfolgen, die Seuchen und andere Naturkatastrophen reduzierten die Einwohnerzahl immer wieder. So wütete beispielsweise 1583/84, 1599, 1602, 1607, 1631 und 1638 die Pest in der Stadt und forderte jedes Mal eine große Anzahl von Menschenleben. Die schlechten hygienischen Bedingungen und die Unkenntnis einer Seuchenprophylaxe bereiteten den Nährboden für den Ausbruch des schwarzen Todes. Hinzu kamen dann gerade in jenen Jahrzehnten extrem kalte Winter wie 1598/1599/1600 oder 1611/12. Ungünstige Klimabedingungen und schlechte Ernten verursachten nicht selten enorme Preiserhöhungen der Grundnahrungsmittel. Das Hauptnahrungsmittel Brot wurde zur teuren Mangelware. Die Menschen hungerten.

Allein 1610/11 starben 1256 Menschen an der Pest und 644 fanden den zu jener Zeit weit verbreiteten Hungertod.

Die Neuruppiner Bevölkerung war also schon vor dem Ausbruch des Dreißigjährigen Krieges 1618 stark dezimiert. Die erdrückenden Belastungen der militärischen Besetzungen und die finanzielle Ausbeutung durch den Kurfürsten und die besetzenden fremden Armeen konnten die Bewohner kaum verkraften. Wer nicht an den Seuchen, den Brutalitäten des Krieges oder am Hunger starb, floh irgendwohin, wo er sich größere Überlebenschancen erhoffte. Daher kann es nicht verwundern, dass 1642 in Neuruppin nur noch 600 Einwohner in 150 bewohnbaren Häusern lebten. Lediglich 17 Prozent der einstigen Bewohner hausten nach 24 Kriegsjahren noch in der Stadt. Jedes vierte Haus fiel den Kriegswirren zum Opfer.

Zu kalte Winter und heiße Sommer verursachten insbesondere in den zwanziger Jahren des 17. Jahrhunderts schlechte Ernten. Die Preise für Nahrungsmittel stiegen erheblich an. Hinzu kam noch der Münzverfall, da immer mehr schlechte Münzen in Umlauf gebracht wurden. Auch in Neuruppin wurden derart minderwertige Münzen geprägt und benutzt. Zwischen 1620 und 1622 wurden gutes Silbergeld, Taler und Gulden aufgekauft und auf die Wippe, die Waage, gelegt und dann gekippt bzw. ausgetauscht durch Groschen, Pfennige und Kreuzer. Gerissene Händler manipulierten die schwereren Münzen, indem sie einfach die Ränder abschnitten und die Münzen so verkleinerten. Das Edelmetall fiel (kippte) dann direkt von der Waage in ihre Taschen. Daher nannte man diese Zeit auch die Wipper-und-Kipper-Zeit.

In Neuruppin verdienten der Rat und angesehene Kaufleute ebenfalls an der Münzverschlechterung. Am 15. August 1621 fand der regierende Bürgermeister einen Fehdebrief, in dem vor den Kippern und Wippern Pauel Kißero, Zacharias Jacob und Hans Spier gewarnt wurde. Weitere Fehdebriefe folgten und sollten die Betroffenen zur Einsicht bringen. Vom 4. Juni 1622 datiert ein solcher Brief mit folgendem Inhalt: »Werdet ihr nicht den Groschen zu 3 Pfennige machen, wie er angenommen wird, und den Taler zu 24 Groschen, den einen wie den anderen, so wird es einen großen Aufruhr geben. Wehe euch, wenn ihr dies nicht ändert, es wird ein Grimm bei den Menschen aufsteigen, den ihr beantworten müsst. ... Oh, werdet ihr es machen, so wird alles gut, folget nicht eurem eigenen Willen, sondern dem des heiligen Geistes, damit die Armut beschützet werde. Und Reiche werden dürsten in der Hölle nach Wasser.«[57] Offenbar blieben diese Drohungen ungehört, denn um das Jahr 1623 rächten sich die betroffenen bzw. betrogenen Neuruppiner an den Münzprägern, Auswippern und Aufwechslern. In ihrem unbändigen Zorn stürmten sie ihre Häuser und ermordeten auch den einen oder anderen.[58] Selbstjustiz schien ihnen angesichts der hoffnungslosen Zeiten das sicherste Mittel zu sein, der anhaltenden Teuerung entgegenzuwirken. Die Lebenssituation der Stadtbewohner verschlechterte sich in den nächsten Jahren immer weiter.

Ein Jahr nach dem Westfälischen Friedensschluss von 1648, der den Dreißigjährigen Krieg beendete, zählte Neuruppin nur noch 142 Bürger. Das waren jene Einwohner, die das Bürgerrecht besaßen. 250 Häuser waren verwüstet und an die 200 Häuser hatten keinen Besitzer mehr. Nur zum Vergleich sei erwähnt, dass noch 1583 allein 160 reiche Bürger, die monatlich zwei Gulden für die Kriegskosten geben konnten, zur städtischen Bürgerschaft gehörten. Daneben gab es dann noch die minder vornehmen Bürger und Brauer, die 1 1/2 Gulden zahlten, und die gemeinen Bürger, die einen Gulden gaben.

Die wenigen Überlebenden begannen nach 1648 mit dem Wiederaufbau der zerstörten Häuser und der Wiederbelebung der städtischen Wirtschaft. Doch die Nachkriegsjahre brachten wohl noch nicht den gewünschten Aufschwung, zumal die Neuruppiner von weiteren Schicksalsschlägen nicht verschont blieben. 1669 legte beispielsweise ein Stadtbrand die Häuser der vermögenden Bürger in Schutt und Asche. Ein Vergleich zwischen der Zahl der steuerpflichtigen Häuser von 1651 und 1684 offenbart den weiteren baulichen Verfall der Stadt. Unmittelbar nach dem Krieg waren 39 Prozent dieser Häuser nicht bewohnt und bis 1684 stieg dieser Prozentsatz auf 44 Prozent an. Fast die Hälfte der steuerpflichtigen Häuser lag also schon wüst, als am 14. August 1699 ca. 30 Prozent der Häuser Neuruppins verbrannten.[59]

Die Stadt bot um 1700 keinen sehr einladenden Anblick. August Friedrich Bratring berichtete: »In Neu Ruppin lag 1701 von der Klosterkirche an bis zur Probstei- und Leineweberstraße alles wüste. In der Klosterstraße hatte ein Bürger sogar Korn gesäet.«[60] Diese »ländliche Idylle« zog leider nicht die so dringend benötigten Zuwanderer an. Nur vereinzelt scheint sich der eine oder andere Fremde nach Neuruppin verirrt zu haben.

Der Kurfürst Friedrich Wilhelm und seine Nachfolger hatten immer wieder bereitwillig Glaubensflüchtlinge in ihrem Land aufgenommen. 1671 fanden wohlhabende Wiener Juden in Brandenburg-Preußen eine neue Heimat. 1685 gestattete Kurfürst Friedrich Wilhelm mit dem Edikt von Potsdam den französischen Hugenotten, sich hier anzusiedeln. Später kamen Pfälzer, Salzburger und andere wegen ihres Glaubens Vertriebene ins Land. Doch nach Neuruppin wanderten die wenigsten. Lediglich eine kleine Anzahl von deutschen und französischen Reformierten ließ sich um 1691 in der Stadt nieder. Sie begründete hier die deutsch-reformierte Gemeinde.

Zu den Zuziehenden gehörten nach 1657 auch die Angehörigen der Neuruppiner Garnison. Die Brandenburgischen Dragoner wurden 1657 unter General Derfflinger in Neuruppin stationiert und 1663 wurden 91 ehemalige Soldaten hier angesiedelt. Während der letzten großen Schlacht der Brandenburger gegen die Schweden 1675 nahm der Generalstab der brandenburgischen Armeen in Neuruppin das Winterquartier.[61]

Immer wieder begannen Kaufleute, Handwerker und Kleingewerbetreibende in diesen schwierigen Nachkriegsjahren, ihre Häuser aufzubauen und ihr Gewerbe zu beleben. 1701 schenkte der König der Stadt Holz und zehn Freijahre, um den Wiederaufbau der Häuser zu stimulieren. Von diesen Vergünstigungen profitierten die Bauwilligen und die Baubranche erheblich, denn in wenigen Jahren wurden an die 200 Häuser neu aufgebaut. Ein Häuserverzeichnis aus dem Jahr 1711 gibt uns detaillierte Auskunft über 618 Hausstellen, von denen nur noch acht Prozent unbebaut waren.

Vermutlich wohnten nun auch wieder um die 3000 Einwohner in der Stadt. Ob die Bevölkerungszunahme überwiegend eine Folge der Geburtenüberschüsse oder der Zuwanderung war, lässt sich nicht mehr ermitteln, da die lutherischen Kirchenbücher den Flammen des Stadtbrandes von 1699 zum Opfer fielen.

Das 18. Jahrhundert begann für Neuruppin hoffnungsvoll. Die Bauhandwerker hatten viel zu tun und auch die anderen Gewerke konnten über Arbeitsmangel vorerst nicht klagen. Die Tuchmacher setzten ihre Waren noch in Dänemark und Schweden ab. Das Neuruppiner Bier gelangte auf die Tische der Bernauer, der Berliner, der Charlottenburger oder Potsdamer. Trotz der erheblichen Steuererhöhungen (1701, 1704 oder 1708) durch Friedrich I. und der schlechten Ernten von 1706 und 1708 mit ihren typischen Folgen, dem Anstieg der Lebensmittelpreise und dem Hunger derjenigen, die die hohen Preise für die Nahrungsmittel nicht zahlen konnten, blühte das Neuruppiner Gewerbe auf. Die Akziseeinnahmen der Stadt lagen zwischen 1693 und 1712

Denkmal zur Erinnerung an die Schlacht von Fehrbellin, errichtet im Jahre 1800, restauriert 2002/2003.

bei 207 879 Talern und damit weit über den entsprechenden Einnahmen der Städte Potsdam (154 792 Taler), Spandau (140 998 Taler) oder Stendal (109 219 Taler). Diese seit 1667 in Neuruppin erhobene erweiterte Verbrauchersteuer signalisierte eine bemerkenswert hohe Kaufkraft der Einwohner.

Auch die in den Jahren 1713 bis 1732 steigenden Akziseeinnahmen deuten auf die wachsende Wirtschaftskraft der Stadt hin. Mit 304 940 Talern stand Neuruppin an vierter Stelle aller kurmärkischen Städte. Lediglich die prosperierende Residenzstadt Berlin, die alte Gewerbestadt Brandenburg an der Havel und die Universitäts- und Messestadt Frankfurt an der Oder wiesen höhere Akziseeinnahmen auf.[62]

Die merkantilistische Wirtschaftspolitik der preußischen Könige und der extreme Ausbau der Armee durch Friedrich Wilhelm I. nutzten der Neuruppiner Wirtschaft. Die Ein- und Ausfuhrverbote und die Zollpolitik Brandenburg-Preußens gewährleisteten die Produktion und den Absatz der Erzeugnisse im eigenen Land. Den Neuruppiner Tuchmachern kam das sehr entgegen. Geschützt vor der unliebsamen ausländischen Konkurrenz und kontinuierlich versorgt mit wichtigen Rohstoffen produzierten sie verschiedene Tucharten fast ausschließlich für die preußische Armee. Die wachsende Armee brauchte immer mehr Stoffe, um vorschriftsmäßig gekleidet zu sein. Das Berliner Lagerhaus, das Uniformtuche in einer Manufaktur herstellte, verlegte zunehmend auch kleine Tuchmacher in anderen märkischen Städten. Viele Neuruppiner Tuchmacher bekamen daher ihre Rohstoffe vom Berliner Lagerhaus und lieferten ihre fertigen Produkte dorthin.

Aber nicht nur die preußische Armee benötigte Uniformtuche. Zar Peter I. baute ebenfalls eine schlagkräftige Armee auf. Für diese suchte er in Europa nach geeigneten Tuchlieferanten. 1725/26 gründeten Berliner, Frankfurter und Landsberger Unternehmer die Russische Handelskompanie, die der Soldatenkönig mit zahlreichen Zoll- und Handelsprivilegien ausstattete. Die Nachfrage nach Tuchen wuchs beständig. Für die Aufträge der Russischen Handelskompanie mussten an die 800 bis 1000 Tuchmacher beschäftigt werden. Dieser Bedarf überstieg sehr bald die Arbeitsmöglichkeiten der kurmärkischen Tuchmacher. Immer wieder kam es zu Klagen, dass es an Tuchmachern mangele.

In Neuruppin stellten die Tuchmacher gut ein Viertel aller Gewerbetreibenden. Die Abhängigkeit der städtischen Wirtschaft von der Tuchproduktion wurde immer größer. Doch solange dieses Gewerbe florierte, konnten auch die anderen Handwerker und Kaufleute ihre Waren gut absetzen. In den zwanziger Jahren, ausgenommen sei hier die Absatzkrise der Wollindustrie 1728/29, beklagten sich das Berliner Lagerhaus auf der einen Seite und die Russische Kompanie auf der anderen Seite immer wieder darüber, dass die Neuruppiner Tuchmacher ihre ganze Produktion nicht ausschließlich an das Lagerhaus bzw. an die Kompanie lieferten. Jeder Unternehmer beanspruchte die Tuche für sich und verlangte, dass die Produktion für den anderen sofort einzustellen sei. In diesen Jahren erhöhten sich die Akziseeinnahmen kontinuierlich. Die gut verdienenden Tuchmacher und Gewandschneider sorgten auch für einen höheren innerstädtischen Warenumsatz. Auch die Soldaten und ihre Familienangehörigen fanden in diesen Zeiten leichter eine Möglichkeit, als Spinner oder durch andere Lohnarbeit etwas zu verdienen, so dass sie ebenfalls zur Erhöhung der Kaufkraft beitrugen. So konnten die Akziseeinnahmen von 15 966 Taler im Jahr 1728 auf 20 637 Taler bis 1735 steigen. Danach sanken die Einnehmen leicht, um 1739 einen vorerst letzten Höhepunkt von 21 055 Talern zu erreichen.

Diese erfreulichen Zeiten endeten für die Neuruppiner Tuchmacher allerdings schon 1737. Der Soldatenkönig verlängerte die Handelsprivilegien für die Russische Kompanie nicht. Ohne diese Vergünstigungen rechnete sich das Unternehmen nicht mehr. Die Kompanie löste sich auf und die Tuchmacher verloren ein wichtiges Absatzgebiet.

Im Todesjahr des Soldatenkönigs 1740 gab es in Neuruppin 133 Tuchmacher, von denen jedoch nur noch 80 Meister selbstständig arbeiteten. Die übrigen Tuchmacher schlugen sich mit Gelegenheitsarbeiten durch, da sie offenbar auch niemanden mehr fanden, der sie verlegte, das heißt, der ihnen Wolle zur Produktion zur Verfügung stellte und die fertigen Waren verkaufte. Nach der Expansion des Gewerbes in den 20er-Jahren reichte der binnenländische Absatz allein nicht mehr aus, um alle Tuchmacher zu ernähren. Die Neuruppiner Tuchmacher belieferten drei Regimenter und ein Bataillon mit ihren Produkten. Immer wieder baten sie, dass man ihnen noch mehr Regimenter zur Versorgung zuweisen möge. Nur dann wäre der Absatz ihrer Stoffe gesichert. Eine Folge der Verdienstausfälle der Tuchmacher war die sinkende Kaufkraft in der Stadt. Auch andere Gewerke in der Stadt spürten den Rückgang der Kaufkraft.

1740, als Friedrich II. den Thron bestieg, hofften die Neuruppiner Gewerke, dass dieser ihnen tatkräftig unter die Arme greifen würde. Schließlich kannte er aus seiner Ruppiner Zeit und späteren Aufenthalten die Neuruppiner Verhältnisse sehr genau. So verfassten fast alle 35 Gewerke Klageschriften und Bittgesuche. Die Tuchmacher beschweren sich über die Konkurrenz des Berliner Lagerhauses, das die Wollpreise verderbe. Die Zimmerer, Schneider, Leineweber, Töpfer und Tischler machten die unlautere Konkurrenz der Landhandwerker für ihre Absatzprobleme verantwortlich. Auch die anderen Handwerker plagten sich mit dem zurückgehenden Absatz ihrer Produkte und den nicht zünftig eingebundenen Konkurrenten. So verkauften Krämer und Pfarrer im Umland Bücher und Kalender, die in Halle und Berlin gebunden worden waren. Dagegen protestierten dann die Neuruppiner Buchbinder. Den Pantoffelmachern missfiel es, dass immer mehr Menschen in Holzpantinen herumliefen.

Auch das Neuruppiner Bier fand immer weniger Absatz. 1736/37 produzierten die Brauer noch 22 085 Tonnen Bier. Zwei Jahre später waren es nur noch

19 887 Tonnen Bier. Gerade in den aufblühenden Residenzstädten Berlin und Potsdam trank man immer weniger Ruppiner Bier. Offenbar versorgten sich diese Städte zunehmend mit eigenen und anderen Produkten.

Die Hoffnungen, die die Neuruppiner an die Regierungsübernahme durch Friedrich II. geknüpft hatten, wurden teilweise erfüllt. Die Neuruppiner Tuchmacher erhielten weitere Regimenter zur Belieferung mit Tuchen zugewiesen, um so ihren Absatz zu erhöhen. Darüber hinaus ließ Friedrich Wollmagazine errichten, die den armen Tuchmachern die Rohstoffe billiger und gegebenenfalls auch auf Kredit zur Verfügung stellen sollten. 1741 arbeiteten 141 Tuchmacher in der Stadt und von denen waren 29,1 Prozent als Gesellen tätig. 1749 produzierten sie 33 246 Ellen Tuche für das Heer. Sie lieferten Stoffe für 13 Bataillone, die zur Herstellung der Obermontierung verwendet wurden, und 7240 Ellen weißes Tuch zum Einfärben. Mit diesem Produktionsumfang rangierte Neuruppin an dritter Stelle der märkischen Städte. Nur Brandenburg und Potsdam produzierten mehr Tuche.[63]

Friedrich II. setzte im Wesentlichen die merkantilistische Wirtschaftspolitik seines Vaters fort. Die Entwicklung der kleinen und mittleren Städte schien ihm nur gesichert zu sein, wenn dort Bedingungen vorherrschten, die jedem kleinen Handwerker, Kaufmann und Kleingewerbetreibenden sein Auskommen sicherten. Die alten Privilegien, Rechte und Zunftvorschriften ermöglichten seiner Meinung nach die wirtschaftliche Existenz des einzelnen Stadtbewohners und garantierten die altständische Ordnung. Daher achtete er stets auf die Einhaltung dieser Rechte und verweigerte jedem, der ein neues oder erweitertes Privileg beantragte, seine Zustimmung. Diese konservative Einstellung hatte zur Folge, dass sich die wirtschaftlichen Strukturen im Verlaufe seiner Regierungszeit weiter verfestigten. Innovative Ideen oder strukturelle Veränderungen hatten in den märkischen Klein- und Mittelstädten kaum eine Chance der Realisierung.

So halfen die ersten Hilfsmaßnahmen Friedrichs der städtischen Wirtschaft aus ihrer Krise, doch ebneten sie nicht den Weg für eine weitere gedeihliche Entwicklung. Die Klagen der Handwerker und Gewerbetreibenden wiederholten sich in den nächsten Jahren. Hinzu kamen die finanziellen Belastungen durch die Schlesischen Kriege (1740–1742; 1744–1745; 1756–1763). 1758 mussten die Neuruppiner 37 675 Reichstaler an Kontributionen aufbringen und 1760 zahlten sie 2000 Taler Brandschatzgeld an die russischen Kosaken, um der Stadt Plünderung und Brandschatzung zu ersparen. Das Neuruppiner 34. Infanterie-Regiment »Prinz Ferdinand« befand sich im Felde. Die Soldatenfrauen und -kinder waren zumeist auf die Unterstützung seitens der Stadt angewiesen, um überhaupt überleben zu können. Den kleinen Handwerkern fehlten die Soldaten als Käufer der alltäglichen Waren.

Nach dem Siebenjährigen Krieg verschlechterten sich die Lebensbedingungen für viele Stadtbewohner. Viele Tuchmacher, die unter dem zunehmenden Preisdruck der Abnehmer litten, verarmten. Die Regimenter legten die Preise für Tuchlieferungen langfristig fest. Das Risiko, das durch schlechte Ernten und steigende Rohstoffpreise entstand, trugen die Produzenten allein. So blieb es nicht aus, dass viele Tuchmacher ihre Schulden gegenüber dem Wollmagazin nicht mehr bezahlen konnten. 1786 verlangten 80 arme Tuchmacher, dass Friedrich II. ihnen die Wollmagazinschulden von 467 Talern erlassen und ihnen einen erneuten Vorschuss von 8000 Taler gewähren möge. Ansonsten wüssten sie nicht, wie sie weiter arbeiten sollten. Die Tuchmacher erhielten abermals einen Vorschuss. Die Preispolitik verbesserte sich so jedoch nicht. Der zuständige Steuerrat von Lindenau versuchte auch noch einmal, Friedrich das ganze Dilemma der ungerechten Preisgestaltung der übertreuerten Rohstoffe auf der einen Seite und der zu billigen fertigen Tuche auf der anderen Seite zu verdeutlichen. Nur wenn die Tuchmacher die hohen Rohstoffpreise an die Verbraucher weitergeben konnten und wenn man dafür sorgte, dass genügend gute Rohstoffe vorhanden sind, konnte der Tuchmacher erfolgreich arbeiten. Doch das hätte andererseits auch bedeutet, dass sich der Unterhalt der Armee verteuerte und daran hatte Friedrich mit Blick auf die Staatskasse kein Interesse.

Neben den vielen armen Tuchmachern gab es in Neuruppin aber auch einige wenige erfolgreiche Tuchproduzenten, die von sich aus versuchten, ihr Gewerbe flexibler zu organisieren. Mit dem Hinweis auf ein altes Privileg baten sie Friedrich II., ihnen allein den Gewandschnitt und somit den Handel mit den Tuchen zu gestatten. Die Neuruppiner Kaufleute hätten ohnehin ihr gutes Auskommen, da es in der Stadt keine Juden gäbe, die ihnen als Konkurrenten das Leben erschwerten. Die wohl nicht unbedeutende mittelalterliche jüdische Gemeinde Neuruppins löste sich 1571 auf, als Kurfürst Johann Georg alle Juden aus seinem Land vertrieb. Danach lebten viele Jahrhunderte keine Juden mehr in der Stadt. Dennoch sahen die Kaufleute nicht ein, dass sie auf den erträglichen Tuchhandel verzichten bzw. unliebsame Handwerker als Konkurrenten dulden sollten. So beschwerten sie sich beim König über jene Tuchmacher, die die Zunftvorschriften missachteten und sogar zur Frankfurter Messe reisten. Nun förderte Friedrich II. bekanntlich mit hohen Zuwendungen christliche Unternehmer, die in Berlin, Potsdam oder Frankfurt an der Oder Seidenmanufakturen errichteten oder die eine oder andere ihm wichtig erscheinende Manufaktur in anderen märkischen Städten, aber für die Wünsche jener Neuruppiner Tuchmacher hatte er kein Verständnis. Nach einem umfangreichen Briefwechsel, an dem sich auch sachverständige Beamte mit vernünftigen Ansichten beteiligten, verbot Friedrich entgegen dem fachmännischen Rat seiner Beamten den Neuruppiner Tuchmachern den Handel. In den kleinen und mittleren Städten sollte alles beim Alten bleiben, nur so, glaubte der König, hätte jeder sein Auskommen, und die dringend benötigten Akziseeinnahmen füllten die Staatskasse.

Die Mehrzahl der kleinen Handwerker teilte sicherlich diese Ansicht des Königs. Insbesondere die Neuruppiner Brauer fassten diese Sichtweise auch in

Worte. Seit der Mitte des 18. Jahrhunderts fiel es den Brauern immer schwerer, Käufer für ihr Bier zu finden. Allein der Bierabsatz nach Berlin reduzierte sich 1746/49 um 4641 Tonnen im Vergleich zu den Jahren 1736/39. Von den einstigen 101 Neuruppiner Brauern gaben zwanzig das Gewerbe ganz auf, zwölf brauten nur noch für den eigenen Bedarf und vier spezialisierten sich auf die Weißbierherstellung. Lediglich 27 Brauer lieferten ihr Bier noch nach Berlin, Potsdam, Spandau, Bernau, Charlottenburg und an einzelne Landkrüge. Weitere zwölf Brauer versorgten nur noch einige Landkrüge mit ihrem Bier. 26 Brauer boten ihre Produkte in der eigenen Schankstube an. Ein heftiger Streit um die gerechte Verteilung der noch verbleibenden Absatzmärkte entbrannte. Brauer, die ihr Bier in Berlin nicht mehr verkaufen konnten, belieferten damit die Landkrüge. Gegen diese unlautere Konkurrenz protestierten dann wiederum jene Brauer, die nur Landkrüge mit ihrem Bier versorgten. Sie fürchteten zu Recht, vom schrumpfenden Markt verdrängt zu werden. Der Brauer Joachim Roloff schrieb daher an Friedrich II., »dass um etwa fünf reicher Bürger und Brauer noch mehr zu erlangenden Überschusses willen, wir übrigen alle schlechterdings zu grunde gehen und verarmen sollten.«[64] Kurzzeitig konnte dieser Selektionsprozess noch aufgehalten werden und der eine oder andere Brauer produzierte noch einige Zeit sein Bier. Doch die überalterten Produktions- und Verteilungsstrukturen trugen letztendlich dazu bei, dass die städtische Wirtschaft immer krisenanfälliger wurde. Der Rückgang der Steuereinnahmen deutet darauf hin. Trotz höherer Tarife für Wein, Bier, Branntwein und Schlachtfleisch und der zunehmenden Einwohnerzahl sanken die Akziseeinnahmen von 21 055 Talern (1739) auf 17 266 Taler (1785).

Aber nicht nur die beiden großen Gewerbezweige Neuruppins kämpften in der zweiten Hälfte des 18. Jahrhunderts mit wirtschaftlichen Schwierigkeiten, sondern auch die anderen Gewerbe und der Handel. Die Kriege und zahlreiche Naturkatastrophen verschlechterten die Lebensbedingungen der Stadtbewohner erheblich.[65]

Die Häuserzahl der Stadt erhöhte sich von 618 im Jahr 1711 auf 649 im Jahr 1740. Von den 649 Häusern waren 17 ohne Besitzer und 21 baufällig. Für den Aufbau der wüsten Stellen und die Reparatur der Häuser gab Friedrich II. der Stadt 9000 Taler. Als er jedoch nach den ersten beiden Schlesischen Kriegen Neuruppin abermals besuchte, bot die Stadt einen traurigen Anblick. 1745 hatte ein großer Hagelschlag viele Häuser stark beschädigt. Zwei Jahre später wurden Dächer und Fenster durch einen gewaltigen Sturmwind in Mitleidenschaft gezogen. Vielen Einwohnern fehlte das Geld, um die erforderlichen Reparaturen ausführen zu lassen. Friedrich befahl zwar, dass die Bürger zur Reparatur anzuhalten wären, die Gelder der Feuersozietät reichten aber längst nicht aus. Erst zwanzig Jahre nach dem Ende des Siebenjährigen Krieges stellte Friedrich für die Reparatur und den Neubau massiver Häuser wieder eine größere Summe aus der Staatskasse zur Verfügung. 1785 gab es in der Stadt sieben massive Häuser, 790 Häuser mit Ziegeldach, ein Haus mit

Strohdach, sechs Kirchen, 85 Scheunen und nur noch fünf wüste Stellen. Zu den neu gebauten Häusern zählten auch die Kasernen.[66]

Als Friedrich, damals noch Kronprinz, mit dem Infanterie-Regiment von der Goltz in Neuruppin Quartier bezog, kamen die einfachen Soldaten in den Bürgerhäusern unter. Für Friedrich selbst wurde ein Haus gekauft und hergerichtet. Dem Bataillon gehörten damals 1646 Mann an (50 Offiziere, 118 Unteroffiziere, 196 Grenadiere und 1220 Musketiere). In jedem Bürgerhaus mussten demnach ca. drei Militärpersonen Quartier beziehen. Die räumlichen und sozialen Belastungen, die diese Einquartierungen für die Bürger darstellten, verursachten zahlreiche Konflikte. Zumal das umfassende Kontrollsystem, das Desertionen verhindern sollte, verlangte, dass auch nachts von den Wachhabenden zu prüfen war, ob die Soldaten auch wirklich in ihren Betten lagen. Meldete sich also der einquartierte Soldat nicht auf Zuruf, wurde der Quartierwirt geweckt und mit ihm ging dann der Wachhabende auf die Suche nach dem Soldaten. Befand sich der gesuchte Soldat nicht im Bett, wurde sofort Alarm ausgelöst. Eine Kanone schoss dann mehrere Schüsse ab, um den Bewohnern des Grenzortes Katerbow zu signalisieren, dass ein flüchtender Soldat unterwegs war. Gleichzeitig wurde in der Stadt die Deserteurglocke der Klosterkirche geläutet und nun wusste jeder in der Stadt, dass man einen Deserteur suchte. An Schlaf war nicht mehr zu denken. Die Bürger nahmen daher sehr unmittelbar am Alltag der Soldaten Anteil.[67]

Deserteure wurden hart bestraft. Nur wer das nahe gelegene Netzeband erreichte, konnte sich in Sicherheit wägen. Die wieder eingefangenen Soldaten mussten Spießruten laufen. Bei der ersten Desertion musste der Soldat sechsmal durch die Gasse laufen, bei der zweiten achtmal und bei der dritten dann zwanzigmal. Diese Strafaktionen fanden auf dem Neuen Markt statt. Sie stellten wohl auch immer ein unterhaltsames Ereignis dar, an dem Schaulustige teilnahmen. Diese drastischen Strafen hielten die armen, meist in den Soldatenstand gezwungenen Männer nicht von Fluchtversuchen ab. Ein Leben außerhalb der Garnison und in relativer Freiheit schien ihnen so erstrebenswert, dass sie immer wieder das Risiko, auf der Flucht erwischt zu werden und am Galgen zu enden, auf sich nahmen.

Als Ende der dreißiger Jahre noch ein weiteres Bataillon von Nauen nach Neuruppin verlegt werden sollte, wurden die Unterkünfte knapp. Friedrich II. übertrug 1740 seinem jüngsten Bruder Ferdinand das Neuruppiner Regiment, das sich nun 34. Infanterie-Regiment »Prinz Ferdinand« nannte. Zur Garnison zählten 1740 1646 Mann, 1785 2440 Mann und 1806 2180 Mann.

1740 ließ der König Friedrich II. Kasernenstuben für verheiratete Soldaten auf dem ehemaligen Gelände des Dominikanerklosters (Kräutergarten) und auf dem Taschenberg (heute Erich-Mühsam-Straße) errichten. Der Ingenieur Kautsch leitete die Bauarbeiten. Die Kasernenstuben befinden sich bis heute in der Bergstraße 1–3, 57 und in der heutigen Erich-Mühsam-Straße 16, 19–21. Da aus unterschiedlichen, heute kaum zu klärenden Gründen diese Stuben von den Soldatenfamilien nicht bezogen wurden, befahl Friedrich 1743, diese Kasernenstuben an arbeitsame Leute zu verschenken. In den Gebäuden wurden dann ebenfalls die Regimentsschule, das Garnisonslazarett und ein öffentliches Arbeitshaus untergebracht. Die übrigen Wohnungen, die jeweils aus einer einfenstrigen Kammer und einer zweifenstrigen Stube (daher Kasernenstube) bestanden, wurden von Handwerkern und Gewerbetreibenden bezogen. Diese ersten Eigentumswohnungen erhielten sich in der Erich-Mühsam-Straße und in der Bergstraße, wenn auch nicht immer mit der ursprünglichen Fassade, bis heute. Sie gehören heute zu den ältesten Kasernenanlagen des preußischen Staates. [68]

Der weitere Ausbau der Neuruppiner Garnison belastete die Bürger in vielfacher Hinsicht. Um nun wenigstens der räumlichen Enge in den Bürgerhäusern entgegenzuwirken, beschloss Friedrich 1767, eine größere Kaserne zu errichten. So wurde die dreigeschossige Ludwigskaserne (heute August-Bebel-Straße) mit 50 Stuben und Kammern gebaut. Offenbar entsprach diese Bauweise eher den Bedürfnissen der Soldatenfamilien und sie zogen ohne Protest ein. Der Zuspruch motivierte Friedrich II., 1775 noch eine zweite derartig große Kaserne bauen zu lassen. Diese Kaserne wurde an der Friedrichstraße (heute Friedrich-Engels-Straße) errichtet und bestand aus 51 Stuben und Kammern, die von einem langen Flur abgingen. 1780 setzte sich die Neuruppiner Militärbevölkerung aus 1217 Männern, 534 Frauen, 356 Söhnen und 335 Töchtern zusammen. Etwas mehr als die Hälfte der Männer war verheiratet und hatte Kinder. Bis zum Jahr 1800 reduzierte sich die Zahl der Militärangehörigen in der Stadt etwas. Nunmehr lebten noch 766 Männer, 339 Frauen, 260 Söhne und 253 Töchter in der Stadt. Schon im folgenden Jahr wies die Garnison, die aus dem Stab und zwei Bataillonen des Infanterie-Regiments Nr. 34 be-

Als Kasernen auf Befehl Friedrichs II. errichtet, als Wohnungen verkauft – die so genannten Kasernenstuben. Foto von 2004.

stand, wieder eine Stärke von 2603 Personen (1560 Männer, 440 Frauen, 302 Söhne und 301 Töchter) auf.[69]

Im Zeitraum von 1740 bis 1785 wuchs die Neuruppiner Zivilbevölkerung jährlich im Durchschnitt um 0,37 Prozent. In 45 Jahren erhöhte sich also die zivile Bevölkerung von 3454 Menschen (1740) auf 4076 Menschen (1785). Dieses geringe demographische Wachstum widerspiegelt auch die oben schon beschriebene wirtschaftliche Misere der Stadt. Die beiden Exportgewerbe befanden sich in einer strukturellen Krise, die die anderen Wirtschaftszweige ebenfalls negativ beeinträchtigte. In dieser ohnehin schwierigen Lage vernichtete ein großer Stadtbrand am 26. August 1787 große Teile der Stadt. 415 Bürgerhäuser, drei Kirchen, die Schulen, die Häuser der Prediger, das Prinzliche Palais, das Rathaus und viele Nebengebäude verbrannten binnen weniger Stunden.[70]

Eine große und regional weitreichende Solidaritätsbewegung mit den Opfern, der sich auch König Friedrich Wilhelm II. anschloss, und der Elan couragierter Beamter und Bürger bewirkten, dass Neuruppin in den nächsten achtzehn Jahren größer und schöner neu aufgebaut wurde. Die bereits 1788 beginnende rege Bautätigkeit belebte nach und nach die gesamte städtische Wirtschaft. Die einzelnen Handwerkszweige und der Handel profitierten von dem Baugeschehen. Aber auch die Tuchproduktion nahm sehr bald wieder einen dominierenden Platz innerhalb der städtischen Wirtschaft ein. Am Ende des 18. Jahrhunderts weist Neuruppin mit einer Handwerkerdichte von 147,7 Handwerkern je 1000 Einwohner einen Wert auf, der über dem für die Versorgung des Binnenmarktes erforderlichen Wert von 100 bis 120 Handwerkern je 1000 Einwohnern lag. Die Handwerkerdichte erhöhte sich noch bis 1801 auf 160,4 je 1000 Einwohner.

1801 wurden bereits 674 steuerpflichtige und zwölf privilegierte Häuser verzeichnet. Die fünfzehn wüsten Stellen deuten darauf hin, dass der Aufbau noch nicht abgeschlossen war. Mit der feierlichen Einweihung der neuen Kirche St. Marien am 23. März 1806 fand der Wiederaufbau seinen Abschluss. Neuruppin hatte jene 1788 geplante moderne städtebauliche Gestalt angenommen, die sie bis heute bewahrt hat. Das Stadtbild veränderte sich im 19. Jahrhundert durch den Bau von Fabriken, des Gaswerkes und nobler Villen als Folge der Urbanisierung und Industrialisierung. Die moderne Leistungsverwaltung veränderte auch die Ansprüche an die entsprechenden Räumlichkeiten.

Bis 1818 erhöhte sich die Zahl der steuerpflichtigen Häuser auf 722 und dann bis 1829 noch einmal auf 737. Nun fanden immer weniger Bürger innerhalb des Stadtgebietes noch freien Baugrund. Da die Einwohnerzahl der Zivilbevölkerung jedoch von 4429 Menschen im Jahr 1800 auf 9533 Menschen im Jahr 1858 beträchtlich zunahm, erhöhte sich die Behausungsziffer (Zahl der Bewohner eines Hauses). Immer mehr Einwohner wohnten zur Miete. 1801 kamen beispielsweise 7,1 Zivilpersonen auf ein Bürgerhaus, 1829 waren es schon 10 Personen und 1857 lebten im Durchschnitt 13,3 Personen

Friedrich II. und Neuruppin

Der Konflikt zwischen dem spartanisch lebenden und an Kultur kaum interessierten Soldatenkönig Friedrich Wilhelm I. und seinem künstlerisch begabten Sohn Friedrich eskalierte. Friedrich wollte mit 18 Jahren das Land verlassen. Die Flucht oder, wie es der Vater sah, die Desertion missglückte. Friedrich wurde daraufhin 1730 auf die Festung Küstrin gebracht. Für Friedrich Wilhelm I. stand es zweifelsfrei fest, dass sein Sohn desertieren wollte und auf dieses Vergehen stand die Todesstrafe. Nur mit Mühe konnte er davon abgebracht werden, seinen Sohn auf diese Weise zu bestrafen. Friedrich musste in Küstrin mit ansehen, wie sein Freund Katte hingerichtet wurde. Der gedemütigte Friedrich hielt es nun für taktisch klug, fortan den geläuterten Sohn zu spielen und sich den Wünschen seines Vaters unterzuordnen.[71]

Friedrich Wilhelm I. versetzte seinen Sohn 1732 als Regimentschef nach Neuruppin, wo er sich als Kronprinz und Militärangehöriger bewähren sollte. So zog dieser am 28. Juni 1732 mit dem I. Bataillon des Regiments von der Goltz (Regiment Kronprinz) in Neuruppin ein. Für den Kronprinzen ließ sein Vater ein Mietshaus, das zuvor der Obrist von Wreech bewohnt hatte, für jährlich 48 Taler anmieten und einrichten. Es lag an der Ecke, die die Robert-Koch-Straße (Prinzenstraße) und der Rosenplatz (Prinzenplatz) in Richtung Karl-Marx-Straße (Friedrich-Wilhelm-Straße) bilden. 1769 wurde die Stadt von der Erbengemeinschaft Litzmann/Mollius genötigt, das Haus für 800 Taler zu kaufen. 1787 vernichtete der große Stadtbrand das Anwesen.[72]

Natürlich war der Aufenthalt in dieser mittelgroßen Tuchmacher- und Garnisonstadt Neuruppin für den 20-jährigen Kronprinzen alles andere als erstrebenswert. Es mangelte ja nicht nur an standesgemäßer und zerstreuender Gesellschaft. Dem jungen Prinzen fehlten auch die vertrauenswürdigen Angehörigen für eine ungezwungene Kommunikation. Insbesondere vermisste er wohl seine Vertraute und Lieblingsschwester Wilhelmine, wie die Korrespondenz zwischen den beiden belegt. So schrieb er am 22. April 1733 an Wilhelmine: »Was soll ich Dir aus unserem öden Nest berichten? Kein Hahn ist so gescheit, der Abwechselung halber des Morgens eine Stunde früher zu krähen, und unsere guten Bierbrauer, getreue Untertanen S. Majestät, sind unfähig, über diesen Fall zu reden.«[73] Wen will es da wundern, dass der Kronprinz gern jede sich bietende Gelegenheit nutzte, um in andere Gesellschaft zu kommen oder auf Reisen zu gehen. Die befohlene Eheschließung mit Elisabeth Christine von Braunschweig-Bevern führte ihn beispielsweise in andere Gesellschaft. Reisen nach Braunschweig-Wolfenbüttel und Potsdam wur-

Die »Prinzenpforte« ermöglichte dem Kronprinzen Friedrich ein schnelles und von den Stadttoren unabhängiges Betreten bzw. Verlassen der Stadt. Sie wurde wohl im 19. Jahrhundert zugemauert.

den nun zwingend notwendig. Der Kronprinz musste auch auf sein zukünftiges »Amt« vorbereitet und in das europäische Mächtespiel eingeweiht werden, was ebenfalls die eine oder andere Reise mit sich brachte. Horst Erdmann rechnete auf Grund des von Hans Droysen herausgegebenen Tageskalenders des Kronprinzen aus, dass dieser in der Zeit von Juli 1732 bis Juni 1736 an 293 Tagen in Neuruppin weilte.[74]

Den Aufenthalt in Neuruppin gestaltete sich Friedrich zunehmend unterhaltsamer, wenn auch seine Vorbehalte blieben. Am 24. August 1735 berichtete er in einem Brief an Wilhelmine: »Hier ist gar nichts los; ich kann Dir nichts melden, was Deine Beachtung verdient. Ich betätige mich auch in der Gärtnerei und beginne mir einen Garten anzulegen. Das Gartenhaus ist ein Tempel aus acht dorischen Säulen, die die Kuppel tragen. Auf ihr steht die Statue Apollos.«[75] Zur Zerstreuung legte sich der Kronprinz außerhalb der Stadt auf städtischen Grund und Boden einen kleinen Garten an. Dort zog er Kirschen und Melonen. In der Mitte errichtete er jenen Tempel. Georg Wenzeslaus von Knobelsdorff schuf hier sein erstes Werk. Später erlangte Knobelsdorff als Baumeister des Königs Berühmtheit. In diesem Tempel trafen sich des Abends der Kronprinz und seine Offiziere, unter ihnen von Rathenow, von Kleist, von Schenkendorff oder von Buddenbrock. Es wurde eifrig diskutiert und musiziert.

Nach seiner unfreiwilligen Eheschließung am 12. Juni 1733 mit Elisabeth Christine von Braunschweig-Bevern bewilligte Friedrich Wilhelm I.

dem jungvermählten Paar 50 000 Taler zum Ankauf des Schlosses Rheinsberg, das allerdings erst noch ausgebaut werden musste. Im Jahr 1736 siedelte Friedrich mit seiner Gemahlin nach Rheinsberg über. Von Juli 1736 bis Mai 1740 kam der Kronprinz dann nur noch insgesamt an 188 Tagen nach Neuruppin.[76]

Nach dem Regierungsantritt 1740 bildete Friedrich aus dem II. Bataillon des Regiments Kronprinz das Regiment Nr. 34 und verlieh es am 28. Juni 1740 seinem jüngsten Bruder Ferdinand, den er zum Obersten ernannte. Der Prinz zog nun in das so genannte Prinzenpalais seines Bruders und mietete das Nachbarhaus, das Wittensche Haus, für 80 Taler noch dazu. Offenbar erwarb der Prinz dann noch ein drittes Haus, das

Denkmal für Kronprinz Friedrich in seinem Amaltheagarten (»Tempelgarten«), von der Familie Gentz um 1860 errichtet. Die Tafel mit der berühmten Inschrift wurde als Spende der Familie Wenzel (Berlin) neu gegossen und am 30. März 2003 enthüllt.

des Glasers Herwig, um so ein stattlicheres Anwesen zu schaffen. Denn Ferdinand heiratete 1755 Anna Elisabeth Luise, die Tochter des Markgrafen von Brandenburg-Schwedt, und sein Hofstaat vergrößerte sich. Im Siebenjährigen Krieg nahm der Prinz an zahlreichen Feldzügen teil. Insbesondere sein Bruder Heinrich schätzte ihn sehr und verewigte seinen Namen auch auf dem berühmten Rheinsberger Obelisken. Während der üblichen Exerzierzeiten im April, Mai und Juni wohnte der Prinz in Neuruppin. In der übrigen Zeit  residierte er erst im Schloss Friedrichsfelde und dann im Schloss Bellevue. Prinz Ferdinand starb am 2. Mai 1813 in Berlin.

Um die Instandsetzung der verfallenen drei Häuser, die Prinz Ferdinand nebst Nebengebäuden und Hofräumen nur selten nutzte, entbrannte später ein bemerkenswerter Streit. Denn die Erben dieser Häuser sahen 1770, einem wirtschaftlich und klimatisch extremen Jahr, nicht mehr ein, dass der Prinz für ein so stattliches Anwesen relativ wenig Miete zahlte und für die Erhaltung der Gebäude kaum etwas getan wurde. Sie boten ihre Häuser daher zum Verkauf an. Der Prinz legte aber auf einen Ankauf keinen Wert. Auch die Stadt konnte die Häuser aus finanziellen und juristisch fragwürdigen Gründen nicht erwerben. Die Erben drohten daher, wenn der Prinz die Häuser nicht kaufe, dann würden sie den Mietvertrag kündigen und von der Stadt die Instandsetzung ihrer Häuser verlangen. Nach langem Ringen zwischen den zuständigen Behörden musste die Stadt Neuruppin dann 1771 die Häuser für 1950 Taler erwerben und instand setzen. Das Geld wurde auf die 50 Erben aufgeteilt. Der Prinz wohnte fortan während der Revuen in nunmehr städtischen Häusern. Nach dem Stadtbrand verzichtete Prinz Ferdinand auf den Aufbau seines Neuruppiner Quartiers und so wurde 1790 der Baugrund an den Stadtrichter und Bürgermeister Mollius vergeben.[77]

pro Bürgerhaus. Zur Zivilbevölkerung kamen dann immer noch die Angehörigen der Garnison hinzu.[78]

Während in Neuruppin noch fleißig am Aufbau der verbrannten Häuser gearbeitet wurde, nahm das 34. Regiment an den Koalitionskriegen gegen Frankreich teil. Nach dem Frieden von Basel 1795 kehrte das 34. Regiment in die Neuruppiner Garnison zurück. Zu jener Zeit diente auch Carl von Clausewitz als »Secondelieutenant« in der Stadt. 1797 wurde an die Ludwigskaserne noch ein Lazarett angebaut, das erst zu Beginn des Ersten Weltkrieges wieder abgetragen wurde.[79]

Nach einem zähen Ringen und dem Wechseln der Bündnispartner erklärte Preußen dann Frankreich am 9. Oktober 1806 den Krieg. Gemeinsam mit Russland, Sachsen und anderen Fürstentümern kämpfte das preußische Heer im vierten Koalitionskrieg gegen Napoleon. Am 14. Oktober wurde die preußische Armee in der Schlacht bei Jena und Auerstedt vernichtend geschlagen. Schon am 27. Oktober zog Napoleon in Berlin ein. Am 28. Oktober kapitulierten die Festungen Stettin, Küstrin, Magdeburg, Hameln und Nienburg. Einen Tag später gab das 34. Regiment in Prenzlau den Kampf auf. Mit dem Frieden von Tilsit vom 7./9. Juli 1807 verlor Preußen große Teile seines Territoriums und seiner Armee. Das Neuruppiner 34. Infanterie-Regiment wurde 1806 aufgelöst.

Die Niederlage Preußens hatte für die Wirtschaft der Garnisonstadt Neuruppin spürbare negative Auswirkungen. Schließlich lebten noch im Jahr 1806 2180 Militärpersonen im Ort, die essen, trinken und sich kleiden mussten. Der innerstädtische Warenumsatz profitierte von der Anwesenheit des Militärs. Die Stadt verlor ihre Garnison und damit einen wichtigen Abnehmer einheimischer Produkte.

Die Neuruppiner Tuchmacher produzierten in der Mehrzahl Armeetuche, die jetzt niemand mehr benötigte. Die schon geschwächte wirtschaftliche Leistungsfähigkeit wurde noch durch die französischen Besatzungssoldaten und Offiziere auf eine harte Probe gestellt. Neben den Belastungen durch die Einquartierungen der Franzosen in den Bürgerhäusern mussten die Einwohner täglich für deren Verpflegung sorgen. Einem Soldaten standen beispielsweise täglich $1/2$ Pfund Kommissbrot, $1/2$ Pfund Weißbrot, ein Pfund Fleisch, grüne oder trockene Vorkost und 1 Quart Bier zu. An manchen Tagen lagen kurzzeitig zwanzig bis dreißig französische Soldaten in den Bürgerhäusern, die nicht von Einquartierungen befreit waren.

Der Schlossersohn Karl Friesicke beschrieb diese schweren Jahre in seinem Tagebuch. Nicht alle Soldaten und Offiziere verhielten sich gegenüber den Bürgern fair und anständig. Gewaltsame Auseinandersetzungen, überhöhte Verpflegungsforderungen und unsittliches Benehmen gehörten zum Alltag. Natürlich verdienten auch die Kaufleute und Handwerker an der Versorgung der Besatzungstruppen. Die französischen Soldaten kauften Lebensmittel, Kleidung und anderes mehr in der Stadt ein und benötigten Tuche. Einige der zahlreichen Tuchmacher erhielten wieder Aufträge und konnten so ihre Familien ernähren. Andererseits mussten die Bewohner die hohen Kontributionsforderungen aufbringen. Als im Sommer 1808 ein großes Militärlager für drei französische Regimenter um den Weinberg herum errichtet wurde, mussten die Neuruppiner große Teile der erforderlichen Materialien liefern. Gleichzeitig wurden die Reste der alten Klostergebäude zu einer Großbäckerei umgebaut und die Klosterkirche selbst zu einem Mehl- und Brotlager umfunktioniert. Die finanziellen Lasten der Besatzungszeit hinterließen noch Jahrzehnte später tiefe Spuren im städtischen Haushalt und in den Kassen der Bürger. Für die Franzosen kam am 14. August 1808 der Marschbefehl und sie verließen in den folgenden Tagen regimentweise ihr Quartier. Die Baracken des großen Lagers wurden im November 1808 versteigert. So mancher Neuruppiner Bürger zimmerte sich aus dieser militärischen Hinterlassenschaft etwas Neues für den Garten.[80]

In den nächsten Jahren ermöglichten die preußischen Reformen eine bislang in diesem Ausmaß nicht gekannte wirtschaftliche und politische Aktivierung breiter Schichten der Stadtbevölkerung. Endlich konnten unternehmensfreudige Bürger ihr Gewerbe erweitern und ihre Interessen – wenigstens in der Stadt – selbst vertreten.[81]

Wirtschaftliche Innovationen waren vor den Reformen nur vereinzelt und im Kampf gegen bürokratische Hürden möglich. Dennoch gab es in Neuruppin auch Bürger, die diese Mühen auf sich nahmen, um etwas Neues zu begründen. Zu ihnen zählten der Kaufmann Carl Friedrich Seelieb und der Rektor der Lateinschule Carl Friedrich Henrici. Beide Herren entwickelten zusammen den Plan, in Neuruppin eine Brillenfabrik zu gründen. Seeliebs kaufmännische Erfahrungen und Henricis wissenschaftliche Kenntnisse sprachen für den Erfolg des Unternehmens. Doch zuvor mussten sie für ihr Vorhaben die Genehmigung der preußischen Bürokratie erwirken. Noch herrschte Zunftzwang und der Staat vergab die erforderlichen Privilegien nach strengster Prüfung. Nach eingehender Begutachtung des Vorhabens durch die zuständigen Behörden und die Königliche Akademie der Wissenschaften zu Berlin erhielten die beiden experimentierfreudigen Herren ein Privileg zur Herstellung von Brillen und einen nicht unerheblichen staatlichen Zuschuss von 4000 Talern. Sie hatten aber ein umfassenderes Privileg beantragt, weil sie eben nicht nur Brillen herstellen wollten. Der Gutachter Franz Karl Achard betonte in seinem Schreiben, dass die Herren Seelieb und Henrici nicht das von ihnen gewünschte Privileg für optische Instrumente, Werkzeuge und Maschinen erhalten sollten, da sie dann eine unliebsame Konkurrenz für den Berliner Mechanikus wären. So durften die beiden Neuruppiner dann zwar um 1794 mit ihrer Produktion von Brillen beginnen, doch die eingeschränkte Produktionserlaubnis verringerte ihre Erfolgsaussichten und die Wettbewerbsfähigkeit. Offenbar konnten sie allein von dem Absatz ihrer Brillen das Unternehmen nicht erfolgreich betreiben. 1798/99 ging die Brillenfabrik in Konkurs.[82] An diesem Beispiel wird auch sichtbar, dass die staatliche Wirtschaftspolitik mit ihrer schwerfälligen und oft von subjektiven Interessen geleiteten Bürokratie einer zeitgemäßen Entwicklung des städtischen Gewerbes im Wege stand. Denn was half den beiden Unternehmern die großzügige Anschubfinanzierung, wenn sie nicht das produzieren konnten, was sie für gewinnbringend hielten.

Andererseits muss an dieser Stelle auch erwähnt werden, dass es zu jener Zeit in Neuruppin noch sehr viele Handwerker, Gewerbetreibende und Beamte gab, die an den traditionellen ständischen Rechten und Pflichten starr festhielten und jeglicher wirtschaftlichen Neuerung mit Skepsis begegneten. Das zeigte sich insbesondere 1802, als der Berliner Hutfabrikant Pascal in Neuruppin eine Zweigstelle seiner Fabrik eröffnen wollte. Obwohl er betonte, dass seine Neuruppiner Hutfabrik nur für den Export arbeiten werde und von daher für die ansässigen Hutmacher keine Konkurrenz sein würde, verhinderte der Neuruppiner Magistrat im Bündnis mit den Hutmachern die Errichtung der Hutfabrik.[83]

Doch spätestens mit der Einführung der allgemeinen Gewerbefreiheit 1811 veränderten sich die Rahmenbedingungen für die fortschrittlich gesinnten und risikobereiten Handwerker und Kaufleute. In Neuruppin zählten u.a. die Familien Kühn, Gentz, Ebell, Knöllner, Schultz und Hagen zu jenen Unternehmern, die die neuen Entwicklungsmöglichkeiten zu nutzen wussten. Aus dem Handwerk oder aus dem Handel kommend erweiterten sie Schritt für Schritt ihre Betriebe zu Industrieunternehmen.

Als Beispiel einer erfolgreichen Tuchmacherfamilie sei hier der wirtschaftliche Aufstieg der Ebells kurz beschrieben. Christian Dietrich Ebell, der Sohn eines Perleberger Böttchermeisters, legte 1759 im Alter von 28 Jahren seine Meisterprüfung als Tuchmacher ab und erhielt im gleichen Jahr das Bürgerrecht der Stadt Neuruppin. Mitten im Siebenjährigen Krieg entschloss sich Christian Dietrich Ebell, sich nicht nur als Handwerker in Neuruppin niederzulassen, sondern auch eine Familie zu gründen. Er nahm sich die erst 14-jährige Ackerbürgertochter Elisabeth Kiebach am 11. September 1760 zur Frau, die ihm im Zeitraum von 1761 bis 1778 acht Kinder gebar. Die fünf überlebenden Söhne erlernten den gleichen Beruf wie der Vater. Vier von ihnen blieben als Tuchmachermeister in Neuruppin, und ein Sohn verheiratete sich nach Pritzwalk. Christian Dietrich Ebell belieferte mit seinen Stoffen das Berliner Lagerhaus. Er zählte offenbar zu jenen Tuchmachern, die erhebliche Gewinne während des Siebenjährigen Krieges und auch noch später erzielen konnten. Der Tuchmachermeister unterstützte den Schritt seiner Söhne in die Selbstständigkeit jeweils mit 1000 Taler in Courant. Mit dieser beachtlichen Starthilfe richteten die Söhne ihre eigenen Werkstätten und Häuser ein. 1801 zählten zu den 180 Neuruppiner Tuchmachermeistern fünf Ebells, die sich offenbar sehr schnell von den Folgen der Krise, die durch den Zusammenbruch des preußischen Staates 1806 ausgelöst wurde, erholt hatten. Denn als der Begründer der Familiendynastie 1812 starb, hinterließ er ein beachtliches Kapital, von dem zum Zeitpunkt des Todes seiner Frau 1823 noch 13 337 Taler und fünf Groschen vorhanden waren. So viel Kapital konnte ein kleiner Tuchmachermeister allein kaum erwirtschaften. Daher liegt die Vermutung nahe, dass schon Christian Dietrich Ebell seinen Handwerksbetrieb zu einer dezentralen Manufaktur ausbaute. Das heißt, dass er anderen Tuchmachern die Rohstoffe zur Verfügung stellte und ihre fertigen Waren verkaufte. Drei seiner Söhne schienen ähnlich gearbeitet zu haben.[84]

Überblickt man die Stückzahlen der produzierten Armeetuche, so wird schnell sichtbar, wie sehr die Neuruppiner Tuchmacher als Zulieferer für die preußische Armee von deren Wohl und Wehe abhängig waren. Beispielsweise stieg die Stückzahl der angefertigten Armeetuche während der Befreiungskriege von 7193 im Jahr 1812/13 auf 11 319 im Jahr 1814/15. Das neue preußische Heer benötigte wieder mehr Uniformtuche. Nach 1816 ging die Produktion etwas zurück. 1821, im Jahr zuvor hatte Neuruppin mit dem 24. Infanterie-Regiment wieder eine ständige Garnison erhalten, stieg die Produktion mit 12 390 Stück Armeetuche auf ihren vorerst höchsten Wert. 1829 arbeiteten 139 Tuchmachermeister, 42 Lehrlinge und 471 Arbeiter in der Stadt. Viele von ihnen verdienten sich ihr tägliches Brot in den Tuchmanufakturen.

Christian Heinrich Ebell setzte als erster in der Stadt Pferdekraft in seiner Manufaktur ein. Carl Ebell beschäftigte in seinem Betrieb 1828 acht Gesellen und drei Spinner, die mit 662 Stücke Tuche 6,3 Prozent der städtischen Armeetuche herstellten. In diesem Exportgewerbe hatten sich insbesondere nach der Einführung der Gewerbefreiheit die kreativsten Tuchmachermeister auf dem Markt behauptet, während viele kleine Handwerker ihre Selbstständigkeit verloren und in die Lohnarbeiterschaft abrutschten.

Als Neuruppin 1830/31 von der Überproduktionskrise in der Textilbranche erfasst wurde, traf diese die vielen kleinen Tuchmacher besonders hart. Die Zahl der Tuchmacher reduzierte sich 1831 auf 75 Meister, 48 Gesellen, 19 Lehrlinge und 129 Arbeiter, die nur noch 7599 Stück Armeetuche herstellten.

Diese Krise vernichtete zahlreiche Arbeitsplätze in der Textilbranche und führte so wieder mittelbar zur Minderung der Kaufkraft der Neuruppiner. In einem Bericht des Magistrats der Tuchmacherstadt Neuruppin an das Ministerium des Innern heißt es: Der »Werth der Grundstücke ist fast um die Hälfte gesunken, täglich verlassen mehrere Familien Väter, die sich sonst noch gut hier nährten, die Stadt um anderwärts Brod und ein Unterkommen zu suchen, die Familien bleiben hier zuerst und wollen und müssen, da die Ernährer fehlen, so wie die Arbeiter, die hier bleiben und keine Arbeit und kein Brod haben, von der Stadt erhalten werden.«[85] Nur langsam erholten sich die 7357 Einwohner Neuruppins von den Folgen dieser Krise. Der verschärfte Konkurrenzkampf führte auf der einen Seite zum Ruin vieler Tuchmacherexistenzen und auf der anderen Seite zur Konzentration der Produktion in immer weniger leistungsstarken Unternehmen. Zu jenen Unternehmen zählte die Tuchfabrik Christian Heinrich Ebells, der 1835 seine Spinnerei und die Appretur mit

Dampfkraft ausrüstete. Für eine Dampfmaschine zahlte man zu jener Zeit zwischen 5000 und 6000 Taler. Diese gewaltige Investition konnte sich Heinrich Ebell bereits vier Jahre nach der großen Absatzkrise leisten und das spricht für seine unternehmerischen Fähigkeiten.[86]

Aber auch in anderen Wirtschaftszweigen setzten sich in jenen Jahren Wirtschaftsakteure durch, die einfach ein Gespür für das Machbare und Mögliche ihrer Zeit hatten und zu jener Generation der »Self-Made-Charaktere« zählten, wie sie Theodor Fontane dann sehr treffend bezeichnete. Zu dieser neuen, selbstbewussten Bürgergeneration zählten Johann Christian Gentz und Gustav Kühn, zwei Männer, die sich in ihrem wirtschaftlichen Denken und Verhalten sehr ähnelten und dennoch in ihren Grundüberzeugungen verschiedener nicht sein konnten.

Johann Christian Gentz erlernte als Sohn eines Neuruppiner Tuchmachers auch das Handwerk seines Vaters. Da seine wirtschaftliche Etablierung in jene schwierige Zeit nach 1806 fiel, suchte er nach einer Alternative zur krisenanfälligen Textilbranche. Der Tuchmacher wählte einen Weg, der zu seiner Zeit durchaus nicht üblich war. Er nahm sich eine neun Jahre ältere Frau, deren Vater in einer Wirtschaftsbranche tätig war, die mit dem erlernten Beruf Johann Christian Gentz nichts zu tun hatte. Zu jener Zeit war es durchaus noch üblich, dass ein Tuchmachergeselle die Witwe eines Tuchmachermeisters ehelichte, um deren Betrieb weiterzuführen. Aber Johann Christian Gentz heiratete 1820 in das Geschäft des Kaufmanns Heinrich Jacob Voigt ein. Mit dem Eisen-Kurzwaren-Geschäft im Wert von 2000 Talern und dem Kapital von 800 Talern begründete er seine neue Existenz. Innerhalb weniger Jahre etablierte er sich nicht nur als erfolgreicher Kaufmann, sondern er investierte auch geschickt in weitere Läden. So kaufte er sehr bald ein Tuch-Manufaktur-Waren-Geschäft und 1840 einen Lederwarenhandel hinzu. Er bereiste die Messen und kaufte seine Waren geschickt und günstig ein. Darüber hinaus beherrschte er die Fähigkeit des Verkaufens nahezu perfekt. So manche unterhaltsame Episode der Nachgeborenen berichtet davon, wie er die Bauersfrau zum Kaufen überredete oder wie er mit Messeneuheiten Neugierige in den Laden zog. Seine Gewinne legte er stets wohl überlegt an. Beispielsweise beteiligte er sich 1841 an der Gründung einer Torfkompanie. Der Abbau von Torf und die Verschiffung nach Berlin wurden später zu einer besonders gewinnbringenden Säule des vielseitigen Gentzschen Unternehmens. 1853 kaufte Johann Christian Gentz den Tempelgarten, den einst Friedrich II. angelegt hatte, und gestaltete ihn gemeinsam mit seinem Sohn Alexander zu einem öffentlich begehbaren und ästhetisch sehr ansprechenden Garten, in dem auch so manches Fest gefeiert wurde. Weitere Kapitalien wurden in eine Bankgesellschaft, in Bergwerksaktien, in Staatspapiere und in die Errichtung eines modernen landwirtschaftlichen Betriebes, Gentzrode getauft, investiert. Als der »Torflord« (Theodor Fontane) 1867 starb, hinterließ er seinem Sohn Alexander ein imposantes Großunternehmen, das dieser weiter erfolgreich ausbaute, bis er die Veränderungen auf dem Markt nicht rechtzeitig genug wahrnahm und 1880 Konkurs ging. Die Substitution des Torfes durch die Kohle bereitete seinem Unternehmen hauptsächlich das Ende. Hinzu kam, dass er sich bei dem Ausbau des Gutes Gentzrode finanziell übernommen hatte. Das vielgestaltige Gentzsche Unternehmen scheiterte aber auch an dem großbürgerlichen Anspruchsdenken von Alexander und Wilhelm Gentz, die die neue Bürgerlichkeit weltmännisch in allen Lebensbereichen repräsentierten.[87]

Kommen wir nun zu einem weiteren Wirtschaftsbereich, in dem sich kreative Handwerker nach der Gewerbefreiheit gut entfalten konnten.

Der Buchbinder Johann Bernhard Kühn, der sich als Geselle in Berlin, Leipzig, Süddeutschland, Straßburg und Heilbronn die neuesten Kenntnisse seines Handwerks angeeignet hatte und auch nebenbei so manchen Entwicklungstrend registrierte, kam um 1771/72 in die Buchbinderei seines Vaters nach Neuruppin zurück.

In diesen von Krisen erschütterten Jahren gründete er eine Leihbibliothek. Die Menschen kämpften gegen die Auswirkungen einer extremen Kälte, die ganz Europa erfasste. Hunger, Epidemien und Tod gehörten zum Alltag. Wer dachte da schon an Bücher und Kultur? Doch Bernhard Kühn traf den Nerv der Zeit. Das Interesse an Informationen und Literatur war trotz der schwierigen Lebensverhältnisse sehr groß und so hatte seine Leihbibliothek regen Zulauf.

Nachdem er seine Meisterprüfung abgelegt hatte, mietete er sich einen eigenen Raum an und arbeitete fortan als dritter Buchbinder der Stadt in eigener Regie. Als es seine Einnahmen erlaubten, kaufte er sich ein Haus für 600 Taler in der Jüdenstraße. Nach dem großen Stadtbrand nutzte Bernhard Kühn die Gunst der Stunde und erweiterte seinen Handwerksbetrieb. Dabei kam ihm auch der Zufall zur Hilfe. Denn sein Haus verbrannte an jenem 26. August 1787 und der erweiterte Neubau der Stadt führte dazu, dass die Hausstellen neu vergeben wurden. Sein neues Haus konnte er in der Hauptstraße, der Friedrich-Wilhelm-Straße 162, errichten. Außerdem erhielt er 1791 noch das erbetene Druckereiprivileg. Nun wurden in seiner Werkstatt nicht nur Bücher gebunden, sondern es wurde auch vieles gedruckt.

Der vielseitige Buchbinder hatte auf seiner Wanderschaft den einen oder anderen Bilderbogen zu Gesicht bekommen. Jedenfalls begann er zu Beginn des 19. Jahrhunderts selbst Bilderbogen herzustellen. Das expandierende Unternehmen des Buchbinders und Druckers Bernhard Kühn eroberte mit seinen Bilderbogen nach 1810 sehr schnell den Markt. Zwar sind gerade die ersten Jahre der Bilderbogenproduktion quellenmäßig kaum zu rekonstruieren, doch liegt die Vermutung nahe, dass Bernhard Kühn immer sehr genau wusste, was die Bürger in jenen Jahren besonders bewegte. Bogen wie »Die Schlacht bei Bautzen« (1813) und »Die Schlacht von Waterloo« (1815) deuten auf den tagespolitischen Bezug seiner Bilderbogen hin. Die Befreiungskriege waren eine Zeit des Aufbruchs, der Hoffnung und des nationalen Engagements. Da sorgten

Johann Bernhard Kühn mit seinem Sohn Gustav. Entwurfszeichnung von Suse und Josef Hoffmann-Gildenhall für eine Wandgestaltung im Druck- und Verlagshaus in der Ludwigstraße, 1940.

diese Themen bei den Menschen in Stadt und Land für großes Interesse und guten Absatz.

Während der Buchmarkt im Allgemeinen und die etablierten großen Zeitschriften im Besonderen unter der verschärften Zensur und dem Rückgang der Kaufkraft zu jener Zeit erheblich litten, fanden preisgünstige regionale Blätter regen Absatz. Der zunehmende Drang breiter Schichten der Bevölkerung nach Informationen und Unterhaltung gerade in diesen unsicheren Zeiten spornte das Kühnsche Unternehmen an.

Am Ende der Befreiungskriege übergab der 65-jährige Johann Bernhard Kühn seinem drittältesten Sohn Gustav Adolph Leopold das Geschäft. 1815 gehörten zu dem Kühnschen Unternehmen eine Buchbinderei, eine Papier- und Buchhandlung, eine Stempelstecherei, die Leihbibliothek und die Bilderbogenwerkstatt. In dem relativ kleinen Haus in der Friedrich-Wilhelm-Straße arbeiteten neben den Familienmitgliedern und dem Hauspersonal noch achtzehn Arbeiter. Vier Jahre nach der Einführung der Gewerbefreiheit war die einstige Buchbinderei und -druckerei bereits zu einem vielseitigen Unternehmen mutiert. Gustav Kühn verstand es, das Erbe seines Vaters in den folgenden Jahrzehnten noch erheblich zu vermehren. Die Geschäftseinnahmen vervierfachten sich zwischen 1815 und 1832. Fast unberührt von den allgemeinen Wirtschaftskrisen nahmen die Bilderbogenproduktion und der überregionale Absatz kontinuierlich zu. 1832 bestand sein Unternehmen aus sieben Geschäftszweigen. Seine Bilderbogen erlangten Weltruhm.[88] Theodor Fontane fasste den Erfolg dieser Bilderbogen in die treffenden Worte: »... der Gustav Kühnsche

Philipp Oehmigke (1807–1858)   *Arnold Hermann Riemschneider (1806–1856)*

Bilderbogen aber ist der Herrnhutsche Missionar, der überall vordringt ...« »Neu Ruppin zu haben bei Gustav Kühn« stand unter seinen Bilderbogen, und ihr Inhalt dokumentiert den sich wandelnden Zeitgeist.[89]

Wie sein Vater Johann Bernhard bewies auch Gustav unternehmerisches Talent. Er druckte Formulare und anderes mehr für die Behörden im weiten Umkreis Neuruppins. Auch seine Stempelstecherei profitierte vom Bedarf der Beamten. Als das Kalendermonopol der Königlichen Akademie der Wissenschaften zu Berlin 1815 nach 115 Jahren endlich aufgehoben wurde, sicherte sich Gustav Kühn durch die Zahlung einer Stempelsteuer das Recht für den Druck und den Verlag von Volkskalendern. 1818 gliederte er seinem Unternehmen noch eine Glashandlung an. Er hatte ein Gespür dafür, was sich rechnete und was nicht. Als der Gewinn der Leihbibliothek stark zurückging, gab er diese 1824/25 kurz entschlossen auf. Eine neue Einnahmequelle sah Gustav Kühn im Druck und Verlag von Zeitschriften.

Das »Ruppinsche Wochenblatt« wurde vom Lehrer Dr. Völperling 1819 gegründet und 1822 vom Lehrer Christian Faulstich als »Ruppinscher Anzeiger zur nöthigen und nützlichen Bekanntmachung sowohl als zur öffentlichen Unterhaltung über gemeinnützige Gegenstände aller Art« fortgeführt. 1828 übernahm dann der Zeichenlehrer Andreas Georg Masch das Wochenblatt, das Gustav Kühn druckte. Dieser wiederum wollte zukünftig das Blatt allein drucken und verlegen. So bot er Masch an, ihm das Blatt zu verkaufen. Als dieser das Angebot ablehnte, weigerte sich Kühn, das Wochenblatt weiterhin in seiner Druckerei zu drucken. Nun musste Masch das Blatt in Wittstock drucken lassen, was jedoch zusätzliche Kosten verursachte. Gustav Kühn beherrschte längst die Spielregeln des Marktes. Er wusste genau, was er tun musste, um den Lehrer Masch mit seiner Zeitung vom Neuruppiner Markt zu verdrängen. Er druckte ein eigenes Wochenblatt, den »Gemeinnützigen Anzeiger für Ruppin und Umgebung«, der jeweils am gleichen Tag wie das Wochenblatt erschien und anfänglich sogar verschenkt wurde. Diesen unlauteren Wettbewerb konnte Masch nicht gewinnen. Er beschwerte sich zwar noch beim Oberpräsidenten von Bassewitz, der dem Lehrer sein Mitgefühl ausdrückte, aber ansonsten auch machtlos war. Kühn handelte im Rahmen geltender Gesetze. Der clevere Geschäftsmann deutete die Zeichen der Zeit richtig. Die Einnahmen aus dem Ruppiner Anzeiger substituierten nicht nur die Einnahmen aus der Leihbibliothek, sondern sie übertrafen diese schon 1829. Unter dem Mantel, etwas »... zur Bildung, Veredelung und sittlich religiösen Erhebung des Volkes«[90] beitragen zu wollen, stellte Kühn dann am 29. Mai 1845 den Antrag, das »Ruppinsche Kreisblatt« gründen zu dürfen. Auch hier war sich der Unternehmer des wirtschaftlichen Erfolgs sicher, und seine ideellen Beweggründe sprachen dafür, dass er sehr wohl wusste, was die entsprechenden Regierungsstellen hören wollten.

1840 trat sein ältester Sohn Bernhard (1819–1889) als Mitinhaber in das Unternehmen ein. Bernhard kümmerte sich insbesondere um die Modernisierung und Erweiterung der Druckerei. So konnte sich Gustav Kühn der Bilderbogenproduktion widmen, die zwischen 1840 und 1860 ihre Blütezeit erlebte. Wilhelm Fraenger geht davon aus, dass der Druckerei 1832 an die 1000 Platten an Holzstöcken und Steinen zur Verfügung standen. In den sechziger Jahren wurden von jedem Einzelbogen schon zwischen 40 000 und 80 000 Stück vertrieben. Manche Auflagen lagen sogar weit darüber. Beispielsweise wurde allein der Kriegsbilderbogen von 1870/71 drei Millionen Mal gedruckt und vertrieben.

Ein Jahr vor dem Tod des Vaters 1867 konnte Bernhard in der Ludwigstraße (August-Bebel-Straße) eine neue Druckerei eröffnen und damit den Grundstein für den industriellen Druck legen. Die Zahl der Schnellpressen stieg von zwei 1861 auf acht 1891. 1875 übergab Bernhard Kühn das Unternehmen an seine Söhne Paul und Richard, die die Firma dann 1892 an Richard Gumprecht und Otto Meusel verkauften.[91]

Der Erfolg der Kühnschen Bilderbogen zog unternehmungsfreudige Buchhändler und Kaufleute magisch an. Offenbar bot Neuruppin um die Mitte des 19. Jahrhunderts all jene infrastrukturellen Voraussetzungen, die man zur Produktion und zum Vertrieb von Bilderbogen benötigte. Denn schon 1835 entstand ein zweites derartiges Unternehmen der Herren Philipp Oehmigke und Hermann Riemschneider und zwischen 1855 und 1863 war auch Friedrich Wilhelm Bergemann als dritter Bilderbogenproduzent tätig.

Der Berliner Buchhändler Ludwig Oehmigke inserierte am 18. Februar 1828 im »Gemeinnützigen Anzeiger für Ruppin und Umgebung«, also in jenem gerade erst von Gustav Kühn gegründeten Wochenblatt, dass er in der Friedrich-Wilhelm-Straße 447 (neben der Löwen-Apotheke) eine Buch- und Musikalienhandlung eröffnet hat. »In einigen Tagen werde ich eine Leihbibliothek und demnächst einen Journal- und Lesezirkel damit verbinden.« Der Berliner Buchhändler war davon überzeugt, dass der Markt durchaus zwei Unternehmer mit einem ähnlichen Profil ernähren werde. Gustav Kühn nahm diese Konkurrenz weniger gelassen hin. Er vertraute seinem Kassabuch zum Jahreswechsel 1828/29 daher folgenden Spruch an:

Herzlieb bitt' ich Dich, o Gott,
Treib meine Nebenbuhler fort,
Lenk aller Käufer regen Sinn,
Nur stets in meinen Laden hin!

Die Einnahmen des Kühnschen Unternehmens stiegen jedoch trotz der bedrohlichen Konkurrenz von 12 464 Talern vier Groschen und drei Pfennige im Jahr 1828 auf 19 603 Taler 15 Groschen und 10 Pfennige im Jahr 1832 kontinuierlich an. Dieses Wachstum der Einnahmen erstaunt nicht nur angesichts der »Nebenbuhler«, sondern auch, weil Neuruppin in jenen Jahren infolge einer allgemeinen Krise der Tuchindustrie erhebliche wirtschaftliche Probleme hatte.[92]

Die Prosperität einiger Neuruppiner Unternehmen übte langfristig eine positive Wirkung auf die übrige städtische Wirtschaft aus. Absolut gesehen nahmen die Zahlen der Handwerker, Kaufleute und Kleingewerbetreibenden in der ersten Hälfte des 19. Jahrhunderts zu. Doch setzt man die Zahlen in Bezug zu der wachsenden Einwohnerzahl, wird schnell sichtbar, dass die Handwerkerdichte von 70,4 Handwerkern pro 1000 Einwohner wohl lediglich für die Versorgung des Binnenmarktes ausreichte. Immer mehr Handwerksmeister und Gesellen verdienten ihren Lebensunterhalt als Lohnarbeiter in den Fabriken. Immer weniger Handwerksmeister konnten Gesellen und Lehrlinge beschäftigen. Ganz anders sah es bei den Kaufleuten und den Kleingewerbetreibenden in der Stadt aus. Die Zahl der Kaufleute verdreifachte sich zwischen 1796 und 1831. Unter den zuziehenden Kaufleuten waren nach Jahrhunderten wieder die ersten jüdischen Bürger. Am rasantesten erhöhte sich jedoch die Zahl der Kleingewerbetreibenden in diesem Zeitraum. Zehnmal so viele Krämer, Viktualienhändler, Gastwirte, Speise- und Schankwirte, Hausierhändler usw. lebten 1829 im Vergleich zum Jahr 1796 in Neuruppin. Eine zunehmende Spezialisierung innerhalb der einzelnen Gewerbe ist ebenfalls zu verzeichnen. So gab es beispielsweise 1829 fünf Gasthöfe für die gebildeten Stände, drei Kunsthandlungen, fünf Uhrmacher, einen Mechanikus und vier Putzmacherinnen. Der tertiäre Wirtschaftssektor nahm in den letzten Jahrzehnten an Bedeutung zu. Eine gut situierte Schicht von Bürgern verlangte nach gehobenen Konsum- und Kulturgütern, die der örtliche Handel und das Handwerk zunehmend zur Verfügung stellten. In Krisenzeiten, wie 1830/31, ging jedoch auch der Handel

Dr. Friedrich Heinrich Kaempf
(1810–1888).

mit Luxuswaren zurück und dann mehrten sich in der Stadt die Stimmen, die forderten, dass die Wohlhabenden statt nach Berlin zu fahren, um ihre Waren dort zu kaufen, gefälligst in Neuruppin ihr Geld ausgeben sollten. Der Berliner Handel wurde insbesondere von vielen Kaufleuten und Kleinhändlern als besonders schwerwiegende Konkurrenz empfunden. Die Nähe zu Berlin störte den Neuruppiner Handel, da die Händler in Krisenzeiten das Gefühl hatten, dass es ihnen wirtschaftlich besser gehen würde, wenn die Neuruppiner bei ihnen und nicht in Berlin kauften. Interne strukturelle Probleme wurden kaum wahrgenommen.[93]

Auch in Neuruppin wurden die Auswirkungen der zunehmenden Industrialisierung immer sichtbarer. Die soziale Differenzierung zwischen einer kleinen Schicht wohlhabender Bürger und den vielen Einwohnern, die am Rande des Existenzminimums lebten, nahm zu und führte zu Spannungen in der Stadt. Von der preußischen Gesamtbevölkerung lebten in den vierziger Jahre zeitweise zwischen 60 und 70 Prozent in Armut. Die Reformen im Agrarsektor und die liberale Wirtschaftsgesetzgebung (insbesondere die Gewerbefreiheit) trugen wesentlich zur Verarmung breiter Bevölkerungsschichten bei.

Insbesondere die Handwerker wandten sich immer wieder mit Vorschlägen, wie ihre wirtschaftliche Situation zu verbessern sei, an die königliche Regierung. Am 8. August 1845 erging ein acht Seiten umfassendes Schreiben des Neuruppiner Bäckergewerks an die Regierung. Die Neuruppiner Bäcker plädierten für eine Reform der Gewerbesteuer, die sie für ungerecht hielten. Des Weiteren beantragten sie, »daß die Gewerbefreiheit einer Prüfung und Beschränkung unterworfen werde, denn so wie es gegenwärtig steht«[94], erliegen die Bäcker der ländlichen Konkurrenz. Neben dem unlauteren Mehlhandel bereiteten den Bäckern die Hausierer große Probleme, da diese ihnen die Kunden nähmen.

Den Hausierhandel zu unterbinden, die Gewerbefreiheit einzuschränken und die Heeresaufträge einfach gerechter zu verteilen, darum baten die Neuruppiner Tuchmacher in mehreren Schreiben an die Regierung. Schließlich war ihnen nach der Einführung der Gewerbefreiheit erklärt worden, dass die Fabriken ihnen nicht schaden würden, da diese für das Ausland produzieren sollten. Die Realität sah anders aus. Von mehreren hundert Tuchmachermeistern hatten 1848 nur noch dreißig ihr Gewerbe, und von den zwölf Tuchscherern mit dreißig Gesellen und sechzehn Burschen arbeiteten nun noch vier mit zwei Gesellen. Die anderen versuchten, als Ackerbauern oder Fuhrleute zu überleben. Die Tuchscherer erklärten daher: »Schließlich hoffen wir mit Zuversicht unsere Bitte gewährt zu sehen, und wünschen das durch dieselben

Friedrich Emil von Zieten (1765–1854).
»Dem Kreis hat er insgesamt mit großen Erfolgen vorgestanden. Alle Einsichtigen wussten, dass der kinderlose Mann mit dem postfriderizianischen-freigeistigen Habitus das Wohl und Gedeihen der Grafschaft zu seiner eigenen Sache gemacht hatte, ein Edelmann von hoher, auch wohl spöttischer Intelligenz und umfassender Sachkenntnis, sozialkonservativ und zugleich progressiv, der seine Standesgenossen sehr energisch an die Erfüllung ihrer Verpflichtungen erinnern konnte; ... Der Grafentitel durch König Friedrich Wilhelm IV. (15. Oktober 1840) entsprach der Leistung des Sechsundsiebzigjährigen ...« (Gerd Heinrich, in: Jahrbuch OPR 2003, S. 39). Gemälde von Carl-Friedrich Schulz oder von dessen Sohn Rudolf, um 1865.

den heutigen unzähligen Volksbelügnern und Staatenregierern die ohne alle praktische Erfahrung sind, künftig entgegen treten mögen, die den Quaksalbern gleich sichere Hülfe verheißen, aber dem gewißen Tod entgegen führen.«[95] Die Handwerker ließen in ihrem Schreiben keinen Zweifel daran aufkommen, dass sie nicht längst wüssten, dass sie von einigen unfähigen Bürokraten für dumm verkauft worden waren, als sie gegen die zu erwartenden Auswirkungen der Gewerbefreiheit protestiert hatten. Zutrauen zur staatlichen Bürokratie hatten sie offensichtlich nicht mehr. Sie suchten nach eigenen Lösungen aus der Misere.

Die Überlegung der Handwerker, dass nur der Staat abschaffen könnte, was er eingeführt hatte, war durchaus zeitgemäß. Der Staat hatte ja den Handwerkern nach 1811 immer wieder erklärt, dass die Gewerbefreiheit sich sehr bald als ein wirtschaftlicher Segen und überhaupt als Fortschritt erweisen werde. Doch statt des Segens kam der Ruin vieler Handwerker durch die »unlautere« Konkurrenz.[96]

Um etwas gegen die weitere Verarmung der Handwerker tun zu können, aber auch aus bildungspolitischen Gründen wurde in Neuruppin 1847 ein Handwerkerverein gegründet. Die Mitglieder dieses Vereins rekrutierten sich nicht nur, wie der Name vermuten lässt, aus Handwerkern, sondern auch aus Lehrern, städtischen Beamten, Juristen und Ärzten. Der Gymnasiallehrer Dr. Heinrich Kaempf, der Gerichtsdirektor von Schnehen und der Arzt Dr. Wallis referierten über verschiedene Themen. Anfänglich zählten auch noch die Lehrer Professor Campe und Könitzer zu den einflussreichen Mitgliedern. Mit ihrer deutlicher werdenden konservativen Einstellung verloren sie jedoch an Akzeptanz im Verein.[97]

In jener Zeit suchten die Bürger noch schichtenübergreifend nach Auswegen aus der wirtschaftlichen Misere und der politischen Erstarrung des Staates. Dem Staat missfielen diese Bemühungen der Vereine oder Gesellschaften. Die Regierung beispielsweise von Frankfurt (Oder) veranlasste sogar, dass Landräte und Magistrate die Gründung von Bürgergesellschaften verhindern sollten. Doch die innerstädtische Kommunikation ließ sich kaum verbieten. Die Hungerunruhen in der Provinz Brandenburg und die »Kartoffelrevolution« in Berlin und Brandenburg an der Havel im April 1847 wurden auch in Neuruppin aktuelles Gesprächsthema.

Die angespannte Situation in Stadt und Land bedurfte nur noch eines äußeren Anlasses, um den angestauten Unmut öffentlich kundzutun. Die Berliner Märzrevolution 1848 löste daher auch in Neuruppin eine Reihe von revolutionären Ereignissen aus, die den städtischen Mikrokosmos kurzzeitig vehement erschütterten.

Während der Turbulenzen der 1848er Revolution eröffnete die Kreissparkasse Ruppin in Neuruppin ihre Pforten. Am 25. März 1848 konnten die Leser des Gemeinnützigen Anzeigers folgende Anzeige zur Kenntnis nehmen: »Die von den Wohllöbl. Kreisständen beschlossene Einrichtung einer Sparkasse für den hiesigen Kreis hat nunmehr die Allerhöchste Genehmigung erhalten, und die Kasse ist heute eröffnet worden.« Die Räumlichkeiten der Kreissparkasse befanden sich anfänglich in den gemieteten Räumen im Landratsamt in der Ferdinandstraße. Nach dem Bau des neuen Kreishauses in der Ferdinandstraße (Virchowstraße) blieb die Kreissparkasse dort bis 1945.[98]

Die lokale und soziale Mobilität der frühneuzeitlichen Stadtbewohner

In der Zeit zwischen der Reformation und der 1848er Revolution vollzog sich der allmähliche Übergang von der ständisch und hierarchisch strukturierten städtischen Gesellschaft zu einer mobileren bürgerlichen Gesellschaft, in der die eigene wirtschaftliche Leistungsfähigkeit zunehmend über die soziale Herkunft existenzentscheidend wurde. Im 16., 17. und 18. Jahrhundert dominierten die Handwerksmeister mit ihren Familien, Gesellen und Lehrjungen das städtische Sozialgefüge. In der ersten Hälfte des 19. Jahrhunderts gewann dann der tertiäre Sektor mit den Kaufleuten und Kleingewerbetreibenden zunehmend an Bedeutung. Daneben etablierten sich Manufakturunternehmer und Fabrikanten innerhalb des städtischen Sozialgefüges. Die Zahl der Lohnarbeiter oder Arbeitsmänner erhöhte sich etwas. Die lohnabhängigen sozialen Gruppen blieben in ihren Arbeits- und Lebensbedingungen und ihrer Selbstwahrnehmung berufsständisch und geschlechtlich differenziert. Ein städtisches Proletariat, wie es sich in den großen Industriezentren entwickelte, formierte sich in Neuruppin bis zur Mitte des 19. Jahrhunderts nicht.

Aus der Stadt, in der im 16. Jahrhundert die Bierbrauer und die Tuchmacher die städtische Wirtschaft nachhaltig prägten, wurde im 17. Jahrhundert eine Tuchmacher- und Garnisonstadt, in der die Interessen und die Bedürfnisse des Militärs wirtschaftlich immer bedeutender wurden. Im 18. Jahrhundert ernährten sich große Teile der Einwohnerschaft von der Versorgung der Armee mit Kleidung und Nahrungsmitteln. Am Ende des 18. Jahrhunderts und verstärkt nach der Einführung der Gewerbefreiheit erweiterten sich die Produktionspalette und das Produktionsprofil der Stadt erheblich.

Lebten im 16. Jahrhundert ca. 3500 Einwohner in Neuruppin, so schwankten die Einwohnerzahlen in den folgenden zwei Jahrhunderten mehr oder weniger stark um diese Zahl. 1785 setzte sich die Neuruppiner Einwohnerzahl dann aus 4076 zivilen und 2440 militärischen Personen zusammen. 1800 waren es 4429 zivile und 1618 militärische Bewohner. In Wusterhausen wohnten zu jener Zeit beispielsweise 2003 zivile und 295 militärische Einwohner, in Gransee 1904 zivile und 319 militärische Einwohner oder in Rheinsberg 1804 Einwohner und in Alt Ruppin 907 Einwohner.[99] Im Vergleich zu den Städten des Ruppinschen Kreises oder zu den anderen kurmärkischen Schwestern erschien die Neuruppiner Einwohnerzahl überdurchschnittlich hoch. Schaut man jedoch auf die aufblühende Großstadt Berlin mit 146 901 zivilen Einwohnern und den 25 221 Soldaten oder auf die Residenzstadt Potsdam, wird schnell sichtbar, dass Neuruppin eben immer noch zu den Mittelstädten zu rechnen war. Zwischen 1785 und 1858 verdoppelt sich infolge der beginnenden Industrialisierung die städtische Bevölkerung. 9533 zivile Einwohner zählte die Stadt 1858 und sie stand damit an der Schwelle zur Großstadt.[100]

Ohne lokale Mobilität wäre die Bevölkerungszunahme in jenen Jahrhunderten undenkbar gewesen. Nehmen wir beispielsweise den Zeitraum von 1700 bis 1830 und betrachten die Zahlen der Geburten und der Sterbefälle, so fällt auf, dass zwar in diesem Zeitraum 2108 Menschen mehr geboren wurden als starben, dennoch reichte dieser Geburtenüberschuss nicht aus, die Bevölkerungszunahme von 4195 Menschen zu erklären. Über die Hälfte des Bevölkerungswachstums verdankte Neuruppin den Zuwanderern. Von diesen mussten ja auch noch jene ersetzt werden, die aus den unterschiedlichsten Gründen Neuruppin verließen, also abwanderten. Leider ermöglicht uns die schlechte Quellenlage kaum solide Aussagen über die Migration des 16. und 17. Jahrhunderts.[101]

Das älteste überlieferte Kirchenbuch wurde 1691 angelegt und verzeichnet die Taufen, Trauungen und Todesfälle der neu gegründeten reformierten Gemeinde Neuruppins. Die kleine reformierte Gemeinde mit ihren anfänglich rund hundert Mitgliedern setzte sich überwiegend aus Handwerksmeistern, Gesellen, Beamten und Kaufleuten zusammen. Später zählten auch Angehörige der Garnison dazu. Die zuziehenden Reformierten brachten neue Handwerksberufe und Techniken in die Stadt. Raschmacher, Tabaksspinner, Strumpfstricker und Handschuhmacher erweiterten die traditionelle Produktionspalette des Handwerks. Ihr erster Inspektor Nikolaus Hagen kam aus der Schweiz. Sein Nachfolger, Johann Friedrich Müller, wanderte aus dem Anhaltinischen in die Stadt und dieser wurde von Johann Georg Siebert aus Heidelberg im Amt abgelöst. Die Wiege des vierten reformierten Pfarrers Johann David Fischer stand in Bacharach in der Kurpfalz. Sie bereicherten mit ihren Lebenserfahrungen und ihrer Kultur auf ganz spezielle Weise den Alltag Neuruppins.[102]

Zu den ersten Reformierten zählten laut Kirchenbuch auch der Syndikus Heinrich Holle, der 1704 seine Tochter Maria Elisabeth und 1708 seinen Sohn Johann Ludwig taufen ließ. Offenbar gehörten auch französische Reformierte zu den ersten Gemeindemitgliedern. Ein Herr de Coché ließ 1702 seinen Sohn Louis Andres in Neuruppin taufen. Viele Mitglieder der kleinen reformierten Gemeinde wanderten, wie ein Blick in das reformierte Kirchenbuch belegt, aus mehr oder weniger fernen Regionen zu. Sie verweilten nur kurze Zeit, um dann in eine andere Stadt weiterzuziehen.[103]

Die lutherischen Kirchenbücher wurden offenbar 1699 ein Opfer des Stadtbrandes. So erfahren wir erst danach etwas über die lokale und soziale Mobilität der Mehrheit der Neuruppiner. Berechnungen für eine Stichprobe von

1300 Familien für den Zeitraum von 1700 bis 1830 zeigten, dass auch die lutherische Bevölkerung sehr mobil war. Immerhin zogen rund 22 Prozent der lutherischen Bräutigame in diesem Zeitraum zu und der Anteil der auswärtigen Bräute betrug sogar 28 Prozent. Ca. 40 Prozent dieser 1300 Familien zählte zu den Zuwanderern und von diesen verließ nach einigen Jahren über 80 Prozent wieder die Stadt. Die Zugewanderten erwiesen sich also als besonders wanderfreudig. Viele Handwerker und Lohnarbeiter benutzten Neuruppin sozusagen als Durchgangsort auf ihrer Wanderschaft. Sie verweilten wohl nur so lange Zeit hier, wie sie ihr Auskommen fanden und ihre Familien ernähren konnten. Getragen von der Hoffnung, in einer meist größeren Stadt besser leben zu können, packten sie ihre Sachen und zogen weiter.[104]

Natürlich verließen auch Neuruppiner ihre Stadt. Das Fernweh oder die Neugierde auf fremde Kulturen und die Aussicht auf Arbeits- und Erwerbsmöglichkeiten mag den einen oder anderen auf abenteuerlichen Wegen sogar in ganz ferne Länder getrieben haben. Meist verlieren sich dann ihre Spuren, wenn sie nicht eine Familienchronik oder andere Dokumente festhielten. Diesen Überlieferungen verdanken wir beispielsweise die Kenntnis von der erstaunlichen Begegnung zweier erfolgreicher Neuruppiner Ostindienfahrer. Carl Friedrich Ebell (1747–1804), ein Neffe des Tuchmachers Christian Dietrich Ebell, und der Urenkel des Rektors Christian Rose und Sohn des Kaufmanns Valentin Rose, Dr. Christian Rose (1718–1786), begegneten sich an der Nordwestküste Ceylons.[105] Der Akademiker entschloss sich 1754, nach etlichen Jahren praktischer Berufserfahrung in Amsterdam und als Leibarzt Friedrichs II., auszuwandern. Vermutlich lauschte er schon in Amsterdam den Erzählungen der Seefahrer und Kaufleute, die seine Neugierde und Erwartungen weckten. Doch wie kam ein 17-jähriger junger Mann aus dem Brandenburgischen 1764 auf die Idee, das Glück in Ostindien zu suchen? Gelangten Briefe des Christian Rose nach Neuruppin und so Informationen über die ferne Region in die städtischen Kommunikationswege? Einen Beleg für diese These gibt es nicht. Dennoch wäre es denkbar, dass die Begegnung so zufällig vielleicht gar nicht gewesen war. Gerade nach den leidvollen Erlebnissen des Siebenjährigen Krieges könnten die Berichte aus Ostindien den Entschluss zur Auswanderung befördert haben. Der gute Ruf einer Stadt oder Region oder persönliche Erfahrungen spielten als Wanderungsanreiz oder -motiv stets eine große Rolle.

Neuruppin selbst hatte wohl keinen so weit reichenden guten Ruf und war also alles andere als ein Magnet für Zuwanderer aus fremden Staaten. Die wirtschaftliche und kulturelle Bedeutung Neuruppins zog in der frühen Neuzeit kaum Zivilisten aus fernen Ländern und anderen deutschen Territorien an. Diese Anziehungskraft besaß zu jener Zeit eher Berlin. Nach Neuruppin kamen zumeist Handwerksmeister und -töchter sowie Lohnarbeiter und viele Bauern- und Ackerbürgertöchter aus der Mark Brandenburg. Nur vereinzelt verirrte sich ein Zuwanderer aus anderen, ferneren Teilen des Heiligen Römischen Reiches Deutscher Nation oder gar aus dem Ausland in die Stadt. Etwas anders mag es in den Reihen der Soldaten ausgesehen haben.[106]

Die Attraktivität Neuruppins für Zuwanderer aus fernen Regionen nahm auch in den nächsten Jahrzehnten nicht erheblich zu. Eine Untersuchung der lückenhaften Bürgerlisten von 1811 bis 1852 ergab, dass lediglich 21,5 Prozent derjenigen, die das Neuruppiner Bürgerrecht erhielten, in einem anderen Ort geboren worden waren. Die Mehrzahl der zuziehenden Bürger kam aus den Städten und Dörfern der Mark Brandenburg. Nur einzelne dieser Neubürger lebten zuvor beispielsweise in Mecklenburg-Strelitz, in Riga, in Posen, Breslau, in Thüringen, Sachsen oder Böhmen.

Mit der Einführung der Städtereform von 1809 erhielten auch die Frauen und die jüdischen Einwohner das Recht, Bürger der Stadt zu werden. Immerhin waren unter den erfassten 900 Neubürgern jener Jahre 52 Frauen und neun jüdische Männer und Frauen.[107]

In dem langen Zeitraum von der Reformation bis zur Mitte des 19. Jahrhunderts veränderte sich die Sozialstruktur Neuruppins also weder durch die lokale noch durch die soziale Mobilität grundlegend. Das Handwerk spielte nach wie vor eine große Rolle innerhalb der städtischen Wirtschaftsstruktur. Immerhin stellten allein die Handwerksmeister 1857 noch rund 50 Prozent der Hausbesitzer.[108] Das Militär und seit dem 19. Jahrhundert auch zunehmend die Unternehmer erweiterten lediglich den Wirtschaftssektor der Stadt und damit auch die städtische Sozialstruktur. Diese Erweiterung ging mit einer stärkeren sozialen Differenzierung einher. Eine wachsende Zahl von lohnabhängigen und krisenanfälligen Arbeitern, Soldaten, Knechten, Mägden, Gesellen und kleinen Handwerksmeistern stand einer kleinen Schicht von wohlhabenden Beamten, Militärangehörigen, Unternehmern, Kaufleuten, Kleingewerbetreibenden und Handwerksmeistern gegenüber. Wenn es auch in Neuruppin nicht zu einer dramatischen Zuspitzung der sozialen Konflikte kam, so signalisiert der Verlauf der 1848er Revolution doch, dass die städtische Gesellschaft kaum noch in der Lage war, die soziale Balance zwischen den einzelnen Schichten und Gruppen zu erhalten.[109]

Die jüdische Gemeinde

Nachdem der brandenburgische Kurfürst Johann Georg 1571 die Juden aus seinem Lande vertrieben hatte, siedelten sich über zweihundert Jahre keine Juden mehr in Neuruppin an. Für jüdische Zuwanderer boten die beiden Residenzstädte Berlin und Potsdam sowie die Messe- und Universitätsstadt Frankfurt an der Oder ohnehin bessere Entfaltungsmöglichkeiten als die brandenburgischen Klein- und Mittelstädte, zumal der Handel speziell in Neuruppin schon seit Jahrhunderten in den Händen einiger weniger Kaufleute konzentriert war und eine jüdische Konkurrenz als störend empfunden wurde. Erst in der preußischen Reformperiode kamen wieder jüdische Bürger nach

Neuruppin. Die Denk- und Lebensweise dieser jüdischen Bürger unterschied sich in vielerlei Hinsicht von der der mittelalterlichen Juden. Denn die jüdische Aufklärung veränderte das Zusammenleben der jüdischen und christlichen Gemeinden.

In verschiedenen Kreisen der Intellektuellen und der preußischen Bürokratie wurde in der zweiten Hälfte des 18. Jahrhunderts über die jüdische Aufklärung, die Haskala, und die Emanzipation der Juden diskutiert. Viele Aufklärer setzten sich aus unterschiedlichen Gründen für die bürgerliche Gleichstellung und somit für die Assimilation der Juden ein. Die Reformära zu Beginn des 19. Jahrhunderts bot dann den erforderlichen gesellschaftlichen Rahmen für grundlegende Veränderungen im Umgang mit den jüdischen Einwohnern Brandenburg-Preußens.[110]

Die Einführung der Städtereform 1809 ermöglichte den jüdischen Einwohnern erstmals, das städtische Bürgerrecht zu erwerben. Sie erhielten so stadtbürgerliche Rechte und Pflichten. Zu diesen Rechten zählte auch die aktive Teilnahme an den Wahlen zur Stadtverordnetenversammlung und zum Magistrat. Somit bestand die Möglichkeit, dass jüdische Bürger in die städtischen Verwaltungsorgane gewählt wurden. Doch noch immer durften die Juden nur in einigen wenigen wirtschaftlichen Nischen agieren, das heißt, sie konnten sich nicht als Handwerker niederlassen. Auch die Handelstätigkeit war auf wenige Bereiche eingeschränkt. Sie durften nur in ausgewählten Wissenschaftszweigen studieren. Ohne die ausdrückliche Erlaubnis bzw. ohne ein Generalprivileg konnten sich die Juden auch nicht an einem beliebigen Ort niederlassen und ein Grundstück erwerben. Mit dem Edikt über die Emanzipation der Juden vom 11. März 1812 erfolgte ein weiterer wichtiger Schritt auf dem Weg der bürgerlichen Gleichstellung. Die Juden wurden preußische Staatsbürger mit annähernd den gleichen Rechten und Pflichten wie die christlichen Staatsbürger. Die beruflichen Einschränkungen wurden aufgehoben. Sie konnten fortan alle erlaubten Gewerbe betreiben und Grundstücke in Stadt und Land kaufen. Dafür mussten die jüdischen Staatsbürger bestimmte Familiennamen führen und im amtlichen Verkehr sich der deutschen oder lateinischen Sprache bedienen. Dieses Edikt ermöglichte nun den Juden im brandenburg-preußischen Kernland, sich mit einem Gewerbe in einer beliebigen Stadt niederzulassen.

Der Handelsmann Joel Hirschberg entschloss sich daher, zwischen 1812 und 1814 gemeinsam mit seiner Frau und seinem Sohn in Neuruppin eine Wohnung zu mieten und hier sein Gewerbe zu betreiben. Aktenkundig wurde der Aufenthalt des Joel Hirschberg, als er gezwungenermaßen eine Grabstelle erwarb. Denn aus hygienischen Gründen verordnete der preußische Staat 1814, dass Leichen nicht weiter als eine preußische Meile transportiert werden durften und im Umkreis von 7,5 Kilometern von Neuruppin gab es keinen jüdischen Friedhof. Ein kilometerweiter Leichentransport ließ sich auch nur schwer mit der jüdischen Tradition vereinbaren. Die traditionelle jüdische

Beerdigung verlangte, dass der Tote schon vier bis sechs Stunden nach dem Ableben begraben wird. Die Beschleunigung der Beerdigung war laut Talmud nicht nur Pflicht, sondern auch Verdienst, da nur so die Verunreinigung von Leib und Seele verhindert werden konnte. Hirschberg entsprach mit seinem Handeln zwar der preußischen Gesetzgebung, aber vor allem wohl seinen religiösen Vorschriften.

So begründete Hirschberg mit seinem am 5. April 1824 ausgestellten und auf 1816 rückdatierten Kaufvertrag den ersten neuzeitlichen jüdischen Friedhof in Neuruppin. Dieser befand sich auf der Weinbergswiese, einem Gelände, das das Königlich-Preußische Domänenamt verwaltete.

Der Kaufmann erarbeitete sich offenbar in Neuruppin eine allgemeine Reputation. Denn am 19. August 1827 wählten die Neuruppiner Stadtverordneten ihn mit Stimmenmehrheit zum Bezirksvorsteher. Dieses kommunale Ehrenamt erforderte viel Zeit und diplomatisches Geschick. Der Bezirksvorsteher kümmerte sich um die Bürger- und Gewerbelisten seines Bezirks und vermittelte zwischen den Interessen der Einwohner seines Viertels und den städtischen Verwaltungsgremien. Es handelte sich also durchaus um eine Vertrauensstellung.

In den zwanziger Jahren zogen nur wenige jüdische Bürger nach Neuruppin. Als das Gelände, auf dem sich der jüdische Friedhof befand, 1828 aus dem Besitz des Domänen-Amtes in den städtischen Besitz überging, verhandelte der Magistrat mit den vier jüdischen Bürgern über eine Verlegung ihres Begräbnisplatzes. Rechtlich hatte der Magistrat keinen Anspruch auf das Gelände des jüdischen Friedhofs, dass es dennoch zu einer Verlegung kam, mag an dem guten Verhältnis der Verhandlungspartner gelegen haben. Bürgermeister Bienengräber und die jüdischen Bürger Joel Hirschfeld, Isaak Hirschburg, Abraham Gabriel Goldschmidt und Leib Loewy kamen überein, den jüdischen Friedhof nicht allzu weit entfernt vom Weinberg am Fuß eines Hügels am Ruppiner See in Richtung Alt Ruppin zu verlegen. Die Kosten für die Umbettung und die Umzäunung des neuen Friedhofs teilten sich die jüdische Gemeinde und der Magistrat.

1831 lebten in den vier jüdischen Familien insgesamt 28 Personen. Da liegt die Vermutung nahe, dass neben den Familienangehörigen auch noch Mägde, Knechte oder Handlungsdiener zu den Haushalten gehörten.

Der Vertrag, den der Magistrat und die jüdische Gemeinde schlossen, regelte auch die Verfahrensweise für zukünftig zuziehende Juden. Denn beide Verhandlungspartner einigten sich darauf, dass neue jüdische Familien jeweils 15 Taler an die Stadtkasse und 15 Taler an die jüdische Gemeinde für ihren Begräbnisplatz auf dem jüdischen Friedhof zahlen sollten, bevor sie das Recht erhielten, sich in der Stadt niederzulassen.

Die kleine jüdische Gemeinde scheint nicht sehr vermögend gewesen zu sein und war daher auf diese Einnahmen angewiesen. Schließlich galt es, neben dem Friedhof auch noch die Schule und die Synagoge sowie die sozialen Einrichtungen zu unterhalten. Andererseits konnte die jüdische Gemeinde so gemeinsam mit dem Magistrat den Zuzug weiterer jüdischer Bürger regulieren. Arme Juden, die die jüdische Gemeinde früher oder später hätte unterstützen müssen, kamen erst gar nicht in die Stadt.

1835 erhöhten die Stadt und die jüdische Gemeinde das »Eintrittsgeld« sogar von jeweils 15 Talern auf 50 Taler. Somit musste ein jüdischer Bürger, wenn er sich in Neuruppin niederlassen wollte, erst einmal 100 Taler aufbringen, um sich einen Begräbnisplatz zu sichern. Weitere Kosten fielen bei dem Erwerb des Bürgerrechts an, so dass es nicht verwundern kann, dass sich in den nächsten Jahren kaum jüdische Bürger in dieser mittelgroßen Stadt ansiedelten. Offenbar verfolgten der Magistrat und die jüdische Gemeinde hinsichtlich der Zuwanderung die gleichen Ziele. Der Zuzug potenzieller Armer sollte möglichst verhindert werden.[111]

Die städtische Verfassung und Verwaltung zwischen Autonomie, staatlicher Bevormundung und Selbstregierung

In diesen Jahrhunderten zwischen der Reformation und der 48er Revolution veränderte sich die städtische Verfassung mehrmals. Staatliche Eingriffe, innerstädtische Konflikte und tradierte Denk- und Verhaltensweisen insbesondere der alten Ratsgeschlechter sorgten dafür, dass die rathäusliche Verwaltung des Öfteren umstrukturiert wurde.

Schon mit dem Herrscherwechsel von den Grafen von Arnstein zu den Hohenzollern ging das städtische Gericht aus der Obhut der Stadt auf den Kurfürsten über. Natürlich bemühte sich der Rat, das Gerichtswesen wieder in seine Zuständigkeit zu bringen. Zeitweilig gelang dies auch. Aber endgültig übertrug erst Kurfürst Friedrich Wilhelm 1644 dem Rat das Gericht für eine jährliche Entschädigung von 26 Talern.

Der Rat selbst wurde nach der Reformation 1541 entsprechend des kurfürstlichen Reskripts verkleinert. Statt drei sich abwechselnder Mittel (Räte) gab es nunmehr nur noch zwei Mittel, den neuen und den alten Rat. Erhalten blieb dem Rat das Recht, die Ratsherren selbst zu wählen. Der Kurfürst behielt jedoch das Bestätigungsrecht. Es regierten zu jener Zeit immer vier Bürgermeister und vier Ratsherren. Der ruhende Rat fand sich zumeist im Schöppenstuhl wieder. Das Gericht setzte sich aus zwei kurfürstlichen Richtern, die sich abwechselten, und sieben Schöppen aus der Stadt zusammen.

Mit der Übergabe des Gerichtswesens an die Stadt erfolgte wohl auch eine erneute Umstrukturierung des Rates. Der erste Bürgermeister nannte sich nun Direktor, der zweite Bürgermeister wurde zum Condirektor und der dritte zum Adjunctus. Ständige Mitglieder des Rates wurden der Richter und der Syndicus. Die Schöppen wurden durch vier Assessoren ersetzt, von denen einer gleichzeitig als Stadtschreiber tätig war. Die Assessoren rückten dann in die offenen Ratsstellen auf und die Ratsherren in die offenen Bürgermeisterstellen. Der Rat ergänzte sich also zumeist aus seinem eigenen Bestand.

Diese Selbstergänzung und die damit einhergehende Machtkonzentration in nur wenige Hände führte innerhalb der Stadt zu zahlreichen Konflikten zwischen dem Rat und der Bürgerschaft. Die fehlende Transparenz der alltäglichen Arbeit des Rates und die Geheimniskrämerei um die Verwendung der städtischen Finanzen schürten das Misstrauen der Bürger, die sich hintergangen und betrogen fühlten. Schließlich entschied der Rat in eigener Regie über die Vergabe der Bürgerrechte und die damit verbundenen Einnahmen bzw. die Sonderregelungen. Der Rat besaß mit kurzen Unterbrechungen das Weinmonopol im Ratskeller und die einzig zulässige Waage, die Rathauswaage. Die polizeiliche Gewalt, zu der in der frühen Neuzeit auch die breite Palette der Gewerbeaufsicht zählte, erforderte strenge Kontrollen der Einhaltung geltender Gesetze und Verordnungen. Verstöße wurden mit Bußgeldern geahndet, die die städtische Kasse füllten. Schließlich legte die Luxus- und Kleiderordnung genau fest, wie Taufen, Heiraten und andere Feste in den einzelnen sozialen Schichten und Gruppen zu feiern waren, wer was wie tragen durfte und wie viele Tische bei Feiern jeweils gedeckt werden durften. Für bewusstes oder unbewusstes Fehlverhalten musste der Bürger viel Geld als Strafe bezahlen. So sollte der Rat disziplinierend auf seine Bürger einwirken und für Ordnung und Frieden in der Stadt sorgen. Doch auch die Ratsherren waren nicht unfehlbar und wiesen menschliche Schwächen auf, die von den Bürgern misstrauisch beäugt wurden.

1573 verfasste der Bürger Paul Michel eine 66 Punkte umfassende Klageschrift, die die öffentlich diskutierten Unzulänglichkeiten der rathäuslichen Arbeit auflistete. Wie meist in solchen Fällen setzte der Staat eine Kommission ein, die die Arbeit des Rates überprüfen und für einen Kompromiss zwischen den streitenden Parteien sorgen sollte. Der so mühsam arrangierte innerstädtische Frieden hielt jedoch nicht allzu lange. 1594/95 kam es abermals zu einem Konflikt zwischen dem Rat und der Bürgerschaft. Der Rat hatte eine neue Marktordnung erlassen und verlangte von den Neubürgern, die in eine Zunft aufgenommen werden wollten, dass sie in der Stadt ein Haus kaufen sollten. Das Bürgerrecht und die Aufnahme in die Zunft an einen Hauskauf zu koppeln, das war nicht nur eine eigenmächtige und willkürliche Entscheidung, sondern sie führte auch bewusst zur Ausgrenzung weniger wohlhabender junger Bürger. Noch herrschte Zunftzwang und nur wer das Bürgerrecht besaß, durfte in die Zunft aufgenommen werden und sich in der Stadt niederlassen. Die zumeist ärmeren Wollweber fürchteten, dass niemand mehr ihre Töchter heiraten könnte, weil für arme Wollweber in Neuruppin kein Platz mehr sein sollte. Es kam zum Aufstand der Zunftbürger, die bei dieser Gelegenheit auch gleich die neue Marktordnung kassierten und die Wiedereinführung der vierteljährlichen Bursprachen verlangten. Die 25 Forderungen umfassende Schrift der Bürger beinhaltete viele alte Streitpunkte, aber auch sehr vernünftige Lösungsvorschläge. Um zukünftige Konflikte zu vermeiden, sollte der Rat bei wichtigen Angelegenheiten 24 Bürger aus der Gemeinde zu Rate ziehen. Damit verlangten die Neuruppiner Bürger ein Mitspracherecht, wie es die Bürgerschaft schon im Mittelalter besessen hat. Der Rat reagierte auf die Forderungen nur zögerlich und wich den entscheidenden Fragen aus. Da sich die Stimmung in der Bürgerschaft aber zunehmend verschlechterte, bat der Rat den Berliner Kanzler Diestelmeier um Hilfe. Wieder einmal wurde eine staatliche Kommission eingesetzt. Doch dieses Mal holten sich auch die Bürger einen Rechtsbeistand aus Berlin. Nach einer intensiven Diskussionsphase kam der Rat den Interessen der Bürger entgegen. Die 24 Bürgervertreter wurden gewählt. Der Eid, den die 24 Bürger allerdings gegenüber dem Rat schwören sollten und der sie zur Unterordnung und zum Gehorsam gegenüber dem Rat sowie zur Verschwiegenheit verpflichtete, löste alsbald neue Unruhen in der Bürgerschaft aus. Auch blieben Fragen zu den Einnahmen und Ausgaben der Stadt offen, so dass abermals Kommissionen eingesetzt wurden. Der Kurfürst ergriff dann für den alten, korrekt arbeitenden Rat offen Partei und drohte den Bürgern mit Bestrafung, wenn sie nicht endlich Ruhe gäben. Der so erzwungene innerstädtische Friede hielt vorerst, doch das Konfliktpotenzial blieb.

Der Dreißigjährige Krieg forderte vom Rat diplomatisches Geschick und angesichts der chaotischen Zeiten auch organisatorisches Talent. Schließlich mussten die Ratsherren ihre Bürger schützen und gleichzeitig die Forderungen der Besatzungstruppen erfüllen. In diesen schwierigen Jahren nahm die Einwohnerzahl rapide ab und so wurde auch der Rat verkleinert. Drei Bürgermeister und drei Ratsherren verwalteten die städtischen Angelegenheiten. Nach dem Krieg, als etwas Ruhe und Ordnung herrschte, fühlten sich die Bürger erneut vom Rat betrogen. Sie verlangten die Offenlegung der Rechnungsbücher und überhaupt mehr Kontrolle. Der Rat ging darauf nicht ein. Zu jener Zeit wurde die Einführung der Akzise diskutiert. Diese Steuer sah die Bürgerschaft als Chance für sich und setzte sich für diese neuartige Steuer ein. Sie erhoffte sich so eine gerechtere Besteuerung. Der Rat hingegen hing an seinem alten Steuersystem und lehnte die Akzise ab. Die Auseinandersetzungen zwischen Rat und Bürgerschaft zogen sich noch viele Jahre hin. Abermals wurde 1669 eine Kommission eingesetzt und auch die Bürger nahmen sich wieder einen eigenen Anwalt. Den Ratsherren wurde die Veruntreuung von Geldern, von silbernen Löffeln und Bechern vorgeworfen. Die Kommission bezeichnete dieses Mal die Kämmereirechnungen als »Klecksregister«, die eine exakte Prüfung kaum ermöglichten. Nach einigem Hin und Her setzte dann der Kurfürst kurz entschlossen den alten Rat ab und einen neuen Rat ein. In der Regel nahmen die Kurfürsten für die Räte Partei. Schließlich galt es, den innerstädtischen Frieden zu wahren und die Autorität des Rates zu festigen. Aber dieses Mal waren auch kurfürstliche Interessen – die Akzise – betroffen und so wechselte der Kurfürst die Fronten. Jahre später gelang es den abgesetzten Ratsmitgliedern, eine erneute Untersuchung zu erwirken. Ihre Ehre wurde wieder hergestellt, da die neue Untersuchung die alten Anschuldigungen nicht mehr bestätigen konnte. Doch das innerstädtische Zusammenleben gestaltete sich dadurch nicht reibungsloser. Noch immer hatten die Bürger viel zu wenig Einsicht in die rathäusliche Arbeit. Dadurch blieb der Nährboden für Gerüchte und Zweifel an dem redlichen Tun erhalten. Bereits 1711 erschien auf Drängen der Bürger eine Kommission in Neuruppin, um die Arbeit des Rates zu kontrollieren.[112]

Am 28. April 1711 erhielt Neuruppin ein neues Rathäusliches Reglement, das die Struktur und die Aufgaben des Rates genau festlegte. Der Rat bestand fortan aus neun Mitgliedern, die das Wahlrecht für die neuen Mitglieder behielten. Drei Bürgermeister wechselten sich turnusmäßig ab. Der Syndikus musste alles protokollieren, um so die Kontrolle der Arbeit des Rates zu ermöglichen.

Der Soldatenkönig führte dann 1719 eine radikalere Städtereform durch, um einen stärkeren als den bislang üblichen Einfluss des Staates auf die städtische Verwaltung zu sichern. Der jährliche Ratswechsel wurde aufgehoben. Die Ratsherren blieben lebenslänglich im Amt. Die Ratswahl lag zwar noch in den Händen des Rates, der nun Magistrat genannt wurde, aber der König allein besaß das Bestätigungsrecht, das er im Vergleich zu seinen Vorgängern restriktiv wahrnahm und auch gelegentlich eigene Kandidaten einsetzte. So wurde in Neuruppin beispielsweise nach dem Tod des Bürgermeisters Holle nicht der erfahrene Dr. Anhalt neuer Bürgermeister, sondern Christoph von Höslin. Dieser zahlte 300 Taler in die Rekrutenkasse. Sein Konkurrent hätte nur 150 Taler aufbringen können. Der neue Bürgermeister versuchte später sein Amt weiterzuverkaufen, da er in Neuruppin keinen Zuspruch fand und weder mit den Ratsherren noch mit den Einwohnern zurechtkam.

Über die städtische Verwaltung sollten die Steuerräte wachen, die zwischen sechs und zwölf Städte zu beaufsichtigen hatten. Als Mittler zwischen den Städten und dem Staat erfüllten die Steuerräte eine wichtige Funktion. Ihnen zur Seite traten später dann noch ein Polizeiausreiter und ein Fabrikinspektor. Von der Qualität ihrer Arbeit hing in großem Maße auch die Entwicklung der einzelnen Städte ab.

Trotz ständiger Kontrollen durch die Steuerräte machten sich auch im Neuruppiner Magistrat Korruption und Vetternwirtschaft breit. Weder die Beschwerden der Bürger noch die staatlichen Auflagen scheinen diesbezüglich viel gebessert zu haben. So lautete das Urteil über diesen Rat noch in der zweiten Hälfte des 18. Jahrhunderts: »Betreffend das Ruppinsche Magistrats-Collegium selbst, so ist zwar nicht zu leugnen, daß in selbigen verschiedene geschickte Membra sich befinden, wegen der großen unter ihnen etablirten Verwandtschaft und Schwägerschaft aber haben sich bißher so vielerley Fractiones hervorgethan, daß darunter öfters die Arbeit versäumet ...«[113]

Zweifelsohne befand sich die Neuruppiner Verwaltung seit Generationen in den Händen einiger weniger erfolgreicher Kaufmannsfamilien, die nur vereinzelt zuziehende Beamte in ihren Reihen aufnahmen. Der Arzt Dr. Bernhard Feldmann gehörte zu diesen akzeptierten neuen Beamten. Mit ihm saßen um 1740 zehn Mitglieder im Rat, von denen neun ein Jurastudium abgeschlossen hatten. Acht Ratsherren absolvierten ihr Studium auf der Universität Halle, die insbesondere unter Friedrich Wilhelm I. als Zugangsbillett für die Beamtenlaufbahn galt. Vier Ratsherren kamen aus Neuruppiner Kaufmannsfamilien, die zunehmend ihre Söhne zum Jurastudium schickten, um ihnen so die innerstädtische Karriere im Wettbewerb mit anderen studierten Beamtenanwärtern zu sichern. Die zuziehenden Ratsherren heirateten mitunter Neuruppiner Kaufmannstöchter oder ihre Kinder vermählten sich mit angesehenen Neuruppiner Familien. Die Integration der zuziehenden Beamten in die städtische Honoratiorenschicht erfolgte daher häufig auch über familiäre Beziehungen.

Friedrich II. ordnete die städtische Verwaltung nach Fachdepartements. Das Gerichtswesen wurde so vom consul dirigens und den Assessoren verwaltet. Für die Militärangelegenheiten, die Polizeisachen, Kirchen- und Schulsachen wurden Kommissionen eingesetzt. Einzelne Ratsherren durften sich dann speziell um das Armenwesen, die Kämmerei, die Forsten oder das Fabrikwesen kümmern. In seinem politischen Testament erklärte Friedrich II. 1752: »Ich habe den Städten in den alten Provinzen die Freiheit gelassen, ihren Magistrat zu wählen, und mich in diese Wahlen nur dann eingemischt, wenn dabei Mißstände auftraten und Bürgerfamilien zum Nachteil der Mitbürger alle Gewalt an sich zogen.«[114]

In Neuruppin wirkten beispielsweise 1796 als dirigierender Consul Justizrat Noeldechen, als Proconsul Tobold und als Ratsherren Lehmann, Mollius, Schnackenburg und Beyersdorf sowie als Stadtphysikus Dr. Braun. Der Justizrat Daniel Noeldechen gehörte zu jenen Magistratsmitgliedern, die die Geschichte Neuruppins am nachhaltigsten mitprägten. Der gebürtige Perleberger sammelte als Jurist im Amt Sandau und in Wittstock viele Erfahrungen, bevor er dann von 1771 bis zu seinem Tod 1799 in Neuruppin tatkräftig das städtische Leben mitgestaltete. Ihm verdankte die alte Lateinschule die längst fällige Reform. Der Wiederaufbau der Stadt nach dem Brand 1787 wäre ohne sein besonderes Engagement wohl auch anders verlaufen. Der Justizrat baute sich nach dem Stadtbrand sein neues Haus in der Ludwigstraße 14/15 auf, in dem heute das Heimatmuseum sein Domizil hat. Dieses palaisähnliche Doppelhaus bezeugt bis heute den gehobenen Kunst- und Lebensstil des erfolgreichen Bürgers um 1800, den man wohl eher in Berlin oder Potsdam als in Neuruppin vermuten würde. Noeldechen gehörte zu den von den Ideen der Aufklärung beeinflussten Beamten, die couragiert ihre Ziele umsetzten und sich dabei auf intakte soziale Netzwerke der Aufklärer stützen konnten. Natürlich vertraten nicht alle Magistratsmitglieder so progressive Ansichten. Insbesondere die Diskussion um die Schulreform zeigte, dass die Ratsmitglie-

Dr. Bernhard Feldmann (1704–1776), Kupferstich nach einem Gemälde von Georg Wenzeslaus von Knobelsdorff.

der Lehmann und Tobold eher konservativ gesinnt waren. Allerdings setzte sich Noeldechen zumeist mit seinen Auffassungen durch.[115]

Zu einer grundlegenden Veränderung der städtischen Verwaltung kam es dann infolge der preußischen Reformen. Am 19. November 1808 wurde die preußische Städteordnung erlassen. Am 30. Dezember 1808 erhielt die kurmärkische Regierung den Befehl, das Nötige für die Einführung der neuen Städteordnung zu veranlassen. Die Steuerräte mussten die Magistrate anweisen, die Bürgerlisten zu aktualisieren und die Stimmfähigkeit der Bürger festzustellen. Die Städte wurden in Wahlbezirke eingeteilt. Schließlich durfte nun jeder männliche Stadtbewohner, der das Bürgerrecht besaß, die Stadtverordneten wählen und diese wählten dann den Magistrat. Jährlich schied ein Drittel der Stadtverordneten aus und neue Stadtverordnete mussten gewählt werden.

Die Städteordnung legte fest, dass alle, die ein städtisches Gewerbe ausübten oder in der Stadt ein Grundstück besaßen, das Bürgerrecht erwerben mussten. »Stand, Geburt, Religion und überhaupt persönliche Verhältnisse machen bei Gewinnung des Bürgerrechts keinen Unterschied.« Alle Einwohner der Stadt, die das Bürgerrecht nicht erworben hatten, zählten zu den Schutzverwandten.

Wahlberechtigt waren alle Bürger. Zu den Ausnahmen zählten Bürger, die sich im Konkurs- oder in anderen Justizverfahren befanden, die Magistratsmitglieder während ihrer Amtszeit, Bürger weiblichen Geschlechts, unangesessene Bürger – in mittleren Städten, deren reines Einkommen noch nicht 150 Reichstaler jährlich betrug und Personen, welchen als Strafe das Stimmrecht entzogen wurde. Allein das Ermitteln der Bürgerzahl und der Stimmfähigkeit bedurfte viel Zeit und Mühe.

Vom 5. bis 10. März 1809 wurden in Neuruppin in sechs Stadtbezirken die 36 Stadtverordneten und ihre zwölf Stellvertreter gewählt. Die Wahlberichte wurden jeweils bezirksweise am Wahltag verfasst und dem alten Magistrat anschließend übergeben. Dennoch weigerte sich dieser, die Wahl anzuerkennen. Die alten Magistratsmitglieder wurden nicht müde, ständig neue Einwände gegen den Wahlverlauf und gegen gewählte Personen zu erheben. So nahm der Magistrat beispielsweise Anstoß an den verwandtschaftlichen Verhältnissen einiger Stadtverordneter. Die kurmärkische Regierung erklärte diese Einwände für unerheblich und verbot dem Magistrat, weitere zu erheben. Stattdessen sollte er die Wahl nun endlich anerkennen, wie es das Schreiben der Regierung vom 27. April offenbarte.[116] Hinter dieser Verzögerungstaktik steckte die pure Angst einiger Ratsherren, von den Stadtverordneten nicht gewählt zu werden und zukünftig brot- und einflusslos zu sein. Diese Angst war durchaus berechtigt. Die Bemühungen staatlicher Beamter in Neuruppin, ihnen genehme Beamte als Bürgermeister wählen zu lassen, führten zu Protesten und mehreren Wahlgängen.

Am 12. Februar 1810 konnte der neue Magistrat endlich feierlich in der Kirche St. Marien eingeführt werden. Als Bürgermeister wurde nun der Arzt Dr. Braun gewählt und bestätigt. Er hatte ja bereits im alten Rat als Senator gewirkt und sich offenbar das Vertrauen der Bürger erworben. Neben Braun waren der Justizamtmann Walther, der Regimentsquartiermeister Techen, der Kaufmann Buchholz, der Hauptmann von Glan, der Kaufmann Hoffmann, der Kaufmann Plänitz, der Kaufmann Samuel Protzen, der Rendant Roloff, der Kaufmann Rühl, der Senator Schnackenburg, der Kaufmann Stenger und der Kaufmann Thiele in den Magistrat gewählt worden.[117] Offenbar trauten die Neuruppiner ihren Kaufleuten und den einstigen Militärangehörigen die kommunale Verwaltung eher zu als ihren Handwerksmeistern. Diese dominierten allerdings unter den Stadtverordneten. Mit Ausnahme vom Kaufmann Joachim Friedrich Protz (Vorsteher), dem Apotheker Kähne (Stellvertretender Vorsteher), dem Regierungsassessor Ludwig, dem Gutsherren von dem Knesebeck und dem Kaufmann Bückling kamen die übrigen 31 Stadtverordneten aus dem Handwerk.[118]

In der Neuruppiner Stadtverordnetenversammlung saß dann der Herr von dem Knesebeck, der während der französischen Besetzung für die Stadt manche Erleichterung erwirkte und der durch sein Engagement im Bürgerkasino bzw. der Ressource stadtbekannt war, neben dem Sattlermeister Rosenhagen, der Augenzeuge der Französischen Revolution 1789 gewesen war. Rosenhagen hatte den Spitznamen »Bastillestürmer« erhalten und über Jahrzehnte bewahrt.[119]

Die Neuruppiner Bürger wählten sehr bewusst jene in die städtischen Verwaltungsgremien, von denen sie hofften, dass sie sich für die Belange ihrer Stadt einsetzen würden. Politische Zuordnungen sind zu jener Zeit kaum möglich, da sich erst in den folgenden Jahrzehnten politische Parteiungen herausbilden. Die erste Wahl zu der Stadtverordnetenversammlung dokumentiert wohl eher das kommunalpolitische Interesse der Wähler, die den Adligen ebenso wie dem »linken« Handwerksmeister vertrauten.

Das Gericht und die Polizei fielen mit der Städtereform an den Staat, der in den mittleren und kleinen Städten die Polizei wieder an den Magistrat delegierte. Die Aufsicht über die polizeiliche Verwaltung erhielt der Landrat. Der erste Direktor des neuen Stadtgerichts wurde der Justizrat Goering, der 1817 dies Amt antrat und im Ruhestand noch als Stadtverordneter arbeitete. 1835 verstarb er.

1815 erfolgte im Rahmen der Stein-Hardenbergschen Reformen die verbesserte Einrichtung der Provinzialbehörden, die Preußen in zehn Provinzen gliederte. Neuruppin gehörte nun zur Provinz Brandenburg und dort zum Regierungsbezirk Potsdam, der wiederum aus 13 Kreisen bestand. Der Kreis Ruppin erhielt Neuruppin als Verwaltungssitz, wobei die Landräte noch lange Zeit von ihren Gütern aus regierten. Davor war Neuruppin mit dem Land Ruppin Bestandteil des Kreises Mittelmark. Mit der Neuregelung der Kreisverfassung vom 17. August 1825 war Neuruppin auch auf den Kreistagen vertreten. Die Kreisversammlungen wurden zahlenmäßig und inhaltlich von den Gutsbesitzern dominiert. Der Einfluss der städtischen Deputierten blieb gering.

In den Jahren nach 1809/10 bestimmte die kommunale Sachpolitik die Arbeit der städtischen Verwaltungsgremien. Die Stadt versuchte wie ihre preußischen Schwestern die Schulden, die durch die französische Besetzung und die Kontributionen angefallen waren, allmählich abzubauen und die städtische Wirtschaft zu aktivieren. Selbstbewusst wehrten sich die Kommunalpolitiker gegen staatliche Eingriffe in ihre städtische Selbstverwaltung.

Besonders augenfällig wurde die selbstbewusste Haltung der Stadtverordneten gegenüber dem Staat im Verlaufe des Agendestreits in Preußen. Gegen die 1817 verordnete Union von reformierter und lutherischer Kirche erhoben die Städte kaum Protest, weil dadurch die Glaubens- und Gewissensfreiheit des Einzelnen nicht beeinträchtigt wurde. Als aber Friedrich Wilhelm III. zwangsweise eine neue Liturgie durchsetzen lassen wollte, da entflammte eine wahre Protestbewegung. Die Stadtverordneten als Vertreter der Stadtgemeinde, beispielsweise von Berlin, Neuruppin und Nauen, weigerten sich, ihren Geistlichen die neue Agende zu verordnen. Die Stadtverordneten argumentierten mit der Glaubens- und Gewissensfreiheit der Stadtbewohner sowie mit der Parochialgewalt der Gemeinde gegen die Einführung der neuen Agende. So heißt es im Neuruppiner Stadtverordnetenprotokoll vom 12. Januar 1823: »Wir überreichen E. W. M. die uns zugesandte Kirchen Agende mit dem bemerken zurück, daß wir wünschen den bisherigen Gottesdienst beizubehalten ...« Zuvor hatten die Stadtverordneten eine Bürgerbefragung durchführen lassen, und teilten dem Magistrat mit: »Übrigens waren und sind wir weit entfernt irgend einen Gewissens-Zwang in Antrag zu bringen.« – »In Ansehung der Anfragen wegen Einführung der Agende sehen wir als reine Gewissens-Sache jedes einzelnen Einwohners an, können daher dafür Namens derselben keine Erklärung abgeben, wollen so viel wir thun können, unsere Mitbürger davon in Kentnis setzen, und es wird sich ja mit der Zeit zeigen, ob Sie freiwillig dafür gestimt sind.«[120]

Die Macht Friedrich Wilhelm III. reichte zwar aus, um die Einführung seiner Agende in der Armee und im Berliner Dom zu bewirken. Auch gelang es ihm, noch einzelne Geistliche unter Druck zu setzen. Doch all dies nutzte ihm wenig, da die Gemeindemitglieder sich weder von ihren Geistlichen noch von den Drohungen Seiner Majestät zu einer Annahme der neuen Liturgie bewegen ließen. Sie verweigerten den Gehorsam und bestanden auf ihrem Zustimmungsrecht und auf dem Mitspracherecht der Synoden.

Ihr hartnäckiger Widerstand bewirkte letztendlich einen Kompromiss zwischen den Gemeinden und dem Staat, der auch das veränderte Kräfteverhältnis zwischen dem Staat und den autonomen Städten dokumentierte.[121]

Als Eingriff in ihre kommunale Selbstverwaltung betrachteten die Städte anfänglich auch den Aufruf des Staates zur Bildung von Bürgergarden. Die Neuruppiner Stadtverordneten erklärten, als sie aufgefordert wurden, eine Bürgergarde zu erstellen, »daß die Zeiten für die Bürger immer schlechter und die Abgaben immer mehrerer und daß der Wachdienst bisher gut versehen wurde und auch ausreiche.« Daher baten sie den Magistrat, gemeinsam mit ihnen den Plan des Landrats von Zieten zu hintertreiben. Die »Verschwörung« blieb erfolglos, denn am 17. Juli 1812 berichteten die Stadtverordneten von der Einrichtung der Bürgergarde und der Wahl Michael Protzens zum Chef der Bürgergarde.

Nachdem sich die Städte von den wirtschaftlichen Schwierigkeiten, der Last der Kontributionen und den Naturkatastrophen zu Beginn des 19. Jahrhunderts etwas erholt hatten, besann man sich zunehmend auf die soziale Verantwortung für die Armen und die Hilfsbedürftigen. Für das Allgemeinwohl zu sorgen, wurde zum Handlungskonzept nicht nur der städtischen Verwaltungsgremien, sondern darüber hinaus auch der wohlhabenden Stadtbewohner. Zahlreiche Stiftungen und Vereine entstanden. Die Bemühungen um die Bildung der benachteiligten Mitbürger nahmen innerhalb der Aktivitäten der Stadtverordneten und des Magistrats einen höheren Stellenwert ein. Schließlich galt es, innerstädtische Rahmenbedingungen zu schaffen, die ein harmonisches Miteinander der verschiedenen sozialen Schichten angesichts deutlicher werdender Spannungen im Zuge der beginnenden Industrialisierung ermöglichten. Dabei kam den Bemühungen um eine bessere Bildung gerade der armen Kinder eine besondere Bedeutung zu. Schließlich waren die Bürger zu jener Zeit noch immer von den Maximen der Aufklärung überzeugt.

In ihrer Versammlung am 27. Juli 1828 erklärten zum Beispiel die Neuruppiner Stadtverordneten, dass sie den Versuch der königlichen Regierung, ihren Beschluss, das Schulgeld nicht zu erhöhen, zu hintertreiben, sehr wohl erkannt hatten. Aber in Neuruppin verdiene ein Handwerker eben nur so viel wie in Berlin, Potsdam oder Brandenburg ein Arbeitsmann, und daher könne man in dieser Stadt das Schulgeld nicht heimlich über das einzuführende Holzgeld erhöhen. Ein erhöhtes Schulgeld hätte die Bildungschancen vieler Handwerker- und Lohnarbeiterkinder verschlechtert und die Zahl der zu unterstützenden armen Schulkinder erhöht. Dies wollten die Stadtverordneten mit ihrem Protest verhindern.

Ebenso eindeutig positionierten sich 1828 die Stadtverordneten Neuruppins, als ihnen zu Ohren kam, dass Schüler der Elementar-Bürger-Schule in übertriebenem Maße gezüchtigt worden waren. Einige Väter hatten bei den Vertretern der Stadt schriftlich Beschwerde eingelegt, und die Stadtverordneten verlangten unverzüglich eine Untersuchung und Klärung der Angelegenheit.

Prügelnde Lehrer waren nicht mehr zeitgemäß, denn diese Erziehungsmethoden passten nicht in das frühliberale Weltbild der meisten kleinbürgerlichen Abgeordneten, und die Zeit der stillen Duldung derartiger Vergehen gehörte auch der Vergangenheit an. Die veralteten Ansichten des Lehrers Zäumer wurden daher Gegenstand der Stadtverordnetenversammlung. Eltern und Abgeordnete setzten sich gemeinsam für neuhumanistische Bildungsmethoden und Inhalte ein.[122]

Das Selbstbewusstsein der Stadtverordneten widerspiegelt sich in vielen Aktivitäten, zu denen auch die Auseinandersetzungen mit dem Landrat von Zieten zählten.

Das große kollektive Erlebnis der Befreiungskriege und das Gefühl, gemeinsam den Unbilden jener Jahre getrotzt zu haben, führte dazu, dass die Bürger nach 1813 ein Selbstwertgefühl entwickelten, das die staatlichen Behörden erschrecken musste. Sie, die Bürger, ließen sich nichts mehr vorschreiben. Alle staatlichen Vorgaben wurden begutachtet, diskutiert und wenn sie keine Gnade fanden, abgelehnt oder einfach modifiziert. So heißt es im Neuruppiner Stadtverordnetenprotokoll vom 14. Juli 1816: »So gern wir, wenn es das Interesse der Comune erlaubt, den Anordnungen des Königlichen Landraths von Zieten genügen, so sehen wir uns doch genötigt, zu der Geradelegung des nach Wittstock führenden Weges, von der Lindenallee ab zur Kuhburg, unsere Zustimmung zu verweigern.« Die Kosten würden zum Nutzen in keinem vertretbaren Verhältnis stehen. Wen wundert es da, wenn sich Zieten über die renitenten Bürger beschwerte, die angesichts leerer Kassen kein Verständnis für seine Straßenbaupolitik hatten. 1825 reichte der Herr von Zieten eine Beschwerde über den Neuruppiner Magistrat bei der Regierung ein. Der Magistrat hatte ihm erklärt, »daß ich nicht berechtigt sey, seine Geschäftsführung zu controlliren und nötigenfalls zu leiten.«[123]

Zieten hatte für das selbstbewusste Auftreten dieser »Kleinbürger« kein Verständnis. Es war ihm suspekt. Schließlich hatte er als königlich-preußischer Landrat und verdienstvoller Adliger doch nur das Beste seiner Untertanen im Auge. Diese kleinen Handwerker und Kaufleute konnten doch gar nicht einschätzen, was für die Region wichtig war oder nicht. Zietens Standesbewusstsein ließ eine gute Zusammenarbeit mit den städtischen Verwaltungsgremien nicht zu. Die Bürger hingegen handelten im Rahmen geltenden Rechts, das vielen Landräten Anlass zu ständiger Klage und Beschwerde war. Der Konflikt zwischen den traditionellen Auffassungen vieler Landräte und dem selbstbewussten Verhalten der städtischen Bürger wurde in den ersten Jahren nach 1808 vehement ausgetragen, da sich jede Seite im Recht glaubte. Nach einem längeren Lernprozess auf beiden Seiten wich die Konfrontation einer sachlichen Arbeitsweise.[124]

Die Arbeit der städtischen Verwaltung musste nun auch die Öffentlichkeit nicht mehr scheuen. Die Neuruppiner Stadtverordneten verlangten in ihrer Versammlung vom 23. Juni 1811 geradezu danach. Sie schlugen vor, sich am Sonntagnachmittag zu treffen, wo »eine jede Deputation öffentlich vor der gesamten Bürgerschaft Rechnung ablegen wird, was in dem Zeitraum eines Jahres für Verbesserungen in denen ihnen übertragenen Geschäften geleistet wurde.« Gleichzeitig baten die Stadtverordneten die Geistlichen, an diesem Nachmittag keine Rede an die Gemeinde zu halten. Sie wollten offenbar bei dieser Rechenschaftslegung auf den kommunalen Charakter der Veranstaltung hinweisen, der ohne geistlichen Segen auskommen sollte.

Am 30. September 1813 wurde von den Neuruppiner Stadtverordneten der Beschluss gefasst, »dass von hiesiger Stadt und Bürgerschaft abgelegte Beweise ihrer Vaterlandsliebe öffentlich gemacht werden sollten.« Die Stadtverordneten wollten, dass auch andere Städte diese Aktivitäten zur Kenntnis nahmen.

Ein breites Spektrum der Stadtbevölkerung engagierte sich bewusst für Ereignisse, die über die Stadtgrenzen hinaus von Bedeutung waren. Hier sei als Beispiel noch auf das »Teutsche Nationalfest« ein Jahr nach der Völkerschlacht bei Leipzig verwiesen. Wie in vielen Gemeinden und Städten Deutschlands, so wurde auch in Neuruppin 1814 eine Friedenseiche gepflanzt. Als das 6. Märkische Landwehr-Regiment, das ja eigens für die Befreiungskriege im April 1813 gebildet worden war, im August 1814 wieder in Neuruppin einmarschierte, wurde es würdig empfangen und gefeiert. Auch das 12. Reserve-Infanterie-Regiment, das im Frühjahr 1813 in Neuruppin aufgestellt wurde und in das u. a. 18 Gymnasiasten eintraten, wurde von den Einwohnern geachtet und geschätzt. Es nahm an zahlreichen Schlachten der Befreiungskriege teil. Im

Jahr 1814 erhielt es die Bezeichnung 24. Preußisches-Infanterie-Regiment. 1820 kam das 24. Infanterie-Regiment als Garnison nach Neuruppin.

Während diese Feste in den Quellen Erwähnung gefunden haben und uns so vereinzelt bekannt wurden, finden sich nur selten Hinweise auf Ehrungen, die den Reformern und den führenden Köpfen der Befreiungskriege zuteil wurden. Im Neuruppiner Stadtverordnetenprotokoll vom 19. Februar 1825 fassen die Herren den Beschluss, die Büsten des Fürsten Blücher und des Generals Scharnhorst, die offenbar schon längere Zeit in der Stadt existierten, mit deutschen Zahlen zu versehen, und beauftragten mit der Ausführung der Arbeiten den Geheimen Oberbaurat Schinkel in Berlin.

Die Würdigung jener berühmten Freiheitskämpfer und Reformer deutet auf eine bewusste Traditionspflege der Stadtverordneten hin, die offenbar zu der Restaurationspolitik des Staates im klaren Kontrast stand. Der Kurswechsel des Staates besonders nach 1815/1819 berührte die Stadtbewohner in ihrem städtischen Rechtsraum vorerst kaum. Die bewusste Konfrontation mit staatlichen Weisungen wurde so eher gefestigt. Andererseits wurde durch die Restaurationspolitik des Staates, die Verschärfung der Zensur und der besonderen Überwachung der Geistlichen und der Lehrer der kommunikative Raum stark eingegrenzt. Vielleicht liegt in dieser spezifischen kommunikativen Einengung eine Erklärung dafür, dass die brandenburgischen Stadtbürger den ihnen durch die Städtereform zugebilligten Rechtsrahmen zwar auszuschöpfen wussten, aber Forderungen, die diesen Rahmen überschritten, bislang kaum nachweisbar sind.

Diese Nationalfeste sowie die Friedensfeiern sind ein Ausdruck des Zeitgeistes, der – wie die Griechenbewegung zur Zeit des Biedermeier oder die Polenbewegung im Vormärz – die liberalen Bürger nicht nur Süddeutschlands aktivierte und zu gemeinschaftlichem Handeln über die Stadtmauern hinweg veranlasste. Die Ideen der frühliberalen Bewegung waren im städtischen Kleinbürgertum als der Massenbasis zutiefst verankert.

Vaterlandsliebe und das Schaffen von Öffentlichkeit könnten die Neuruppiner Stadtverordneten motiviert haben, sich ab 1828 für die Ehrung jenes preußischen Königs einzusetzen, dem sie die großzügige Unterstützung des Wiederaufbaus ihrer Stadt zuschrieben. Das Denkmal Friedrich Wilhelms II. wurde bei Schinkel in Auftrag gegeben. Friedrich Tieck gestaltete die Skulptur. Am 26. August 1829 fand die feierliche Enthüllung statt. Die sonst so sparsamen Stadtverordneten bewilligten für dieses Denkmal 3000 Taler, fast die Hälfte der Kämmereieinnahmen, und das in wirtschaftlich schwierigen Zeiten. Vermutlich teilten nicht alle Stadtbewohner die Auffassung der Stadtverordneten, denn in ihrer Sitzung am 21. Februar 1830 waren sie um den sozialen Frieden in der Stadt schon sehr besorgt. Gestellte finanzielle Ansprüche von Arbeitern wurden mit folgender Begründung bewilligt: »damit nicht einige sich hart darüber äußern können als sey die Stadt nur darauf bedacht, den ärmeren von seinen Verdienst etwas zu entziehen, dagegen aber bey der großen

Ausgabe zur Ausführung des Denkmals weniger sparsam, und so könnte hierdurch die gute Absicht gewißermaßen verdunkelt werden ...«[125] Dies wollten sie natürlich auf jeden Fall verhindern. Die Ehrung von Vertretern des Königshauses gehörte zur politischen Kultur jener Zeit.

Immer öfter bemühten sich die Stadtverordneten um die Öffentlichkeit ihrer Sitzungen und um die Veröffentlichung ihrer Sitzungsprotokolle. Mit Recht gingen sie davon aus, dass diese Öffentlichkeit das Interesse des Bürgers an ihrer Arbeit erhöhen würde. Die Diskussion um die Öffentlichkeit der Versammlungen wurde über Jahrzehnte geführt. Staatliche und lokale Bedenken konnten den endgültigen Beschluss, die Versammlungen für jedermann zugänglich zu machen, jedoch lange Zeit hinauszögern. Erst als es für die schwierig gewordene Arbeit der städtischen Verwaltungsgremien von grundlegender, existentieller Bedeutung war, zog man konkrete Schritte in dieser Hinsicht in Erwägung.

Wie in der Provinz Brandenburg, so kam es auch in vielen anderen Städten in den vierziger Jahren zur öffentlichen Rechenschaftslegung in Form von Verwaltungsberichten und zur Zulassung der Öffentlichkeit an der Teilnahme an Stadtverordnetenversammlungen. Hinter dem Bemühen um größere Öffentlichkeit verbarg sich die zunehmende Besorgnis der Stadtverwaltungen um ihre Wählerbasis. Denn die wirtschaftlichen und sozialen Krisen jener Jahre wurden von Seiten der kleinen Handwerker, Händler und der Lohnarbeiter den städtischen Verwaltungen angelastet. Gerade jene Kleinbürger und die Lohnarbeiter fühlten ihre Interessen in den Stadtparlamenten nicht mehr energisch genug vertreten. Der Unmut der armen Stadtbewohner über ihre verzweifelte Lage traf zuallererst die Stadtverwaltung und nicht den Staat, der alle wirtschaftlichen und sozialen Aufgaben an die Stadt delegiert hatte, ohne diese im Mindesten bei der Problemlösung zu unterstützen. Die isolierte Stellung der Stadtverwaltung innerhalb des preußischen Staates und deren permanente Überforderung bewirkten vielleicht, dass der Liberalismus im Kernland Preußens viel früher als anderswo eine starke Säule, die kleinen Handwerker und die Lohnarbeiter, verlor, noch bevor die frühliberale Bewegung über die Stadtgrenzen hinweg zu einer liberalen Massenbewegung werden konnte. Diese regional bedingten Erfahrungen bewirkten in Preußen daher eher als in Süddeutschland eine zunehmende Polarisierung der Stadtbewohner in Demokraten und Konservative.[126]

Kultur und Bildung im frühneuzeitlichen Neuruppin

Die Reformation verbesserte die Bildungsmöglichkeiten breiter Bevölkerungsschichten. Lesen und Schreiben wurde nicht nur in der Stadtschule unterrichtet, sondern die wohlhabenden Bürger engagierten für ihre Kinder weiterhin

Hauslehrer und die ärmeren Kinder wurden im Rahmen der Kirche unterwiesen. Der Küster und die Pfarrer erhielten mit der Reformation eine große Verantwortung für die Bildung ihrer Gemeindemitglieder. Das kulturelle Bildungsniveau der Geistlichen und ihr spezifisches Engagement prägte fortan wesentlich den Bildungsgrad und das Verhalten ihrer Gemeindemitglieder.

Wer von morgens in der Früh bis spät in den Abend hinein damit beschäftigt war, seinen Lebensunterhalt bzw. sein Überleben zu sichern, dem blieb nicht viel Zeit, sich eigenständig zu informieren und zu bilden. Die Mehrzahl der Stadtbewohner musste daher auf die Informationen, die ihnen im Gottesdienst oder in der Katechese vermittelt wurden, vertrauen. Solange sie ihrem Pfarrer Achtung entgegenbrachten und ihr Vertrauen nicht erschüttert wurde, funktionierte diese Art der Bildungsvermittlung und -akzeptanz auch recht gut.

Hexenverfolgung

Verheerende Naturkatastrophen oder die Ausbreitung der Pest erschütterten das alltägliche Leben der Menschen. Angst vor dem Ungewissen, dem Unbekannten breitete sich aus. In besonderen Krisensituationen suchten die verunsicherten Menschen nach Schuldigen für schwere Schicksalsschläge, wie sie der plötzliche Tod, das Massensterben oder der Verlust der einzigen Habe nun einmal darstellten. Ließen sich diese Angst und der Unmut der Gläubigen über ihr vermeintlich unabwendbares Schicksal von den Herren der Kanzel bewusst steuern oder folgten sie eigenen Gesetzen? Eine einfache Antwort auf diese komplexe Frage wird es nicht geben. Dennoch bleibt gerade, wenn man die Hexenprozesse betrachtet, die Frage, welche Rolle die geistlichen Herren im Vorfeld der Anschuldigungen spielten. Hätten allseits anerkannte, geachtete und humanistisch gebildete Pfarrer nicht verhindern können, dass Frauen aus ihrer Gemeinde der Hexerei beschuldigt wurden? Welches kirchliche Interesse steckte also hinter der Hexenverfolgung?

In Zeiten des Umbruchs und der allgemeinen Verunsicherung dienten diese Hexenprozesse vielleicht der sozialen Disziplinierung der Gläubigen, der speziellen Machtfestigung der Herrschenden oder dem Kampf gegen das aus dem normativen Rahmen fallende selbstbewusste und eigenständige Frauenzimmer.

Der erste Prior des Neuruppiner Dominikanerklosters, Pater Wichmann, hatte die Kräuterfrauen noch in sein Kloster geholt, um von ihrem Wissen zu profitieren. Diese Wertschätzung ging in der Epoche des Humanismus allmählich verloren. Im 16. und 17. Jahrhundert zogen die »weisen Frauen« das Misstrauen der männlich dominierten Gesellschaft und speziell der häufig frauenfeindlichen Kirchenmänner auf sich. Dieses spezielle Wissen über die Wirkungsweise der Kräuter und ihre Anwendung oder die besonderen Fähigkeiten und Kenntnisse der Hebammen genügten Jahrhunderte später schon, um der Zauberei oder der Hexerei verdächtigt zu werden. Aber auch Neid und

Missgunst konnten zu Anschuldigungen, eine Hexe zu sein, führen. In Neuruppin loderten 1570 und 1575 Scheiterhaufen. Anna Lemm, Sanna Pläterich und Grete Zander wurden vom Brandenburgischen Schöppenstuhl verurteilt und als Hexen vor dem Altruppiner Tor verbrannt.[127]

Zwischen 1560 und 1630 kam es europaweit zu zahlreichen Hexenverbrennungen, die mit der Verunsicherung der Menschen durch die Pestwellen und den Dreißigjährigen Krieg und den Folgen der großen geographischen Entdeckungen nur unzureichend erklärt werden.[128] Diese Hexenverbrennungen, denen nach neuesten Schätzungen im Heiligen Römischen Reich vom 15. bis zum 18. Jahrhundert ca. 20 000 bis 100 000 Personen (davon waren 80 Prozent Frauen und 20 Prozent Männer) zum Opfer fielen, prägten den Beginn der Moderne ebenso wie das humanistische Menschenbild und moderne Wissenschaften. Der besondere Frauenbezug der Hexerei erklärt sich einmal ideologisch durch die Frauenfeindlichkeit der Kirche und der gelehrten Männerwelt und zum anderen rein sachlich aus der spezifischen Kommunikation insbesondere der Frauen in der damaligen Zeit. Der Schadenszauber berührte im Allgemeinen die Tätigkeiten der Frauen (Versorgungen von Mensch und Tier, Herstellung von Bier und Butter oder Pflege der Kranken).[129] Mit Blick auf die Neuruppiner Verhältnisse bleibt jedoch die Frage, warum es die beiden zu jener Zeit amtierenden humanistisch gebildeten Inspektoren nicht verhinderten, dass diese Frauen so unmenschlich und spektakulär umgebracht wurden.

Andreas Buchovius (Buchow), der von 1564 bis 1569 als Prediger und von 1569 bis 1574 als Inspektor in Neuruppin wirkte, war ein sehr geschätzter und allseits anerkannter Pfarrer. Laut Feldmann kämpfte er schon frühzeitig gegen Missbräuche in der Kirche und gegen Abgötterei. Jener Pfarrer hatte, wie oben bereits erwähnt wurde, die Kurfürstin in schwierigen Zeiten auf ihrer Flucht nach Sachsen begleitet und mit dieser Entscheidung Mut und Risikobereitschaft bewiesen. Auch der Inspektor Jonas Böttcher zählte zu den gelehrten und besonders bildungspolitisch engagierten Geistlichen, denen man eigentlich ein humaneres Verhalten gegenüber diesem instrumentalisierten Aberglauben zugetraut hätte. Aus der heutigen Perspektive mag das Verhalten der Pfarrer widersprüchlich und kritikwürdig erscheinen. Doch der viel beschworene Zeitgeist der zweiten Hälfte des 16. Jahrhunderts ermöglichte wohl auch diesen beiden Geistlichen kein anderes Verhalten gegenüber den der Hexerei angeklagten Frauen.

Zweifel an ihrem Wirken kamen den Geistlichen erst später. Friedrich Spee rät beispielsweise 1631 zur Abschaffung der Hexenprozesse. Die christliche Nächstenliebe motivierte ihn, wie er schrieb, gegen die Folter und die Verbrennung der Hexen zu kämpfen. Allmählich und regional differenziert kamen die Hexenprozesse aus der Mode. In Neuruppin scheint es ohnehin nur bei den drei Prozessen geblieben zu sein. Der zweite preußische König, Friedrich Wilhelm I., verbot am 13. Dezember 1714 alle Hexenprozesse in seinem Land und befahl, dass die vorhandenen Brand-Pfähle, an die die betroffenen Frauen vor dem Anzünden des Scheiterhaufens gebunden worden waren, umgehend zu entfernen sind. Der pragmatisch handelnde Soldatenkönig hielt als streng gläubiger Pietist nichts von dieser sinnlosen Verschwendung von Menschenleben.[130]

Das Schulwesen

Das frühneuzeitliche Schulwesen war nach altprotestantischer Auffassung »integrierter Bestandteil des kirchlichen Lebens« (E. Müsebeck). Das engagierte Agieren des »Praeceptors Germaniae« Philipp Melanchthon prägte das humanistische und nachhumanistische Bildungsprogramm in besonderer Weise. Melanchthon betonte, dass der Mensch durch den Zugang zu den humanen Wissenschaften besser, sittlicher werde. Daher war es wichtig, die Jugend zu bilden. Ein Mangel an Bildung führe zur Verwahrlosung.[131]

Die protestantischen Geistlichen trugen von Anfang an für die Bildung ihrer Gemeindemitglieder die Verantwortung. Die jeweiligen Vorgesetzten verlangten mehr oder weniger regelmäßig Rechenschaft über den Zustand der lokalen kirchlichen und schulischen Einrichtungen. Neben den theologischen Grundkenntnissen sollten die Geistlichen nunmehr elementare Kenntnisse wie Lesen, Schreiben und Rechnen vermitteln. Dem Kleinen Katechismus stellte man das Alphabet voran, so dass die ersten Leseübungen in diesem Buch stattfanden. Dem Gebetbuch wiederum wurde ein Kalender angefügt, der die Berechnung der Jahresstruktur und Zeitplanungen ermöglichte. Diese über das Theologische hinausgehende Bildung sollte die Selbstständigkeit und die wirtschaftliche Kompetenz der Menschen fördern.

Martin Luther nahm auch die örtlichen Entscheidungsträger mit in die Pflicht. 1524 schrieb er »An die Ratherren aller Städte deutschen Lands, dass sie christliche Schulen aufrichten und halten sollen.«[132] »Denn diese soll die Kinder zu vernünftigen Menschen machen, wodurch auch eine Stadt und eines Staates Gedeihen gefördert wird.«[133]

Die erste Kirchenvisitation nach der Einführung der Reformation 1541 in Brandenburg verdeutlichte die großen Aufgaben, die die protestantischen Pfarrer nun nach der neuen Kirchenordnung zu lösen hatten. Vertrat der Neuruppiner Magistrat um 1541 noch folgende Meinung: »Es ist wichtiger, der ganzen Stadt notturft meher dan eins cleinen haufen unnutzer pfaffen, die doch genugsam versorget, zu bedenken«, so änderten die Ratsherren ihre Einstellung zu den Pfarrern in den nächsten Jahrhunderten grundlegend.[134]

Schon unmittelbar nach der Reformation bemühte sich der Theologe Jonas Böttcher in Neuruppin zuerst als Rektor und später als Inspektor erfolgreich um die Neuruppiner Schule. Gemeinsam mit dem Magistrat sorgte er für ein neues Schulhaus und richtete mit Spenden zahlreicher Bürger eine Bibliothek ein, die in der Marienkirche ihre Unterkunft fand und fleißig vermehrt wurde.

Nach einem halben Jahrhundert Protestantismus urteilten die Bürger sehr wohlwollend über die Arbeit ihrer Pfarrer. Im Visitationsbericht von 1602 heißt es: »Nach fleißiger Untersuchung findet sich, daß allhier der Herr Pfarrer sammt den Diakonus und Schulgesellen der reinen wahren Lehre des heiligen Evangelii mit Herz und Mund zugethan sind und die Formula concordiae von diesen pure und cathegorice unterschrieben, auch zu ihrem Amte genugsam qualificiret sind, unter sich friedlich, eingezogen, ehrbar und aufrichtig sich verhalten, so ihnen der Ehrbare Rath und Bürgerschaft rühmlich nachsagen.«[135]

Die Neuruppiner Lateinschule gehörte zu den ältesten und lange Zeit auch zu den sehr geschätzten Schulen der Mark Brandenburg. Die Lehrer, meist studierte Theologen oder Mediziner, die auf eine einträglichere Stelle warteten, kamen mit unterschiedlichen Erfahrungen als Hauslehrer oder Lehrer anderer Schulen an diese gelehrte Wirkungsstätte. Wie der Name der Schule schon verrät, lag das Schwergewicht des Unterrichts auf der Vermittlung der Kenntnisse der drei klassischen Sprachen. Später wurde auch noch Französisch gelehrt.

Offenbar bemühten sich schon frühzeitig einige Lehrer über die Schulstube hinaus, erzieherisch zu wirken. So gelangte 1585 erstmals eine Komödie von Daniel durch den Rektor Johannes Cratenius auf dem Marktplatz zur Aufführung. Später folgten beispielsweise 1601 Komödien von Abraham und Isaak durch das Engagement des Konrektors Dominicus Galli oder 1614 die von Eugenia und die Tragödie von Nebukadnezar durch die Bemühungen des Rektors Petrus Vehr. Christian Rose setzte diese Tradition 1633 fort und führte darüber hinaus öffentliche rhetorische Übungen in lateinischer und in deutscher Sprache ein.[136] Die Schüler sollten sich ganz im Sinne humanistischer Tradition im Gebrauch der freien Rede üben, um ihren späteren Aufgaben im Staatsdienst besser gerecht werden zu können. Antike und mittelalterliche Einflüsse gelangten so zu neuen Ehren. Doch Rose war auch ein zutiefst religiöser Mensch und verfasste geistliche Spiele, die teilweise gedruckt wurden und die seine Schüler zur Aufführung brachten. Dieser Brauch, dramatische Werke öffentlich aufzuführen, wurde wohl in den nächsten Jahrzehnten weitergepflegt. 1718 verbot der Soldatenkönig allen Schulen die Aufführung von dramatischen Werken, weil diese seiner Meinung nach von wesentlichen und wichtigeren Dingen allzu sehr ablenkten. Dennoch sollte auch in den nächsten Jahren die Schule in der Öffentlichkeit präsent sein. 1724 ordnete der Rat die erste öffentliche Prüfung an. Bis Ostern 1887 fanden die Schulprüfungen öffentlich statt.

Die Erweiterung der Lehrinhalte, die Rektor Dietrich Hoppe nach 1722 vornahm, entsprachen den pragmatischen Interessen Friedrich Wilhelms I. eher als Theateraufführungen. Hoppe legte großen Wert auf die Vermittlung von Kenntnissen der Geschichte und Geographie. Ab 1740 lasen die Schüler auch Zeitungen in der Schule und erfuhren so, was in der Welt vor sich ging.

Doch das alles hielt den Verfall der Schule nicht auf. Seit 1614 waren die spärlichen Gehälter der Lehrer, von denen sie nur mit zahlreichen Nebeneinnahmen überhaupt leben konnten, nicht erhöht worden. Als Dietrich Hoppe nun 1763 starb, fand sich für so wenig Geld einfach niemand mehr, der diese Stelle übernehmen wollte. Der Magistrat bemühte sich daher um eine Erhöhung der Lehrergehälter. 1765 genehmigte Friedrich II. die Gehaltserhöhung. Der Rektor und sein Konrektor sollten fortan 60 Taler und die übrigen Lehrer zwischen 50 und 30 Taler erhalten. 1614 verdiente der Rektor 50 Taler und die anderen zwischen 20 und 48 Taler. Die Erhöhung fiel also sehr bescheiden aus. Angesichts der schwierigen wirtschaftlichen Verhältnisse nach dem Siebenjährigen Krieg dürfte das Gehalt auch kaum den Lebensunterhalt der Lehrer gesichert haben. Jeder Lehrer musste sich also wieder um weitere Nebeneinnahmen bemühen. Unter diesen Bedingungen kann es nicht verwundern, dass die Fluktuation der Lehrer auch noch in den nächsten Jahrzehnten zum schulischen Alltag gehörte.

Der Nachfolger Hoppes verfasste die Lektionspläne in deutscher Sprache und bemühte sich redlich um eine bessere Außenwirkung der Schule. Seinen Klagen nach zu urteilen, stellten inzwischen die zahlreichen Winkelschulen der Stadt eine starke Konkurrenz für die Lateinschule dar, denn die unteren Klassen blieben fast leer. Auch sonst hatte sich die Schülerzahl zunehmend verringert. Es bestand also dringender Handlungsbedarf für die Zuständigen in der Stadt.

Zu diesem Zeitpunkt kam ein junger, tatkräftiger Mann namens Daniel Heinrich Noeldechen nach Neuruppin. Er erhielt die Stelle eines Justizrates im Magistrat und schon kurze Zeit später wurde er von Friedrich II. als Direktor des Rates und des Gerichts bestätigt. Der gleichaltrige Johann Christoph Schinkel wirkte bereits seit 1762 als Diakon und dann ab 1769 als Archidiakon in der Stadt. Beide Männer engagierten sich in besonderem Maße für die Aufklärung der Neuruppiner. Das für sie zuständige geistliche Ministerium übernahm 1771 Freiherr Carl Abraham von Zedlitz, ein aufgeschlossener und reformfreudiger Beamter.[137]

Als Noeldechen 1770 sein neues Amt antrat, war er bereits mit seiner Frau Maria Dorothea, geborene Rose, verheiratet. Das Ehepaar hatte vermutlich schon vier Kinder mit nach Neuruppin gebracht. Weitere fünf Kinder wurden in der Neuruppiner Amtszeit geboren. Im Todesjahr der Maria Noeldechen 1822 lebten immerhin noch sieben ihrer Kinder sowie 29 Enkel und neun Urenkel.[138] Angesichts dieser Kinderschar ist es nur zu verständlich, dass das Bildungs- und Schulwesen im Hause der Familie Noeldechen immer ein wichtiges Thema war. Offenbar mochte der Justizrat seine jüngsten Kinder nicht unbedingt in die verfallene städtische Lateinschule geben. So bemühte er sich um fähige Hauslehrer. Er holte Julius Lieberkühn und Johann Stuve in die Stadt, die in Halle, einem der geistigen und kulturellen Zentren der Aufklärung, studiert hatten. Auch die Familienväter Schinkel und Feldmann hatten in Halle studiert. Das dortige geistige Klima blieb nicht ohne eine nachhaltige Wirkung auf die weitere Entwicklung der Akademiker. Angesichts ihrer eigenen Kinder schien es den Herren wohl an der Zeit zu sein, die Neuruppiner Lateinschule grundlegend zu reformieren. Andere Schulreformprojekte wie die des Johann Julius Hecker in Berlin und des Friedrich Eberhard von Rochows in Reckahn machten zwar unter den Aufklärern Furore, aber Friedrich II. und viele seiner Beamten begeisterten sich nicht für eine grundlegende Schulreform.

Das schreckte jedoch die reformwilligen Neuruppiner nicht ab. Auf Vorschlag des Magistrats oder der örtlichen Pfarrer und mit der Bestätigung durch das zuständige geistliche Departement konnten die Stellen an der Lateinschule neu besetzt werden. Ohne Zweifel favorisierten Noeldechen und Schinkel die beiden gelehrten Theologen Lieberkühn und Stuve. 1777 übernahmen die beiden jungen Gelehrten zusammen das Rektorat der Neuruppiner Lateinschule. Gemeinsam mit dem couragierten Justizrat Noeldechen und dem Minister von Zedlitz versuchten sie nun, aus der alten Lateinschule eine neuartige Bürger- und Gelehrtenschule zu entwickeln.

Der umfangreiche Briefwechsel zwischen Noeldechen, Zedlitz, dem Steuerrat von Lindenau und Friedrich II. gewährt tiefe Einblicke in ein zähes bürokratisches Verwaltungssystem, das dieser Reformidee alles andere als wohlwollend begegnete. Immer wieder mussten Gutachten über die Arbeit der beiden Reformpädagogen erstellt werden. Noeldechen und Zedlitz mussten die Gründe für eine finanzielle Unterstützung dieser reformierten Bürgerschule stets aufs Neue darlegen. Doch auf das dringend benötigte Geld warteten sie lange Zeit vergeblich. Als Zedlitz 1780 abermals ein Gutachten verfassen sollte, schrieb er: »daß die Ruppinische Schule durch den Fleiß ihrer jetzigen Lehrer sich ganz merklich von anderen Schulen der Provinz ausgezeichnet...«[139] hat und die erbetene Unterstützung nun endlich genehmigt werden sollte. Doch statt des Geldes erging an Noeldechen die Aufforderung, seinen Schulreformplan abermals zu begründen. Ohne die Geduld und die Zielstrebigkeit dieser Männer wäre das Reformwerk wohl kaum vorangekommen. Endlich im September 1781 wurden dann von Friedrich II. 400 Taler bewilligt. Völlig enttäuscht über die Höhe der Zuwendung schrieb Zedlitz: »daß ich ... gehofft habe, daß für diese sich so vorteilhaft auszeichnende Schule noch ein stärkeres Quantum bewilligt werden würde.«[140]

Lieberkühn und Stuve organisierten inzwischen den Unterricht im Basedowschen/philanthropischen Sinne neu. Lebensnahe Bildung, die die natürlichen Fähigkeiten der Schüler bei der Unterrichtsplanung und -gestaltung mit berücksichtigt, und eine bewusste gesundheitliche Erziehung sollten Körper und Geist gleichermaßen formen. Ein neues Fachsystem, eine auf Milde und Verständnis setzende Schulzucht und die große Wertschätzung der körperlichen Ertüchtigung fanden nicht bei allen Eltern die erforderliche Unterstützung. Den Pädagogen ging es aber auch um ein verändertes Verhalten der Eltern zu ihren Kindern. Die Eltern sollten aktives Vorbild sein und den Kindern ein

Titelblatt eines Buches von Stuve, 1786.

würdiges Beispiel geben. Die Verantwortung für die Bildung ihrer Kinder, die den Eltern von den beiden Reformern zugewiesen wurde, wollten viele natürlich nicht akzeptieren. Das Reformwerk griff viel zu radikal und zu tief in die tradierte Lebensweise des »Ganzen Hauses« ein, in dem der Hausvater die unumschränkte Macht ausübte. Den eigenen Wertekodex und das eigene Verhalten (Alkoholgenuss, Essgewohnheiten, Freizeitgestaltung usw.) zu überdenken, hielten viele Bürger für eine dreiste Zumutung.[141] Damals hatte diese weit reichende Erneuerung der alten Lateinschule in einer mittelgroßen Stadt wie Neuruppin kaum eine reelle Chance, wirklich allseitig akzeptiert zu werden. Nicht nur der Staat schaute misstrauisch auf das Reformwerk, sondern auch die meisten Eltern widersetzten sich den veränderten Inhalten und Formen der Schule. Lieberkühn und Stuve scheiterten daher nicht an der Erziehung ihrer Schüler, sondern an der Erziehung der Eltern. Diese beschwerten sich zunehmend beim Magistrat und den staatlichen Behörden über die fehlende Zucht und Ordnung sowie über die ihrer Meinung nach fehlenden Lehrinhalte.

Johann Stuve (1752–1793), Kupferstich von Moritz Schreyer (Dresden), 1786.

Während der Berliner Aufklärer Friedrich Nicolai seinen Sohn in diese Reformschule schickte und auch der Verleger Julius Campe nur lobende Worte über sie verbreitete, nahmen immer mehr Bürger der Region ihre Kinder aus dieser Einrichtung. Was konnten der Justizrat Noeldechen, der Archidiakon Schinkel und der Minister von Zedlitz dagegen tun? Hoch gelobt von den Aufklärern und zunehmend angegriffen und verunglimpft von den traditionell denkenden Bürgern – in diesem Wechselbad der Wahrnehmung wollten und konnten wohl die beiden fleißigen Lehrer nicht länger geduldig ausharren. Als man ihnen finanziell bessere Angebote unterbreitete, verließen beide Reformer Neuruppin. Lieberkühn zog 1784 nach Breslau, einer Stadt, in der »Aufklärung als Sachzwang«[142] spürbare Realität wurde, und Stuve ließ sich 1786 von Heinrich Campe für das geplante Braunschweiger Schulreformwerk abwerben.

Immerhin verdankt Neuruppin einer kurzzeitig optimalen personellen Konstellation ein überregional viel beachtetes und geschätztes Reformprojekt, das selbst den Berliner Aufklärern in dieser konsequenten Form an keiner ihrer bestehenden Schulen gelungen war.

Der neue Rektor Johann Karl Friedrich Henrici, ein gebildeter und vielseitig interessierter Mann, wirkte viele Jahre am Pädagogium in Halle als Lehrer. Mit seinen Erfahrungen hätte er also problemlos das Reformwerk fortsetzen können. Doch Henrici entschied sich für einen konfliktärmeren Weg. Er kam den Wünschen vieler Eltern entgegen und eliminierte viele Neuerungen der Lehrplangestaltung und der Methodik. Doch auch diese Zugeständnisse brachten der Schule keine wachsenden Schülerzahlen. Henrici, der viel Zeit in die Gründung einer Brillenfabrik investierte und die schulischen Angelegenheiten eher nebenbei regelte, wurde nach der Schulrevision 1804 nach Stendal versetzt.

In der Amtszeit Henricis ereignete sich der große Stadtbrand, der auch die fünf Schulgebäude, das Archiv und die Sammlungen vernichtete. Dank zahlreicher Spenden konnte die Schule schon wenige Wochen nach dem Brand in dem Gebäude der Garnisonschule wieder eröffnet werden.

Noeldechen, der sicherlich glaubte, mit Henrici einen engagierten Aufklärer nach Neuruppin geholt zu haben, sah nun die Chance, der neuen Bürger- und Gelehrtenschule nicht nur geistig, sondern auch städtebaulich einen zentralen Platz zu geben. Offenbar hatte es diesbezüglich zwischen den Verantwortlichen schon eine rege Diskussion gegeben, denn in dem Plan, den der Bauinspektor Bernhard Matthias Brasch unmittelbar nach dem Brand zeichnete, befand sich die Schule auf dem mittleren der drei vorgesehenen großen Plätze und damit im Zentrum der Stadt.

Aus heutiger Sicht ist es schon verwunderlich, dass sich eine mittelgroße Stadt für die kleine Anzahl von 65 Schülern ein so imposantes Schulhaus in zentraler Lage erbaute. Ulrich Reinisch beschreibt in seinem Buch über den Wiederaufbau Neuruppins detailliert, wie es Noeldechen und dem Präsidenten von Voß gelang, den Plan eines dreiflügeligen, an ein barockes Palais oder Schloss erinnernden Schulhauses bei dem Oberbaudepartement durchzubringen und darüber hinaus auch die Bewilligung der erforderlichen Gelder durch Friedrich Wilhelm II. zu erwirken. Offenbar gedachten beide Herren mit dem Wiederaufbauwerk Neuruppins die Ideale der Aufklärung architektonisch und somit für alle sichtbar zu gestalten. Sie betonten mit diesem großzügigen barock-klassizistischen Schulneubau, dass für sie in der Bildung der Bürgerkinder die eigentliche Zukunft der noch immer ständisch gegliederten Gesellschaft lag. Der bürgerliche Justizrat und der adlige Kammerpräsident investierten gemeinsam sehr viel Kraft und Elan in die architektonische Verwirklichung ihrer Vision einer zukünftigen Bürgergesellschaft. Als Noeldechen dann noch die Idee des Potsdamer Stuckfabrikanten Sartori aufgriff und sich für eine Inschrift am Schulgebäude engagierte, konnte trotz einer bemerkenswerten Diskussion über mögliche Varianten letztendlich die Wahl der Inschriften nur auf »Civibus Aevi Futuri« (Den Bürgern der künftigen Zeit) fallen. Diese

Inschrift dokumentierte die Hoffnungen und die Erwartungen des aufgeklärten Bürgertums am Ende des 18. Jahrhunderts und weist gleichzeitig den Weg, den die Bürger beschreiten sollten.

Die zentrale Bedeutung, die der Bürger und die Bildung in Zukunft einnehmen sollten, wurde auch in der Diskussion über den geplanten Glockenturm sichtbar. Der Glockenturm der Schule erhielt symbolische Bedeutung, wie Ulrich Reinisch überzeugend darlegt. Die im Zentrum der Stadt platzierte Schulglocke sollte zukünftig das kommunale Leben zeitlich begleiten und regulieren. Bislang richteten die Stadtbewohner ihren Tagesablauf nach der Kirchenuhr und der Kirchenglocke aus. Nun sollte die neue Schulglocke diese wichtige Funktion übernehmen. Der barocke Glockenturm auf dem Dach des Schulhauses, auf den man angesichts der leeren Kassen auch hätte verzichten können, symbolisiert unübersehbar den Zeitgeist, der Noeldechen und die anderen am Wiederaufbau engagierten Beamten und Bürger motivierte, sich so konsequent für die Realisierung ihrer städtebaulichen Pläne einzusetzen.

Am 24. November 1791 wurde das schöne Schulgebäude im Beisein des Präsidenten von Voß feierlich eingeweiht. Doch die hohen Erwartungen, die insbesondere Noeldechen in diesen zentralen und modernen Bau gesetzt hatte, erfüllten sich vorerst nicht. Die Bürgerkinder aus nah und fern strömten nicht in großer Zahl in diese Schule, die qualitativ vom Niveau eines Gymnasiums oder einer Gelehrtenanstalt noch weit entfernt war. Obwohl der imposante Schulbau neben den hellen Unterrichtsräumen, dem Festsaal und der Bibliothek auch sieben Lehrern Wohnungen bot, mangelte es an fähigen und reformwilligen Lehrkräften. Die guten Lern- und Arbeitsbedingungen lockten weder Schüler noch Lehrer nach Neuruppin. Daran änderte auch der neue Name der Schule, die laut Allerhöchster Kabinettsorder seit 1792 »Friedrich-Wilhelm-Schule« hieß, nichts.

Erst nachdem Henrici durch den Rektor Friedrich Thormeyer abgelöst wurde, kam wieder Bewegung in das fast erstarrte geistige und kulturelle Leben der Schule. Thormeyer setzte sich für das Fachsystem ein, das er im Vergleich zum Klassensystem für effizienter hielt. Durch eine intensive Kommunikation über aktuelle schulinterne Angelegenheiten zwang er die Lehrer, sich zu artikulieren und den Schulalltag zu überdenken. Leider nutzte er diese Kommunikation nicht für weitere Reformen, sondern setzte letztendlich autoritär und souverän durch, was er für richtig hielt. So beseitigte er die letzten Rudimente der Reformen. Er legte wieder mehr Gewicht auf die Vermittlung der Kenntnisse der alten Sprachen. Lediglich die öffentlichen Deklamationen in deutscher und in fremden Sprachen, die Theater- und die Musikaufführungen erinnerten noch etwas an die Reformzeit. Immerhin gelang es Thormeyer, den Ruf der Schule so zu verbessern, dass die Schülerzahl von 75 im Jahr 1805 auf 303 im Jahr 1828 anstieg. Danach sank die Schülerzahl bis 1834 auf 174. Seit 1812 durfte sich die Schule als Gymnasium bezeichnen.[143] Doch die Zahl derjenigen, die hier das Abitur ablegten und dann zum Studium gingen, blieb vorerst noch gering. Wie Theodor Fontane in seinen »Wanderungen durch die Grafschaft Ruppin« schrieb, hallte der Schule Ruf nicht mehr durch die ganze Mark, sondern sie war jetzt eher die »Trostquelle« jener, die woanders das Abitur nicht bestanden hatten bzw. bestehen würden. Der künftige Dichter wurde wohl eigens aus diesem Grund noch einmal für einige Zeit in seine Geburtsstadt geschickt, wo er 1832/33 diese »Trostquelle« für seinen Bildungsabschluss nutzte.[144]

Nur wenige Bürgerkinder besuchten vom 16. bis 18. Jahrhundert überhaupt die Lateinschule. Die Mehrzahl der Neuruppiner Kinder ging mehr oder weniger regelmäßig in die Winkel- und Elementarschulen, die von Handwerkern und anderen Gewerbetreibenden als Privatschulen betrieben wurden. Erst nachdem auch diese Privatschullehrer sich einer staatlichen Prüfung unterziehen mussten, erhielt diese Schulform ein akzeptables Niveau. Überhaupt schenkte man zunehmend der speziellen Ausbildung der Lehrer eine größere Beachtung. Lehrerseminare entstanden und Lehrerprüfungen wurden eingeführt. Diese Ausbildung vermittelte den Pädagogen das dringend benötigte Fachwissen.

Als die Marienkirche neu erbaut wurde, legte man 1806 in den Turmknopf Dokumente und Zeitzeugnisse. In einem Schreiben wurde Folgendes berichtet: »Es bemühten sich besonders die drei Prediger des lutherischen Ministerii den Elementarschulen der Stadt eine bessere Einrichtung zu geben. Jeder unterrichtete selbst darin, und wir hatten dieserhalb die Woche unter uns getheilt, und gingen jeder zwei Tage in derselben in die Schule. Drei von diesen, die der Herrn Feige, Mayer und Goetz, befanden sich auch zur Zeit in einem guten Zustande. Auch gab es hier jetzt zwei trefflich eingerichtete Industrieschulen, eine für Bürgerkinder, die andere für das Militär, in denen junge Mädchen Spitzen klöppelten. Einige derselben verdienten schon an bloßem Arbeitslohn zehn Taler für die Elle. Der Generalmajor von Tschammer hatte sich das große Verdienst der Anlegung dieser Schulen erworben, und der Kaufmann Eichstädt zu Berlin leitete das Ganze. Auch gab es eine eigene Wollstreichschule. So sann man hiesigen Ortes auf nützliche Beschäftigung der Jugend und auf Verbreitung des Kunstfleißes.«[145] Der Oberst von Tschammer, der von 1795 bis 1800/01 hier Regimentschef war, initiierte schon um 1780 eine Garnisonschule, die in vier Klassen geteilt war und Kinder im Nähen, Stricken und in den Wissenschaften unterrichtete. 1796 kam dann noch eine Kanten-Klöppelschule dazu, in der 40 Soldatentöchter von einer Lehrmeisterin unterwiesen wurden. Später wurde noch eine Wollstreichschule eröffnet.[146]

Die Industrieschulen entstanden um die Wende vom 18. zum 19. Jahrhundert in vielen Städten. Sie boten den Ärmsten der Armen, den Soldatenkindern und den mittellosen Bürgerkindern, eine bescheidene Ausbildung und die Möglichkeit, ein Gewerbe zu erlernen, das sie zukünftig ernähren sollte. Doch viele liberal gesinnte Aufklärer kritisierten diese Industrieschulen. Der Frankfurter Prediger und Professor der Viadrina Christian Wilhelm Spieker

Fr. Wilh. Gymnasium.

Foto um 1870.

fasste seine Ablehnung in eindeutige Worte: »Nur eine engherzige Politik kann Erwerbsschulen als Anstalten fördern, worin dem Staate brauchbare und betriebsame Untertanen abgerichtet werden, die in der Folge gleich englischen Spinnmaschinen trefflich zu gebrauchen wären ... Jene unendliche Kraft des Denkens, Empfindens und Wollens, die auch in der Seele des ärmsten Bettelkindes schlummert, ist etwas Heiliges und Ehrwürdiges, das durch Erziehung und Unterricht geweckt, geleitet und gestärkt werden muss, wenn man die Pflicht des Menschen gegen den Menschen treu erfüllen will.«[147] Zu jener Zeit diskutierten reformfreudige Lehrer und Pfarrer sehr engagiert die mögliche Integration der armen Kinder in eine ständeübergreifende Schule, die erst in ihrer letzten Phase entsprechend dem angestrebten beruflichen Werdegang differenziert werden sollte. Johann Stuve, aber auch Wilhelm von Humboldt waren eifrige Verfechter dieser allgemein bildenden Schulen. Auch der Neuruppiner Lehrer Johann Gottlieb Seidentopf beteiligte sich an dieser Debatte.

Bildung nahm im Bewusstsein der Stadtbürger eine immer größere Bedeutung ein. Das soziale Engagement zur Unterstützung bestehender Schulen oder zur Gründung neuer Schulen wurde vielen gut situierten Bürgern ein echtes Bedürfnis. Zu ihnen zählte auch der Tuchfabrikant Friedrich Siebmann, der 1823 sein Haus am Schulplatz 105 zur Errichtung einer Elementarschule der Stadt Neuruppin stiftete. Nach seinem Tod 1828 wurde in dem Haus 1829 eine Knabenbürgerschule eingeweiht, die dann 1889 in eine Mittelschule umstrukturiert wurde.

Um 1829 gab es in Neuruppin ein Gymnasium, zehn Elementarschulen, eine Bürgerschule, 16 Privatschulen, vier Warte- und Arbeitsschulen, eine Armenschule und zwei Vorbereitungsklassen. Geht man davon aus, dass der fünfte Teil der städtischen Bevölkerung schulpflichtig ist, kann man errechnen, dass ca. 99,6 Prozent der schulpflichtigen Kinder zu jener Zeit auch eine Schule besuchten. Die allgemeine Schulpflicht hatte sich in Neuruppin durch das besondere Engagement von Lehrern, Pfarrern und Bürgern durchgesetzt.[148]

Die Einrichtung des Oberschulkollegiums 1787, die Einführung der Abiturprüfungen 1788 und die Eröffnung von pädagogischen Seminaren sowie das Edikt über die Prüfungen der Kandidaten des höheren Schulamtes 1810 und das Verbot von 1813, ungeprüfte Lehrer anzustellen, stellten die äußeren Rahmenbedingungen dar für eine grundlegende qualitative Veränderung im schulischen Bereich.

Die Bildung der Kinder stellte für das aufstrebende Bürgertum jedoch nur einen wichtigen Bereich ihres Wirkens dar. Darüber hinaus versuchten die Lehrer in Neuruppin, durch publizistische Aktivitäten Einfluss auf ihre Mitbürger zu nehmen.

Das städtische Gesundheitswesen

Neben den Badern, den Kräuterweibern, den Hebammen, den Beschäftigten der einzelnen Hospitäler kümmerten sich noch viele Vertreter anderer Berufe oder zweifelhafte Subjekte um die Krankheiten der Einwohner. Zu allen Zeiten gab es Wunderheiler und Menschen, die aus dem Leid der anderen Profit schlagen wollten. Um dieses bunte Treiben besser kontrollieren zu können, wurden Verordnungen und Edikte erlassen und genau festgelegt, wer was wie kurieren durfte. Der brandenburgische Kurfürst Friedrich Wilhelm erließ beispielsweise 1685 das Medizinaledikt, das seine Nachfolger noch erweiterten. Nur studierte Ärzte und solide ausgebildete Apotheker sollten sich in den Städten niederlassen dürfen. Das Collegium Medicum, seit 1725 Ober-Collegium Medicum, wachte als oberste Behörde über die Arbeit der Ärzte und Apotheker. Am Ende des 18. Jahrhunderts mussten sich die Ärzte dann genau vorgeschriebenen wissenschaftlichen Prüfungen unterziehen. Ab 1810 berief der Medizinalminister die Ärzte.

Die einstige Trennung von Land- und Stadtphysikus wurde unter dem sparsamen Soldatenkönig aufgegeben. Der letzte Landphysikus Dr. Anhalt erhielt 1737 keinen eigenen Nachfolger mehr, sondern das Amt wurde dem Stadtphysikus Dr. Bernhard Feldmann mit übertragen. Daneben arbeiteten in der Stadt noch ein praktischer Arzt, vier Barbiere/Chirurgen und zwei Hebammen. Am Ende des 18. Jahrhunderts kamen auf rund 2200 Einwohner ein Arzt und eine Hebamme sowie auf 1100 Einwohner ein Chirurg. Damit hatte Neuruppin eine bessere medizinische Versorgung als Berlin aufzuweisen.

Insbesondere für geistig Kranke etablierten die zuständigen Behörden in

Neuruppin ein Novum. Die frühneuzeitliche Gesellschaft ging mit verwirrten und geistig kranken Menschen nicht sehr human um. Wenn sich keine Familie um diese Kranken kümmern konnte oder wollte, kamen sie zur Verwahrung ins Gefängnis, in Waisenhäuser oder Heime. Das änderte sich mit dem Bau der ersten Kurmärkischen Provinzial-Irrenanstalt, die am 1. März 1801 in der Schifferstraße 5b mit 39 Kranken eröffnet wurde. Ein bemerkenswerter Neubau, der nach Plänen des Berliner Oberbaudepartements Philipp Berson entworfen hatte. Bald stieg die Zahl der Kranken auf 100 Männer und 50 Frauen, denen in der neuen Einrichtung ein halbwegs menschenwürdiges Leben in einem von der Außenwelt abgeschlossenen Gebäudekomplex ermöglicht wurde. Diese Irrenanstalt stellte einen Meilenstein auf dem Weg zu einem humanen Umgang mit den so genannten Irren dar. Da ein weiterer Ausbau der Anstalt räumlich nicht möglich war, wurde sie 1865 nach Eberswalde verlegt.[149]

In Neuruppin sorgten in der frühen Neuzeit zwei Apotheken, die Adler- und die Löwenapotheke, für die Versorgung der Einwohner mit Arzneien und Kräutern. Da die Neuruppiner Apotheker ihr Examen vor dem Collegium Medicum ablegen und dort auch den Apothekereid leisten mussten, zählte Neuruppin zu den 20 Orten des Landes, die über Apotheken der ersten Klasse verfügten. Die Aufgabe des Apothekers bestand darin, »die Apotheke allemahl mit guter Medicin und frischen Materialien und Waaren zuversehen, also, daß er dieselbige in einen billigen Preis anschlage und verkaufe, die Medicamenta ihnen von den Medicus vorgeschriebene Rezeptis noch mit besonderem Fleiße fertige, welche Maaß und Gewicht habe...«[150] Die langwierige Ausbildung, die Prüfungen und der Kampf um das Zulassungsprivileg erschwerten sicherlich eine Berufsvererbung bei den Apothekern.

Die Familiengeschichte der Fontanes bestätigt dies in vielerlei Hinsicht und zeigt auch, dass neben der Berufsausbildung auch betriebswirtschaftliche Fähigkeiten des Inhabers für den erfolgreichen Betrieb bedeutsam sind. Louis Henri Fontane blieb nur wenige Jahre Besitzer der Löwenapotheke, die der Apotheker Schwanenfeld nach dem Stadtbrand in der Friedrich-Wilhelm-Straße (Karl-Marx-Straße 84) 1788 errichten ließ. Er hatte sie 1819 gekauft und 1826 wieder verkauft.

Wirtschaftliche oder private Gründe ließen die Neuruppiner Apotheker häufig Ausschau nach anderen erträglicheren Geschäften halten.[151] Nach Fontane übernahmen die Löwenapotheke beispielsweise bis zur Mitte des 19. Jahrhunderts August Wittcke, Loos und Wilhelm Arndt und dann Hermann Arndt. Die Adler-Apotheke wechselte ihre Besitzer nicht weniger häufig. Nach dem Apotheker Kähne erwarb sie Louis Wittcke, dann Herr Menzel, Gustav Wilke und Adolph Wilke.[152]

Das erste Neuruppiner Wochenblatt

Als Walter Dinger 1928 über 100 Jahre Märkische Zeitung reflektierte, konzentrierte er sich auf das Kühnsche Unternehmen und erwähnte lediglich das Wochenblatt des Lehrers Völperling. Dinger verwies auch darauf, dass Johann Bernhard Kühn schon in den neunziger Jahren des 18. Jahrhunderts versucht hatte, eine Zeitung in Neuruppin zu etablieren. Aber damals hatten die Bewohner noch kein so reges Interesse an einer regionalen Zeitung. Mitglieder des Rates, Lehrer und Schüler der Lateinschule lasen die Berliner Blätter. Die Handwerker und Kleingewerbetreibenden informierten sich auf andere Art und Weise. Doch die Erlebnisse der letzten Jahrzehnte (Niederlage Preußens 1806, französische Besetzung, Befreiungskriege 1813/15, preußische Reformen) und das steigende Bildungsniveau der Bürger veränderten die Kommunikationsgewohnheiten. Der Drang nach Informationen nahm immer mehr zu.

Der Lehrer Dr. Ferdinand August Völperling unternahm es daher 1819, also zur Zeit des frostigen Klimas der Restauration, ein Ruppinisches Wochenblatt herauszugeben. Das erste Stück erschien am Freitag, dem 16. April 1819, und der Verfasser betonte, dass es dem »Urteil der Leser beiderlei Geschlechts unterworfen ist«.[153] Er war mit dieser Auffassung seiner Zeit weit voraus, denn die Meinung der Frauen war noch nicht gefragt oder gar relevant.

Der Geist dieses Wochenblattes war erfüllt von den Idealen und den Traditionen der Befreiungskriege. Die aufgeklärt-frühliberale Geisteshaltung seines Herausgebers schimmerte unverkennbar durch die Zeilen. Ähnliche Wochenblätter gab es beispielsweise schon in Frankfurt an der Oder und in anderen märkischen Städten. Doch was in Frankfurt, wo der Herausgeber ein lutherischer Pfarrer war, regen Zuspruch fand, führte in Neuruppin zur Entlassung des unbequemen Lehrers. Der Zugriff der staatlichen Behörden auf einen ungeliebten, weil progressiven, unbeugsamen Lehrer in einer mittelgroßen Stadt war eher möglich als auf einen stadtbekannten Professor und geachteten Pfarrer. Wobei die Großstadt sicherlich auch größeren Schutz vor kleinlichen Rangeleien bot, als dies in einer Mittelstadt möglich war.

Völperling unterstützte mit seinem Wochenblatt zwar die Arbeit der städtischen Verwaltungsorgane, aber vor dem staatlichen Zugriff konnten diese ihn nicht schützen.

Im Ruppinischen Wochenblatt erschienen die üblichen Bekanntmachungen des Magistrats und der Stadtverordnetenversammlung, Anzeigen aller Art und Unterhaltsames.

Hier nun einige Zitate aus den Unterhaltungsteilen:

Der Despot
Ein Despot kann die öffentliche Meinung nicht kennen, denn Niemand will sich in die Gefahr begeben, ihm die geringste unangenehme Wahrheit zu hinterbringen. ...

Aphorismus
Kopf- und herzlose Menschen mit hohen Ämtern und Titeln gleichen den Zahlpfennigen mit glänzendem Gepräge. Staaten, wo dergleichen Münzen gelten oder gar geschlagen werden, verdienen keinen Kredit.

Anekdote
In einer Gesellschaft klagt ein Weinhändler, daß er von den Fuhrleuten und Schiffern sehr oft betrogen wurde. »Das begegnet mir mit meiner Waare nicht«, sagte ein Buchhändler. – »Ja«, so erwiderte der erstere, »wenn die Ihrige so viel Geist, als die meinige, hätte, so würde man sie auch mehr angreifen.«

Wer es also wahrnehmen wollte, konnte allein im Unterhaltungsteil eine bemerkenswert hintersinnige Kritik an den bestehenden Verhältnissen in Preußen zur Kenntnis nehmen. Eine andere Möglichkeit, sich mit den bestehenden Verhältnissen in diesem Lande gerade nach den Karlsbader Beschlüssen 1819 auseinander zu setzen, gab es in den Klein- und Mittelstädten kaum. Andernfalls hätte der Herausgeber sich und die Konzession gefährdet.

Daneben diente das Blatt als aktuelle Informationsbörse. Es fanden sich Hinweise wie die des Magistrats, dass der hiesige Kreisphysikus Dr. Oelze jeden Mittwoch früh um 8.00 Uhr in seiner Wohnung am Schulplatz Nr. 105 unentgeltlich gegen Pocken impft. Der Kampf gegen Pockenerkrankungen währte schon einige Zeit. 1800 hatte Ernst Ludwig Heim die erste Kuhpockenimpfung in Berlin vorgenommen. Christoph Wilhelm Hufeland, Johann Immanuel Bremer und Ernst Ludwig Heim setzten sich dann sehr für eine weitere Verbreitung der Pockenschutzimpfungen ein. Von der Kanzel herab, in der Schule, auf öffentlichen Plätzen und in Zeitschriften wurden die Menschen immer wieder aufgefordert, sich impfen zu lassen. Dennoch hielten sich Vorbehalte, der Weg zur Selbstverständlichkeit war noch lang. Es galt, gegen Vorurteile und Ängste seitens der einfachen Menschen anzukämpfen. Angesichts dieser Tatsache bemühten sich in Neuruppin Mediziner und Verwaltungsbeamte vereint, für diesen medizinischen Fortschritt zu wirken.

Im Wochenblatt konnte man auch erfahren, wann und wo die neuen Stadtverordneten gewählt werden. Wichtige Beschlüsse, Bekanntmachungen aller Art und die ganz alltäglichen Informationen holte sich der Leser mit diesem Blatt ins Haus.

Doch die offensichtliche Nützlichkeit des Blattes erschien gewissen Beamten alsbald fragwürdig. Denn neben dem Nützlichen schimmerte durch die Zeilen einzelner Artikel auch eine unverkennbare politische Botschaft. In einer Zeit erhöhter Überwachung und der Demagogenverfolgung nahmen manche daran Anstoß. Wer im Einzelnen dafür sorgte, dass dieser Lehrer weder den Schülern noch den Lesern seines Wochenblattes weiterhin seine aufgeklärt-liberalen Ideen vermitteln konnte, ist heute nicht mehr belegbar. Fest steht nur, dass Dr. Völperling 1825 vom Dienst suspendiert wurde.[154] Von einer öffentlichen Fürsprache ist nichts bekannt. Selbst wenn es Bürger gab, die gegen die Entlassung protestierten, so taten sie es wohl eher leise und privat.

Der Hauptgrund seiner Entlassung findet sich wohl kaum in seinen ironischen Anekdoten, sondern eher in seinem aufrichtigen Bemühen, für wahre Vaterlandsliebe und Gemeinsinn in einer Zeit zu streiten, in der einstige Kämpfer fürs Vaterland staatlicherseits bereits verfolgt wurden.

Zu jener Zeit erschien im dritten Stück des Ruppinschen Wochenblattes folgende Satire:

Wohl uns, daß wir unter dem Schutze eines Regenten leben, welcher der Stimme der Weisheit stets aufmerksam und liebreich sein Ohr öffnet, ohne zu berücksichtigen, von wem und aus welchem Lande sie kommt und der eben dadurch und durch das rastlose Bestreben, jeden Fleck aus seiner Krone zu entfernen, seine Regierung zu einer der weisesten und unseren Staat zum Musterstaat für andere erhoben hat![155]

Diese feine Ironie konnte den Behörden nicht entgehen, zumal Völperling auch sehr direkt zu aktuellen Themen Stellung bezog. »Ist das Wort ›Vaterlandsliebe‹ die Tunche für blinde Eigenliebe, Dünkel, Anmaßung und Kastensinn? ... Da mag ringsum die Sonne vernünftiger Aufklärung ihre Strahlen verbreiten; man verbirgt sich, man will sie nicht sehen, denn sie ging im Auslande auf und könnte Blößen entdecken. Da mögen Wahn und Vorurtheile, Irrthümer und Aberglauben ersticken, man nährt sie um so sorgfältiger, weil Fremde sie verdächtig machen.«[156]

Erst die Befreiungskriege ließen die Menschen erwachen – so Völperling. »Das Wort Vaterlandsliebe hörte auf, sich in die beengenden Schranken der Eigenliebe und des Provinzialdünkels einzwängen zu lassen, es trat in die freieren Schranken des ausgedehnten Begriffs, der hohen Schwung gewährt, zum Thateneifer anfeuert und Haltung und Würde der Nation verleiht.« Unverkennbar ist der Aufruf Völperlings an seine Zeitgenossen, sich der Kraft jener Jahre wieder zu erinnern. »Jede einzelne Kraft wächst durch die Vereinigung mit anderen gleich wirkenden und wie der einzelne Mensch durch Annäherung und Austausch mit anderen sich bildet, bereichert und vervollkommnet, so ganze Staaten.« Was wären die Staaten ohne ihre Untertanen? Die Menschen sollten sich ihrer Fähigkeiten und ihres Könnens bewusst werden, um dann vereint für ihr Gemeinwohl agieren zu können. Völperlings Botschaft war zu eindeutig, um nicht verstanden zu werden. Kein Wunder, wenn die Behörden Aufruhr witterten.

Hinzu kam dann noch, dass dieser Lehrer eine Journal-Lesegesellschaft organisiert hatte, die in Stadt und Land so regen Zustrom fand, dass er die Kapazität der Gesellschaft überstieg. So findet sich 1819 folgende Annonce im Wochenblatt: »Um etwaigen weiteren Anfragen der, in unserer Nähe befindlichen, Stadt- und Landbewohner, wegen Theilnahme an meiner Journallesegesellschaft, zu begegnen, zeige ich hierdurch ergebenst an, daß jeder, außerhalb dieses Orts wohnende Interessent, so lange noch kein zweiter Umlauf der Zeitschriften möglich ist, den Wechsel der Hefte mit den hiesigen Mitgliedern nur unter der Bedingung theilen kann, daß erstere alle Mittwoch und Sonnabend, spätestens um 11 Uhr morgens, durch einen sicheren Boten mir zurückgeschickt werden, durch welchen bald darauf wieder andere Hefte in Empfang genommen werden können.«[157]

Diese Breitenwirkung eines Mannes, der so offen aufgeklärt-frühliberale Auffassungen verbreitete, musste die Behörden alarmieren. Denn auch ohne viel Phantasie konnte man sich vorstellen, was für Zeitschriften Völperling unter den Bewohnern von Stadt und Land kursieren ließ. Aber auch der Zustrom der Menschen spricht für sich. Der Bedarf nach Presseerzeugnissen und somit nach Informationen schien ständig zu wachsen. Denn die Neuruppiner konnten ja schon seit einiger Zeit bei Johann Bernhard Kühn Bücher und vermutlich auch andere Bildungsgüter leihen. Dennoch überstieg 1819 die Nachfrage das Angebot des Lehrers Völperling.

Dieser Lehrer, in Hedeper in Braunschweig gebürtig, hatte in Helmstedt studiert. Seine erste Anstellung fand er in Wismar. Später wurde er Rektor in Rehna (Mecklenburg). Was diesen Mann nun bewog, 1818 die 4. Oberlehrerstelle am Neuruppiner Gymnasium anzunehmen und vom Mecklenburgischen ins Brandenburgische zu ziehen, lässt sich quellenmäßig nicht mehr erschließen. Finanzielle oder private Gründe, aber auch die Nähe Berlins könnten ihn bewogen haben, in Neuruppin sein Glück zu suchen. Über seine fachliche Qualifizierung wurde nichts Negatives bemerkt. Ihm wurde sein politisches Engagement zum Verhängnis. In den »Annalen« heißt es viel sagend, dass er »bald Anstoß durch publizistische Tätigkeit« erregte und 1825 ausschied.[158]

In den Jahren des Aufbruchs ergriff mancher Akademiker mutig die Feder. Doch solange jene Lehrer oder Pfarrer in finanzieller Hinsicht abhängig waren, blieben sie staatlicherseits auch lenkbar und beugbar. Die Erfahrungen, die die entlassenen oder versetzten renitenten Akademiker ohne Einkünfte machten, wirkten sicherlich auf die weniger Mutigen abschreckend. Vielleicht liegt hier eine Ursache dafür, dass es in den brandenburgischen Städten keine öffentliche Debatte über Verfassungsfragen und Ähnliches gab.[159] Der Beamtensohn Julius Berends, der 1836 das Abitur am Neuruppiner Friedrich-Wilhelms-Gymnasium ablegte und danach in Berlin und Bonn Theologie studierte, bewarb sich beispielsweise nach dem Examen um eine Hilfslehrer- und stellvertretende Schulleiterstelle in Lindow. Der in Neuruppin wohnhafte junge Mann erhielt 1844 die Stelle nicht, weil seine Wahlpredigt seitens des Konsistoriums als »kommunistisch« bewertet wurde. Berends hatte die Zensoren mit folgenden Worten herausgefordert: »Nicht das also, daß der Mensch die Güter des Lebens genießt, ihrer sich erfreut, ist das Unrecht, sondern das Unrecht liegt nur darin, daß er sie ausschließlich für sich erwirbt und nun, was Gemeingut aller

Menschen sein sollte, ausschließlich Eigentum eines Einzigen wird; darin liegt es, daß an das Streben nach Besitz die Selbstsucht mit allen ihren Sünden sich anschließt.«[160] Da er sich für diese Predigt nicht bei den zuständigen Behörden entschuldigen wollte, erging 1845 an alle Landräte und Magistrate die Weisung, dass Julius Berends trotz guter Zeugnisse keine Anstellung erhalten sollte. Diese Weisung kam einem Berufsverbot gleich.[161] Zu jener Zeit hatten die Lehrer und Theologen zwischen Anpassung und Arbeitslosigkeit zu entscheiden. Berends, der Preußen seit der Einführung des Allgemeinen Landrechts für einen nichtkonstitutionellen Rechtsstaat hielt, erlebte die Verfolgung Andersdenkender sehr bewusst und frühzeitig.[162]

Leihbibliotheken und Bilderbogen

Johann Bernhard Kühn gründete nach seiner Rückkehr von der Wanderschaft um 1771/72 die erste Neuruppiner Leihbibliothek. Neben dem allgemeinen Interesse der Bevölkerung kamen der Bibliothek später die besonderen Aktivitäten des Direktors des Gymnasiums zugute. Friedrich Thormeyer setzte eine Tradition der Schulreformer Justus Lieberkühn und Johann Stuve fort und ließ öffentliche Deklamationen durchführen. Die Rezitationsprogramme widmeten sich neben den Werken der bekannten Dichter wie Goethe, Schiller, Lessing, Klopstock, Jean Paul, Bertuch, Blumauer, Bornemann, L. Brachmann, Bürger, von Colin, Gellert, Geßner, Gleim, Hagedorn, Haller, Holty, J.C. Jacobi, E. von Kleist, Kotzebue, Ramler, Schubart, Seume, Tiedge und vieler anderer. Da die bescheidene Schulbibliothek diese Werke wohl kaum besaß, kann man davon ausgehen, dass sie anfänglich in der Kühnschen Leihbibliothek zu finden waren.

Doch mehr noch als Mittler von Literatur traten Johann Bernhard und Gustav Kühn als Vermittler von verschiedenen kulturellen Werten in Erscheinung. Mit ihren Bilderbogen erreichten sie binnen kurzer Zeit breite Schichten der Bevölkerung, die so auf leicht verständliche und unterhaltsame Art mit religiösen, politischen, historischen, geographischen oder moralischen Themen konfrontiert wurden. Insbesondere Gustav Kühn scheint sehr genau beobachtet zu haben, was das Volk aus aktuellem Anlass am besten unterhielt. Er bewies immer wieder, dass er mit seinen Themen und seiner Art der Gestaltung die jeweils aktuellen Bedürfnisse des Publikums befriedigen und gleichzeitig auch gute Gewinne erzielen wollte. Bilderbogen wie »Berliner Witze«, »Der Kaiserin von Russland wird bei ihrer Ankunft in Berlin am 7. Juni 1829 von 72 jungen Mädchen ein Gedicht überreicht«, »Großer Zapfenstreich in Berlin am 7. Junius 1829« oder »Berliner Redensart« zielten auf den expandierenden Markt nicht nur der rasant wachsenden Metropole Berlin. Gustav Kühn hatte ein untrügliches Gespür für den Zeitgeist, wie auch seine Bilderbogenserie zur 48er Revolution anschaulich belegt.[163]

Der Stadtbrand 1787 als Wegbereiter einer modernen Städtearchitektur

Am 26. August 1787, einem Sonntag, brach in einer Scheune gegen 13.30 Uhr ein Feuer aus. Das brennende Stroh wurde vom starken Südwestwind in die Stadt geweht und entfachte dort an vielen Stellen gleichzeitig Brände. Ehe die Einwohner wirklich erfassten, was ihnen widerfuhr, standen schon große Teile der Stadt in Flammen. Als der Abend hereinbrach, lagen 415 Bürgerhäuser und damit mehr als zwei Drittel aller Bürgerhäuser sowie die gotische Kirche St. Marien, die barocke Nikolaikirche, das Rathaus mit dem Archiv und die Schulen in Schutt und Asche. Die Verzweiflung der Betroffenen lässt sich kaum beschreiben, und dennoch hatten die Neuruppiner Glück im Unglück. Denn die Stadt sollte, wie es Reinisch in seinem Buch detailliert beschreibt, im wahrsten Sinne des Wortes wie »Phönix aus der Asche« neu erstehen.

Der Wiederaufbau Neuruppins fiel in eine Zeit der intensiven Diskussion der Berliner und Neuruppiner Aufklärer über die Bedeutung von Bildung und Kultur innerhalb der Aufklärungsbewegung. Bereits 1784 veröffentlichte Kant seinen Aufsatz mit der provokanten Frage »Was ist Aufklärung?« in der Berlinischen Monatsschrift und löste damit eine weitreichende Debatte über Inhalt und Ziele der Aufklärung aus, an der sich viele Aufklärer beteiligten. Johann Stuve vertrat die Ansicht, dass die allgemeine Bildung die wichtigste Voraussetzung sei und nur wer »eine vernünftige und lebendige Erkenntnis hat von dem, was man wissen muß, um glücklich zu sein«[164], gilt als aufgeklärt. Die Bildung sollte aus dem Verantwortungsbereich der Kirche genommen und dem Staat unterstellt werden. Eine strikte Trennung von Schule und Kirche schien vielen Aufklärern ein wichtiger Schritt auf dem Weg der Verbesserung des Schulwesens zu sein. Der Tod Friedrichs II. und die religiösen Intentionen seines Nachfolgers verhinderten die Umsetzung konkreter Pläne, wie sie Zedlitz 1787 vorgelegt hatte. Lediglich die Bildung des Oberschulkollegiums konnte nicht mehr verhindert werden. Die Kirche behielt jedoch die Oberaufsicht über die Schulen. Was unter Friedrich Wilhelm II. und seinen Ministern Wöllner und Bischoffswerder bildungspolitisch nicht mehr realisiert werden konnte, hatte in Neuruppin architektonische Gestalt angenommen. Die Tuchmacher- und Garnisonstadt wurde als eine weiträumige, moderne, den hygienischen Ansprüchen zukünftiger Generationen gerecht werdende bürgerliche Stadt neu errichtet. Dank des besonderen Engagements des Justizrates Noeldechen und des Präsidenten der Kurmärkischen Kammer Otto Carl Friedrich von Voß, zweier couragierter Beamter, die zur rechten Zeit am rechten Ort wirkten, wurde Neuruppin nicht einfach nur wieder aufgebaut, sondern völlig neu konzipiert und in der Architektur den modernen Ansprüchen gemäß dem Leitgedanken »Civibus Aevi Futuri« angepasst.

Voß ergriff die sich ihm bietende Gelegenheit, etwas bis dahin Einmaliges zu

Berlins Menschenliebe kommt Ruppin in der Asche liegend zu Hülfe, die Stiftung zeigt ihr den — der es wieder erheben wird. Engel des Himmels freuen sich dieser Wohlthaten den abgebrannten Ruppinern gewidmet von D. Chodowiecki.

Der Kupferstich Daniel Chodowieckis wurde zum Nutzen des Wiederaufbaues Neuruppins in großer Stückzahl verbreitet.

schaffen. Dieser gebildete und tatkräftige preußische Beamte kannte sich mit den Gepflogenheiten der staatlichen Bürokratie bestens aus. Außerdem wusste er die Zeichen der Zeit, den vorherrschenden Zeitgeist, richtig zu deuten. Seinem besonderen diplomatischen Geschick war es zu danken, dass die Pläne zum Retablissement der Stadt Neuruppin immer zum richtigen Zeitpunkt und in überzeugender Form der vorgesetzten Behörde und dem König vorgelegt wurden. Schließlich galt es, diesem König und dem königlichen Oberbaudepartement, das auf äußerste Sparsamkeit eingeschworen war, die Genehmigung eines sehr kostspieligen Aufbauplanes abzuringen. Das besondere Engagement dieses aufgeklärten, liberal-konservativen Beamten ermöglichte letztendlich das Retablissment Neuruppins nach modernen städtebaulichen und medizinischen Vorstellungen. Ihm zur Seite standen weitere engagierte Fachleute wie beispielsweise der Justizrat Noeldechen, der als dirigierender Bürgermeister die Probleme vor Ort regelte, der Bauinspektor Bernhard Matthias Brasch sowie der Architekt Bernhard Philipp François Berson.

In den architektonischen Entwürfen und Plänen dieses Neuaufbaus und in den Denk- und Verhaltensweisen einzelner am Neuaufbau beteiligter Beamter spiegelten sich Einflüsse der europäischen Aufklärung. Zu jener Zeit spielten die vielfältigen Kommunikationsformen innerhalb der geistigen Elite und der Beamtenschaft eine wichtige Rolle. Auf Grund von »Bekanntschaften« bildeten sich soziale Netzwerke heraus, die nicht nur für die Besetzung von Stellen eine wichtige Voraussetzung darstellten. In diesem Zusammenhang ist auch die Arbeit von David Gilly bedeutsam. Gilly wurde 1788 Geheimer Baurat im Oberbaudepartement. Seine umfangreichen Arbeiten zur Bau- und Ingenieurkunst beeinflussten ja nicht nur den Architekten Berson, sondern auch seinen Sohn Friedrich Gilly und später Karl Friedrich Schinkel. Die politischen und künstlerischen Akteure dieses Retablissements agierten in einer Zeit des Umbruchs und der gesellschaftlichen Transformation. Die Französische Revolution 1789 mit ihrem Ruf nach Freiheit, Gleichheit und Brüderlichkeit blieb nicht ohne Resonanz in der Mark Brandenburg. Der zeitgenössische Diskurs über die Städteplanung und über die Gestaltung öffentlicher Räume, in den auch die verantwortlichen Beamten für den Neuaufbau Neuruppins involviert waren, dokumentiert sich bis heute im Stadtbild dieser märkischen Mittelstadt.

Ob man nun die räumliche Gestaltung der drei großen Plätze nimmt oder die Architektur der Bürgerhäuser betrachtet, der Neuaufbau Neuruppins kann den Übergangscharakter seiner Entstehungszeit nicht leugnen. Die Neuruppiner Bürgerhäuser können dank der Forschungen von Reinisch kaum noch als ein typisches Beispiel für den Frühklassizismus betrachtet werden, sondern sie sind Ausdruck einer spezifischen Architektur der Transformation, in der sich verschiedene Formen, Gestaltungsmittel des Barocks, der Gotik und klassizistische Strömungen vermischten. Diese architektonische Neuverortung dürfte zukünftig den entsprechenden Diskurs bestimmen.

Der Briefwechsel zwischen den verschiedenen Behörden, die in das Baugeschehen involviert waren, dokumentiert die schwierigen Verhandlungen um die finanzielle Absicherung des Wiederaufbaus. Die Auswirkungen der Französischen Revolution von 1789, die zahlreichen Kriege und die Verschwendungssucht Friedrich Wilhelms II. reduzierten die verfügbaren finanziellen Mittel des Staates erheblich. Davon war natürlich auch das Neuruppiner Retablissement betroffen. Voß musste sehr viel Energie und diplomatisches Feingefühl aufbringen, um für die Neuruppiner die so dringend benötigten Gelder aus der fast leeren Staatskasse zu erhalten. Die finanziellen Engpässe gefährdeten das Retablissement mehrmals. Die Vollendung des einzigartigen Aufbauwerkes gelang letztendlich nur durch die Schuldenübernahme durch die neue Regierung Friedrich Wilhelms III. im Jahr 1797.

Nach einer Statistik, die der Bauinspektor Brasch 1792 erstellte, waren 1787 386 Bürgerhäuser und 24 öffentliche Gebäude abgebrannt. Weitere 51 Bürgerhäuser und ein öffentliches Gebäude mussten aus bautechnischen Gründen noch abgerissen werden. Von diesen insgesamt 462 Häusern wurden 1788 mit königlichen Geldern 71 Häuser und 1789 90 Häuser sowie sechs Häuser, die dem neuen Stadtplan im Wege standen, die Schule, das Archidiakonhaus und zwei Wach- und Torschreiberhäuser erbaut. Allein in den ersten beiden Jahren nach dem Brand entstanden 37,8 Prozent der aufzubauenden Häuser neu. In den folgenden Jahren verlangsamte sich das Bautempo. In den Jahren 1790 bis 1792 konnten immerhin noch 141 Häuser (30,5 Prozent) gebaut werden. Für die dann noch fehlenden 146 Neubauten (31,6 Prozent) benötigte man aus den oben beschriebenen Gründen 14 Jahre. Erst 1806 konnte das grandiose Aufbauwerk vollendet werden.[165]

Die ungewohnt großzügige Platzgestaltung fand nicht den Zuspruch aller Einwohner und Besucher. Auch der berühmte Sohn der Stadt, Theodor Fontane, kritisierte, dass Inhalt und Form nicht zueinander passten. In seinen »Wanderungen durch die Mark Brandenburg« verglich er das Stadtbild Neuruppins 1861 mit einem »auf Auswuchs gemachten großen Staatsrock, in den sich der Betreffende, weil er von Natur klein ist, nie hineinwachsen kann.«[166] Dieser ironisch-bildhafte Vergleich Fontanes findet sicherlich auch heute noch Zuspruch und Ablehnung zugleich. Fontane, der in den pulsierenden Großstädten London und Berlin lebte, wird die Ruhe und Behäbigkeit Neuruppins immer als extrem kontrastierend empfunden haben. Dabei herrschte zu jener Zeit in Neuruppin bereits ein sehr urbanes Leben.

Nach dem Wiederaufbau der Stadt veränderte sich das Aussehen auch weiterhin. Die Stadtverordneten riefen zur Säuberung des Kirchplatzes auf. Der Regimentskommandeur Alexander von Wulffen, der 1834 nach Neuruppin kam, begann das Bollwerk und den Stadtpark neu zu gestalten. Dieser kunst-

Das Haus des Justizrats und Bürgermeisters Daniel Heinrich Noeldechen in der Ludwigstraße (August-Bebel-Straße) wurde 1790/91 erbaut. Seit 1954 ist es Sitz des Heimatmuseums. Foto um 1920.

sinnige Kommandant gründete mit Neuruppiner Bürgern 1835 den Verschönerungsverein. Seinem Einsatz ist die Verwandlung des sumpfigen Geländes vor der Stadt, wo sonst nur Schießübungen durchgeführt wurden, zu einem ansehnlichen Stadtpark zu verdanken. Die Neuruppiner ehrten ihn 1852 mit der Ernennung zum Ehrenbürger und 1861 mit der Errichtung eines Gedenksteins im Stadtpark sowie der Benennung einer Straße.[167]

Die Befreiungskriege 1813/15 als kommunales und nationales Kollektiverlebnis

Der Zusammenbruch des Brandenburg-Preußischen Staates 1806 mit den oben schon erwähnten Folgen, der Reduzierung des Besitzes, der Einwohnerzahl und des Militärs, stellte auch für die Neuruppiner in vieler Hinsicht einen Bruch mit dem Althergebrachten und dem Gewohnten dar. Auch die unmittelbare Erfahrung mit der französischen Kultur und der Lebensweise der Besatzungssoldaten veränderte sicherlich den Blick auf das eigene Leben. An der Lebenslust der Franzosen, an ihren Bällen und Vergnügungen nahmen die geladenen Honoratioren und die angesehenen Bürger teil, wenn auch anfänglich vielleicht etwas ängstlich und nicht frei von Vorurteilen. Das Zusammenleben mit den Franzosen musste organisiert werden und nicht nur in den einzelnen Quartieren kam es zu einer mehr oder weniger intensiven Kommunikation. Diejenigen, die die französische Sprache beherrschten, nahmen in jenen Jahren der Besatzungszeit eine Schlüsselstellung in der Stadt ein, da sie als Sprach- und Interessenmittler unentbehrlich waren. Zu jenen allseits anerkannten Mittlern zählte u. a. Friedrich Wilhelm von dem Knesebeck, ein Halbbruder des Majors und späteren Feldmarschalls von dem Knesebeck aus Karwe. Friedrich Wilhelm von dem Knesebeck lebte in Neuruppin in der Heinrichstraße, dem späteren Logenhaus (heute Rudolf-Breitscheid-Straße 16), und engagierte sich in jenen turbulenten Jahren für ein friedliches Einvernehmen zwischen den Neuruppinern und den französischen Besatzungstruppen. Schwere Plünderungen, wie sie beispielsweise Lübeck erleben musste, blieben der Stadt erspart. Die gute Verständigung zwischen diesem preußischen Adligen und den führenden französischen Militärangehörigen, die in Neuruppin und Umgebung Quartier bezogen, erleichterte die Bewältigung der alltäglichen Probleme auf beiden Seiten.

Am 5. November 1808 ließ Napoleon bis auf die Besatzungen dreier Festungen seine Truppen aus Preußen abziehen. Aus diesem Anlass lud der Herr von dem Knesebeck die Ressource-Mitglieder zu einem feierlichen Essen in das Haus des Kaufmanns Thiele ein. Wie Heydemann berichtete, hatte Friedrich Wilhelm von dem Knesebeck diese ständeübergreifende Gesellschaft selbst gegründet.[168] Angesehene Bürger und Adlige organisierten sich in so genannten Aufklärungsgesellschaften, um dort gemeinsam zu disputieren und verschie-

Der Pfarrer, Pädagoge und Schriftsteller Johann Heinrich Bolte (1750–1817) aus Fehrbellin, Mitglied der Neuruppiner Freimaurerloge »Ferdinand zum roten Adler«. Büste von Max Wiese.

dene Formen der Geselligkeit zu pflegen. Die Mitglieder der Neuruppiner Ressource stifteten für diejenigen Bürger, die die Stadt in den letzten Jahren mit ihrem besonderen Engagement vor größerem Schaden bewahrten, silberne Becher. Diese silbernen Becher mit einem lobpreisenden Gedicht wurden am Silvesterabend 1808 dem Herrn von dem Knesebeck und dem Bürgermeister Beiersdorf feierlich überreicht. »Und so wurde dieses Jahr mit rührender Feierlichkeit beschlossen, die durch die Eintracht, die in der ganzen Gesellschaft herrschte, erhöht wurde.«[169] Im Januar 1809 erhielt dann auch der Superintendent Schröner, der ebenfalls geschickt zwischen den Interessen der Franzosen und denen der einheimischen Bevölkerung zu vermitteln wusste, einen silbernen Becher. Neben bekannten Bürgern der Stadt hatten sich auch einzelne Gewerke, wie die Drechsler, Maurer, Tischler, Nagelschmiede, Schlosser, Stellmacher und Töpfer, für diese Ehrung eingesetzt.

Die Erlebnisse und Erfahrungen der letzten Jahre hatten die städtische Gesellschaft enger zusammenrücken lassen, wie dies in Krisenzeiten oft geschah. Dennoch ist mit der oben beschriebenen Eintracht nicht der Zusammenhalt angesichts der äußeren Gefahren gemeint, sondern eine neue Qualität der bürgerlichen Gesellschaft, in die auch der sich für das Gemeinwohl einsetzende Adlige einen festen Platz hatte. Ständeübergreifend agierten Bürger aus verschiedenen Schichten und Gruppen gemeinsam mit Adligen für eine Gesellschaft, in der das Wohlergehen der städtischen Bürgergemeinde das eigentliche Ziel war. Das kollektive Erlebnis der Befreiungskriege verfestigte dieses gemeinschaftliche Empfinden und Verhalten dann nachhaltig.

Von diesem Zeitgeist beseelt, gedachte der Gymnasiallehrer und Kantor Christian Friedrich Wilcke, in Neuruppin eine Freimaurerloge zu gründen. »Der Trieb, fürs allgemeine nützlich zu werden und Gutes wirken zu können, brachte bei Br. Wilcke ... die Idee hervor...«[170]. Dieser lud zu einer Zusammenkunft interessierter Bürger ein. Am 27. Juni 1811 erschienen elf Brüder im Zirbeckschen Gasthaus, dem späteren »Hotel zur Krone« (Karl-Marx-Straße 81) und beschlossen die Gründung. Zu Wilckes Geburtstag am 13. März 1812 erfolgte dann die feierliche Einweihung der Johannesloge »Ferdinand zum roten Adler«. Wilcke selbst war von 1834 bis 1838 vorsitzender Meister der Loge. Der Loge gehörten von Anfang an Vertreter der politischen, militärischen und wirtschaftlichen Elite der Stadt an. In den ersten Mitgliederlisten finden sich u. a. die Namen von Friedrich Thormeyer (Gymnasialdirektor), Philipp Oehmigke und Hermann Riemschneider (Buchhändler und Bilderbogenfabrikanten), Michael Protzen (Kaufmann) und Dr. Friedrich Campe (Lehrer). Die Freimaurer beteiligten sich an vielen karitativen Vorhaben der Stadt. 1815 zogen die Freimaurer dann in das Haus des von dem Knesebeck in die Heinrichstraße, das vom Baumeister Söhnel zu diesem Zweck umgebaut worden war. Nach einer Sinnkrise der Loge in den dreißiger Jahren des 19. Jahrhunderts nahm die Mitgliederzahl nach den Turbulenzen der 48er Revolution wieder leicht zu. Ihr 50-jähriges Stiftungsfest konnte die Loge dann feierlich begehen und der sich verstärkende Nationalismus förderte den Zusammenhalt der Logenmitglieder trotz des internen Disputes in den folgenden 50 Jahren.[171]

Von der euphorischen Stimmung im Lande infolge der Erlebnisse und militärischen Erfolge im Kampf gegen Napoleon blieben die Neuruppiner nicht unberührt. Patriotisch gesinnte Lehrer wie Johann Gottlieb Seidentopf dichteten und ließen ihre Werke bei Gustav Kühn drucken. So erschienen von jenem Lehrer 1816 die Gedichte »Friedenslieder« und das »Siegeslied« sowie 1818 »Das Totenlied«. Auch das erste Ruppiner Wochenblatt, das der Lehrer Dr. Völperling herausgab, wurde von Gustav Kühn gedruckt.

Das Kassabuch des Gustav Kühn gewährt uns Einblicke in die Alltagskultur jener Zeit. So druckte er zwischen 1818 und 1823 zahlreiche Programme für »Schwimmkünstler«, »Feuerwerker«, »Seilspringer«, »Seelöwen«, »Hercules«, »Bauchredner«, »Kirschtressir«, Schnellläufer«, »Kopfgeherweib«, »Kopfabhauer« oder »Puppenspieler«. Die jährlichen Märkte brachten also vielfältige und unterhaltsame Abwechslung in den städtischen Alltagstrott. An dieser

Art von kultureller Unterhaltung hatte sich auch schon Johann Bernhard Kühn, der Vater von Gustav Kühn, beteiligt. Er entwickelte eine Elektrisiermaschine und führte diese in seiner bescheidenen Behausung in der damaligen Jüdenstraße vor. Neugierige erschienen, staunten und gaben dem Erfinder eine kleine Spende. Später bastelte er einen Guckkasten und ließ wieder seine Mitmenschen an diesem Spaß Anteil haben.[172]

III. Das bürgerliche Neuruppin zwischen Tradition und Moderne (1848–1945)

Das Verhältnis von Stadt und Staat im Wandel der Neuzeit

In den vier Jahrzehnten kommunaler Selbstverwaltung, die seit der Einführung der Städteordnung 1808/09 vergangen waren, sammelten die aktiven Bürger reichliche Erfahrungen im Umgang mit den staatlichen Behörden und mit den eigenen Einwohnern. Der Staat hatte die sozialen Aufgaben an die Städte delegiert. Das Verfassungsversprechen war bis 1848 weder von Friedrich Wilhelm III. noch von Friedrich Wilhelm IV. eingelöst worden. Presse- und Versammlungsfreiheit gehörten zu den Wünschen der Bürger, auf deren Erfüllung sie seit langem vergeblich warteten.

Die zahlreichen Initiativen der Stadtverordneten, des Magistrats und der Mitglieder der vielen Deputationen und Kommissionen dienten nicht nur der Bewältigung der alltäglichen Verwaltungsaufgaben, sondern gerade in den dreißiger und vierziger Jahren auch der Sicherung des sozialen Friedens in der Stadt. Doch angesichts der zunehmenden Verarmung von Teilen der Stadtbewohner waren die Verwaltungsorgane ebenso überfordert wie die zahlreichen Stiftungen, Vereine und Gesellschaften. Während die engagierten Bürger flexibel auf die angespannte soziale und wirtschaftliche Situation reagierten, sicherte der Staat lediglich mit militärischer Präsenz den Istzustand seiner Macht.

Wie in vielen brandenburgischen Städten so forderten angesichts der Berliner Barrikadenkämpfe am 18./19. März 1848 und dem sichtbar veränderten Verhalten Friedrich Wilhelms IV., der sich vor den erschossenen Märzkämpfern verneigen musste, auch Neuruppiner Einwohner den Rücktritt des Magistrats. Die städtische Verwaltung sollte reorganisiert und wie in den Jahrhunderten zuvor sollte die Finanzverwaltung offen gelegt werden. Auch ein freundlicherer Umgangston der Beamten mit ihren Bürgern wurde eingeklagt.[173] Die Bürger nutzten die Chance der freien Meinungsäußerung und der Versammlungsfreiheit, die sich ihnen im Frühjahr 1848 bot. Doch im Vergleich zu Berlin oder anderen Städten verlief die Revolution in Neuruppin sehr zivilisiert und ruhig. Die unterschiedlichen Meinungen wurden verbal und medienwirksam ausgetragen.

Während der Neuruppiner Magistrat und die Stadtverordneten noch zwischen den Interessen der unzufriedenen Bürger auf der einen Seite und dem Staat auf der anderen Seite zu vermitteln suchte, bekundete beispielsweise die

Neuruppiner Liedertafel ihre Sympathie mit den Berliner Barrikadenkämpfern. Der 70-jährige »Bastillestürmer« Rosenhagen lud am 16. April interessierte Bürger zu sich nach Hause ein, um mit ihnen gemeinsam eine Volksversammlung vorzubereiten. Der Sattlermeister Rosenhagen, der 1789 den Bastillesturm in Paris miterlebte, hatte sich stets in vielfältiger Weise in der Kommunalpolitik engagiert. Als einer der ersten Stadtverordneten und als Vorsitzender der Hausbesitzergilde sammelte er viele kommunalpolitische Erfahrungen und so wusste er sehr wohl, mit wem man was in Neuruppin erwirken konnte. Die Volksversammlung fand dann am Montag, dem 17. April, auf dem Weinberg statt. Diese spontane Zusammenkunft beunruhigte die Stadtverordneten erheblich, wie dem Protokoll einer außerordentlichen Sitzung zu entnehmen ist. Am 18. April trafen sich dann die Neuruppiner Fabrikarbeiter und beratschlagten ihre Forderungen, die sie an die Fabrikbesitzer stellen wollten. Noch organisierten sich die einzelnen sozialen Gruppen separat, da ihre Anliegen jeweils spezifisch waren und eine alle Interessen bündelnde Persönlichkeit offenbar noch nicht gefunden war.

Die Stadtverordneten baten nun den Gymnasiallehrer Dr. Friedrich Heinrich Kaempf, den Präsidenten des Handwerkervereins, zwischen den verschiedenen Interessensgruppen zu vermitteln. Mit dem besonderen Anliegen der Fabrikarbeiter sollte sich eine Kommission, bestehend aus Stadtverordneten, Fabrikarbeitern und Fabrikbesitzern, beschäftigen. Die Forderungen der verschiedenen Interessensgruppen wurden auch in der Presse veröffentlicht und somit die Diskussion einer breiten Öffentlichkeit zugänglich gemacht. Im Wesentlichen ging es den Handwerkern um die Einschränkung der Gewerbefreiheit und um die Eindämmung des Hausierhandels sowie den Fabrikarbeitern um eine bessere Bezahlung ihrer Arbeit.

Die allgemeine Unzufriedenheit mit der städtischen Verwaltung resultierte zu jener Zeit einmal aus der oben beschriebenen verzerrten Wahrnehmung der geleisteten Arbeit und aus einem älteren Konflikt, der auf dem seit 1836 währenden Streit zwischen den Hausbesitzern und der Ackergilde um die Gemeindeflur der Kahlenberge und den Folgen der Separation basierte. Da Vertreter der Ackergilde im Magistrat saßen, witterten die Hausbesitzer natürlich den Verrat ihrer Interessen. Diese permanente Unzufriedenheit nahm dann noch durch eine fragwürdige Verwendung der städtischen Finanzen zu. Eine klärende Aussprache zwischen den unterschiedlichen Interessengemeinschaften fand nicht statt, denn der Magistrat sah keinen Handlungsbedarf und hielt angesichts der staatlichen Rückendeckung seine Machtposition für sicher.

In den folgenden Monaten organisierten sich dann weitere politische Vereine. Es gründete sich ein Arbeiterverein, dem eine Krankenkasse angeschlossen wurde. Wöchentlich zahlte man einen Silbergroschen in die Kassen. Bei Krankheit erhielt der Arbeiter dann 20 Silbergroschen ausgezahlt. Das Vereinslokal befand sich im Gasthof des Braueigners Roloff. Mitglieder des Vereins wurden die Arbeiter der Tuchfabriken, die Drucker, Lithographen und Koloristen der Bilderbogenfabriken und andere Arbeiter. Daneben bildete sich dann noch ein Demokratischer Verein, der spätere »Volksverein«, dem zwischen 20 und 30 Personen, unter ihnen Lehrer der Bürgerschule, angehörten. Die konservativen Bürger schlossen sich ebenfalls in einem Verein zusammen, dem Konservativen Verein. Diese verschiedenen Vereine und die aktuelle Diskussion über mögliche kommunalpolitische und staatliche Veränderungen verlangten geradezu nach einer politischen Positionierung der einzelnen Stadtbewohner. Es herrschte eine allgemeine Aufbruchstimmung.

Die Wahlen zu der Stadtverordnetenversammlung am 7. Mai 1848 boten eine gute Gelegenheit, sich politisch zu bekennen. Zur Wahl standen, wie jedes Jahr, ein Drittel der Stadtverordneten und ihre Stellvertreter. Die neu gewählten zwölf Stadtverordneten und neun Stellvertreter kamen zu 71 Prozent aus dem Handwerk (15). Weiterhin wurden drei Kaufleute, ein Rentier, ein Lehrer und ein Geselle gewählt. Nun dominierten die Handwerker auch in den Jahren zuvor in der Stadtverordnetenversammlung. Als politisches Signal dürfte eher die Wahl des Lehrers Dr. Kaempf gelten, der schon am nächsten Tag sein Mandat zurückgeben musste, weil er in die Konstituierende Versammlung gewählt wurde. Auch der Geselle Feuerhorst gab das Mandat zurück. Er sah sich aus wirtschaftlichen Gründen nicht in der Lage, die Aufgaben eines Stadtverordneten zu erfüllen. Seine Wahl verdankte dieser Geselle offenbar seinem politischen Engagement in den letzten Wochen vor der Wahl.

Nach den Wahlen zur Stadtverordnetenversammlung Neuruppins standen die Wahlen zur Preußischen Konstituierenden Versammlung und zur Frankfurter Nationalversammlung an. Erstmals sollten die Bürger nun über die Stadt hinausgehende, nationale Interessen wahrnehmen. Laut Wahlgesetz vom 5. April kam auf 500 Einwohner ein Wahlmann. Neuruppin sollte 16 Wahlmänner wählen. Doch da in der Stadt mit dem Militär 9856 Einwohner lebten, verlangten sie auch 19 Wahlmänner und erhoben Einspruch gegen die festgelegte Anzahl. Dem Einspruch wurde stattgegeben.

Am 1. Mai 1848 fanden die Urwahlen statt. In Neuruppin wählten die Wahlmänner je zwei Abgeordnete nebst Stellvertreter für das Berliner Parlament und je einen Abgeordneten und einen Stellvertreter für die Frankfurter Nationalversammlung. Am 8. Mai wurden die Abgeordneten für die konstituierende Versammlung von den 126 Wahlmännern des Kreises gewählt. Dr. Kaempf erhielt 74 Stimmen und Lehnschulze Spitzel aus Seebeck 71 Stimmen. Die Wahlen zur Nationalversammlung fanden am 10. Mai statt. Prof. Campe wurde zum stellvertretenden Abgeordneten gewählt und der Oberregierungsassessor Schultze aus Potsdam als Abgeordneter. Allen Wahlen ging eine intensive Pressekampagne der einzelnen politischen Richtungen voraus. Das politische Klima in der Stadt war daher zweifelsohne sehr erhitzt.

Zu jener Zeit glaubte der Landrat von Schenckendorff, ein getreuer Anhänger seiner Majestät, dass nur die Präsenz von militärischer Stärke Ruhe und Ordnung garantieren würden und setzte sich bei den zuständigen Behörden

Die Klosterkirche mit dem von Schinkel entworfenen Turm. Lithographie um 1840 nach einer Zeichnung von Grauert, verlegt bei F. Sicke in Neuruppin.

dafür ein. Überhaupt schienen sich die Konservativen allmählich vom Schock der ersten revolutionären Ereignisse zu erholen und nun eigene Aktivitäten zu planen. So gründeten die Konservativen unter der Leitung von Prof. Campe die »Provinzial-Zeitung«, die zweimal in der Woche dem bestehenden »Gemeinnützigen Anzeiger« als Beilage für siebeneinhalb Silbergroschen beigegeben wurde. Doch schon im Dezember 1849 stellte sie ihr Erscheinen wieder ein.

Die kurzzeitige Pressefreiheit nutzten auch die Demokraten, um eine eigene Zeitung zu gründen. Der Lehrer Friedrich Ludwig Kühling gab vom 2. September 1848 bis zum 30. Juni 1849 das »Ruppinische Volks-Blatt« heraus. Die Aufklärung der Leser über Verfassungsfragen, über ihre Rechte und Pflichten sowie über die europäischen revolutionären Ereignisse jener turbulenten Zeit zählte zu den Hauptanliegen dieser Zeitung. Kühling, der als aufrechter Demokrat in Neuruppin allgemein großen Zuspruch fand, setzte sich vehement für eine weitere Demokratisierung ein.

Als der König widerrechtlich am 5. Dezember 1848 die preußische Nationalversammlung auflöste und eine Verfassung oktroyierte, griffen die Bürger zum Druckmittel der Steuerverweigerung. Neuruppin beteiligte sich neben anderen Städten an dieser Protestaktion. Kühling bemühte sich, die Neuruppiner davon zu überzeugen, dass eine strikte Verweigerung der Revolution eher schade und man daher die Steuern zwar zahlen, aber nicht an den Staat abführen sollte. Die Mehrheit der Teilnehmer jener Versammlung am 17. November wollte jedoch gar keine Steuern zahlen. Ein Teil der Versammlungsteilnehmer plädierte dafür, die Haupttore der Stadt auszuheben, um so ein Einnehmen der Steuern zu verhindern. Zwar marschierten dann einige hundert entschlossene Bürger zum Königs- und zum Bechliner Tor, aber ihr Vorhaben

Im Jahr 1888 wurde der Rest des Turmes der Klosterkirche abgetragen. Postkarte von 1899.

konnten sie nicht verwirklichen. Der Beschluss, die Mahl- und Schlachtsteuer sowie die Stempel- und Gewerbesteuer solange zurückzuhalten, bis die gewählten Abgeordneten wieder ungestört in Berlin tagen konnten, wurde in die Tat umgesetzt. Im Regierungsbezirk Potsdam war Neuruppin die einzige Stadt, die die Steuerzahlung dann auch wirklich verweigerte.

Das besondere Engagement des Lehrers Kühling vor und während dieser revolutionären Tage sowie seine große Beliebtheit in der Stadt erregten die Aufmerksamkeit des Landrats von Schenckendorff, der mit allen Mitteln gegen diesen aufrechten Demokraten zu Felde zog. Nachdem die konservativen Kräfte militärische Rückendeckung erhalten hatten, begann auch in Neuruppin eine zielgerichtete Verfolgung und Denunziation von Demokraten. Der Lehrer Kühling wurde schon im November 1848 wegen »Aufreizung von Ungehorsam« angeklagt und seine Suspendierung vom Lehramt beantragt. Eine Anzeige wegen Überschreitung des Züchtigungsrechts an einem Knaben brachte ihm darüber hinaus eine vierwöchige Haftstrafe ein. Mit einer Petition, unterschrieben von 500 Neuruppiner Bürgern, wurde die Stadtverordnetenversammlung ersucht, sich für das Verbleiben des Lehrers im Amt und gegen die Haftstrafe zu verwenden. Die Stadtverordneten stimmten mit 18 zu 15 Stimmen gegen ein diesbezügliches Engagement. Später wurde der Lehrer Kühling aus dem Schuldienst entlassen.[174]

Die Aufbruchsstimmung des Frühjahres und des Sommers 1848 wich 1849

*Bürgermeister
Ernst Adolph Bienengräber
(1790–1865).*

bei vielen Bürgern einer nüchternen Bilanzierung des noch Möglichen. Die Verfassung versprach die Gewährung von Grundrechten, die Aufhebung von Standesunterschieden, die Eigenverantwortung der Minister für ihre Ressourcen. Darüber hinaus wurde ein allgemeines Wahlrecht in Aussicht gestellt. Viele Bürger gaben sich mit dem Erreichten erst einmal zufrieden. Hinzu kam, dass die Konservativen um den Lehrer Campe, die 1849 ihren Kreisverein gründeten, publizistisch geschickt auf Stimmenfang gingen. Medienwirksam gründeten sie einen »Verein gegen unverschuldete Verarmung von Handwerkern und Arbeitern«, um so den Interessen der zahlreichen kleinen Handwerker und Arbeiter entgegenzukommen und sie aus dem Bannkreis der Demokraten zu lösen. Die konservative Pressekampagne und die juristisch fragwürdige Verfolgung von Demokraten blieben nicht ohne Folgen auf das Verhalten der Bürger.

Bei den Wahlen zur 2. Kammer am 5. Februar 1849 gewannen mit 185 von 320 Stimmen die Konservativen, während für Dr. Kaempf nur noch 122 Wahlmänner stimmten.[175] Die Chancen, die nationalen und demokratischen Ziele der Versammelten in der Frankfurter Paulskirche zu verwirklichen, schwanden zusehends.

Auch das 24. Infanterieregiment, das seit 1820 in der Neuruppiner Garnison lag, trug das Seine dazu bei. Die Soldaten kämpften in Berlin, Sachsen, Württemberg und Baden gegen die Aufständischen, die verzweifelt versuchten, die Reichsverfassung zu retten. Ihre Erlebnisse blieben den Neuruppinern nicht verborgen.

Die Bewertung dieser bürgerlichen Revolution ist in der Forschung umstritten. Betrachtet man jedoch den Ereignisverlauf und die weitreichenden Folgen in Neuruppin, so ist diese Revolution unübersehbar gescheitert. Speziell für Preußen formulierte Reinhart Koselleck zutreffend: »Die Revolution erfüllte, grob formuliert, die Reform von 1807 bis 1820 zur Gänze, darüber hinaus ist sie gescheitert.«[176] Die danach einsetzende Überwachungs- und Kontrollmaschinerie, die strafrechtliche Verfolgung der Revolutionäre und die verschärfte Zensur dämmten den Aktionsradius aller politischen Gruppierungen mit Ausnahme der Konservativen radikal ein. Es macht wenig Sinn, über das provinzielle Verhalten der Neuruppiner in der zweiten Hälfte des 19. Jahrhunderts zu lamentieren, ohne die Ursachen für die konservative Politik der Stadtverwaltung zu erwähnen. Die oktroyierte Verfassung vom 5. Dezember 1848 und später die revidierte Verfassung vom 30. Januar 1850 sowie das verhängnisvolle Dreiklassenwahlrecht legten den Grundstein der zukünftigen antidemokratischen Entwicklung, die durch das Recht des Staates, den Landrat einzusetzen, noch verstärkt wurde.

Diese gescheiterte Revolution beeinflusste das Denken und Verhalten der Bürger nachhaltig. Viele Entwicklungen der zweiten Hälfte des 19. Jahrhunderts sind nur mit Blick auf den Verlauf der 48er Revolution und deren Folgen zu verstehen. Die großen Hoffnungen und Erwartungen der liberalen und demokratischen Teile des Bürgertums schienen sich endlich zu erfüllen. Doch statt mit einer demokratischen Erneuerung mussten sie sich dann mit der Bedrohung durch die plebejischen Schichten und das preußische Militär auseinander setzen. Ihr kommunalpolitisches Engagement wurde ihnen nicht gedankt und ihr eigenes wirtschaftliches Wohlergehen erregte Neid und Missgunst bei den weniger erfolgreichen Bürgern. Diese Erfahrungen führten auch zu einer neuen politischen Orientierung liberal-demokratisch gesinnter Bürger, die sich zukünftig aus der Politik zurückzogen oder mit den Konservativen sympathisierten. Für die kommunale Verwaltung bedeutete diese Entwicklung den spürbaren Verlust einer öffentlich politisch agierenden demokratischen Opposition. Zwar saßen Demokraten und Liberale auch weiterhin in den städtischen Verwaltungsgremien, aber sie konzentrierten sich zukünftig allein auf Sachthemen. Der Zwang zum unpolitischen Verhalten wurde durch die Einführung der revidierten Städteordnung vom 30. Mai 1853 noch gefördert. Die Autonomie der städtischen Selbstverwaltung wurde weiter eingeschränkt, der Einfluss der Stadtverordnetenversammlung wurde zugunsten des Magistrats zurückgedrängt und das neue Dreiklassenwahlrecht reduzierte ohnehin den Einfluss breiter Kreise der Einwohnerschaft auf die städtische Verwaltung.

Dem dominierenden Einfluss der konservativen Kräfte auf die kommunale Verwaltung stand nun nichts mehr im Wege.

In einer überschaubaren Stadt wie Neuruppin blieb den nicht konservativen Bürgern kaum eine Möglichkeit der öffentlichen Artikulation. Das bestehende Vereinsrecht wurde am 11. März 1850 mit dem Gesetz über die »Verhütung eines gegen die gesetzliche Freiheit und Ordnung gefährdenden Missbrauchs des Versammlungs- und Vereinigungsrechtes« quasi aufgehoben. Als Nischen blieben den Bürgern nur noch die Sport- und Kulturvereine. In Neuruppin bildete sich daher, wie in vielen preußischen Städten, in der zweiten Hälfte des 19. Jahrhunderts ein sehr reges Vereinsleben heraus.

Neben diesen vielen sportlichen und kulturellen Vereinen wurde das städtische Leben insbesondere durch die Garnison geprägt. Denn nicht nur äußerlich durch die Paraden, den Zapfenstreich und das Musikcorps war das Militär stets präsent, sondern die Bürger wählten schon seit 1808 Angehörige der Garnison in die städtische Verwaltung und die Stadtverordneten votierten 1822 für den ehemaligen Hauptmann Ernst Adolph Bienengräber als neuen Bürgermeister. Auch sein Nachfolger von Schulz kam aus dem 24. Infanterie-Regiment. Militärische und kommunale Angelegenheiten verwoben sich in Neuruppin auch im 19. und 20. Jahrhundert auf vielfältige Weise.[177]

In der zweiten Hälfte des 19. Jahrhunderts konzentrierte sich die politisch wahrnehmbare Macht in der Stadt in den Händen der konservativ gesinnten Bürger. Obwohl auch Liberale und Demokraten in die Stadtverwaltungsgremien gewählt wurden und die Sozialdemokraten Wählerstimmen bei verschiedenen Wahlen bekamen, blieb das äußere Bild einer konservativen Stadt erhalten. Die noch junge SPD-Ortsgruppe konnte erst 1910 unter den sozial ungerechten Bedingungen des Dreiklassenwahlrechts einen Kandidaten in das Stadtparlament wählen. Der Zimmerpolier Otto Hegemann zog als erster Vertreter der Sozialdemokraten in das Stadtparlament.[178] Der politische Einfluss der Sozialdemokraten blieb vorerst noch gering.

Neuruppin erwarb sich in den zwanziger Jahren des 20. Jahrhunderts den Ruf, eine »Hochburg der Reaktion« zu sein.[179] Die Mitglieder der Deutschnationalen Volkspartei (DNVP) gaben den Ton an im politischen Leben der Stadt. Sie weigerten sich, die Ergebnisse des Ersten Weltkrieges und insbesondere die Weimarer Verfassung zu akzeptieren. Die Neuruppiner Sozialdemokraten hatten es in dieser vom Militär gesellschaftlich überformten Stadt nicht gerade leicht. Dennoch festigten sie ihre Organisation und fanden auch zunehmend Zuspruch von Arbeitern und Angestellten. Neben dem Bemühen um soziale Verbesserungen in der Stadt versuchten die Sozialdemokraten gerade im Vorfeld des Ersten Weltkrieges über die drohende Kriegsgefahr aufzuklären. Am 1. Mai 1914 referierte Rudolf Breitscheid über die aktuelle politische Lage in der Germania-Gaststätte, dem Vereinslokal der Sozialdemokraten. Eine zweite geplante Antikriegsveranstaltung erübrigte sich mit dem Beginn des Ersten Weltkrieges am 1. August 1914.

Der Schneider Ludwig Krasemann, geboren am 8. Mai 1852 in Wittstock, kam 1880 nach Neuruppin. Er ist der Begründer der Sozialdemokratischen Partei in Neuruppin und war jahrelang Vorsitzender des Ortsvereins. Außerdem war er der Vertreter im Zentralen Wahlverein des Wahlkreises Ruppin/Templin.

Während des Ersten Weltkrieges verschlechterten sich auch in Neuruppin die Lebensbedingungen erheblich. Der Kohlrübenwinter 1916 brachte Hunger und Entbehrungen für alle Einwohner. Unendlich lange Warteschlangen bildeten sich vor den Neuruppiner Lebensmittelgeschäften. Hinzu kam eine bittere Kälte, die den gesundheitlich durch die schlechte Ernährung ohnehin schon geschwächten Menschen erheblich zu schaffen machte. Strom und Gas standen nur stundenweise zur Verfügung, da es an Kohlen mangelte. Die Männer standen an der Front, und so mussten die Frauen viele neue Aufgaben im häuslichen und kommunalen Bereich übernehmen. Dazu zählte auch, dass erstmals Frauen in der Kreissparkasse angestellt wurden, weil sonst der ganze Sparkassenbetrieb von den drei Beamten nicht mehr zu bewältigen war.[180]

Die öffentliche Kommunikation, die schon 1914 durch das Versammlungsverbot der politischen Parteien beeinträchtigt worden war, wurde durch die vorverlegte Polizeistunde auf 22 Uhr weiter eingeschränkt. Die unterhaltenden Bilderbogen konnten infolge des Papiermangels gar nicht mehr produziert werden. Die wirtschaftlichen Schwierigkeiten wurden in allen Bereichen offensichtlicher.

Die Folgen des Ersten Weltkrieges

Der Erste Weltkrieg gipfelte in einer allgemeinen Krise, die auch in Neuruppin in vielfältiger Weise spürbar war. Die Märkische Zeitung berichtete 1917 von einer »Meuterei« in der Russischen Armee.

Mitglieder des Arbeiter- und Soldatenrates von Neuruppin. In der unteren Reihe Rudolf Wendt (2.), Erich Stockmann, 2. Vorsitzender (3.), Ernst Torgler, 1. Vorsitzender (4.), Gastwirt Karl Schäfer (5.), obere Reihe: Schneider Otto Wendland (2.), Arbeiter Hermann Pfeiffer (1.v.r.)

Der Aufstand der Kieler Matrosen am 4. November 1918 tangierte Neuruppin unmittelbar, als hier ein Zug mit Matrosen und Verwundeten am 9. November eintraf. Am 8. November war in der Stadt bereits ein Soldatenrat unter dem Vorsitz des Sozialdemokraten Erich Stockmann gebildet worden. Die Beamten der Kreis- und Stadtverwaltung blieben allerdings in ihrem Amt. Der Soldatenrat rief zur Ordnung und Ruhe auf. Am 12. November konnten die Leser der Märkischen Zeitung und des Anzeigers für die Stadt und den Kreis Ruppin folgendes zur Kenntnis nehmen: »Aufruf. Soldaten! Arbeiter! Bürger! Den Strömungen der anderen Städte folgend, hat sich in Neuruppin der Soldatenrat gebildet und regiert die Stadt. ... Bewahrt Ruhe und Besonnenheit! Der Soldatenrat bezweckt die Gründung der Freiheit des deutschen Volkes und bedarf dazu Eure völlige Einigkeit! ... Arbeiter! Geht Euren Arbeiten nach, verdient Euren Familienangehörigen den Unterhalt und bewahrt dadurch, wie bisher die Ruhe ...«[181] Unter dem Vorsitz des Sozialdemokraten Rudolf Wendt wurde dann ein örtlicher Arbeiterrat gegründet. Aus beiden Räten bildete sich später der Arbeiter- und Soldatenrat, der sich insbesondere um die Versorgung der Bevölkerung bemühte. In jenen turbulenten Tagen wurde auch der 8-Stunden-Arbeitstag Gesetz und nach und nach Realität.

Die Zuspitzung der unterschiedlichen politischen Auffassungen fand in der Gründung der Ortsgruppe der KPD Neuruppin im August 1920 ihren Ausdruck. In der Wohnung von Anna Hausen in der August-Bebel-Straße 49 (Ludwigstraße) trafen sich ca. 20 Kommunisten, um eine Ortsgruppe zu gründen. Unter ihnen waren Rudolf Betke, Ernst Neuser, Richard Lübke, Willi Hinning, Willi Rieck, Wilhelm Tral, August Krause und Willi Witthöft.[182]

Die politischen Aktivitäten der Konservativen bündelten sich in den Parteien der Deutsch-Nationalen Volkspartei, der Deutschen Volkspartei und der Christlichen Volkspartei. Ihr Einfluss nahm mit der zunehmenden Verunsicherung der Einwohner zu, obwohl das Wahlergebnis vom 19. Januar 1919 doch eher das Gegenteil vermuten ließ. An diesen Wahlen zur Weimarer Nationalversammlung nahmen erstmals auch Frauen teil. Mit 49,5 Prozent der Stimmen ging die SPD als stärkste Partei hervor. Doch die Kommunalwahlen in Neuruppin 1919 bezeugen noch ein anderes politisches Kräfteverhältnis. Immerhin zogen aber von den 36 Kandidaten der Sozialdemokraten 14 in das Stadtparlament ein. Auch die erste gewählte Frau, die Lehrerin Anna Karbe, kam aus ihren Reihen. Die Zeichenlehrerin Anna Karbe bewarb sich 1910 auf die Stelle einer Zeichenlehrerin an der höheren Töchterschule. Die spärlichen Akten belegen lediglich, dass sie am 13. Mai 1910 dem Neuruppiner Magistrat zusagte, die Stelle zum 1. Oktober anzutreten. Von Berlin-Lichterfelde zog sie nach Neuruppin, wo sie in der Möhringstraße 4 wohnte. Ihre Freundschaft mit Käthe Kollwitz erklärt u. a. das politische Engagement der jungen Lehrerin.[183] Die erst 1918 gegründete Unabhängige Sozialdemokratische Partei Deutschlands (USPD) erkämpfte sich mit dem Schlosser Karl Behm ebenfalls einen Platz im neuen städtischen Parlament.

Am 13. Juni 1919 wurde der Arbeiter- und Soldatenrat des Kreises Ruppin aufgelöst. Die in Weimar tagende Nationalversammlung beschloss die Substitution der Monarchie durch die demokratische Republik und somit das Ende der preußischen Monarchie. Die erste Reichsverfassung wurde erarbeitet. Das Deutsche Reich, nunmehr in der Publizistik nach ihrem Gründungsort als »Weimarer Republik« bezeichnet, wählte Schwarz-Rot-Gold zu ihren Reichsfarben.

Doch eine stabile politische Situation herrschte in Deutschland noch lange nicht. Mit einem Putsch versuchten Wolfgang Kapp und seine Anhänger, die Macht an sich zu reißen. Zu dieser Zeit lagen das Reichswehrregiment Nr. 5 und Nr. 7 in der Neuruppiner Garnison. Der Kommandant ließ in der Nacht zum 15. März 1920 die wichtigsten Gebäude der Stadt besetzen und postierte bewaffnete Reichwehrsoldaten auf den Plätzen der Stadt. Die Neuruppiner Arbeiter gedachten unter diesen Bedingungen, sich an dem Generalstreik zu beteiligen. Doch genau das wollte das Militär verhindern. Der Oberstleutnant von Grothe veröffentlichte am 20. März 1920 folgenden Aufruf an die Bevölkerung des Kreises Neuruppin: »Streik ist Verrat an Volk und Vaterland. Er wird mit allen Mitteln rücksichtslos bekämpft werden. Wer zum Streik auffordert oder wer Streikposten steht, ist ... in Streikhaft zu nehmen. ... Zeitungen, Druckschriften, Flugblätter jeder Art und Anschläge unterliegen der Zensur.« Trotz der Einschüchterungen kam es im Kreis vom 15. bis 24. März zu Streiks. In Neuruppin selbst gab es Auseinandersetzungen mit dem Militär. Infolge dieser Auseinandersetzungen wurde der Tischler Karl Kurzbach von einem Soldaten nach einem Wortgefecht von hinten erschossen. Die Beisetzung des Ermordeten gestaltete sich zu einer bemerkenswerten Demonstration gegen das Militär. Der Trauerzug reichte vom Paradeplatz bis zum Friedhof. Das Reichswehrregiment wurde sicherheitshalber nach Greifswald verlegt.

Die Neuruppiner arrangierten sich gewöhnlich mit den Angehörigen der Garnison, da viele Einwohner direkt oder indirekt wirtschaftlich von der Anwesenheit des Militärs profitierten. Lediglich während der 48er Revolution zeigten Neuruppiner dem Militär, dass es in dieser Situation nicht willkommen war. Der Verlauf des Kapp-Putsches ermutigte wieder viele Neuruppiner, ihren Unmut öffentlich zu demonstrieren.

Die städtische Entwicklung zur Zeit des Nationalsozialismus

Die junge Weimarer Republik hatte in den 20er-Jahren eine Vielzahl von Problemen zu bewältigen. Während sich die Kultur im weitesten Sinne des Wortes entfalten konnte, sorgten fundamentale wirtschaftliche Probleme für tief greifende Erschütterungen der noch unzureichend gefestigten demokratischen Grundlagen des Staates, die den Weg zur Machtergreifung der Faschisten mitbereiteten. Der Landarbeiterstreik 1922, die Inflation mit ihrem Höhepunkt 1923 und die Weltwirtschaftskrise 1929 erschütterten auch das städtische Leben nachhaltig. Die Verunsicherung vieler Einwohner machte sich in vielen alltäglichen Auseinandersetzungen bemerkbar, aber auch in den Wahlergebnissen. Am 20. Mai 1928 fanden Reichstagswahlen statt. Die NSDAP erhielt in Neuruppin 148 Stimmen und das, obwohl sich die Ortsgruppe der NSDAP erst im Januar gegründet hatte. Noch erzielte die SPD 36,61 Prozent der Stimmen. Bei den Kreistagswahlen 1929 wurde die NSDAP in sechs Dörfern die stärkste Partei und in Neuruppin selbst erhielt sie 710 Stimmen. 1929 saßen erst zwei NSDAP-Mitglieder im Stadtparlament und die Demokraten sahen sicherlich darin keine unmittelbare Gefahr, zumal viele von ihnen die Linken für gefährlicher hielten.[184]

Der systematische Ausbau der nationalsozialistischen Parteistrukturen und die kontinuierliche Propagandaarbeit blieben nicht ohne Wirkung auf die Bevölkerung. In Neuruppin bildeten sich in den folgenden Jahren nationalsozialistische Organisationen wie die Standarte 24, die Schutzstaffel (SS), der NS-Lehrerbund, das Jungvolk oder NS-Beamtenbund. Daneben agierte noch der Stahlhelm, die paramilitärische Organisation der Deutschnationalen in der Stadt. Wolfgang Harich beschrieb in seinem »Ahnenpass« sehr anschaulich, wie er als Schüler diese Jahre in Neuruppin erlebte und wie er selbst für die

Nationalsozialisten aktiv war, bis ihm die Fragwürdigkeit seiner Handlungen bewusst gemacht wurde.[185] Opfer und Täter zugleich wurden in diesen Jahren viele Menschen. Eine kritische Reflexion der eigenen Geschichte gelang rückblickend nur wenigen.

Die starken parteipolitischen Differenzierungen innerhalb der städtischen Gesellschaft erleichterten wiederum den Nationalsozialisten den Stimmenfang. So kamen zur Wahlkundgebung, auf der Adolf Hitler im Sommer 1931 sprach, eben nicht nur Sympathisanten, sondern auch viele Neugierige und Unentschlossene aus dem Kreisgebiet. Die Neuruppiner KPD versuchte, mit der Zeitung »Neuruppiner Sender«, die sie seit 1930 herausgab, über die aktuelle politische Lage aufzuklären. Erich Schulz und andere Kommunisten wurden daraufhin verhaftet. Am 22. Juni 1930 protestierten ca. 1000 Neuruppiner gegen die Polizeiwillkür in der Stadt, gegen die Politik der Regierung und gegen den aufkeimenden Faschismus. Im Sommer verbreitete die KPD auch eine spezielle Zeitschrift, »Der Volltreffer«, unter den Soldaten der Neuruppiner Garnison. 1932 wurde im Neuruppiner Volkshaus der Film »Im Westen nichts Neues« gezeigt, um auf den drohenden Krieg und seine zu erwartenden unmenschlichen Auswüchse aufmerksam zu machen.

Gewalttätige Auseinandersetzungen, wie sie am 3. Juli 1932, dem »Blutsonntag«, zwischen dem sozialdemokratischen Reichsbanner und der SA ausgetragen wurden, blieben in einer überschaubaren Stadt wie Neuruppin nicht ohne Wirkung. Walter Krause und Herr Eggebrecht erlitten schwere Schussverletzungen. Angst und Verunsicherung breiteten sich in der Stadt aus. Die Wahlergebnisse 1930 und 1932 sprechen für sich. Die Nationalsozialisten gewannen immer mehr Stimmen. Bei den Reichstagswahlen am 5. März 1933 erhielt die NSDAP eine deutliche Mehrheit. Die Ernennung Hitlers zum Reichskanzler wurde mit einem Fackelzug durch die Stadt am 31. Januar lautstark gefeiert. Schritt für Schritt wurden nun die demokratischen Rechte abgebaut und Andersdenkende systematisch verfolgt.

Am 28. Februar 1933 teilte die Märkische Zeitung ihren Lesern mit, dass 20 000 Druckschriften der KPD und der SPD beschlagnahmt und Verhaftungen vorgenommen wurden. An den Kommunalwahlen am 12. März 1933 nahmen noch alle Parteien teil. Für die KPD kandidierte Anna Hausen.[186] Doch längst wurden die entscheidenden Machtpositionen in Stadt und Land nach anderen Gesichtspunkten vergeben. Der Landrat Dr. Ernst Kaempfe wurde auf Grund einer Denunziation vom Innenminister seines Amtes enthoben. Der verarmte Landwirt und Amtsvorsteher von Binenwalde, Friedrich von Uslar-Gleichen, übernahm am 8. April 1933 das Landratsamt.[187]

Für eine nationalsozialistische Kommunalpolitik sollte Kurt Krüger sorgen, der von auswärts nach Neuruppin versetzt wurde. Wer war Kurt Krüger? Kurt Krüger wurde am 16. Mai 1894 in Bromberg geboren, wo er 1914 zur Infanterie eingezogen worden war. Im November 1918 wurde er als Vizefeldwebel und mit der Auszeichnung des »Eisernen Kreuzes« 2. Klasse entlassen.

Erich Schulz (†24. Oktober 1950) *Franz Maecker (16. Oktober 1903, hingerichtet am 1. Juni 1943)*

Wenige Monate zuvor, am 26. Juli, heiratete er Charlotte Lemerau, die ihm 1920 eine Tochter gebar. Seit dem 1. April 1927 war Krüger Mitglied der NSDAP. Er engagierte sich erst in der SA und wechselte dann 1933 zur SS über. Als er am 23. Oktober 1933 kommissarisch als Bürgermeister in Neuruppin eingesetzt wurde, hatte er seine nationalsozialistische Gesinnung schon mehrfach unter Beweis gestellt. Am 22. Dezember 1933 wählten ihn dann die 20 anwesenden Stadtverordneten einstimmig zum Bürgermeister für zwölf Jahre. Sein Gehalt belief sich auf 1200 RM. 1938 bezog er in der Knesebeckstraße 20 eine neue Wohnung. Für den Umzug wurden ihm immerhin 300 RM Umzugskosten zugebilligt. Wenn er wie beispielsweise 1934 zum Reichsparteitag der NSDAP nach Nürnberg reiste, vertraten ihn jene Magistratsmitglieder, die ohnehin die alltägliche Arbeit bewältigten. Nach dem Beginn des Zweiten Weltkrieges zog es ihn in die eroberten polnischen Gebiete. Dort leistete er sozusagen »Aufbauhilfe«.[188] Er arbeitete als Stadtkommissar in Bielitz vom Dezember 1939 bis April 1941. In Neuruppin wurde er in dieser Zeit zumeist vom dienstältesten Stadtrat vertreten.[189] In den letzten Kriegsjahren stand er dann seiner »Heimatbehörde« wieder zur Verfügung. Im April 1945 unterschrieb er noch die Abrechnung des schuldenfreien städtischen Haushalts. Danach verliert sich seine Spur.[190] Über seine kommunalen Aktivitäten werden weitere Forschungen Aufschluss geben. Neben Krüger sorgten die regionalen NS-Führer wie Gauleiter Kube und Kreisleiter Kerner für die Umsetzung der nationalsozialistischen Politik im Kreis.

Ab dem 1. April 1933 sollten die Neuruppiner die jüdischen Geschäfte boykottieren. Zuvor waren die 15 Adressen der jüdischen Geschäfte in der Presse veröffentlicht worden. Am 21./22. Juni führte die SA im Kreis gezielte Verhaftungen von Funktionären der kommunistischen und sozialdemokratischen Parteien und Organisationen durch. Unter den Verhafteten waren Franz Maecker und Anna Hausen. Insgesamt verhaftete die SA 81 Personen, die in die ehemalige Brauerei Schönbeck gebracht und dort verhört wurden. Am 19. September 1933 wurde der Kommunist Erich Schulz erneut verhaftet und demonstrativ gefesselt von SA-Leuten durch die Stadt geführt. Anschließend kam er in das Konzentrationslager Oranienburg, aus dem er am 14. Dezember 1933 wieder entlassen wurde. Bereits im Februar 1934 fand man bei einer Hausdurchsuchung wieder einen Grund, ihn zu verhaften und ihn in Sicherheitsverwahrung zu nehmen. Auch Anna Hausen und ihre Söhne standen im Visier der Nazis.[191] Zu jener Zeit leisteten die Vertreter der verschiedenen politischen und kirchlichen Gruppierungen, zumeist voneinander bewusst getrennt, Widerstand gegen die nationalsozialistische Politik. An ein Aktionsbündnis aller Antifaschisten dachten in den dreißiger Jahren die wenigsten.

Zivilcourage bewiesen viele Neuruppiner Christen im Vorfeld und während eines heiklen Prozesses, den Otto Dibelius unter schwierigen Bedingungen 1935 in Neuruppin führte.

Otto Dibelius, der von 1925 bis zu seiner Absetzung 1933 das Amt des Superintendenten der Kurmark bekleidete, gehörte der Bekennenden Kirche an, die im Kreis Ruppin zahlenmäßig stärker war als die mit den Nationalsozialisten sympathisierende Gruppe der Deutschen Christen. Als nun Pfarrer Harder aus Fehrbellin, der der Bekennenden Kirche angehörte, Otto Dibelius für den 19. November 1934 zu einem Vortrag über »Die Erneuerung der Kirche im Kampf unserer Tage« nach Neuruppin einlud, sorgten die Nationalsozialisten vor Ort und unter der Schirmherrschaft des Potsdamer Polizeipräsidenten, Graf Helldorf, für eine zielgerichtete Überwachung der Veranstaltung. Am Abend des 19. Novembers hatten sich tausende Zuhörer im Stadtgarten eingefunden, so dass eine Übertragung des Vortrages ins Freie organisiert wurde und einige hundert Zuhörer mit dem Superintendenten Schlaeger auch in die Pfarrkirche gingen. Im Saal selbst hatten die regionalen Führer der NSDAP und ihre überwiegend jugendlichen Anhänger Platz genommen, die für die Störung des Vortrages sorgen sollten. Als Dibelius um acht Uhr den Saal betrat, erhoben sich die Anwesenden mit Ausnahme jener bewussten Gegner dieser Veranstaltung. Als Dibelius seinen Vortrag dann begann, wurde er durch Zwischenrufe wie »Landesverräter« und »Kriegsdienstverweigerer« immer wieder gestört, bis er kaum noch weitersprechen konnte. Angesichts dieser gut organisierten Turbulenz im Stadtgarten löste Bürgermeister Krüger kurz entschlossen die Versammlung auf. Die Anhänger der Bekennenden Kirche protestierten dagegen und stimmten das Lutherlied »Ein feste Burg ist unser Gott« an. Daraufhin sangen die Gegner das Horst-Wessel-Lied. Nach der Räumung des Saales wollten sich die Anhänger der Bekennenden Kirche in der Pfarrkirche wieder versammeln. Der Neuruppiner Pfarrer Reinhold Bittkau, engagiertes Mitglied der Bekennenden Kirche, hatte dazu aufgerufen. Doch die Polizei hatte vorsorglich bereits die Kirchentüren besetzt. Auf dem Kirchenplatz steigerte sich der Unmut der Anhänger der Bekennenden Kirche abermals, als sich das Gerücht verbreitete, Dibelius und Bittkau wären in Schutzhaft genommen worden. Als dann noch der Pfarrer Falkenberg, überzeugter Nationalsozialist und Anhänger der Deutschen Christen, zur Räumung der Kirchplatzes aufrief und die Polizei schon heranrückte, knieten die Menschen nieder und beteten das Vaterunser. An eine gewaltsame Räumung des Platzes war nun nicht mehr zu denken.

Der Landrat von Uslar-Gleichen hatte inzwischen für die Verhaftung von Otto Dibelius und Reinhold Bittkau gesorgt. Beide wurden noch am Abend in die Schutzhaft nach Potsdam gebracht und erst am nächsten Tag zu unterschiedlichen Zeiten wieder freigelassen. Pfarrer Bittkau wurde von vielen Gläubigen nach diesen Ereignissen eine besondere Achtung und Anerkennung entgegengebracht. Er selbst schrieb in seinem Bericht »24 Stunden im Gefängnis«, dass sich die Anhänger der Bekennenden Kirche innerhalb von acht Tagen nach dem Ereignis verdoppelt hatten.[192] Die Nazis hatten also genau das Gegenteil von dem erreicht, was sie mit der Störung des Vortrages beabsichtigt hatten. Der Pfarrer Falkenberg agierte nun noch stärker gegen die Vertreter der Bekennenden Kirche im Kreis Ruppin. Daher hielten es der Pfarrer Bittkau und andere Mitglieder der Bekennenden Kirche für ratsam, dass Otto Dibelius sich öffentlich-rechtlich gegen den unbegründeten und schwerwiegenden Vorwurf des Landesverrats wehrte. Otto Dibelius erklärte sich bereit, den Pfarrer Falkenberg zu verklagen. Er fand in Neuruppin einen Rechtsanwalt, der Mitglied der NSDAP war und mit seinem Sozius auch noch 1935 die Ansicht vertrat, »dass wir als Anwälte die Pflicht hätten, ein Mandat anzunehmen, wenn der Mandant in seinem Recht sei.«[193] Friedrich Gollert übernahm dies schwierige Mandat, obwohl er wusste, dass er dabei unter erheblichen parteipolitischen Druck geraten würde. Es mangelte dann auch nicht an massiven Drohungen seitens der NSDAP.

Der junge Anwalt war einer der zwei Söhne des Unternehmers Paul Gollert, der durch seine Theaterkulissen und seine Fahnenfabrik überregional bekannt war und der sich als Magistratsmitglied und Logenbruder in vielfältiger Weise engagiert hatte. Als Unternehmer profitierte Paul Gollert von der Einführung der allgemeinen Wehrpflicht und dem Ausbau der Armee, die für ihre Ausrüstung auch Fahnen benötigte. Während der Vater Fahnen mit Hakenkreuzen herstellte, verteidigte sein Sohn einen öffentlich zum Gegner des Nationalsozialismus erklärten couragierten Christen.[194] Friedrich Gollert hatte anfänglich gehofft, dass die Staatsanwaltschaft selbst Klage gegen den Pfarrer Falkenberg auf Grund der Strafanzeige erheben würde. Doch der Oberstaatsanwalt Jentsch lehnte dies ab, da kein öffentliches Interesse zur Erhebung der Anklage vorliege. Nun musste eine Privatklage eingereicht werden.[195] Die Gegenseite schlug kurz vor der Hauptverhandlung einen Sühnetermin vor, der jedoch scheiterte. Am 14. April 1935 fand dann in Neuruppin die Hauptverhandlung statt. Der Vorsitzende des Gerichts war der junge Richter Dr. Tietze, der die 1935 noch vorhandenen Möglichkeiten des Rechtssystems jener Zeit nutzte und auf Grund der in der Verhandlung erbrachten Beweismittel den Pfarrer Falkenberg für schuldig erklärte. »Der Angeklagte Pfarrer Falkenberg wird wegen öffentlich begangener übler Nachrede zu einer Geldstrafe in Höhe von 1000 RM verurteilt.«[196] Die Entlastungszeugen Falkenbergs, der Kyritzer Landrat Graf Wedel und seine Frau nahmen ihre Aussagen im Verlaufe des Prozesses zurück. Der einzige Zeuge, der bei seiner Falschaussage blieb und behauptete, dass der Pfarrer Falkenberg niemals »Landesverräter« gerufen hätte, war der Landrat von Uslar-Gleichen. Trotz einer Vielzahl von mutigen Zeugenaussagen, die das Gegenteil bezeugten, änderte der Landrat seine Aussage nicht. Er hoffte wohl auf den parteipolitischen Einfluss der NSDAP, der diesen Prozessverlauf in eine andere Richtung lenken sollte. Aber auch in der 2. Instanz sah sich der Landgerichtsrat Dr. Lamann als vorsitzender Richter nicht in der Lage, ein grundlegend anderes Urteil zu verkünden. So hieß es in der Urteilsverkündung: »Der Angeklagte wird wegen öffentlicher Beleidigung des Privatklägers Dr. Dibelius zu einer Geldstrafe von dreihundert Reichsmark verurteilt.«[197] Dibelius ahnte damals wohl nur, was es für das Leben des jungen Rechtsanwalts Friedrich Gollert bedeutete, seine Verteidigung übernommen zu haben. Die NSDAP und die SS sannen auf Rache und führten mehrere Verfahren gegen Gollert, von denen Dibelius erst nach dem Krieg erfuhr.[198] Zu jener Zeit bekundeten noch viele Mitarbeiter des Landgerichts und Teile der Bevölkerung offen ihre Sympathie mit Dibelius und den Mitgliedern der Bekennenden Kirche. Der Prozess dokumentierte auch ein Rechtsempfinden, das von dem totalitären Anspruch der NSDAP noch nicht vollständig durchdrungen war. Kurze Zeit später blieb von diesen Möglichkeiten der Rechtsstaatlichkeit nichts mehr übrig.

Die bewusste Demonstration der nationalsozialistischen Macht und die öffentlich sichtbaren Disziplinierungsmaßnahmen erzielten die gewünschte Wirkung. Nebenbei wurden die Arbeitslosigkeit reduziert und soziale Maßnahmen zur Versorgung der Bedürftigen ergriffen. Als am 8./9. November 1938 SA-Angehörige jüdische Geschäfte und Wohnungen in Neuruppin verwüsteten, die »Reichskristallnacht« sichtbare Spuren hinterließ, nahm man diese sinnlose Gewalt aus Angst oder Überzeugung hin. Diese Gewalt- und Machtdemonstration an hilflosen jüdischen Familien führte zu keinem Aufschrei der Gewissen, zumal die Presse diese Aktion gut vor- und nachbereitet hatte. Der eine oder andere versuchte heimlich den jüdischen Mitbürgern zu helfen.

Beflaggung in der Friedrich-Wilhelm-Straße aus Anlass der 700-Jahr-Feier 1939. Foto von Gottfried Gaedicke.

Von der kleinen jüdischen Gemeinde Neuruppins fielen in den folgenden Jahren 13 Männer, Frauen und Kinder der systematischen Vernichtungspolitik zum Opfer. Dieser Gewalt entkamen durch die Emigration ins Ausland neun jüdische Männer und Frauen. Weitere drei jüdische Einwohner überlebten, da sie mit couragierten »arischen« Ehepartnern verheiratet waren. Das große und zentral gelegene Kaufhaus Anker in der Friedrich-Wilhelm-Straße 34 (Karl-Marx-Straße) gehörte beispielsweise der jüdischen Witwe Emma Anker, die es unter Wert an die Familie Heigener verkaufen musste. Sie und ihre Tochter Edith wurden 1943 deportiert. Ihren Söhnen Fritz und Gerhard gelang die Flucht nach Chile. Die jüdischen Einwohner Erna Jacoby, Arnold Jacoby, Emilie Drucker, Hermann Hertzberg, Hermine Hertzberg, Dr. Arthur Jacoby, Regina Meyerhard und Arthur Schwarz wurden 1942/43 deportiert und gelten seitdem als verschollen bzw. ermordet. Es konnten jedoch nicht alle Einzelschicksale erkundet werden.[199]

Im Jahr 1939, in dem Neuruppin das 700-Jahr-Jubiläum der Ersterwähnung (1238) nachfeierte, begann der Zweite Weltkrieg. Die Feierlichkeiten zum Stadtjubiläum verliefen in einer äußerlich unbeschwerten und heiteren Atmosphäre. Die Einwohner der Stadt feierten gemeinsam mit der rasant gewachsenen Garnison. Die Flugzeugführerschule trug mit ihren Vorführungen am 25. Mai ebenso zum Festprogramm bei wie die Gefechtsübungen der anderen beiden Waffengattungen.[200] Zum Festprogramm gehörte natürlich auch die große Segelregatta, an der 238 Boote teilnahmen. Kurze Zeit danach rückten die Soldaten aus, um einen mörderischen Krieg zu führen. Warnende Stimmen fehlten nicht, doch konnten sie nichts ausrichten.

In den folgenden sechs Jahren erlebten die Neuruppiner den Krieg eher mittelbar. Der Alltag wurde vom Kriegsgeschehen überschattet und in vielen Bereichen erschwert. Der Tod vieler Soldaten ließ den Krieg in den betroffenen Familien gegenwärtig werden. Die Berichte der Fliegerschüler und der beurlaubten Soldaten brachten ihre Sichtweise über diesen Krieg in die Stadt. Die verwundeten Soldaten in den Lazaretten und die zunehmende Zahl von Frauen, die ihre Versorgung und Pflege übernahmen, vergegenwärtigten die Brutalität und die Inhumanität des Krieges.

Eine andere Blickrichtung auf den Zweiten Weltkriegkrieg vermittelten die 969 beim Arbeitsamt Neuruppin 1944 registrierten ausländischen Zwangsarbeiter und Kriegsgefangenen.[201] Kriegsgefangenenlager und Fremdarbeiterunterkünfte befanden sich u. a. in Wustrau, Wustrau-Ziethenhorst, Löwenberg, Dreetz, Meseberg und in den Forstämtern Neuglienicke und Zippelsförde.[202]

Suse Unterwaldt (1942 verh. Hoffmann-Gildenhall), Lehrerin am Neuruppiner Lyzeum, gestaltete dieses Motiv, das als Plakat verbreitet wurde, für die 700-Jahr-Feier der Stadt (1939). Der Ritter erinnert an das aufsehenerregende Turnier der brandenburgischen Ritterschaft, das Kurfürst Joachim I. im Jahre 1512 in Neuruppin veranstaltete. Unter Vorwegnahme ihrer Zeit stattete die Künstlerin u.a. die Klosterkirche bereits mit Türmen aus und zeichnete den erst 1898 vollendeten Bahndamm.

Festumzug und Ritterturnier zur 700-Jahr-Feier 1939.

In Neuruppin errichteten die Nationalsozialisten 1942 ein sowjetisches Kriegsgefangenenlager in der Heinrichstraße 1 (Rudolf-Breitscheid-Straße) auf dem dortigen Garagenhof.[203] In der Trenckmannstraße 1 befand sich ein Kriegsgefangenenlager für französische Gefangene. Im Neuruppiner Schützenhaus, in Baracken und Gasthöfen wurden weitere Kriegsgefangene und Zwangsarbeiter untergebracht. Sie mussten beispielsweise in der Minimax-AG, in den Stärkefabriken, beim Telegraphenbauamt, bei der Ruppiner Eisenbahn AG und anderen Firmen der Stadt und des Kreises arbeiten. Viele kleine Handwerksbetriebe und Händler beschäftigten ebenfalls Kriegsgefangene oder Zwangsarbeiter. Einige von ihnen wohnten und lebten in den Haushalten, für die sie arbeiten mussten. 1942 wurde für die ausländischen Arbeiter, die aus vielen europäischen Ländern kamen, eine Krankenbaracke des Typs RL IV/3 am Rande des Geländes des Kreiskrankenhauses Neuruppin aufgebaut. Dort wurden die erkrankten Zwangsarbeiter dann medizinisch versorgt, um ihre Arbeitskraft zu erhalten.[204]

Offenbar hielten sich nicht alle Neuruppiner an die nationalsozialistischen Vorschriften, die jeglichen privaten Umgang mit den Kriegsgefangenen und Zwangsarbeitern verboten. Denn die Strafprozesse, die wegen des verbotenen Umgangs mit den Kriegsgefangenen von der Staatsanwaltschaft des Landgerichts Neuruppins geführt wurden, spiegeln den alltäglichen Konflikt zwischen den inhumanen Vorschriften für den Umgang mit Kriegsgefangenen und Zwangsarbeitern auf der einen Seite und den sehr differenzierten Denk- und Verhaltensweisen der deutschen Bevölkerung auf der anderen Seite wider.[205]

Die nationalsozialistische Propaganda vermittelte über die Presse und den Rundfunk das Bild vom siegreichen Militär und dem »normalen« Alltag an der Heimatfront, um »Ruhe und Ordnung« im Reich zu gewährleisten. Viele Neuruppiner ließen sich vom Nationalsozialismus instrumentalisieren. Erst als die Folgen des Krieges immer stärker den Alltag der Menschen belasteten, kamen Zweifel am nationalsozialistischen System auf. Als die ersten Flüchtlingstrecks durch die Stadt zogen, konfrontierte der Anblick dieser hilfsbedürftigen Kinder, Frauen und alten Männer die Neuruppiner mit einer weiteren Schattenseite des Krieges. Darüber hinaus erschütterten die Bombenangriffe auf den Flugplatz im April 1945 und die Bahnanlagen das bislang von Kampfhandlungen verschonte städtische Leben. Zerstörte Häuser, Wohnungen, Bahnanlagen und Gräber sowie zahlreiche Tote schürten die Angst. Während die Bürger dem Kriegsende mit gemischten Gefühlen entgegensahen, bereitete der Obersturmbannführer Kurt Krüger mit Gleichgesinnten die Übergabe der städtischen Verwaltung vor.

Als die Front immer näher rückte, wurden an den Ausfallstraßen Neuruppins Panzersperren errichtet und die Neuruppiner zur Verteidigung ihrer Stadt aufgerufen. Auf Befehl des Kreisleiters Kerner sprengten die Nazis beide Bahndammbrücken. Panik unter den Stadtbewohnern brach aus. Zuvor hatten die Militärangehörigen der Garnison die Stadt verlassen. Als die Rote Armee am 30. April von der anderen Seite des Ruppiner Sees die Neuruppiner zur kampflosen Übergabe ihrer Stadt aufforderte, hissten mutige Neuruppiner weiße Fahnen auf der Pfarr- und der Klosterkirche. Am 1. Mai zog die Rote Armee in Neuruppin ein.

Urbanisierung und Industrialisierung

Nach den politischen Turbulenzen der 48er Revolution kam es auch in Neuruppin zu einem wirtschaftlichen Aufschwung. Neue große und kleine Unternehmen entstanden, die Infrastruktur wurde ausgebaut und die Verwaltungen der verschiedenen Ebenen den modernen Anforderungen angepasst. Das Wirtschaftsprofil veränderte sich. Nicht mehr die vielen kleinen Tuchmacher und Brauer prägten die städtische Wirtschaft, sondern im 19. Jahrhundert waren es die großen Tuch- und Bilderbogenfabriken sowie einige Einzelunternehmen. In der ersten Hälfte des 20. Jahrhunderts löste das Feuerlöschgerätewerk in der Bedeutung die eingegangenen Tuchfabriken nicht nur räumlich ab. Darüber hinaus wurde das Militär neben den Verwaltungsbehörden ein entscheidender Wirtschaftsfaktor. Die Bevölkerungszahlen erhöhten sich von 9856 im Jahr 1846 auf 24 559 im Jahr 1939. Während sich die zivile Einwohnerzahl mehr als verdoppelte, verfünffachte sich der militärische Bevölkerungsanteil in diesem Zeitraum.[206]

Doch kommen wir noch einmal auf die Entwicklung in der zweiten Hälfte des 19. Jahrhunderts zurück. Einige erfolgreiche Tuchfabrikanten investierten in die Mechanisierung ihrer Produktion. Zu den bekanntesten Tuchfabrikanten gehörten die der Ebells, der Haagens und Dührings. Die drei Bilderbogenfabriken der Firmen Gustav Kühn, Oehmigke & Riemschneider und Friedrich Wilhelm Bergemann produzierten äußerst erfolgreich.

Das Gentzsche Unternehmen expandierte ebenfalls. Den verschiedenen Handelsgeschäften fügte Johann Christian Gentz durch die Mitbegründung der Torfkompanie 1840 eine neue Wirtschaftsbranche hinzu. Später schieden die drei Mitbegründer aus der Torfgesellschaft aus. Alexander und Johann Christian Gentz verstanden es, diese Torfgesellschaft zu einem erfolgreichen Großunternehmen auszubauen, denn Torf diente zu jener Zeit als wichtige Energiequelle und die rapide wachsende Industriemetropole Berlin benötigte den Torf in sehr großen Mengen. Das große Geschäft ließ sich mit dem Torf jedoch nur machen, wenn die Torfgesellschaft auch den Transport nach Berlin übernahm. Aus diesem Grund investierte Alexander Gentz große Summen in den Bau des Fehrbelliner Kanals, in den Unterhalt der Wasserstraßen und in das weit verzweigte Entwässerungssystem. Zu den Hochzeiten des Torfabbaus beschäftigte Alexander Gentz an die 1000 Arbeiter und 51 Beamte.[207] Die Arbeiter, unter ihnen auch viele Kinder, kamen aus den Dörfern und Städten der Umgebung des Luches. Über zwölf Stunden stachen sie im Akkord Torf, der dann per Leiterwagen und Schiff nach Berlin transportiert wurde. Über vier Jahrzehnte lebte eine ganze Region mehr oder weniger gut vom Torfabbau und -transport.

Das komplexe Gentzsche Unternehmen, das aus dem Manufakturwaren- und Eisengeschäft, der Torfgesellschaft, den landwirtschaftlichen Unternehmungen Gentzrode und einer Bank bestand, unterlag, wie alle klein- und mittelstädtischen Unternehmen, in besonderem Maße den wirtschaftlichen Schwankungen der Zeit. Natürlich investierte Alexander Gentz auch in Aktien, und das nicht immer mit Erfolg. 1877, einem sehr nassen und für den Torfabbau schlechten Jahr, reduzierten sich dann die Einnahmen aus dem Torfgeschäft rapide. Die Einnahmen fehlten, zumal der Ausbau Gentzrodes Unsummen verschlang. Viele Ursachen führten letztendlich dazu, dass Alexander Gentz 1880 Konkurs anmelden musste.

Nun gingen, wie wir noch sehen werden, auch andere Unternehmen in Neuruppin früher oder später in Konkurs. Doch keine Geschäftsaufgabe erregte die Gemüter so sehr, wie die des Bourgeois Alexander Gentz. Sein niveauvoller Lebensstil, seine liberal-konservative politische Einstellung und sein soziales Engagement sprengten den mittelstädtischen Denkhorizont vieler Neuruppiner. So wurde auch sein Konkurs wie kein anderer mit Schadenfreude und Verleumdungen begleitet. Er musste sich wegen betrügerischen Konkurses vor

Wir Bürgermeister und Rath der Königl. Preuss. Kurmärk. Hauptstadt Neu-Ruppin
beurkunden hiermit, daß wir den *Kaufmann*

Carl Eduard Knoellner

seinem Ansuchen gemäß, und da er die nöthigen Erfordernisse nachgewiesen, auch folgenden Eid:

„Ich *Carl Eduard Knoellner*
„schwöre zu Gott dem Allmächtigen und Allwissenden, daß Sr.
„Königlichen Majestät von Preußen meinem Allergnädigsten Herrn
„ich unterthänig, treu und gehorsam seyn, meinen Vorgesetzten willige
„Folge leisten, meine Pflichten als Bürger gewissenhaft erfüllen
„und zum Wohl des Staats und der Gemeine, zu der ich gehöre,
„nach allen meinen Kräften mitwirken will, so wahr mir Gott
„helfe zur ewigen Seeligkeit durch seinen Sohn Jesum Christum,"

feierlich vor uns abgeleistet und so die getreue Erfüllung aller Bürgerpflichten angelobt hat, hiermit zum Bürger hiesiger Stadt angenommen, ihn aller Rechte und Wohlthaten, welche einem Neu-Ruppinschen Bürger zustehen, theilhaftig und genußbar erklärt, demselben auch die Zusicherung ertheilt haben, ihn bei dem hierdurch erlangten Bürgerrechte, so lange er sich desselben nicht unwürdig macht, gegen Jedermann kräftigst zu schützen.

Urkundlich unter unserem Stadt-Insiegel und unserer Unterschrift ausgefertiget.

So geschehen Neu-Ruppin, den 22 ten *Maerz* 1844.

Bürgermeister und Rath hiesiger Königl. Preuß. Kurmärkischen Hauptstadt.

Der aus Burg bei Magdeburg stammende Carl Friedrich Knöllner († 1896) war im Kolonialwarengeschäft von August Thiele (Ecke Präsidenten-/ Friedrich-Wilhelm-Straße) tätig. Auf Vorschlag von Christian Gentz, der Gefallen an dem aufgeweckten jungen Mann gefunden hatte, gründete C. E. Knöllner ein eigenes Geschäft, wofür ihm Gentz 500 Taler borgte. Am 22. März 1844 erhielt er den Bürgerbrief und kurz darauf, am 20. April, eröffnete er sein Geschäft. In der Märkischen Zeitung warb er: »Einem hohen Adel und geehrten Publikum Ruppins und der Umgebung erlaube ich hiermit ergebenst anzuzeigen, dass ich am heutigen Tag hierselbst, Friedrich-Wilhelm-Straße No. 450 in dem früher Hirschfeld'schen Hause neben dem Gasthofe des Herrn Zirbeck, eine Material-, Wein-, Tabak-, Cigarren-, Glas-, Porzellan-, Steingut- und Eisern-Kochgeschirr-Handlung eröffnet habe. Um Ihr gütiges Wohlwollen bittend, werde ich dasselbe bei den möglichst billigsten Stadtpreisen, durch reelle Bedienung stets zu schätzen wissen.«

Der Notgeldschein bildet den Kornspeicher des Gutes Gentzrode ab, rechts der als Orient-Maler berühmte Wilhelm Gentz (1822–1890). Den Speicher errichtete Carl von Diebitsch 1861/62. Im linken Turm befanden sich Wohn- und Empfangsräume.

Gericht verteidigen. 1886 zog die Familie Gentz nach Stralsund und eröffnete dort sowie in Saßnitz eine Fischräucherei.[208]

Johann Christian Gentz, der Torflord, unterstützte seine Mitbürger nicht nur mit guten Ratschlägen, sondern auch viele Handwerker und Kaufleute in Notsituationen oder bei der Existenzgründung mit finanziellen Zuwendungen. Auch Carl Eduard Knöllner kam 1844 in den Genuss dieser Hilfe. Der aus Burg zuziehende junge Mann konnte mit der Gentzschen finanziellen Unterstützung eine Materialwarenhandlung in der Friedrich-Wilhelm-Straße 450 (Karl-Marx-Straße) eröffnen. Dort verkaufte er Waren des täglichen Bedarfs, Wein, Tabak und vieles mehr. Seinen Wohnsitz nahm er 1844 wohl in einem Landhaus vor der Stadt. Auf dem Grundstück baute dann Carl Knöllner 1913/14 jene repräsentative Villa in der Franz-Künstler-Straße 8, in der sich heute soziale Einrichtungen befinden. Carl Eduard Knöllner erwarb 1846 noch das Haus Nummer 611 in der Friedrich-Wilhelm-Straße. Später investierte er seine Gewinne in weiteren Immobilien und erweiterte sein Unternehmen ganz im Sinne seines großzügigen Förderers.[209] Zum Unternehmen gehörten dann auch eine Bank und die Firma Reitsema & Bölke, die Carl Knöllner gemeinsam mit Hermann Bergemann übernommen hatte. 1944 feierten die Knöllners das 100-jährige Bestehen der inzwischen weit verzweigten Firma. In die prachtvolle Villa am heutigen Fontaneplatz zog nach 1945 das »Russenmagazin«.[210]

Das herrschaftliche Wohnhaus, das Fontane das »Oasen-Chateau« nannte, wurde 1875/76 nach Plänen von Martin Gropius und Heino Schmieden erbaut. Foto um 1880.

Neben diesen großen Unternehmen gründeten verschiedene Bürger kleinere, aber nicht weniger erfolgreiche Betriebe. So entstand um 1860 die Firma Hermann Friesicke in der Ferdinandstraße 16 (Virchowstraße), die Landmaschinen herstellte und reparierte. Die Konjunktur im Agrarwesen und der steigende Bedarf des Umlandes an modernen Maschinen sicherte Hermann Friesicke über Jahrzehnte einen guten Absatz seiner Landmaschinen. Die Firma erlag um 1900 der wachsenden Konkurrenz.

Eng mit dem ländlichen Umland verbunden waren auch die Stärkefabriken, die in Neuruppin errichtet wurden. Der Holländer W. A. Scholten baute die erste Stärkefabrik 1868 am Seeufer (Scholtenstraße). 1875 gründeten Ernst Bölke und Mente Reitsema eine weitere Stärkefabrik, die dann später Hermann Bergemann und Carl Knöllner übernahmen. Die günstigen Produktionsbedingungen und die gute Infrastruktur zogen die Unternehmer in der zweiten Hälfte des 19. Jahrhunderts offenbar gerade nach Neuruppin. Denn zu den beiden Stärkefabriken gesellte sich noch eine dritte, die P. Mantel errichtete. Ähnlich wie bei den drei Bilderbogenfabriken boten die Neuruppiner Standortbedingungen den Stärkefabriken optimale Voraussetzungen für eine profitable Produktion.

Das traditionelle Gewerbe der Bierherstellung wurde zunehmend von weniger Bierbrauern betrieben. Die industrielle Herstellung von Bier erforderte neben den entsprechenden Kapitalien auch räumliche Veränderungen. Die große Brauerei der Familie Schönbeck an der Altruppiner Allee, die zwischen 1872 und 1927 Bier erfolgreich braute und vertrieb, entwickelte sich aus der kleinen Brauerei des Ackerbürgers Christian Johann Friedrich Schönbeck in der Ludwigstraße 20. Während die Mehrzahl der kleinen Neuruppiner Brauereien schon zwischen der Mitte des 18. und der Mitte des 19. Jahrhunderts eingingen, baute Christian Schönbeck seine Brauerei Schritt für Schritt aus, obwohl das einst berühmte und vielerorts bekannte Neuruppiner Bier längst kein begehrter Exportartikel mehr war. Das Bier als vielseitiges Nahrungsmittel wurde durch andere Lebens- und Genussmittel ersetzt. Nur wer preisgünstig gutes Bier herstellen und vertreiben konnte, hatte am stark reduzierten Markt überhaupt eine Chance. Friedrich Wilhelm Schönbeck gelang diese Neuorientierung am Markt. Er verlegte die Brauerei 1872 in moderne Gebäude an die Altruppiner Allee. Seine Söhne Hermann Emil und Ernst Wilhelm verwandelten das Familienunternehmen 1901 in eine Aktiengesellschaft. 1927 übernahm die Berliner Schultheiß-Panzenhofer Brauerei das Unternehmen.[211]

Für die Neuruppiner Tischler und Stellmacher wurde die Rohstoffversorgung durch die Gründung des ersten Dampfsägewerks 1863 unweit des später angelegten Jahnbades wesentlich erleichtert. Die Herren Pritzkow und Franke produzierten Balken, Kanthölzer, Latten und Bohlen sowie diverse Schnittsachen aus Laub- und Nadelhölzern.

Zum wirtschaftlichen Aufschwung jener Neuruppiner Gründerjahre trug auch die Eisengießerei bei, die Wilhelm Naucke 1864 in der Knesebeckstraße (zwischen Bollwerk, dem altem Feuerlöschgerätewerk und der Einmündung Steinstraße) gründete. Neben der Herstellung von landwirtschaftlichen Maschinen und Apparaten wurden auch Reparaturen durchgeführt. 1914 kauften die Bremer Waffenwerke die Gießerei und wandelten sie in ein Waffenwerk um. 275 Arbeiterinnen und Arbeiter produzierten hier Granaten für den Ersten Weltkrieg.

Im gleichen Jahr wie die Eisengießerei wurde das Neuruppiner Gaswerk am Seeufer in Betrieb genommen. Bereits 1859 diskutierten die Neuruppiner, wie man dem Ruppiner Anzeiger entnehmen kann, vehement die Zweckmäßigkeit und die Kosten einer Gasbeleuchtung für die Stadt. Immerhin erhellten in Wittstock bereits Gasleuchten das städtische Leben. Die Neuruppiner Stadtverordneten und der Magistrat scheuten mehrheitlich die hohen Kosten einer solchen Investition. Erst als der Herr Zieten-Schwerin 1864 68 000 Taler in das Gaswerk investierte, ermöglichte er sozusagen die Gasversorgung Neuruppins. Am 17. Dezember wurde die neue Gasanstalt feierlich eingeweiht, und die ersten Gaslaternen beleuchteten die Straßen. 1897 konnte die Gasanstalt durch das Wasserwerk, mit dessen Bau 1895 begonnen worden war, erweitert werden. Bis zum Ende des Jahrhunderts wurden in der ganzen Stadt Wasserleitungen verlegt. Mit dem Gas für Beleuchtungs- und Kochzwecke und der Wasserversorgung verbesserte sich das alltägliche Leben der Stadtbewohner.

Darüber hinaus hatten diese infrastrukturellen Neuerungen auch für die Industrie eine große Bedeutung.

Mit der zunehmenden Industrialisierung Neuruppins erhielt die Energieversorgung einen immer größeren Stellenwert. Zum Jahreswechsel 1916/17, also noch mitten im Ersten Weltkrieg, gründeten sich in Neuruppin die »Gas-, Wasser- und Elektrizitätswerke«, die später einfach nur Stadtwerke genannt wurden. Die ersten elektrischen Glühlampen erstrahlten dann 1917 im 1900 erbauten Hauptbahnhof und im Kino in der Schinkelstraße 2. Zu einer Verbesserung der Energieversorgung kam es 1934, als die Neuruppiner Stadtwerke mit den Märkischen Elektrizitätswerken Berlin einen Stromlieferungsvertrag abschlossen. Der von MEW gelieferte Mittelspannungsstrom wurde in den Neuruppiner Umspannungsstationen zu dem gebrauchsfähigen Niederspannungsstrom umgewandelt und den Verbrauchern kontinuierlich zur Verfügung gestellt.

Auch das Wasserwerk erfuhr eine Erweiterung und Modernisierung. 1936 wurde das Wasserwerk II an der Gentzstraße erbaut und am 28. Oktober in Betrieb genommen. Drei Jahre später feierten die Stadtwerke Neuruppin ihr 75-jähriges Bestehen. Mit ihren 100 Beschäftigten gehörten die Stadtwerke zu den größten Arbeitgebern der Stadt.[212]

Für die wirtschaftliche Entwicklung Neuruppins war der Ausbau der Infrastruktur stets von entscheidender Bedeutung. Der 1791 in Betrieb genommene Ruppiner Kanal verband Neuruppin auf dem Wasserweg mit Berlin und ermöglichte einen guten Frachtverkehr. Eine Anbindung per Straße fehlte jedoch immer noch. Die große Handelsstraße Hamburg–Berlin führte weit an der Stadt vorbei. Ein Haupthindernis einer günstigen Verkehrsanbindung stellte der Ruppiner See dar, denn die Überbrückung des Sees durch einen Damm oder eine Brücke war sehr kostenaufwändig und daher lange Zeit nicht realisiert worden. Selbst Friedrich II. überlegte damals, wie man den See verkehrstechnisch überwinden könnte. 1845 diskutierte der Magistrat den Bau einer Verbindung über den See abermals, um so die Anbindung der Stadt an die Chaussee von Neustadt nach Herzberg zu ermöglichen. Die staatliche Genehmigung wurde jedoch versagt. Die Chaussee baute man dann in den Jahren 1847 bis 1851 von Neustadt über Neuruppin, Alt Ruppin, Herzberg nach Kremmen. Ein Jahr später führte eine Chaussee nach Fehrbellin.

Die Benutzung der staatlichen Kunststraßen – Chausseen – füllten die staatlichen Kassen und so tat man einiges, um den Chausseebau zu befördern. Doch was brachten dem Staat private Eisenbahngesellschaften und eine erhöhte Mobilität seiner Bürger? Eisenbahnen zählten nicht zu den von den konservativen Politikern auf kommunaler und staatlicher Ebene geförderten Unternehmungen. Das spürten auch die Neuruppiner und so wurde das erste Eisenbahnprojekt 1845/46 auch nicht realisiert und der zeitgemäße verkehrstechnische Anschluss an die große Welt, an die Strecke Berlin–Hamburg, fragwürdigen Einwänden geopfert.

Das Gaswerk (links), Foto um 1940.

Wollte man mit dem Zug reisen, musste man nach Neustadt/Dosse oder Löwenberg fahren, um dort in die Bahn umzusteigen. Erst am 28. April 1879 konstituierte sich die »Paulinenaue-Neuruppiner Eisenbahn-Gesellschaft«, obwohl schon seit den 70er-Jahren über eine Eisenbahnanbindung diskutiert wurde. Mit einem Anlagekapital von 1,7 Millionen Reichsmark, das als Gesellschafter die Kreise Ruppin und Osthavelland, die Provinz Brandenburg, die Stadt Neuruppin, die Domäne Fehrbellin und die Berliner Baufirma Reymer & Masch aufbrachten, begann der Bau der Strecke. Bereits am 12. September 1880 konnte die 28,5 km lange Strecke von Neuruppin nach Paulinenaue in Betrieb genommen werden. Die Erweiterung der Bahnanlagen und neue Gleisanschlüsse zum Sägewerk und zur Stärkefabrik brachten der Bahnlinie die erhofften Einnahmen aus dem Gütertransport, so dass diese Bahngesellschaft gute Gewinne erzielte. Das alte Bahnhofsgebäude, das 1880 durch den Maurermeister Zabel Am Fehrbelliner Tor 6 erbaut worden war, genügte den logistischen Anforderungen des modernen Reiseverkehrs bald nicht mehr. So ließ die Eisenbahngesellschaft 1899/1901 wieder durch den Maurermeister Zabel den neuen Paulinenauer Bahnhof in der Fehrbelliner Straße 137 errichten. Dieser bemerkenswerte Backsteinbau mit einer linksseitigen Turmkonstruktion, auf der ein Wetterhahn thronte, zählt zu den bedeutendsten historischen Bauwerken der Stadt und dokumentiert auch die hervorragende Stellung, die inzwischen die Eisenbahnen und der Personenverkehr innerhalb der städtischen Wirtschaft eingenommen hatten. Der Bahnhof wurde 1901 fertig gestellt. Das zweigeschossige Gebäude beherbergte im Erdgeschoss die Eingangshalle mit Fahrkartenschalter und Gepäckannahme sowie die Warteräume der zweiten und dritten Klasse. In der zweiten Etage befanden sich Diensträume und -wohnungen. Natürlich hatte man auch an das leibliche Wohl der Reisenden gedacht. Die »Anrichte« bzw. der Ausschank sorgte für Verpflegung und Zeitvertreib. Nachdem diese Bahnstrecke 1926 geschlossen worden war, diente der Bahnhof als Wohnhaus. Er beherbergte auch Gesellschaften und Organisationen.[213]

Trotz der positiven Bilanzen der »stillen Pauline« fand sich lange Zeit niemand mehr, der Geld in weitere Bahnstrecken investieren wollte. Am 28. Dezember 1895 wurde die Löwenberg-Lindower-Kleinbahn AG gegründet. Neben einzelnen Städten zeichneten auch der preußische Staat, die Provinz Branden-

Diese Tafel wurde 1998 am Bahndamm aufgestellt: »Am 16. Dezember 1898 wurde der im Auftrag der Kremmen-Neuruppin-Wittstocker Eisenbahngesellschaft erbaute Seedamm über den Ruppiner See nach eineinhalbjähriger Bauzeit seiner Bestimmung übergeben. Die erste direkte Personen- und Güterverkehrsverbindung zwischen Neuruppin und Berlin war hergestellt. Die Fahrstraße neben dem Bahndamm wurde 1926 eröffnet.« Zugleich wird an die Opfer eines Unglückes während des Dammbaues erinnert: August K. F. Brennecke, Hermann A. Herm, Herrmann Schulz, Wilhelm Felten, Ferdinand Otto Wendt, Christian A. W. Scheller, Hermann Maier und Emil Woeser.

burg, der Kreis Ruppin und die Königliche Hofkammer Aktien. Diese Kleinbahnstrecke, die am 18. Mai 1899 eingeweiht wurde, verband Löwenberg, Herzberg und Lindow und endete später im Sackbahnhof Rheinsberg.

Für die wirtschaftliche Entwicklung des Kreises und somit auch für Neuruppin war ein direkter Anschluss nach Berlin dringend erforderlich. Seit 1896 versuchte der Justizrat Laemmel, die Finanzen und die Genehmigungen für die Strecke Wittstock–Neuruppin–Kremmen mit Anschluss an das Berliner Streckennetz aufzutreiben. Am 29. April 1896 gründete man daher wieder eine Eisenbahngesellschaft und diese beauftragte die Berliner Firma Lenz & Co. 1898 mit dem Bau der Strecke, die auch die mecklenburgischen Enklaven Netzeband und Rossow tangierte. Die Bahnlinie passierte die Neuruppiner Magistrale, die Friedrich-Wilhelm-Straße und die Litzmannstraße. Die Sicherheit des Straßenverkehrs sollte durch Schranken und die besondere Kontrolle durch den Dienst tuenden Bahnbeamten gewährleistet werden. Ursprünglich plante man eine andere Streckenführung, die über Wustrau–Treskow und die »Stille Pauline« gehen sollte, um so das heikle Problem der Überwindung des Ruppiner Sees zu umgehen. Doch die militärischen Ausbaupläne (Friedrich-Franz-Kaserne) verhinderten diese Streckenführung.

Mit dem Bau des Bahndamms über den Ruppiner See wurde am 26. Oktober 1897 begonnen. Logistisch und technisch stellte dieses Bauvorhaben eine

Der 1898 eingeweihte Bahndamm durchschneidet den Ruppiner See, Postkarte um 1900.

beachtliche Leistung dar. Sie zog auch die Neuruppiner in ihren Bann. Als es am 13. Dezember 1897 bei den Aufschüttungsarbeiten zu einem schweren Unglück kam und sieben bzw. acht Arbeiter den Tod fanden, spendeten viele Neuruppiner aus allen Schichten für die Hinterbliebenen. Fast ein Jahr später, am 9. Dezember 1898, nahm die Landespolizei den Bahndamm in Augenschein. Am 15. Dezember rollte der erste Güterzug über den neuen Bahndamm. Dieser Tag wurde natürlich würdig gefeiert. Die Honoratioren der Region gaben sich die Ehre in Bernau's Hotel.

Am Abend dieses Tages wurde den anwesenden Gästen ein typisch »Kühnscher Bilderbogen« überreicht, der die Ereignisse dieses Tages bildhaft dokumentierte. Das dort abgebildete Bahnhofsgebäude weist prophetisch in die Zukunft. Die damaligen Besitzer der Kühnschen Firma, Richard Gumprecht und Otto Meusel, traten mit der Aktualität dieses Bilderbogens so ganz in die Fußstapfen von Gustav Kühn, der bekanntlich mit seinen Bilderbogen stets flexibel auf wichtige aktuelle Ereignisse reagierte.

Der planmäßige Personenverkehr wurde am 1. Februar 1899 nach Kremmen aufgenommen. Die Haltestelle »Rheinsberger Tor« (Karl-Marx-Straße 1) konnte nach etlichen innerstädtischen Auseinandersetzungen 1899/1900 in Form eines Wärterhäuschens und 1902 als hölzerne Wartehalle in Betrieb genommen werden. Doch die wachsende Zahl von Tagesbesuchern und Reisenden erregte zunehmend den Ärger der Neuruppiner Bürger, da das kleine hölzerne Bahnhofsgebäude keine Toiletten bot und auch sonst nicht gerade den Anforderungen der Zeit entsprach. Eine Bürgerinitiative verlangte den Bau eines Toilettenhauses seitens der Eisenbahngesellschaft. 1912 erfolgte endlich der gewünschte Bau des Toiletten- und Verkaufshauses auf dem Vorplatz. Kurz vor dem Ausbruch des Ersten Weltkrieges 1914 entschloss sich die RE-AG, ein neues Bahnhofsgebäude errichten zu lassen. So erhielt die Stadt dieses bemerkenswert schöne Bahnhofsgebäude mit Warteräumen, Arkadenbögen und einem Rundturm, das noch heute die ankommenden Reisenden am »Rheinsberger Tor« begrüßt. Die Bahnsteigüberdachung wurde 1914/15 von der Neustrelitzer Firma Jacob Steffen errichtet. Das große Empfangsgebäude, das 1898/99 durch Theodor Friesicke errichtet worden war, wurde zum Blickpunkt der Bahnhofstraße, die erst 1906 so benannt wurde.

Die vierte Bahngesellschaft setzte sich für die Verbindung von Herzberg über Neuruppin nach Neustadt/Dosse ein, um so die Verbindungen nach Stralsund, Rostock und Hamburg zu erleichtern. Im November 1902 wurde der Betrieb zwischen Neustadt/Dosse und Herzberg durch die Ruppiner Kreisbahn aufgenommen.

Elf Jahre wirtschafteten die selbstständigen Eisenbahnen durchaus erfolgreich. Doch ein Zusammenschluss erleichterte nicht nur die Verwaltung, sondern auch zukünftige Bauprojekte. Am 15. März 1913 begann dann die Fusionierung der vier Eisenbahngesellschaften, die sich bis 1923 hinziehen sollte, zur Ruppiner Eisenbahn AG. Zuerst vereinten sich die Kremmen-Neuruppin-

Wittstocker und die Ruppiner Kreisbahn. Den Abschluss bildete der Anschluss der »Stillen Pauline« am 17. März 1923.[214]

Wie in vielen Unternehmen so gab es auch in der Ruppiner Eisenbahn AG Persönlichkeiten, die mit ihren Fähigkeiten und ihrem Können die Entwicklung besonders prägten. Der Regierungsbaumeister und Direktor Karl Hochstädt sorgte mit Elan und Weitblick für den technischen und infrastrukturellen Ausbau der Aktiengesellschaft, so dass trotz schwieriger wirtschaftlicher Verhältnisse (Erster Weltkrieg, Inflation) positive Bilanzen geschrieben werden konnten und das Unternehmen expandierte. Hochstädt kümmerte sich auch um die sozialen Belange seiner Mitarbeiter. Die Beschäftigten der Eisenbahn erhielten beispielsweise die Möglichkeit, bei der 1912 gegründeten Beamtenwohnungsgenossenschaft in der Möhringstraße und in der Markgrafenstraße (Rosa-Luxemburg-Straße) Wohnungen zu mieten. Diese Eisenbahnerwohnungen befanden sich in der Nähe des Hauptbahnhofs und gewährleisteten so einen kurzen Weg zur Arbeit.

Die Neuruppiner Eisenbahner feierten am 1. Februar 1924 das 25-jährige Jubiläum ihres Unternehmens. Sie präsentierten sich auch als eine selbstbewusste Betriebsgemeinschaft, die zunehmend ihre Lehrlinge selbst ausbildete. Selbst die Inflation 1923 erschütterte die Grundfesten des Unternehmens nicht. Nach der Lübecker-Büchner Nebenbahn avancierte die Ruppiner Eisenbahn AG 1923 mit ihren 225 km zur zweitgrößten Privatbahn Deutschlands.[215] Ab dem 1. Juni 1924 verkehrten auf der Strecke Neustadt–Neuruppin–Herzberg die ersten Triebwagen im Kreis Ruppin. Fast zehn Jahre später, ab Mai 1935, konnten die Neuruppiner ohne umzusteigen mit dem Eiltriebwagen, den man liebevoll »Onkel Fritz« nannte, über Kremmen, Hennigsdorf und Gesundbrunnen in 75 Minuten zum Stettiner Bahnhof gelangen.[216]

Ein weiteres großes Vorhaben, das die Bahn-AG gemeinsam mit der Stadt und einigen Gemeinden realisierte, stellte der Ausbau des Bahndammes dar. Um eine direkte Straßenverbindung nach Gildenhall und Wuthenow zu schaffen, musste der Bahndamm wesentlich erweitert werden. Dazu musste die oberste Bahnbaubehörde Hamburg-Altona ihren Segen geben. Die Verhandlungen erwiesen sich als schwierig und so zog sich das Vorhaben von 1923 bis 1927 hin. Im Dezember 1926 konnte der neue Chausseedamm dann endlich eingeweiht werden. Die bürokratische Abwicklung des Baus beschäftigte den Neuruppiner Magistrat noch bis zum Jahr 1928.[217]

Die bessere Verkehrsanbindung, die der neue Damm gewährleistet, kam den Bewohnern der am See liegenden Gemeinden und insbesondere der Freilandsiedlung Gildenhall mit ihren innovativen Unternehmern sehr gelegen. Der Besuch der städtischen Märkte und Geschäfte wurde so erleichtert, die Kommunikationswege wurden verkürzt.

Die Freilandsiedlung Gildenhall

Gildenhall ist eine kleine, fast unscheinbare Siedlung am Ruppiner See, die am anderen Ufer, schräg gegenüber von Neuruppin liegt und erst 1928/29 eingemeindet wurde. Zu diesem Zeitpunkt hatte sich die ursprünglich ländliche Siedlung schon sehr verändert. Eine Gruppe von Siedlungsreformern ließ sich dort nieder auf der Suche nach alternativen Lebens- und Wohnkonzepten. Angesichts der leidvollen Erfahrungen des Ersten Weltkrieges (1914–1918) und der gerade in den Großstädten überall greifbaren negativen Auswirkungen der Industrialisierung suchten kreative Menschen nach neuen Wegen in die Moderne. Sozialutopien und die verschiedensten Reformprojekte hatten in der Nachkriegsgesellschaft Konjunktur. Wie immer nach gesellschaftlichen Brüchen und traumatischen Erlebnissen hoffte man auf eine gesellschaftliche Erneuerung.

Der Initiative des Berliner Zimmer- und Baumeisters Georg Heyer und seiner Mitstreiter verdankt Gildenhall die Entwicklung zu einer Kunsthandwerkersiedlung, in der künstlerische Arbeit und alternative Lebensgestaltung kurzzeitig eine bemerkenswerte Synthese eingingen. Im Januar 1921 verfassten Georg Heyer, Walther Curt Behrendt, Herausgeber der Zeitschrift »Die Volkswohnung«, und Otto Bartning, Beauftragter des Deutschen Werkbundes, den Gründungsaufruf »Das Handwerk von Gildenhall«. Am 16. Juni 1921 erfolgte die Gründung der Gildenhall Freiland-Siedlung eGmbH als Mitglied des Reichsverbandes Deutscher Baugenossenschaften e.V. Die Richtkrone auf dem ersten Fachwerkhaus (Blumenstraße 36/37) konnte bereits am 7. August 1921 gehisst werden.

Die Satzung dieser Siedlung bezeugt die sozial-reformerischen Intentionen der Gründer. Der »Zweck des Unternehmens ist die Landansiedlung in Verbindung mit der Förderung handwerklichen Könnens durch Schaffung gesunder Wohn- und Arbeitsstätten für minderbemittelte Bevölkerungskreise«. Jedes Mitglied verpflichtete sich zu »beständiger Selbsterziehung«, »einer achtbaren, schlichten Lebensführung« und zur Einhaltung der »Grundsätze naturgemäßer Lebensweisen«. Ein Fragebogen sollte garantieren, dass die Zuziehenden die hohen Anforderungen an die neue Sozialgemeinschaft auch erfüllten. Schon bald ließen sich die ersten Kunsthandwerker in Gildenhall nieder. Die Töpferei des Richard Mutz, das Atelier des Bildhauers Hans Lehmann-Borges, die Weberei Else Mögelins und die Tischlerei Walter Voigts zählten zu den überregional bekannten kreativen Werkstätten der Siedlung. Harry Großmann mit seiner Malerwerkstatt und Fritz Scheibe mit seiner Schuhmacherei bezogen neue Wohnhäuser in der Hauptsiedlung. Von der Eisenschmiede, der Metallwerkstatt, der Drechslerei, der Nadelstickerei, der Tapetenhanddruckerei bis zur Lichtbildnerei waren die verschiedensten Handwerke hier vertreten. Die Architekten Otto Bartning, Adolf Meyer, Max Eckhardt und Heinrich Westphal gaben der Siedlung ihr Gepräge. Zum Gesamtkonzept der Siedlung

Werkstatt und Wohnhaus in Gildenhall, davor das Ehepaar Schrammen, um 1926.

gehörte auch die Bildung. Das moderne Kreiskinderheim[218] und ein typisches Schulprojekt der 20er-Jahre, das die Reformpädagogik von Maria Montessori oder Ovide Decroly reflektierte, vervollständigten das ganzheitliche Reformvorhaben. Der Pädagoge Walter Eggestein prägte in besonderem Maße die Bildungskonzepte der Siedlung. Die Vision von Georg Heyer, gemeinsam zu siedeln und zu arbeiten, schien in der Künstlerkolonie Wirklichkeit zu werden.

Doch schon die Inflation gefährdete das Unternehmen. Die Weltwirtschaftskrise 1929 ließ das ganzheitliche Siedlungsprojekt dann vollends scheitern.[219] Geblieben sind die interessanten Bauten, viele kreative Handwerksprodukte, eine lebenswerte Vision und viele Handwerker, die in der Wahrnehmung der Außenwelt meist allzu pauschal als Linke bezeichnet wurden.[220] Doch die Biographien der Pioniere jener Siedlung zeugen eher von sehr verschiedenen politischen Orientierungen, die sich im Verlaufe des Lebens durchaus auch veränderten.

Die Kreativität und der Gestaltungswille der Gildenhaller Künstler kam auch Neuruppin zugute. Die ersten Reaktionen auf das neuartige Siedlungsgeschehen in Gildenhall waren jedoch bei vielen Neuruppinern nicht positiv. Den deutschnationalen Politikern missfiel der sozialreformerische Ansatz und die Neuruppiner Handwerker fürchteten die unliebsame Konkurrenz.

Die Initiative zur Überbrückung der Vorurteile ging von den Siedlungsreformern aus. Sie nutzten die Medien, das heißt die Märkische Zeitung, und das in jenen 20er-Jahren nicht nur in Berlin aufblühende allgemeine Interesse an Unterhaltung, Kunst und Kultur. Darüber hinaus unterstützten sie gezielt auch soziale Projekte in Neuruppin. Um die Wohnungsnot in Neuruppin zu lindern, wurde 1921 die Kreissiedlungsgesellschaft Ruppin gegründet. Die Gildenhaller Siedlung beteiligte sich mit 3000 Mark an diesem Projekt. Mit dem Gildenhaller Künstlerball schufen die Reformer dann ein kulturelles Ereignis, das die Neuruppiner gern annahmen und das so half, die Vorbehalte gegen die andersartige Lebensweise abzubauen. Im Februar 1926 begann Walter Eggestein in einer Artikelserie der Märkischen Zeitung gezielt über den Aufbau, die Struktur und die einzelnen Werkstätten der Freilandsiedlung zu berichten.[221] Offenbar stand die Lokalredaktion der Märkischen Zeitung den Gildenhallern sehr aufgeschlossen gegenüber. Denn in ihrer Jubiläumsausgabe vom 1.1.1928 konnten der Bildhauer Hans Lehmann-Borges, die Weberin Else Mögelin und der Maler und Kunsthandwerker Eberhard Schrammen auf zwei Seiten das Reformprojekt Gildenhall vorstellen.

Reliefplatten aus Steingut von Hans Lehmann-Borges (Gildenhall) schmücken das Hauptportal des Verwaltungsgebäudes der städtischen Gaswerke in der Seestraße 13, abgetragen 2004. Foto 2004.

Die Gildenhaller Künstler und Handwerker engagierten sich auch bei der 1924 nach einer längeren Pause (1893 fand die letzte dieser Art statt) wieder neu belebten Ruppiner Woche. Die Gewerbeausstellung, die nun mit einer Kunstausstellung und einem Schaufensterwettbewerb gekoppelt wurde, zog viele Besucher in die Stadt und förderte so die städtische Wirtschaft. Als Jurymitglied des Schaufensterwettbewerbs, als Ausstellende oder als Gestalter der künstlerischen Kulissen bemühten sich die Gildenhaller um eine sachlich-konstruktive Zusammenarbeit mit den Neuruppinern. Auch die folgenden Ruppiner Wochen wurden durch die aktive Mitarbeit der Gildenhaller Künstler wesentlich geprägt.[222] Noch heute finden sich viele Zeugnisse jener Künstler in der Stadt.

Die Auswirkungen der ersten Industrialisierungswelle auf die städtische Gesellschaft

Die Industrialisierung verlief auch in Neuruppin nicht konfliktfrei. Zwar entstanden in dieser mittelgroßen Stadt keine Elendsviertel mit Mietskasernen wie in Berlin oder anderen großen Industriezentren. Dennoch entwickelten sich zwischen den Unternehmern auf der einen Seite und den Arbeiter und Angestellten auf der anderen Seite Spannungen, die in bestimmten Situationen auch zum Streik führten.

Um ihre Interessen besser durchsetzen zu können, organisierten sich die Neuruppiner Arbeiter, Handwerker, Kleingewerbetreibende und Angestellten heimlich. Denn das Sozialistengesetz verhinderte seit 1878 die Bildung neuer politischer Parteien. Der Schneider Ludwig Krasemann organisierte daher 1886 die Gründung des Allgemeinen Arbeiter-Fachvereins im Gasthof »Drei Linden« in der Gartenstraße als berufständischen Verein. Die 30 Mitglieder bewiesen durchaus Mut, denn noch klappte die staatlich verordnete Überwachung der Demokraten und so musste man sich eben mit dem Ziel der beruflichen Qualifizierung organisieren. 1890 wurde das Sozialistengesetz aufgehoben und die politische Organisation der Sozialdemokraten möglich. Aus diesem Neuruppiner Arbeiter-Fachverein ging dann 1892 der politische Verein hervor. Die Sozialdemokraten trafen sich im Gasthaus »Drei Linden« und gründeten die Ortsgruppe der Sozialdemokratischen Arbeiterpartei als »Sozialdemokratischer Wahlverein Neuruppin«. Immerhin konnte die SPD im Wahlkreis Ruppin-Templin im gleichen Jahr 1,6 Prozent der Stimmen erkämpfen. Zu den ersten 274 Mitgliedern zählten 67 Arbeiter (24,5 Prozent), 180 Handwerker (65,7 Prozent) und 27 Vertreter anderer Berufe (9,9 Prozent). Das Vereinslokal wechselte 1893, da der Gastwirt Ganschow den Sozialdemokraten Hausverbot erteilte. Krasemann pachtete die Gaststätte Germania in der Neustädter Straße 9 als neues Vereinslokal. Die parteipolitische Arbeit der Sozialdemokraten steckte noch in den Kinderschuhen, als es zu größeren Konflikten zwischen Arbeitnehmern und Arbeitgebern in Neuruppin kam.[223]

*In der Fahnenfabrik von
Paul Gollert, 1930er-Jahre.*

Zu branchenübergreifenden Streiks kam es in Neuruppin vorerst nicht. Vielmehr streikten beispielsweise 1885 die Buchdrucker und 1894 die Bauarbeiter, die die neue Irrenanstalt errichten sollten. 1909 traten die Arbeiter der Eisengießerei Naucke in den Streik und 1911 die Arbeiter der Minimax Feuerlöschgerätewerk AG.

Der Unmut der Arbeiter und Angestellten über ihre schlechten Arbeits- und Lebensbedingungen in den einzelnen Firmen deutet ja schon auf einige Probleme in diesen Industriebetrieben hin. Die zunehmende Spezialisierung und der erhöhte Konkurrenzkampf führten nach dem Gründungsboom zum so genannten Gründerkrach. Viele Unternehmen unterlagen der erdrückenden Konkurrenz oder gingen aufgrund interner Probleme Konkurs. Das multipotente Großunternehmen von Alexander Gentz musste, wie schon erwähnt, 1880 Konkurs anmelden.

Die Tuchfabrik von Karl Ebell schloss 1885. Sie befand sich am Seeufer in der Knesebeckstraße 16/17, einem Grundstück, das noch im Hypothekenbuch des Jahres 1800 als ein geschlossener Garten vor dem Scheunentor bezeichnet worden war. Der Färbermeister Samuel Gotthilf Kluge kaufte das Grundstück und ließ dort 1810 ein Mühlengebäude, eine Darre, mehrere Wagenremisen, einen Pferdestall und einen Spritzschuppen errichten. Es entstand eine Zichorienbrennerei, die durch Göpelwerk betrieben wurde. Nach dem Tod Kluges übernahm die Witwe den Betrieb. Als die Witwe Kluge 1823 verstarb, wurde das Grundstück vom Kaufmann Wilhelm Brennicke ersteigert und 1832 an Frau Henriette Sophie Rousset, geborene Tournauer, für 9000 Taler weiter verkauft. Frau Rousset modernisierte und veränderte den Betrieb, indem sie erhebliches Kapital in die Anschaffung der zweiten Dampfmaschine Neuruppins und in die Errichtung einer Ölmühle und einer Kalkbrennerei investierte. Als die Firma H. S. Rousset mit ersten finanziellen Schwierigkeiten zu kämpfen hatte, verkaufte sie die Kalkbrennerei an den Senator Baumann für

6000 Taler. 1843 ging die Firma dennoch in den Konkurs. Das Gelände wurde zwangsversteigert. Ein Kaufmann erwarb es und verkaufte seine Besitzrechte an die Tuchfabrikanten Carl Friedrich Ebell und Wilhelm Heinrich Ebell, die Firmeninhaber der Tuchfabrik »Carl Ebell« sen., für 13 500 Taler weiter. 1844 ließen die Brüder das neue Fabrikgebäude bauen und richteten dort eine moderne Tuchfabrik ein. Die Firma beschäftigte 44 männliche und sechs weibliche Arbeiter, sieben Spulerinnen und neun Appreteure, die blaue Infanterietuche, rote Tuche für die Kragen und Aufschläge der Uniformen und weiße Kürassiertuche herstellten. Nach dem Tod Carl Friedrich Ebells 1869 führte Wilhelm Ebell mit seinen Söhnen die Fabrik weiter. Doch die Konkurrenz der Lausitzer Tuchfabriken und weitere Neuerungen der Produktionstechnik bereiteten der Neuruppiner Tuchindustrie erhebliche Schwierigkeiten. Die Firma, die Mitte des 19. Jahrhunderts eine der modernsten Tuchfabriken darstellte, konnte am Ende dieses Jahrhunderts nicht mehr ausreichend in die technische Erneuerung investieren und erlag so der Konkurrenz 1885/86. Nach verschiedenen Zwischennutzungen kaufte der Malermeister Paul Gollert Teile des Fabrikgrundstücks. Einen anderen Teil erwarb der Schlächtermeister Wendland zum Bau eines Wohnhauses. Ein weiterer Teil ging 1917 in den Besitz der Schlossbrauerei Dessow über. Paul Gollert errichtete auf dem größeren Fabrikgelände 1903 eine Fahnenfabrik und eine Theatermalerei. Er fertigte kunstvolle Bühnendekorationen, die weithin bekannt waren und geschätzt wurden. Als zweite Säule seines Unternehmens etablierte Paul Gollert eine Fahnenstickerei, da der Ausbau des Militärs guten Absatz versprach. Gollertsche Fahnen wurden nach Schweden, Amerika und Java exportiert. Der Hauptabnehmer blieb jedoch die preußische Armee.[224]

Die Tuchfabrik Karl Haagens ging ebenfalls 1890 ein. Zehn Jahre später schlossen die Tuchfabrik Christian Ebells und die Eisengießerei Naucke. Im Jahr darauf mussten auch die Tuchfabriken Heinrich Ebell und Schultz ihre Fabriktore schließen. Von den ersten größeren Industrieansiedlungen überlebten nur sehr wenige die Turbulenzen der Weltwirtschaftskrise 1881/82 und deren Folgen.

Kinderarbeit

In vielen Neuruppiner Tuchfabriken und in den Bilderbogenfabriken arbeiteten Kinder. Nun gab es auch im Mittelalter und in der frühen Neuzeit arbeitende Kinder. Die Soldatenkinder mussten frühzeitig mithelfen, um den Lebensunterhalt der Familie zu sichern. Aber auch die Kinder der kleinen Handwerker und Gewerbetreibenden erledigten manchen Handgriff im Betrieb der Eltern. Die Kinderarbeit erreichte allerdings in Neuruppin im 19. Jahrhundert eine neue Qualität. Kinder im Alter von acht bis 14 Jahren gingen wie die Erwachsenen morgens aus dem Haus, um sich als Lohnarbeiter zu verdingen. Im Jahre 1827 berichtete der Superintendent Schröner über die Arbeits- und

Lebensbedingungen der Jungen und Mädchen, die bei Neuruppiner Tuch- und Raschmachern arbeiteten. Zu ihren Aufgaben gehörte es, die Wolle aufzulagern und vorzuspinnen. Sonntags arbeiteten die Kinder von zwei Uhr nachmittags bis acht Uhr abends und wochentags von sechs Uhr in der Frühe bis acht Uhr am Abend. Gesundheitliche Auswirkungen sollte diese Arbeit, glaubt man dem Bericht Schröners, nicht gehabt haben. Außerdem wäre es für diese »Fabrikkinder« doch aus vielerlei Gründen besser, einer sinnvollen Arbeit nachzugehen, als dem Müßiggang zu frönen. Angesichts der häufigen Klagen vieler Tuchmacher über den Arbeitsmangel hätten die erfolgreichen Tuchmacher ja auch ihre Zunftbrüder einstellen können. Doch die Kinder bekamen weit weniger Lohn und so beschäftigte beispielsweise der Tuchmachermeister Gottfried Ebell drei Kinder, Christian Ebell sogar neun Kinder oder Friedrich Sandman vier Kinder, von denen der kleine Falckenberg erst acht Jahre alt war.[225]

Den zweiten Wirtschaftsbereich, der nur mit Kinderarbeit preiswert produzieren konnte, stellte die Bilderbogenproduktion dar. Lisa Riedel fragt in ihrem Buch: »Wer denkt heutzutage beim Betrachten der Neuruppiner Bilderbogen noch an die vielen Kinder, die an der Herstellung beteiligt waren?«[226] Die Farbigkeit der Bilderbogen und der niedrige Preis wären ohne die Ausbeutung von Kindern gar nicht möglich gewesen. Gustav Kühn ließ 1850 in seinen zwei Koloriersälen 30 Erwachsene und 30 Kinder arbeiten. Die »Malerbatzen« standen an 45 Stunden der Woche an großen Tischen und kolorierten die Bilderbogen. Die Kinder erhielten einen Leistungslohn, der zwischen 75 Pfennige und zwei Mark je nach Stundenzahl und Leistungsfähigkeit lag. Natürlich sollten diese Kinder auch noch die Schule besuchen und so arbeiteten sie vor und nach der Schule. Auf königliche Anweisung hin durften die Malerbatzen 1882 dann eine Stunde vor und eine Stunde nach der Schule etwas Freizeit genießen. Das Kolorieren wurde ihnen in dieser Zeit untersagt. Doch der Konkurrenzdruck war groß und so hielten sich die Bilderbogenpro-

Blick in eine Bilderbogen-Kolorierstube (Werkstatt Meier in Wusterhausen/D.). Zeichnung von Theophil Dombrowsky, um 1935.

duzenten nicht an diese Verfügung. Klagen der Lehrer, der Schulaufsichtsbehörden, der sozialdemokratischen Politiker änderten wenig an den Arbeitszeiten der Kinder. Zumal sich die Unternehmer auf den Standpunkt verständigt hatten, dass das Kolorieren der Bilderbogen nicht mit der schweren und ungesunden Fabrikarbeit gleichgesetzt werden könne. Schließlich arbeiteten die Kinder in hellen und gesunden Räumen. Das Kolorieren der Bogen sei also Hausarbeit und keine Fabrikarbeit. Somit unterlag diese Art der Beschäftigung auch nicht der geltenden Gewerbeordnung. Dennoch hielten es die Unternehmer für ratsam, medienwirksam das Positive dieser Art der Kinderarbeit der Öffentlichkeit kundzutun. So schrieb ein Vertreter der Firma Oehmigke & Riemschneider, die seit 1875 den beiden Neuruppinern Eduard Buchbinder und Carl Mootz gehörte, einen Berichtigungsartikel, der das negative Bild des Artikels über »Kinderarbeit in der Bilderbogenmalerei« verbessern sollte. Schließlich wurde in diesem Artikel, der auf dem Bericht eines Gewerbeaufsichtsbeamten von 1895 beruhte, behauptet, die Kinder und die Erwachsenen würden pro Ries (500 bzw. 480 Stück) nur 15 bis 18 Pfennige verdienen. Darüber hinaus müssten sie die Farbe und die Pinsel selbst anschaffen. Die Wahrheit sähe aber anders aus. Die Bilderbogenproduzenten vergaben das Kolorieren inzwischen an so genannte Unterarbeiter, die Knaben und Erwachsene aussuchten und mit dem Kolorieren der Bogen beauftragten. Eine schon recht moderne Form von Leiharbeit wurde also bereits im 19. Jahrhundert in Neuruppin betrieben. Im Grunde konnte der Unternehmer so auch gar nicht mehr wissen, wie viel die Kinder vom Unterarbeiter für das Ries an Lohn bekamen und ob dieser wirklich, wie er es annahm, die Arbeitsmaterialien stellte. Denn er rechnete ja nur mit dem Unterarbeiter persönlich ab. Angeblich wäre ein Verdienst von 60 bis 80 Pfennige pro Ries fertiger Bögen möglich gewesen. Auch verwahrt sich der Unternehmer gegen die Behauptung, dass die Kinder bis zur Erschöpfung arbeiteten. Vielmehr gingen die Kinder gern zum Kolorieren, weil nur sechs Stunden pro Tag zulässig waren. Außerdem wären auch die Eltern froh, dass die Kinder bei einer sinnvollen Beschäftigung noch etwas zum Unterhalt der Familie beitragen würden. »Die Verwaltungen dieser kleinen Landstädte aber sind sehr zufrieden, dass die Jugend ihnen nicht auf der Straße zur Last fällt und viele kränkliche und gebrechliche Erwachsene, die sonst das Armenhaus bevölkern würden, können sich durch Bilder-Kolorieren, das sie sitzend in einer Stube auszuführen vermögen, ihren Unterhalt verdienen.«[227]

Die Position der Bilderbogenproduzenten dürfte eindeutiger nicht zu formulieren sein. Sie schufen Arbeitsplätze für die Armen der Armen und sie sorgten darüber hinaus auch noch für den sozialen Frieden in der Stadt. Die schlechte Presse hatten sie also wirklich nicht verdient. Erst der Einsatz der ersten Druckpresse für den Vierfarbdruck um 1900 substituierte die billige Kinderarbeitskraft durch Maschinen.[228]

Die Belegschaft von MINIMAX 1910.

Die zweite Industrialisierungswelle

Die MINIMAX AG, eine Berlin-Schöneberger Firma, kaufte 1905 die Grundstücke der Tuchfabriken Ebell und Schultz auf. In den alten Backsteingebäuden, einige wurden bereits um die Mitte des 19. Jahrhunderts erbaut, richtete ein modernes Industrieunternehmen nun die Produktion von Feuerlöschern ein. Mit 35 erfahrenen Berliner Produktionsarbeitern und ca. 400 Arbeitern aus Neuruppin und Umgebung begann bereits im Juli 1905 die Herstellung des MINIMAX-Löschers im so genannten Werkstattprinzip. Der Firmenaufbau, die Betriebsorganisation und die innovative Entwicklungsabteilung garantierten den Erfolg des Unternehmens.

Das Werk expandierte in den folgenden Jahren erheblich und entwickelte sich zum marktführenden Produzenten verschiedener Typen von Feuerlöschern (Schaum-, Tetra-, Kohlendioxid- oder Pulverlöscher). 1905 produzierten die Arbeiter 50 000 Löscher. Im Jahr der Weltwirtschaftskrise stellte man 80 000 Löscher her. Von Anfang an setzten sich die Unternehmer für ein gutes Betriebsklima ein. Eine eigene Betriebskrankenkasse, der MINIMAX-Gesangsverein, die Kinderweihnachtsfeier sowie eine Arbeiter-Unterstützungs-Kasse sorgten auf verschiedenen Ebenen für ein Zusammengehörigkeitsgefühl der Betriebsangehörigen. Die körperlich schwere und teilweise auch ungesunde Arbeit in den einzelnen Werkhallen sollte durch verschiedene soziale Maßnahmen etwas kompensiert werden und vor allem den Arbeiter langfristig an das Unternehmen binden, denn erfahrene Arbeiter beschleunigten den Produktionsprozess. So kann es auch nicht verwundern, wenn das Werk von 1921 bis 1931 die Zeitschrift »Feuer und Wasser« mit einer Auflagenhöhe von 14 000 Exemplaren selbst herausgab. Die Zeitschrift unterrichtete Betriebsangehörige wie am Feuerlöschwesen Interessierte über neue Entwicklungen. Wer sich weiterbilden wollte, schaute sicherlich in diese Zeitschrift.

1936 setzte sich die Belegschaft des Betriebes aus 350 Mitarbeitern, 178 Angestellten im Innendienst und 62 Angestellten im Kundendienst zusammen. Dieser moderne Großbetrieb ließ seine Arbeiter zwischen 47 bis 48 Stunden die Woche arbeiten. Eine zehnjährige Betriebszugehörigkeit wurde mit 18 Urlaubstagen honoriert und die Familiengründung, sprich die Heirat, wurde mit 100 Reichsmark unterstützt. Darüber hinaus sorgten noch 90 Generalvertre-

Produktionshalle um 1916 und ... *um 1920.*

tungen, 50 Untervertretungen und 320 autorisierte Verkaufsstellen für den Vertrieb und den Service.

In der Zeit des Faschismus erhielt das Werk auch eine militärische Bedeutung. Gemeinsam mit den Junkers-Werken und Hoechst wurde das Löschmittel CB 1938 in der Luftwaffe und in der Marine eingeführt. Während des Zweiten Weltkrieges fertigte das Werk auch Flammenwerfer, Nebelgeräte, Panzerlöscher, Luftschutzgeräte und vieles mehr. Im Krieg mussten im Werk auch sowjetische Kriegsgefangene und französische Zwangsarbeiter arbeiten. Erstaunlicherweise wurde das großflächige Firmengelände mit seinen brisanten Produktionsstätten kein erstrebenswertes Ziel von ausländischen Bombern. Auf Grund der Rüstungsproduktion gehörte die MINIMAX AG zu jenen Betrieben, die laut SMAD Befehl Nummer 124 am 9. April 1946 enteignet wurden.[229]

Schiffsverkehr und Tourismus

Der Begründer des kontinuierlichen Frachtverkehrs Carl Friesecke, der über ein halbes Jahrhundert mit seinem Unternehmen den Neuruppiner Frachtverkehr garantierte und auch so manche Krise umschifft hatte, musste in der Zeit des Ersten Weltkriegs aufgeben. Friesecke fuhr um 1850 als Erster mit seinen Segelkähnen Waren nach Magdeburg. 1888 rüstete das Unternehmen den Kahn »Ruppin« mit Dampfmaschinen aus und begründete so die erste Dampfschifffahrtslinie. Sein Sohn erbaute dann 1893 den ersten eisernen Dampfkahn mit 50 PS. Das witterungsabhängige Unternehmen unterlag dann der Konkurrenz der Lastkraftwagen auf der Straße. Der Schiffseigner Richard Barleben übernahm den hölzernen Kahn und fuhr Güter nach Stettin. Einzelne Frachtlinien unterhielten dann noch August Gabel und später Hermann Ohms aus Alt Ruppin.[230]

Seit es den Berlinern möglich war, per Bahn nach Neuruppin zu reisen, gewann der Tourismus zunehmend an wirtschaftlicher Bedeutung. Aber auch schon um die Mitte des 19. Jahrhunderts sorgten verschiedene Unternehmer für eine unterhaltsame und erholsame Freizeitgestaltung. Der Ruppiner See und die landschaftlich schöne Umgebung boten sich für Kutschfahrten, Wanderungen und Bootstouren geradezu an. Ursprünglich erledigten die wenigen Neuruppiner Fischer, die in der Seestraße lebten, mit ihren breiten Holzkähnen auch den Fährbetrieb nach Wuthenow, Nietwerder oder Karwe. 1857 ließ der Reeder Graebe seinen Seitenraddampfer »Therese« zwischen Neuruppin, Weinberg und Karwe fahren und beförderte Erholungsuchende ebenso wie Einheimische. Aus wirtschaftlichen Gründen verkaufte er sein Schiff an Carl Barleben, den Sohn Richard Barlebens, der eine Frachtlinie unterhielt. Doch auch dieser konnte das Schiff nicht sehr lange Zeit unterhalten. Es mangelte an zahlungskräftigen Fahrgästen.

1862 fuhr dann das erste Dampfschiff auf dem Ruppiner See. Zuvor hatte der Verein für Dampfschifffahrt darüber debattiert, ob dieser Dampfer nun den Namen »Karwe« oder »Wustrau« erhalten sollte. Die Gebrüder Koch aus Waren an der Müritz boten 1883 mit ihrem Dampfer »Germania« Fahrten auf dem Ruppiner See an. Ein Jahr später fuhr der Fischer Wilhelm Jenge gemeinsam mit dem Fischer Barleben und dem neu gebauten Dampfer »Undine«, der Platz für 200 Gäste bot, auf dem See. Dampferfahrten nach Wuthenow zum Café Alsen oder nach Gildenhall wurden bei den Erholungssuchenden immer beliebter. Die Eisenbahnanbindung brachte zunehmend Ausflügler aus Berlin und anderen Orten in die Stadt. Die Neuruppiner Reedereien expandierten in den folgenden Jahrzehnten. Im Jahr 1910 verkehrten bereits sieben Dampfer auf dem Ruppiner See. Zu den ältesten Reederfamilien zählten die Jenges und Roland, deren Konkurrenzkampf auf dem Wasser auch schon mal sehr handgreiflich ausgetragen wurde, wie Ingrid Michel berichtete. Die Familie Jenge wohnte in der Seestraße 18. Die Familie konnte allein von dem Saisongeschäft der Dampferfahrten nicht leben. Wie schon ihre reformierten Vorfahren arbeitete Otto Jenge noch als Fischer, und seine Frau verkaufte den Fang auf dem Markt. Des Weiteren vermietete Frau Jenge Ruderboote unterhalb der Klosterkirche. Als Otto Jenge 1934 starb, übernahm die Reederei Roland Schiffe der Jenges. Frau Jenge behielt die Ruderboote am See und ermöglichte so auch weiterhin den Bootsverleih.[231]

Von Anfang an beliebt – Schiffsausflüge auf den Ruppiner Gewässern. Postkarte um 1935.

Handwerk und Handel

Eine unerschütterliche Säule der städtischen Wirtschaft blieben auch in diesem Zeitraum die Handwerker und die Kleingewerbetreibenden. Zu den von seinen Zeitgenossen wohl bekanntesten und geachteten Handwerkern gehörte zweifelsohne Martin Hirschberg. Der Sohn eines Apothekers aus Sondershausen zog 1877 nach Neuruppin. Im gleichen Jahr heiratete er die Tochter des Granseer Maurermeisters Seifert, die ihm in der Zeit von 1878 bis 1888 sechs Kinder schenkte. Der zugezogene Maurermeister erarbeitete sich binnen kurzer Zeit in seinem Beruf eine überregional geachtete Stellung. In der Präsidentenstraße 51 wohnte die Familie. Im Seitengebäude brachte er das Baugeschäft mit dem Materiallager unter. Da er solide Qualität zu akzeptablen Preisen bot, expandierte sein Betrieb sehr schnell. Innerhalb der Innung wurde sein handwerkliches Können dadurch geehrt, dass er beispielsweise zum Vorsitzenden der Neuruppiner Baugewerksmeisterinnung und später auch des Innungs-Bezirks-Verbandes Brandenburgischer Baugewerksmeister gewählt wurde. Als Stellvertretender Vorsitzender vertrat er die Interessen der Bauhandwerker auf Landesebene. Nebenbei wirkte er als Taxator der Städte- und Landesfeuersozietät. Hirschberg baute Teile der neuen Landesirrenanstalt, das städtische Krankenhaus, das Johanniter-Krankenhaus, das Lehrerseminar, einige Schul- und Militärbauten sowie viele andere Gebäude im Kreis. Auch die jüdische Gemeinde Neuruppins betraute ihn mit dem Bau ihrer neuen Synagoge 1899, die in einem Seitenflügel der Ferdinandstraße 10 (Virchowstraße) errichtet wurde. Der Bauboom um die Jahrhundertwende vom 19. zum 20. Jahrhundert war in Neuruppin in besonderem Maße mit dem Namen des Handwerksmeisters Martin Hirschberg verbunden. Daher kann es auch nicht verwundern, dass er den Auftrag für den Bau der neuen Türme der Klosterkirche erhielt.

Bei einem Sturm in der Nacht vom 28. zum 29. Januar 1868 brach der Dachreiter der Klosterkirche ab. 1882 musste dann der Turm abgerissen werden. Für den Neuaufbau des Turms sammelte die Kirchengemeinde jahrelang Spendengelder. Der Regierungsbaumeister Ludwig Dihm aus Berlin wurde mit dem Entwurf des Neubaus beauftragt und eine städtische Kommission sollte über die Details wachen. Nach den Vorstellungen des Baumeisters erhielt Neuruppin statt eines Turmes nunmehr einen Doppelturm, der die Zustimmung aller Verantwortlichen, auch des Landeskonservators fand. An dem Bauvorhaben selbst waren auch ausländische Firmen beteiligt. Die Neuruppiner Maurermeister Feige & Franke sorgten für den Kies und den Sand, während die Bauausführung in den Händen von Martin Hirschberg lag. Zwei 63 Meter hohe Türme zu mauern, stellte eine Herausforderung dar. Zudem gab es Lieferschwierigkeiten bezüglich der erforderlichen Steine. Am 9. Juni 1908 konnte das neue Wahrzeichen der Stadt dann im Beisein des Kronprinzen Wilhelm von Preußen feierlich eingeweiht werden. Ismael Gentz, der Sohn von Wilhelm Gentz, hielt dieses Ereignis in einem Gemälde fest, das in der Sakristei der

Der Wirtschaftshof der Schönbeck'schen Brauerei. Foto um 1900.

Klosterkirche zu sehen ist. Auch Martin Hirschberg wurde dort abgebildet.[232] Neben diesem erfolgreichen Maurermeister sorgte insbesondere noch Theodor Friesicke mit seinem handwerklichen Können für die Veränderungen im Stadtbild um die Jahrhundertwende vom 19. zum 20. Jahrhundert. Viele Häuser und öffentliche Gebäude baute der Maurermeister Theodor Friesicke im Auftrag der Berliner und anderer Architekten.[233]

Die erste Gewerbeausstellung Neuruppins fand vom 5. bis 17. August 1893 in den Räumen von »Köhlers Garten« statt. Den Gasthof an der Altruppiner Allee 81 hatte Otto Köhler 1872 vom Brauereibesitz Friedrich Wilhelm Schönbeck erworben und ausgebaut.[234] In den Räumen des Gasthofes konnte der Ausstellungsbesucher die Vielseitigkeit und die Qualität der Neuruppiner Handwerker und Gewerbetreibenden bestaunen. 50 Aussteller und ca. 6000 Besucher zeugen von dem großen Interesse an dieser Gewerbeausstellung, die überregional viel Zuspruch erfuhr. Beispielsweise stellten dort G. A. Heise seine Daunendecken nebst Wäsche aus, der Kürschnermeister Ruppiler seine Pelze, A. Brunzel seine Schuhe, Paul Wache seine kunstvollen Seifenerzeugnisse, Otto Huth seine besonderen Töpfe oder Carl Kollrep seine Bürsten und Pinsel.[235] Viele dieser Handwerker prägten über Generationen mit ihren Produkten das städtische Warenangebot. In Neuruppin lebte zu jener Zeit auch der Orgelbauer Albert Hollenbach, der 1898 die Orgel in der nördlichen Empore der Marienkirche erbaute. Die Orgel in der Siechenhauskapelle stammt ebenfalls aus seiner Werkstatt.[236] Uta Land datiert den Einbau der Hollenbach-Orgel um 1900.[237] Vier Jahre später, am 28. Januar 1904, wurde Albert Hollenbach auf dem Neuruppiner Friedhof begraben. Sein Betrieb war Konkurs gegangen. Der Orgelbauer nahm sich daraufhin das Leben.[238]

Zu allen Zeiten strebten erfolgreiche Handwerker und Kleingewerbetreibende die Weitergabe ihres Betriebes an den Sohn oder Schwiegersohn an. Häufig gelang die Geschäftsvererbung über zwei oder drei Generationen, je nach familiärer und wirtschaftlicher Situation. Die Seifensiederfamilie Schultz vererbte beispielsweise vom beginnenden 18. Jahrhundert bis 1917 ihren Betrieb stets von dem Vater auf den Sohn.[239] Ein weiteres Beispiel ist das Uhrengeschäft Dumrath, das über Generationen vererbt wurde. Eugen Dumrath eröffnete 1902 seinen ersten Handwerksbetrieb in der Friedrich-Wilhelm-

Auf dem Schulplatz (Friedrich-Wilhelm-Straße 37/38) unterhielten die vier Brüder Krentz eine Schuh- und Lederhandlung. Die Firma wurde 1836 gegründet und existierte bis 1981. 1899 kaufte Otto Krentz das Haus von der Witwe des Lederhändlers Born. 1907 übernahmen die Brüder das Geschäft vom Vater Otto. Hier posieren drei der Inhaber mit Mitarbeitern vor dem Geschäft aus Anlass des 100-jährigen Bestehens der Firma 1936. Auch nach dem Krieg machte der Slogan »Auch wenn man etwas weiter wohnt, ein Weg zu Krentz sich immer lohnt« das Geschäft im ferneren Umland bekannt.

Straße 30. 1913 zog er in die Friedrich-Ebert-Straße 12 um, wo sich das Uhren- und Schmuckgeschäft noch heute befindet. Solides Handwerk, gepaart mit kaufmännischem Können ermöglichte den Dumraths ein kontinuierliches Auskommen. Eugen Dumrath übergab das Geschäft an seinen Sohn Hans-Werner, der es wiederum 1982 an seinen Sohn Ulrich weitergab.[240]

In vielen Neuruppiner Familien finden sich bis heute Fotografien, die in dem Familienbetrieb Gerlich gefertigt wurden und die unsere Erinnerungen an längst vergangene Zeiten wach halten. Die Fotografien Gerlichs und später auch die Volperts dokumentierten mit ihren Bildern eine spezielle Sichtweise auf die Geschichte Neuruppins, die Veränderungen im Stadtbild und in der Kultur.

Zu weiteren Geschäften, die über Generationen vererbt wurden und den Neuruppiner Mittelstand mitprägten, zählen beispielsweise Betten-Heise, die Wurzeln des Geschäfts reichen bis 1830 zurück, das Uhrmachergeschäft Wollina, das 1865 gegründet worden war, das Fuhrunternehmen Gorgas, das 1867 entstand, das Haushaltswarengeschäft Insel seit 1873, die Stellmacherei Plagemann, das Elektrogeschäft Brunzel/Retzlaff, das Spielwarengeschäft Schmutzler, der Optiker Giese, der Raumausstatter Wölk, das Weinfachgeschäft Hermann Degener seit 1883, die Schuh- und Lederhandlung der Familie Krentz seit 1836 oder das Tabakgeschäft Vick. Auch viele andere Handwerksbetriebe gingen vom Vater an den Sohn über, wie zum Beispiel der Malerbetrieb von Pudewill, die Bäckereien Plagemann, Stoye, Gröpler (seit 1868) oder Podorf, die Dachdeckerei Pfützner, die Drogerie Reimann, die Buchdruckerei Kroll, die Fleischerei Dülfer oder Foto-Gerlich, dessen Anfänge bis in das Jahr 1884 zurückreichen.

Diesen Namen ließen sich noch viele hinzufügen. Darüber hinaus weisen auch viele Gaststätten und Cafés lange Familientraditionen auf. Der neuzeitliche Neuruppiner Mittelstand ist leider so gut wie gar nicht erforscht. Dabei könnte die Geschichte der vielen Familienunternehmen tiefe Einblicke in die wirtschaftlichen und sozialen Netzwerke und Entwicklungspotenziale der Stadt gewähren. Der Alltag der Stadtbewohner ist und war auf vielfältige Art und Weise mit diesen Geschäften und Handwerksbetrieben verwoben.[241]

Das preußische Militär und die städtische Wirtschaft

Das Militär nahm mit der Stationierung von Teilen des 24. Infanterie-Regiments 1820 wieder einen wirtschaftlich wichtigen Platz in Neuruppin ein. Bis zur Regimentsauflösung 1919, die eine Folge des Ersten Weltkrieges und der Bestimmungen des Versailler Friedensvertrages war, gehörte das 24. Regiment zum Alltag der Neuruppiner. Als zuverlässiger Arbeitgeber und als anspruchsvoller Verbraucher kam dem Militär eine Doppelfunktion innerhalb der städtischen Wirtschaft zu. Viele Jahrzehnte lebten die Regimentsangehörigen in den beiden Kasernen (Ludwigs- und Friedrichskaserne) mitten in der Stadt.

Die Reserve der 9. Kompanie des Infanterieregiments Großherzog Friedrich Franz II. Fotomontage von Emil Giese, Neuruppin 1909.

Doch als die Stadttore ihre Bedeutung verloren hatten und Desertionen nicht mehr durch Mauern verhindert werden mussten, stand auch der Verlagerung des Militärs vor die Stadt nichts mehr im Wege. Zwischen 1879 und 1882 wurde als erster militärischer Bau das Garnisonslazarett vor dem Königstor erbaut. Der dreigeschossige Ziegelbau diente bis 1919 der Garnison und ab 1922 als städtisches Krankenhaus. Nach dem Krieg zog die Sowjetarmee dort ein. Seit 1994 wird der Bau von der Neuruppiner Stadtverwaltung genutzt.

Der weitere Ausbau der Garnison brachte vielen Neuruppinern Arbeit und den Kleingewerbetreibenden zusätzlichen Umsatz. In den Jahren 1880 bis 1883 erbaute man die Königstorkaserne unweit des Lazaretts. In dieses größte Neuruppiner Militärobjekt zog das I. Bataillon des 24. Regiments ein und es erhielt 1884 die offizielle Bezeichnung »Infanterie-Regiment Großherzog Friedrich Franz II. von Mecklenburg-Schwerin (4. Brandenburgisches) Nummer 24«. Die Königstorkaserne entsprach mit ihrer funktionalen Gliederung den modernen Anforderungen von Militärbauten. Nach 1919 zogen dort verschiedene Ämter ein. Teile wurden auch als Wohnraum genutzt. Seit 2002 haben dort die Staatsanwaltschaft und das Landgericht ihren Sitz.

Die Verlegung des III. Bataillons des Infanterie-Regiments Nr. 24 nach Neuruppin erforderte weitere neue Unterkünfte der Garnison. 1900 wurde daher die Friedrich-Franz-Kaserne in der Fehrbelliner Straße erbaut und am 1. Oktober 1901 zog das Bataillon dort ein. Diese Kaserne bestand aus zahlreichen funktional differenzierten Einzelgebäuden, denn laut preußischer »Garnison-Gebäudeordnung« von 1899 gab es für die Militärbauten genaue Vorschriften, die bei diesem Kasernenbau wohl alle beachtet wurden. Jedes Gebäude hatte seine spezifische Funktion und war gleichzeitig sinnvoll in den Garnisonbetrieb bzw. den militärischen Alltag integriert. Zum 100-jährigen Jubiläum des Regiments 1913 erschien Großherzog Friedrich Franz IV. als Chef persönlich in Neuruppin. Als das Regiment 1919 aufgelöst wurde, kamen verschiedene Polizeieinheiten in die Kaserne. Heute dient sie, völlig saniert, als Behördenzentrum. Als letzter Militärbau vor dem Ersten Weltkrieg wurde die Seekaserne 1913 errichtet. Später entstand noch das Mannschaftshaus II, in das 1998 das Evangelische Gymnasium einzog.

Mitten im Ersten Weltkrieg erfolgte der Bau des Neuruppiner Flugplatzes. Längst wussten die Stadtverordneten und der Magistrat um die wirtschaftliche Bedeutung des Militärs für die Stadt und sie ergriffen die Initiative, wenn sie die Chance zum Ausbau des Militärstandorts witterten. So entschlossen sie sich, am 7. Februar 1916 mit dem Kriegsministerium einen Vertrag abzuschließen, der die Errichtung des Flugplatzes auf dem Exerzierplatz an der Wittstocker Chaussee zum Inhalt hatte. Bereits im Januar 1917 kamen 600 Angehörige der Fliegertruppen in die Stadt.

Im Dezember 1919 marschierten die Reste des Infanterieregiments 24 in Neuruppin ein. Das Regiment wurde im gleichen Jahr demobilisiert. Der Magistrat bemühte sich intensiv, diesen wirtschaftlichen Verlust durch andere Nutzer der militärischen Gebäude auszugleichen. Die Verhandlungen auf Landesebene blieben nicht ohne Erfolg. Im Mai 1919 zogen Teile des Reichswehr-Schützen-Regiments 6 in Neuruppin ein, die dann nach den innerstädtischen Auseinandersetzungen 1920 nach Greifswald verlegt wurden. 1921 kamen eine Hundertschaft Polizei und eine Polizeischule in der Friedrich-Franz-Kaserne unter. Von 1928 bis 1935 nahm das 2. Bataillon des Infanterieregiments Nr. 5 in der Stadt Quartier. Die systematische Aufrüstung der Armee geschah in dieser Garnisonstadt nicht im Verborgenen. Immer mehr Soldaten kamen in die Stadt. Am 28. Oktober 1933 wurde auf dem alten Flugplatz der Bau eines neuen Gebäudekomplexes mit dem üblichen Richtfest gefeiert. Neben Vertretern des Luftfahrtministeriums, dem Landrat von Uslar-Gleichen, dem Standartenführer Merker, den Herren der Stadtverwaltung durften auch die Arbeiter an diesem Fest teilnehmen.

Bereits 1934 wurde in Neuruppin eine Nebenstelle der Deutschen Verkehrsfliegerschule Braunschweig eröffnet, die eigentlich eine getarnte Flugzeugführerschule war. Hier wurden B-2-Flieger weitergebildet und Flugschüler im Instrumenten- und Blindflug unterwiesen.[242]

Neuruppin

Hauptgebäude der Panzerkaserne (ab 1939 Fridericus-Kaserne), 1936.

In Wulkow baute man 1934 eine Heeres-Munitionsanstalt (MUNA), in der auch viele Neuruppiner ihren Lebensunterhalt verdienten. 1940 arbeiteten dort sechs Offiziere, fünf Beamte, 37 Unteroffiziere, 24 Soldaten, 14 Angestellte und immerhin 990 Arbeiter.

Die erste Abteilung des Artillerie-Regiments 75 nahm 1935 in der Seekaserne und in der Friedrich-Franz-Kaserne Quartier. Da das alte Lazarett inzwischen als städtisches Krankenhaus genutzt wurde, baute man 1936 ein neues Standortlazarett unweit des alten Lazaretts. 1945 benutzte es die Sowjetarmee und nach der Restaurierung zogen 2001 Teile der Stadtverwaltung dort ein.

Am 14. Juli 1936 bezog das Panzer-Regiment 6 die neuen Kasernen an der Altruppiner Allee, die 1935/36 entstanden und 1939 im Andenken an Friedrich II. den Namen Fridericus-Kaserne erhielt. Auch diese Kaserne wurde nach 1945 von der Sowjetarmee weiter genutzt und nach 1993 schrittweise saniert. Das Technologie- und das Oberstufenzentrum und andere Einrichtungen befinden sich heute in diesen Gebäuden.

Der größer werdende Garnisonsbetrieb sicherte viele Arbeitsplätze in der Stadt und vielen Händlern und Handwerkern einen guten Umsatz. Ihre Freizeit verbrachten die Soldaten zum großen Teil in der Stadt und der wald- und seenreichen Umgebung. Die Soldaten zog es in die Cafés, in die Gaststätten und in die Kulturveranstaltungen. Uwe-Rolf Hinze ließ in seinem Buch einige

Flugschüler zu Wort kommen, die sich an ihren Aufenthalt in Neuruppin erinnerten. Heinz Dubberke schilderte seinen Eindruck von der Stadt 1936/37 wie folgt: »Neuruppin galt damals als einer der schönsten Luftwaffenstandorte, zumal der Fliegerhorst nahe der Stadt lag mit wunderbarer Umgebung, Wassersport, nahe Berlin. Die Luftwaffensoldaten sind sehr beliebt gewesen, heirateten in alle Kreise hinein, traten vorbildlich auf und hatten überall Zugang. Unvergessen sind die Feste im Strand- und Seegarten, sehr gepflegt alles, einschließlich Seepromenade.«[243] An die Zeit 1944/45 erinnerte sich Helmut Waltenberger: »Seit mehreren Wochen hat Leutnant Beck mit uns einen Soldatenchor zusammengestellt, der ein Weihnachtsoratorium in der Stadt aufführen soll. Gestern nun (17. 12. 44) hat es im Festsaal der Stadt für die Neuruppiner Bevölkerung stattgefunden. Der Applaus war groß, alle waren begeistert, nicht zuletzt auch wir vom Chor.«[244]

Angesichts der hohen Verluste, die der Zweite Weltkrieg bis zu diesem Zeitpunkt weltweit bereits gefordert hatte, und der zahlreichen deutschen Gräueltaten in vielen Ländern erstaunen diese individuellen Erinnerungen an den militärischen Alltag in Neuruppin. Unser Gedächtnis speist sich bekanntlich nicht aus allen individuellen Erlebnissen. Ohne »Vergessen« ist das Gedächtnis nicht denkbar und unser Leben nicht zu bewältigen. In Anknüpfung an Peter Burke und Angela Keppler prägte Harald Welzer dafür den Begriff des sozialen Gedächtnisses. Das, »was absichtslos, nicht intentional, Vergangenheit und Vergangenheitsdeutungen transportiert und vermittelt«, »Vergangenheitsbildung en passant« zulässt,[245] prägt das soziale Gedächtnis. Diese zutiefst menschliche Vergangenheitsdeutung resultierte darüber hinaus aus den realen Erlebnissen in Neuruppin.

Der Einzug des 6. Panzerregiments 1936.

In den Reihen der Militärangehörigen und der Zivilbevölkerung gab es aber auch Menschen, die sich der sichtbaren Gewalt und der Instrumentalisierung durch ein unmenschliches Herrschaftssystem aktiv widersetzten. Doch hier bedarf es noch intensiver Forschungen. Die Lebenswege von Carl Heinrich von Stülpnagel und Karl Paul Immanuel von Hase, die beide zeitweise in der Neuruppiner Garnison ihren Dienst taten und später an der Vorbereitung und der Durchführung des Attentats vom 20. Juli 1944 auf Hitler teilnahmen, seien nur als Beispiel erwähnt.[246] Wie diese beiden Militärs, so wurde auch der Neuruppiner Drucker und Kommunist Franz Maecker in Berlin-Plötzensee hingerichtet. Der aktive und passive Widerstand zur Zeit des Nationalsozialismus im Mikrokosmos Neuruppin bedarf in seiner Vielfalt und Differenziertheit noch der systematischen Erforschung.

Architektur und Denkmalspflege zwischen Tradition und Moderne

In den fast 100 Jahren, die zwischen der 1848er Revolution und dem Ende des Zweiten Weltkrieges lagen, wuchs Neuruppin weit über den alten Stadtkern hinaus. Nachdem die 1820 eingeführte Mahl- und Schlachtsteuer 1875 endlich abgeschafft worden war, verloren die Stadtmauer und die Stadttore ihre ursprüngliche Bedeutung. Stadttore, die man nicht mehr verschließt, um die Ein- und Ausfuhren zu kontrollieren oder Desertionen von Soldaten zu verhindern, konnten dann auch der Stadterweiterung geopfert werden. Ähnlich pragmatisch gingen die Neuruppiner mit ihrem Klappgraben um, der offen durch die Stadt zum See führte. Da die Kasernen und das Militärlazarett ihre Abwässer in den Graben leiteten, verbreitete dieser zumeist einen unangenehmen Geruch. 1878 begann man daher kurz entschlossen, den Klappgraben zu übermauern.

Außerhalb der alten Stadtmauer entstanden moderne Fabrikgebäude, ansprechende Villen, Mehrfamilienhäuser und Mietshäuser. Die drei Vorstädte, die Fehrbelliner, die Altruppiner und die Bahnhofsvorstadt, nahmen allmählich ihre jeweils spezifische Gestalt an. Am Seeufer im Nordosten der Stadt entwickelte sich ein Industriegebiet. Neben der räumlichen Ausdehnung infolge der Industrialisierung, des Ausbaus der Leistungsverwaltung und des militärischen Bereichs spielten auch die Eingemeindungen bei der Stadterweiterung eine Rolle. 1928 wurde der Gutsbezirk Treskow, 1929 die Siedlung Gildenhall und die Kolonie Wuthenow eingemeindet.

Darüber hinaus veränderte sich der Anblick der Stadt, denn die älteste Kirche Neuruppins, die Klosterkirche, erhielt 1908 einen Doppelturm, die nun als neues Wahrzeichen den Besucher schon von weitem begrüßten.

1840 bekam die Klosterkirche auf Initiative von Karl Friedrich Schinkel einen neogotischen Kirchturm. Auch der Innenraum wurde nach seinen Vorstellungen restauriert. Das hellblaue Deckengewölbe mit den Sternen erinnerte an Schinkel und die Zeit der Restauration. Peter Joseph Lenné bemühte sich um die Neugestaltung des verwahrlosten Platzes, der die Klosterkirche umgab.

Unweit der restaurierten Kirche am Seeufer etablierten sich die großen Tuchfabriken. Die neuen Fabriktürme wiesen auf die mit der Industrialisierung einhergehenden städtebaulichen Veränderungen hin, die auch in den zeitgenössischen Veduten festgehalten wurden.[247]

Angesichts der zunehmenden Zahl von Arbeitern und Angestellten der verschiedenen Industriebetriebe, der Eisenbahngesellschaften und der Kleingewerbetreibenden benötigte Neuruppin immer mehr Wohnungen. Um die Jahrhundertwende vom 19. zum 20. Jahrhundert wurden auch in Neuruppin die ersten Mietshäuser erbaut. Der Lehrer Hermann Schlegel ließ beispielsweise das große Eckhaus in der Präsidentenstraße 73 1899/1901 erbauen. Der Rentier Emil

Schönbeck gab das Mietshaus in der August-Bebel-Straße 22 (Ludwigstraße) 1893 in Auftrag. Weitere Beispiele jenes Baubooms finden sich in der Franz-Künstler-Straße 11 bis 15. Doch die privaten Initiativen konnten die Nachfrage nach preiswerten Wohnungen nicht erfüllen. So gründete sich 1910 die Gemeinnützige Wohnungsbaugenossenschaft (GWG). 1912 entstand die Beamtenwohnungsgesellschaft.

Nach dem Ersten Weltkrieg sorgte sich der Fabrikbesitzer Ernst Bölke, der gemeinsam mit Mente Reitsema eine der drei Stärkefabriken betrieb, um die Kriegsgeschädigten und Hinterbliebenen. Er spendete 25 000 Reichsmark für den Landkauf (heute Bölkeanger) und errichtete dort das erste Haus auf seine Kosten. Der Unternehmer Bölke hoffte, dass weitere finanzkräftige Honoratioren der Stadt seinem Beispiel folgen würden. Doch sein soziales Engagement verübelten ihm die Vermögenden der Stadt. Nacheiferer fanden sich vorerst nicht.[248] Erst 1928/31 wurden dort weitere Siedlungshäuser (Bölkeanger 3–9, 31–38) errichtet. Zu Ehren des Stifters erhielten eine Straße und die Anlage den Namen »Bölkeanger«. Ernst Bölke selbst ließ sich 1889 die stattliche Villa Fehrbelliner Straße 6 in der neuen Fehrbelliner Vorstadt in der Tradition des Historismus und 1905 die ansehnliche Villa in der Heinrich-Heine-Straße 3 errichten. Unmittelbar vor dem Ausbruch des Ersten Weltkrieges 1912/13 bauten Martin Hirschberg und die Firma Metzenthin & Kasch noch die an ein barockes Palais erinnernde Villa in der Heinrich-Heine-Straße 9 für Ernst Bölke und dessen Schwiegersohn Paetsch aus Berlin.[249]

Die revolutionären Ereignisse 1918/19 veränderten die Sichtweise der Verantwortlichen in der Stadt und im Kreis auf die sozialen Verhältnisse. 1922 nahm die Kreissiedlungsgesellschaft Ruppin mbH ihre Arbeit auf. In ihr hatten sich der Kreis Ruppin, die Städte Neuruppin, Gransee und Wusterhausen, die Ruppiner Eisenbahn AG und weitere Einzelbetriebe zusammengeschlossen, um ebenfalls Häuser für sozial schwache Einwohner sowie Kriegsbeschädigte und Kriegerwitwen zu bauen. Die Gesellschaft unterstützte auch den Bau von Eigenheimen. So entstanden in Wuthenow und Gildenhall bis 1931 45 Häuser. Insgesamt wohnten etwa fünf Prozent der Kreisbewohner in Wohnungen, die durch diese Gesellschaft gefördert worden waren. Zu ihnen zählten auch die Häuser am Kühnplatz 1–10 (Siedlerhof) und der 1945 zerstörte U-Block an der Wittstocker Allee 156–161.[250]

Auch der Ausbau der neuen Landesanstalt an der Fehrbelliner Straße erhöhte den Bedarf an Wohnungen. Anfänglich wohnte das Personal auf dem Gelände der Landesanstalt. Die steigende Zahl von Patienten führte zur räumlichen Enge. Daher entschloss man sich, in der Fehrbelliner Straße (112–118) Häuser für das Pflegepersonal zu bauen. Die so genannten Pflegerblöcke boten für jeweils 40 aus dem nahen Umkreis Neuruppins kommende Pflegerfamilien komfortable Wohnungen. In zweieinhalb Zimmern mit Garten und Stallungen in unmittelbarer Nähe der Arbeitsstätte fühlten sich die Familien ganz wohl. Wer heute die restaurierten Blöcke betrachtet, wird vielleicht an ähnliche

Der Bau der Türme der Klosterkirche nach einem Plan von Regierungsbaumeister Ludwig Dihm, Berlin, Foto um 1906.

Bauten in Dessau und anderen Städten erinnert. Die Pflegerblöcke, die 1926 gebaut wurden, ermöglichen die Kombination von Wohnen und Gartennutzung. Einige dieser Blöcke wurden vom Siedlungsarchitekten Heinrich Westphal entworfen.[251]

Neben den Fabrikbauten und den Wohnungsbauten entstanden um die Jahrhundertwende zahlreiche größere Verwaltungsgebäude, kulturelle Zweckbauten und Kirchenbauten, die zum einen den modernen Anforderungen an eine effiziente Leistungsverwaltung wenigstens äußerlich entsprachen und zum anderen Ausdruck neuer kultureller Ansprüche waren. 1880/81 erbaute man das stattliche Kaiserliche Postamt als Neorenaissancebau Am Alten Gymnasium 7 und 9.

Zwei Jahre später, 1883, weihte die katholische Gemeinde ihre neue Kirche mit Gemeinde- und Schulhaus in der Präsidentenstraße 86 ein. Dieser neogotische Ziegelbau erinnert an die prächtige mittelalterliche Sakralarchitektur. Schon 1853 erbaute die Evangelisch-Lutherische Kreuzgemeinde ihre Kirche als frühes Zeugnis neogotischer Backsteinarchitektur in der Steinstraße 7. Die Evangelisch-Methodistische Gemeinde ließ 1898 eine kleine Kirche auf dem

Hof der Friedrichstraße 51 vom Maurermeister Lindemann bauen. 1899 erbaute die jüdische Gemeinde ihre neue Synagoge in einem Seitengebäude der Ferdinandstraße 10 (Virchowstraße). Ein weiterer Kirchenbau entstand in der Ernst-Toller-Straße 8. Die Friedenskirche der Baptistengemeinde wurde im zweiten Kriegsjahr des Ersten Weltkrieges eingeweiht.

Um 1900 erlebte das Bauhandwerk in Neuruppin zweifelsohne einen großen Aufschwung. Maurermeister Theodor Friesicke und Martin Hirschberg errichteten eine Vielzahl von privaten und öffentlichen Gebäuden. Aber auch die Maurermeister Lindemann, Arnold Schmeichel, A. Weichsel und A. Zabel konnten sich über einen Mangel an Aufträgen nicht beschweren. Ihre Bauten prägen bis heute das Stadtbild.

1895 nahm der Bau des Wasserwerkes erste Formen an. Zwei Jahre später wurde es eingeweiht. 1909/11 erhielt Neuruppin eine Kanalisation, die die Lebensbedingungen und hygienischen Verhältnisse in der Stadt erheblich verbesserte. Der Stromvertrag von 1914 sorgte für eine kontinuierlichere Stromversorgung der Haushalte und Betriebe. Um 1915 erhielten dann noch viele Straßen Kopfsteinpflaster. Die städtische Infrastruktur wurde zunehmend den modernen Anforderungen der urbanen Gesellschaft gerecht.

Der mit der Bahn anreisende Besucher konnte, wenn er am Rheinsberger Tor ausstieg, als erstes den Stadtgarten (Karl-Marx-Straße 103) besuchen. Der Neubau dieses traditionsreichen Gasthofes erfolgte 1896/97 im historistischen Stil. Der neue Hauptbahnhof empfing 1898/1900 die Reisenden, und das neue Empfangsgebäude am Rheinsberger Tor begrüßte 1914 in seiner heutigen Gestalt die Ankommenden.

Die Orgel des Neuruppiner Orgelbaumeisters Albert Hollenbach in der Siechenhauskapelle vor der Restaurierung. Nach der Restaurierung wurde die Orgel von der Firma Nußbücker aus Plau am See am 27. August 2004 übergeben.

Das 1894/95 nach Plänen von Max Schilling erbaute Landratsamt (Kreishaus) in der Ferdinandstraße, heute Kirchplatz / Virchowstraße.

Zu den kulturellen Zweckbauten zählte auch das Neuruppiner Lehrerseminar. Schon kurze Zeit nach seiner Gründung am 15. Juni 1874 in der August-Bebel-Straße 51 wurde es für das evangelische Lehrerseminar räumlich zu eng und man plante einen großzügigen Neubau an der Neustädter Straße. 1879/84 erfolgte der Neubau nach Entwürfen von Balzer und Pelizaeus in der Puschkinstraße 5c. Von 1880 bis zur Auflösung des Seminars 1926 wurden die angehenden Lehrer in dem Backsteinbau unterrichtet. Danach wurde das Gebäude von der Staatlichen Aufbauschule für Mädchen und dem Städtischen Lyzeum genutzt. Der Maurermeister Lindemann erbaute 1904/05 das Präparandenheim des evangelischen Schullehrerseminars in der Rosa-Luxemburg-Straße 16 (Markgrafenstraße), in dem ab 1920 die Gemeindemädchenschule eingerichtet wurde. Zahlreiche neue Schulgebäude trugen der wachsenden Schülerzahl und den gehobenen Ansprüchen an die Bildung der Kinder Rechnung. 1889/90 wurde das Lyzeum in der Wichmannstraße 17 errichtet und 1895/98 die Knabendoppelschule in der Puschkinstraße 5b.

Auch in dem einheitlichen städtebaulichen Ensemble des alten Stadtkerns gab es markante Veränderungen. Aus der einstigen Hauptstraße, der Friedrich-Wilhelm-Straße (Karl-Marx-Straße), wurde durch den Einbau von Schaufenstern um die Mitte des 19. Jahrhunderts und durch Aufstockungen bzw. Umbauten einzelner Häuser eine gründerzeitlich geprägte Hauptgeschäftsstraße.

Insbesondere die Jugendstilfassaden des Hauses Karl-Marx-Straße 40, das 1905/07 der Kaufmann Hermann Paries erbauen ließ, oder das mit Elementen der Gotik und der Renaissance verzierte Wohnhaus Karl-Marx-Straße 83, das Adolf Drescher 1901 erbauen ließ und 1916 um das Nachbargrundstück, das einstige Gentzsche Wohnhaus, erweiterte, sowie das Gerichtsgebäude und das Eckhaus Karl-Marx-Straße 19 dokumentieren die städtebaulichen Veränderungen.

Natürlich waren die Grundstücke im Stadtkern sehr begehrt. So versuchte jeder, ähnlich wie Gustav Kühn, den vorhandenen Platz optimal zu nutzen bzw. auf engstem Raum den modernen Ansprüchen gerecht zu werden. Vereinzelt wurden dann die nach dem Stadtbrand errichteten zweigeschossigen Häuser um ein drittes Geschoss erhöht.

Eine moderne Leistungsverwaltung benötigte jedoch mehr Platz und zweckentsprechende Räumlichkeiten. So bemühte sich beispielsweise das Landratsamt, das sich 1828 in der Ferdinandstraße (Virchowstraße) 14 in einem Bürgerhaus eingerichtet hatte[252], um den Ankauf eines Nachbargrundstückes zum

Die katholische Herz-Jesu-Kirche sowie das Pfarr- und Schulhaus wurden 1881–83 nach Plänen von Franz Statz (Berlin) errichtet.

Bau eines größeren Gebäudes. 1893 kaufte man das Grundstück Nummer 15 hinzu und schrieb einen Architekturwettbewerb für das neue Kreishaus aus. Von den neun Entwürfen erhielt der von Max Schilling den ersten Preis.

Nach der Erteilung der erforderlichen Baugenehmigung 1894 begann der Bau des neuen Kreishauses im Wesentlichen nach dem Schillingschen Entwurf.[253] Es dürfte kein Zufall sein, dass sich die 13 Preisrichter für diesen Bau in der Tradition des Historismus entschieden. Die imposanten Gebäude mit den Stilelementen der Neorenaissance prägen nicht nur den angrenzenden Kirchplatz, sondern das Stadtbild insgesamt. Zu den besonderen Kostbarkeiten des Baues zählen heute sieben Wandgemälde, die Wilhelm Gentz für das Haus seines Bruders Alexander schuf, und die vor dem Abriss des Hauses in der Friedrich-Wilhelm-Straße (Karl-Marx-Straße 82) 1916 gerettet wurden und 1925 in das Kreishaus kamen.

Auch das Neuruppiner Amts- und Landgericht, das sich seit dem Wiederaufbau im Rathaus befand, benötigte mehr Platz. So entschloss man sich nach längeren Auseinandersetzungen, das alte Rathaus abzureißen und an dessen Stelle (Karl-Marx-Straße 18a) ein neues modernes Gebäude zu errichten. 1881 wurde dann mit dem Bau des spätklassizistischen Baus begonnen. Das dreiflügelige Amts- und Gerichtsgebäude wurde 1887 fertig gestellt und dominiert schon auf Grund seiner Größe das Straßenbild.

Die Neuruppiner Stadtsparkasse, die 1887 gegründet worden war, befand sich lange Zeit im Rathaus in der Wichmannstraße. Doch dort konnte sie den gewachsenen Ansprüchen an ein effizientes Bankwesen immer weniger entsprechen. So entschloss man sich, in der Göringstraße 6 ein Grundstück zu erwerben. Die Grundsteinlegung erfolgte am 18. März 1937 und am 8. Januar 1938 wurde das neue Gebäude seinem Zweck übergeben. Der Architekt Paul F. E. Siemers versuchte, den Neubau in das alte städtebauliche Ensemble einzubinden. Nach dem Zweiten Weltkrieg zog auch die Kreissparkasse in diese Räume. 1950 fusionierten dann beide Sparkassen.[254]

Als die Provinz Brandenburg am Ende des 19. Jahrhunderts nach einem neuen Standort für eine große Landesirrenanstalt Ausschau hielt, bot sich ein Gelände außerhalb Neuruppins dafür an. Julius Schiller verkaufte der Provinz Brandenburg im Jahr 1893 181 Hektar Land an der Fehrbelliner Chaussee und in der Nähe des Ruppiner Sees. Nach Entwürfen der Architekten Gustav Beuth und Theodor Goecke wurde dann das große Bauvorhaben in Angriff genommen. Die neue Landesirrenanstalt bestand aus einem prächtigen Haupthaus und zahlreichen um dieses symmetrisch gruppierten Einzelhäusern (Pavillonstil) sowie den für die Selbstversorgung nötigen Gebäuden (Wasserturm, Küche, Wäscherei, Maschinenhaus). Das Gelände wurde ummauert und auch innerhalb der Anstalt trennten Mauern die funktionalen Bereiche. Am 22. September 1895 feierten Auftraggeber und Bauarbeiter das traditionelle Richtfest nach der Vollendung des Turmbaus am Hauptgebäude. Die offizielle Eröffnung der Anstalt erfolgte dann am 3. Mai 1897 mit dem Einzug von

Das Hauptgebäude der heutigen Ruppiner Kliniken, 2002.

ca. 1000 Patienten. Bis 1903 wurde der gesamte Komplex vollendet. In den Bau der Anstalt investierte man 3 300 000 Mark. Viele Neuruppiner Handwerker und Gewerbetreibende arbeiteten an diesem Bau mit. Die Anlage wurde für 1600 Patienten konzipiert. Der imposante Turm des Haupthauses zieht noch heute den von der Autobahn Neuruppin-Süd kommenden Reisenden in seinen Bann. Bis 1897 wurden dann die verschiedenen Häuser und Abteilungen erbaut, so dass auf dem Gelände allmählich eine kleine Stadt für Geisteskranke und deren Personal entstand. Viele arbeitsfähige psychisch Kranke kamen in die so genannte Familienpflege bei wohlhabenden Bürgern und Bauern der Umgebung, wo sie als billige Arbeitskräfte Unterkunft fanden. Die Arbeitstherapie hatte durchaus ihre Berechtigung. Allerdings mangelte es wohl anfänglich an der erforderlichen Kontrolle, um einen Missbrauch der meist hilflosen Kranken zu verhindern. Auch die Firma Kühn beschäftigte geistig Kranke für ausgewählte Arbeiten.

1930 lebten 2000 Patienten in der Anstalt, die von fünf Oberärzten, einem Praktikanten und 255 Pflegern und Pflegerinnen betreut wurden. Mit der Machtergreifung der Faschisten 1933 wurden die psychisch Kranken registriert, verfolgt und systematisch ermordet. Zwangssterilisationen zählten zu den ersten Maßnahmen, die auch in Neuruppin durchgeführt wurden. Die Umsetzung des Euthanasie-Programms, der systematischen Ermordung dieser Kranken, erfolgte durch die irreführende Verlegung der Betroffenen, um

Recherchen der Angehörigen zu erschweren. Die Neuruppiner Anstalt diente als Zwischenstation für jene aus anderen Anstalten umgelegten Kranken, die dann von hier den Weg in den Tod antraten. Über die Neuruppiner Anstalt wurden so ca. 900 Kranke ermordet.[255]

Für die medizinische Versorgung der Bewohner des Kreises stand in diesem Zeitabschnitt das Johanniterkrankenhaus zur Verfügung. Die Ritterschaft und der Kreis Ruppin investierten gemeinsam mit der Brandenburgischen Johanniter-Genossenschaft eine stattliche Summe in die Einrichtung und den Unterhalt eines Kreiskrankenhauses, das dann am 30. Oktober 1856 in der Ludwigstraße (August-Bebel-Straße) mit 20 Betten eingeweiht wurde. Bereits nach zehn Jahren zog das Johanniter-Kreiskrankenhaus in das Spital in der Neustädter Straße/Ecke Franz-Künstler-Straße (heutige Berufsschule). Von dort wurde das Krankenhaus dann nochmals verlegt. Erst 1904 in einen kleinen Neubau in Richtung Bechlin, bis dann 1931 das neue große Johanniter-Kreiskrankenhaus in der Neustädter Straße eröffnet wurde.

Die erfolgreiche Ruppiner Eisenbahn AG zog mit ihrer Direktion von der Göringstraße 2 in das 1913/14 erbaute repräsentative Gebäude in die Kurfürstenstraße (Heinrich-Heine-Straße)/Ecke Fontanestraße. Die Zeit der standesbewussten Villen als Zeichen für erworbenen Reichtum ging auch an Neuruppin nicht spurlos vorbei. Unternehmer, Ärzte, Rechtsanwälte und andere erfolgreiche Bürger bauten sich in den drei Vorstädten verschiedene und mitunter recht eigenwillige Stadtvillen.[256]

Das Verwaltungsgebäude in der Bahnhofstraße 17 wurde 1926/27 für verschiedene Behörden errichtet und dokumentiert den Einzug der neuen sachlichen Architektur in Neuruppin. Da die Künstler in Gildenhall allmählich auch bei den Verwaltungsbehörden einen Namen hatten, erhielt der Bildhauer Hans Lehmann-Borges den Auftrag für die Portalgestaltung. Die Keramikfliesen beeindrucken handwerklich und inhaltlich, da sie Allegorien der einzelnen Berufe darstellen. Weitere Arbeiten von Lehmann-Borges finden sich an der Kreissparkasse und am Johanniter-Kreiskrankenhaus sowie am Verwaltungsgebäude des Gaswerkes.[257] Einen weiteren Eindruck vom »Neuen Bauen« in Neuruppin erhält man in der Gartenstraße 28–31/Siebmannstraße 1–2/Wulffenstraße 60–62, wo 1930/31 die Märkische Wohnungsbau GmbH Berlin einen dreigeschossigen Wohnblock in U-Form errichten ließ.[258]

Mit der Industrialisierung und der Urbanisierung Neuruppins wuchs auch die Bevölkerung merklich an. Die veränderten demographischen Verhältnisse erforderten wiederum größere Friedhöfe.

Ursprünglich befanden sich die Begräbnisstätten neben den Kirchen der jeweiligen Gemeinden. Neuruppin besaß daher einen Nikolaifriedhof (ungefähr dort, wo früher die Springbrunnen waren), einen Friedhof neben der Klosterkirche, einen Friedhof neben der Kirche St. Marien, einen kleinen Friedhof neben dem Hospital St. Georg sowie einen Armenfriedhof und einen jüdischen Friedhof außerhalb der Stadt. Nach dem Stadtbrand 1787 und dem räumlich erweiterten Wiederaufbau verlegte man aus hygienischen Gründen den Friedhof außerhalb der Stadt. Vom Erbpächter Granzow erwarb die Stadt für 245 Taler 16 Groschen und 50 Pfennige drei Morgen und sieben Ruten Land vor dem Rheinsberger Tor. Das erste Begräbnis, Apotheker Werlisch, fand am 12. September 1798 statt. Auf diesem Friedhof erfolgten die Beerdigungen noch konfessionell und sozial differenziert. Neben der lutherischen Gemeinde erhielt die reformierte Gemeinde ihren speziellen Begräbnisplatz. Die Garnisonsgemeinde verfügte ebenfalls über eine abgegrenzte Fläche. Den Armen war der Teil des Armenfriedhofes vorbehalten. Mit den konfessionellen Unterschieden verschwanden auch die Gründe einer separaten Bestattung und nach der staatlich verordneten Union von Lutheranern und Reformierten 1817 machte es wenig Sinn, die Toten auf verschiedenen Gottesackern zu bestatten. Lediglich der Geldbeutel entschied zukünftig, wer wo begraben wurde. Ausgenommen davon waren natürlich die jüdischen Einwohner, die ihre Toten immer noch weit außerhalb der Stadt am Ruppiner See unweit von Alt Ruppin begruben.

Die positive Bevölkerungsentwicklung ließ eine erneute Erweiterung des alten christlichen Friedhofes Mitte des 19. Jahrhunderts nicht mehr sinnvoll erscheinen. Daher erwarb die evangelische Gemeinde ein neues Friedhofsgelände an der Wittstocker Allee. Am 5. September 1852 wurde dieser Friedhof eingeweiht. Später ergab sich auch für die jüdische Gemeinde die Möglichkeit, dort ebenfalls ihre Toten zu bestatten. Der Vorstand der Synagogengemeinde verhandelte diesbezüglich mit dem Kirchenrat der evangelischen Gemeinde. 1879 konnte die jüdische Gemeinde einen halben Morgen Land von der christlichen Gemeinde für 150 Mark erwerben. Der neue jüdische Friedhof wurde auf dem Gelände an der Wittstocker Allee/Gentzstraße angelegt, das die evangelische Gemeinde erst einige Jahre zuvor vom Ackerbürger Bernau zur Erweiterung ihres eigenen Friedhofes gekauft hatte. Mit dem Kauf verpflichtete sich die jüdische Gemeinde, an der Vorderseite ihres Friedhofes eine Mauer zu errichten und an den Seiten zum evangelischen Friedhof eine dichte Hecke zu pflanzen. Nach der Machtergreifung der Faschisten und deren antijüdischer Propaganda kam es auch zu Schändungen des jüdischen Friedhofs. Frau von Hase erinnerte sich, dass ihr Mann, der zu jener Zeit Bataillonskommandeur in Neuruppin war, die Grabsteine wieder aufrichten ließ. 1942 musste die jüdische Gemeinde gezwungenermaßen ihren Friedhof verkaufen. Das Vermögen der Reichsvereinigung der Juden wurde 1943 zugunsten des Deutschen Reiches enteignet. Der jüdische Friedhof und Teile des evangelischen Friedhofes wurden bei Bombardierungen im April 1945 schwer beschädigt.[259]

Am nordwestlichen Stadtrand vollzog sich ebenfalls eine sichtbare Veränderung. Der Garten, den Friedrich II. während seiner Kronprinzenzeit anlegte, verfiel nach seinem Umzug nach Rheinsberg 1736 zusehends. Der Oberst von Tschammer pachtete erst den Garten und erwarb ihn dann 1800 für 134 Taler. Schon drei Jahre später verkaufte er ihn für 1200 Taler an den Kaufmann Rühl, der ihn an die Casinogesellschaft verpachtete. Der Bau eines zweiten Gartenhauses und einer Kegelbahn sowie eines Bierausschanks dienten der bürgerlichen Geselligkeit. Aus dem einstigen elitären Treffpunkt des Adels wurde um 1830 ein Vergnügungsort des gehobenen Bürgertums. Doch schon bald verfiel der Garten wieder. 1853 erwarben dann Johann Christian und Alexander Gentz, Vater und Sohn, den Garten für 1650 Taler. Alexander beabsichtigte, diesen Garten ganz im Sinne der Zeit zu einer Gedenkstätte für Friedrich II. umzugestalten. Der Baumeister Karl von Diebitsch, ein Freund der Familie, erhielt den Auftrag, eine Villa, ein Gartenhaus und eine Umfassungsmauer im maurischen Stil zu entwerfen. Die Umfassungsmauer erhielt ein prächtiges Haupttor und zwei weitere Eingänge. Statuen und Putti der Barockkunst aus Dresden und Berlin wurden ebenfalls erworben und im Garten, der annähernd wie zur Zeit Friedrichs hergerichtet wurde, aufgestellt. Adolf Menzel besuchte den Garten und fertigte dort einige Zeichnungen an.

In diesem Garten, der der Öffentlichkeit zugänglich war, turnte Alexander Gentz mit weiteren Anhängern der Turnbewegung, als das Turnen noch ver-

Die Einweihung des Schinkel-Denkmals am 28. Oktober 1883.

R. Ratkowsky, Neu-Ruppin.

boten war. Erst 1861 wurde dieses Verbot, das 1817 in der Restaurationszeit erlassen worden war, aufgehoben. Die Turner zogen nunmehr organisiert vor die Stadt, und der Garten wurde wieder Schauplatz bürgerlicher Geselligkeit. Auch nach dem Konkurs von Alexander Gentz behielt der Garten seinen kommunikativen Charakter. Der Kreis Ruppin hatte ihn aus der Konkursmasse erworben, um ihn auch zukünftig für die Öffentlichkeit zugänglich zu machen. 1911 wurde dann die Gentzsche Villa zum Domizil des Zietenmuseums, wo es als Kreismuseum bis 1954 blieb.[260]

Neben den städtebaulichen Veränderungen erhielten auch Denkmäler in dieser Zeit eine besondere Ausdruckskraft oder, wie es Günter Rieger treffend formulierte, »die putzsüchtige Zeit des wilhelminischen Historismus verlangte nach zahlreichen dekorativen Plastiken ...«[261] Das Denkmal für Friedrich Wilhelm II., das Schinkel entwarf und der Bildhauer Friedrich Ludwig Tieck modellierte, gehörte noch einer anderen Epoche an. Der aufkeimende Nationalismus mischte sich in diesem speziellen Fall mit dem untertänigen Anliegen, sich für eine besondere königliche Zuwendung zu bedanken. Am Ende des 19. Jahrhunderts gedachten die Bürger dann der kulturellen Leistungen gebürtiger Neuruppiner, wie des berühmten Baumeisters Karl Friedrich Schinkel und des viel gerühmten Dichters Theodor Fontane sowie der gefallenen Soldaten, denen sie Kriegerdenkmäler errichteten.

Zum 100. Geburtstag Schinkels wurde am 13. März 1881 der Grundstein für das noch heute zu betrachtende Denkmal auf dem Kirchplatz gelegt. Max Wiese, der von 1854 bis 1864 das Neuruppiner Gymnasium besuchte und anschließend in Berlin die Bildhauerei erlernte, erhielt mit dem Auftrag seine erste öffentliche Anerkennung als Bildhauer.[262] Am 18. März 1883 konnte das Schinkel-Denkmal feierlich eingeweiht werden. Max Wiese, der 1885 an die Hanauer Zeichenakademie ging, pflegte seine sozialen Kontakte in Neuruppin weiter, und als er sich nach 1905 wieder in Berlin niederließ, besuchte er die märkische Stadt aus verschiedenen Anlässen des Öfteren. Seine Sachkompetenz und sein Engagement bei der Pflege des Schinkel-Denkmals trugen sicherlich dazu bei, dass er in den Kreisen der Bürger Achtung und Anerkennung genoss.

Als es nun galt, dem bekannten Dichter Theodor Fontane, der am 20. September 1898 gestorben war, ein würdiges Denkmal zu errichten, konnte letztendlich die Wahl nur auf Max Wiese fallen. Bereits ein Jahr nach dem Tode des Dichters hatte sich in Berlin ein Denkmalsausschuss unter dem Vorsitz des Freiherrn von Manteuffel, Landesdirektor der Provinz Brandenburg, und weiteren dreißig Mitgliedern, darunter acht Neuruppiner Honoratioren, gebildet. Auch der gerade erst in sein Amt eingeführte Bürgermeister Max Warzecha gehörte dem Ausschuss an. Es erwies sich als schwierig, die erforderliche Summe für das Denkmal aufzutreiben. Die Spendenfreude hielt sich in Grenzen. Die Haushalte des Kreises Ruppin und der Stadt ermöglichten nur Spenden von 3000 und 2000 Mark. So zog sich die Verwirklichung der Idee, den

Märkische Wanderblätter.

Centralorgan für alle märkischen Wandervereine.

Herausgegeben vom
Fontane-Klub (Märkischer Wanderverein) zu Berlin.

Inserate: Die dreigespaltene Petitzeile oder deren Raum 15 Pf. Inserate und Geldsendungen werden erbeten an die Expedition (Buchdruckerei von H. Walter), Berlin SW. 13, Alexandrinenstr. 134.
——— Einzel-Exemplar 10 Pfg., ———

Erscheint am 1. und 15. jeden Monats. Halbjährliches Abonnement 1,25 Mk. bei portofreier Zusendung. Nachdruck unserer Original-Artikel ist nur nach vorheriger Anfrage beim Redakteur gestattet.
für Mitglieder 5 Pfg. ———

Nr. 15.   Berlin, den 1. August 1906.   I. Jahrg.

Das Fontane-Denkmal in Neuruppin.

Noch steht es nicht, das von Professor Max Wiese=Charlottenburg in einem trefflichen Modell in der Geburtsstadt des Alt=meisters aller märkischen Wanderer ausgestellte Denk=mal, aber es ist alle Aussicht vorhanden, daß es dort seinen Platz erhält. Berlin — so reich an Denkmälern es auch sonst ist — dürfte für den schlichten Forscher der märkischen Heimat wohl keinen Platz haben, trotzdem es an geeigneten „Plätzen" wahrlich nicht fehlt. Aber Theodor Fon=tane schmückten weder Helm noch Degen, weder Streit=roß noch Orden, weder „Exzellenz"=Titel noch fürst=liche Ehren, — desto höher steht er aber in Ehren bei allen märkischen Wanderern und wäre es wohl nur die Abtragung einer Ehren=schuld, wenn auch sie nach Kräften ihr Scherflein zur Verwirklichung des Denk=malsplanes beitrügen. — Vielleicht regen diese Zeilen an, daß die Sache in allen märkischen Touristen=Vereinen besprochen wird.

Das für Neuruppin geplante Fontane-Denkmal.

Dichter in seiner Geburtsstadt mit einem Denkmal zu ehren, noch einige Zeit hin. Deshalb erbot sich Max Wiese, das Denkmal mit dem vorhandenen Geld zu schaffen. Sein Entwurf ehrt den wandernden Dichter, der durch die Mark zieht, um Geschichten und Kulturgüter aufzuspüren. Das Denkmal wurde am 8. Juni 1907 im Beisein zahlreicher Gäste und Mitglieder der Familie Fontane feierlich enthüllt. Der Berliner Ausschuss und das Neuruppiner »Ortscomitee für die Aufstellung eines Fontane-Denkmals« gestalteten diese Denkmalsenthüllung zu einem großen, wichtigen Ereignis.[263]

Wenige Jahre später entschloss sich die Stadt, auch den beiden Vorkämpfern der Turnbewegung ein Denkmal zu setzen. 1911 schuf Max Wiese das Jahn-Loose-Denkmal und 1914 das neue Kriegerdenkmal. Wie kein anderer Künstler prägte er die Neuruppiner Denkmalslandschaft und verlieh ihr individuelle Züge. Die Kriegerdenkmäler in Kerzlin und Walsleben aus dem Jahr 1922 schuf ebenfalls Max Wiese.[264]

Neuruppin hatte in den drei Kriegen 1864, 1866 und 1870/71 zahlreiche Einwohner und Angehörige der Garnison verloren. Vielerorts gedachte man später der Opfer dieser Kriege und errichtete ihnen Denkmäler. Am 18. Oktober 1874 weihten die Neuruppiner zur Ehrung jener Kriegsgefallenen ein pompöses Kriegerdenkmal mit einer riesigen Germania-Statue ein. Auf den Metallplatten des Mahnmals standen die Namen der 300 Gefallenen. Das Denkmal wurde von einem gusseisernen Zaun umgeben und von einer Kanone, einem Lafettengeschütz, an der rechten Seite flankiert. Vom Rost befallen, musste es 1913 abgerissen werden. Die Namenplatten kamen in die Klosterkirche. Im gleichen Jahr erhielt Max Wiese, der zuvor das Baugutachten erstellte, den Auftrag, ein neues Kriegerdenkmal zu entwerfen. Das neue Denkmal wurde am südlichen Teil des Schulplatzes errichtet. Eine große, kämpferische Bronzefigur stand auf einem mächtigen Granitsockel und dokumentierte Siegesgewissheit ganz im Sinn der damaligen Zeit. Doch der »Fahnenträger von Vionville« dokumentierte ein persönliches Schicksal. Die neue Denkmalsfigur war also nicht abstrakt wie die Germania und bekam so individuelle Konturen. Die Stadtverordneten und der Rat investierten immerhin 18 000 Mark in dieses Kunstwerk. Die mächtige Bronzefigur schmolz dann im wahrsten Sinne des Wortes dahin, als im Frühjahr 1944 Bronze zur Waffenproduktion benötigt wurde.[265]

Vom Stadtbürger zum Staatsbürger – der aufkeimende Nationalismus

Flexibilität zählte in der zweiten Hälfte des 19. Jahrhunderts nicht zu den Stärken des preußischen Staates. Fast ängstlich hielten die staatlichen Beamten am Alten fest. Besondere Vorsicht ließen sie hinsichtlich der Presseerzeugnisse obwalten. Es ergibt wenig Sinn, vom »unmündigen« und »unpolitischen« Stadt-

Das von Max Wiese geschaffene Jahn-Loose-Denkmal wurde am 24. September 1911 eingeweiht. Auf dieser Postkarte (um 1957) fehlt bereits das ursprüngliche Doppelbildnis.

bewohner zu reden, ohne diesen staatlichen Zwang zum »Unpolitisch-Sein-Müssen«, um überhaupt publizieren oder in Amt und Würden bleiben zu dürfen, zu berücksichtigen. Der Neuruppiner Lehrer Völperling verlor sein Lehramt, als er sich politisch eindeutig national und liberal äußerte. Politische Kommunikation war in brandenburgischen Städten auch nach 1848 wohl alles andere als öffentlich. Dennoch waren die Stadtbewohner über das Weltgeschehen informiert, und sie wussten auch ihre Interessen zu wahren.

Allerdings vermitteln uns selbst Zeitgenossen mitunter ein anderes Bild von ihren Mitbewohnern. Als der Neuruppiner Buchdrucker, -händler und berühmte Bilderbogenhersteller Gustav Kühn eine weitere Geschäftsidee realisieren wollte, wusste er sehr wohl, was er den vorgesetzten Behörden mitteilen musste, um die erbetene Genehmigung zu erhalten. Seit 1822 gab er das Ruppinische Wochenblatt heraus. 1845 wollte er dies lukrative Geschäft auf den ganzen Kreis ausweiten und das Ruppiner Kreisblatt gründen. Dazu benötigte er die staatliche Genehmigung. In einem vier Seiten langen Schreiben formulierte er am 29. Mai 1845 alle Gründe, die für dies Unternehmen sprachen. Analog dem bereits existierenden westhavelländischen Kreisblatt sollten auch in dem Ruppiner Blatt an erster Stelle die amtlichen Mitteilungen der landrätlichen Behörde stehen. Der Landrat von Schenckendorff befürwortete dieses

Vorhaben und hatte dies auch der königlichen Regierung in Potsdam bereits mitgeteilt.

Doch Kühn wollte nicht nur amtliche Mitteilungen drucken, »um zu ihrer Verwirklichung mit(zu)helfen«. Darüber hinaus »beabsichtigt der Verleger und Redacteur dieses Blattes, demselben einen feuilletonartigen Anhang ... zu geben.

Das Ruppiner Kreisblatt stellt sich in diesem Theile als lesendes Publikum, für welches geschrieben wird, nicht einen engen Kreis von Personen welche eine gelehrte Bildung erhalten haben, auch nicht denjenigen Theil der Bevölkerung, welcher durchschnittlich unter dem Namen des gebildeten verstanden zu werden pflegt, sondern das Volk selbst d. h. mit Aufhebung aller Unterschiede, welche durch Rang, Stand, Vermögen u. dgl. m. hervorgerufen werden, die große Mehrzahl der Bevölkerung in Stadt und Land, auf demjenigen Standpunkte der Bildung, dem die Volksschule als Grundlage zu dienen die Aufgabe hat. ...

Es soll für Bürger und Landmann eine Art von geistigem Bande werden, wodurch es ihnen möglich gemacht wird, von dem geistigen Gemeingute der Zeit und der Nation auch ihrerseits den Antheil zu beziehen, der ihnen segensreich werden kann. ... (Er will) von neuen Erfindungen in gewerblicher und ökonomischer Hinsicht, so weit sie für die große Mehrheit des Volkes ein praktisches Interesse darbieten, das heißt für Haus und Feld zu wahren Nutzen gekehrt werden können, Nachricht geben zu dürfen. Es bedarf nicht der Versicherung, daß derselbe nicht daran denken wird, Problematisches und Hypothetisches für Gewißheit zu geben, und dadurch Unsicherheit und Störungen hervorzurufen, welche den Credit und guten Namen des Blattes vollständig zerstören werden.«[266] Von den »theoretischen Wissenschaften« wird er nur das bringen, was von allgemeinem Interesse und bereits bekannt ist.

»Da von Seiten der hohen Behörden vielfach der Wunsch ausgesprochen ist, daß als ein Antidoton gegen die Sündfluth schlechter, oft unmoralischer Romane, welche durch die Leihbibliotheken unter das Volk verbreitet werden, unter verständiger Leitung in Städten und Dörfern Leihbibliotheken möchten gebildet werden, welche durch Verreichung trefflicher Volksbücher zur Bildung und Veredlung des Volkes beitragen könnten, so wird das Ruppiner Kreisblatt theils solche Schriften, welche von Seite der hohen Regierungs-Behörden als diesem Zwecke entsprechend empfohlen werden, zu allgemeinerer Kenntniß bringen, theils selbst, mit Unterstützung erfahrener Männer, Geistlicher und Volksschullehrer, auf diesen Zweck hinarbeiten ...«[267]

Zum Schluss versicherte Kühn, dass er »auch innerhalb der Schranken viel Gutes und Treffliches leisten, und zur Bildung, Veredelung und sittlich religiösen Erhebung des Volkes viel beitragen könne(n). Er gibt sich der Hoffnung hin, daß die oberen Behörden vertrauend ihm später auch eine weitere Bahn gern öffnen werden, wenn es ihm gelungen sein wird, in einfacher schlichter Weise durch das Kreisblatt selbst darzuthun, daß die Gesinnung, welche ihn bei der Begründung des Blattes leitet, bis in ihren innersten Grund hinein, die ist, Gutes zu stiften, dem Schlechten zu wehren, die Zwecke der Regierung zu fördern, Liebe zum Vaterland zu erwecken, daß einfache Vertrauen zur Obrigkeit zu befestigen, und dem Strome des Zeitgeistes die einfache Gesinnung unserer Väter entgegenzustellen.«[268]

Gustav Kühn wusste sehr genau, dass er mit diesen Versicherungen seine Chancen auf Genehmigung des Kreisblattes erhöhte. Dieses Schreiben, für sich genommen, lässt uns den Verfasser als einen konservativen Bürger erscheinen, der mit seinem Blatt getreue, brave Untertanen erziehen möchte. Doch Gustav Kühn war in erster Linie ein erfahrener und erfolgreicher Unternehmer der zweiten Generation, dessen politische Gesinnung von ganz pragmatischen Überlegungen bestimmt wurde. Der Verlag und die Redaktion des Kreisblattes versprachen in jenen bewegten Zeiten einen erheblichen Gewinn, den sich Gustav Kühn unbedingt sichern wollte. Er, der selbst seit Jahrzehnten erfolgreich eine Leihbibliothek betrieb und auch schon mit der Zensurbehörde diesbezüglich in Konflikte geraten war, wusste sehr wohl, was er den staatlichen Behörden hinsichtlich der Bücherauswahl und der erzieherischen Prämissen in Aussicht stellen musste. Hier führte eindeutig das angestrebte Ziel die Feder des Verfassers.

Der Bittsteller hatte in den letzten Jahrzehnten, in denen er zeitweise als Bezirksvorsteher und in der Schulkommission wirkte, seine Erfahrungen im Umgang mit den Mitmenschen und den Behörden gesammelt. Er las täglich mehrere überregionale Zeitschriften und Zeitungen, wie seine Bilderbogen zeigen, und reagierte auf die aktuellen Bedürfnisse des Publikums in der Regel schnell.

Überblickt man die Aktivitäten Gustav Kühns in den zwanziger und dreißiger Jahren – selbst für die unterdrückten Griechen ergriff er Partei –, so würden diese ihn als einen aufgeklärten Liberalen ausweisen. Angesichts der zunehmenden wirtschaftlichen Konkurrenz der dreißiger und vierziger Jahre und der sozialen Veränderungen in der Gesellschaft schien er allmählich von aufgeklärt-liberalen Grundpositionen abzurücken. Vielleicht folgte er aber auch nur dem Zeitgeist, denn die Ära des Gemeinwohls und der Chancengleichheit neigte sich dem Ende zu.

Die bürgerlichen politischen Aktivitäten im Vormärz dienten neben der eigenen sozio-kulturellen und wirtschaftlichen Verortung insbesondere der Stabilisierung des sozialen Friedens in den Städten. Die politisch aktiven Bürger suchten in den städtischen Verwaltungsgremien, in den Gesellschaften und Vereinen nach Möglichkeiten, das weitere Auseinanderdriften der Gesellschaft und somit die zunehmende Pauperisierung aufzuhalten. Die in diesen Jahren gewonnenen persönlichen Erfahrungen bestimmten neben der Sozialisation ganz wesentlich, welcher politischen Gruppierung sich die Einzelnen dann anschlossen oder welche politischen Initiativen sie ergriffen.

Am Beispiel Kühn soll im Folgenden nur ein möglicher individueller Lebensweg skizziert werden. Gustav Adolph Leopold Kühn wurde am 21. September 1794 als Sohn des Buchbindermeisters Johann Bernhard Kühn geboren. Nach dem Besuch des Neuruppiner Gymnasiums und der Berliner Kunstakademie studierte er bei Wilhelm Gubitz in Berlin, um seine Fertigkeiten zu vervollkommnen. 1813 kehrte er nach Neuruppin zurück und arbeitete im väterlichen Betrieb. Das Bürgerrecht der Stadt erhält er in der Stadtverordnetenversammlung vom 19. April 1815. In diesem Jahr wurde er auch Geschäftsteilhaber und ehelichte Johanne Caroline Charlotte Woehner, die siebzehnjährige Tochter eines Berliner Amtschirurgen. Diese gebar ihm bis zu ihrem frühen Tod 1833 sieben Kinder.

Die Paten dieser Kinder werfen ein bezeichnendes Licht auf den gesellschaftlichen Umgang des Gustav Kühn. Neben den Verwandten gehörten immer wieder Familienmitglieder des Kaufmanns Oestreich, des Kaufmanns Rühl, des Dr. Oelze und des Dr. Hartmann, des Oberlehrers Krüger, des Dr. Leps (Pfarrer) sowie der Familien Gentz und Fontane zu den Paten. Diese Familien zählten zu den lokalen Honoratioren. Gustav Kühn scheint seine Paten ganz pragmatisch aus seinem beruflichen und nachbarlichen Umfeld erwählt zu haben. So genannte Prestigepaten hatte er nicht nötig. Unter den Paten seiner Kinder vereinte er ganz unbeschwert vom Liberalen über den Demokraten bis zum Konservativen alle politischen Richtungen der Zeit.

Im Jahre 1821 wählten ihn die Bürger der Stadt zum Bezirksvorsteher des 2. Bezirks und es erstaunt schon, dass er dieses Amt angesichts seiner eigenen unternehmerischen Aktivitäten annahm. Der Apotheker Louis Henri Fontane, der Vater von Theodor, versuchte die ihm zuteil gewordene Ehre abzulehnen. Er erklärte den Stadtverordneten, dass er seine Apotheke nicht so häufig allein lassen könne. Gustav Kühn hingegen übte dieses zeitaufwändige und mühevolle Amt viele Jahre offenbar zur Zufriedenheit aller aus. Dieses ehrenamtliche Engagement steht hingegen im krassen Gegensatz zu seinen Sprüchen im »Kassabuch«, das er 1815 anlegte, um die jährlichen Einnahmen und Ausgaben der verschiedenen Geschäftszweige akribisch festzuhalten. Jedes Jahr schloss er mit einem Spruch oder Segenswunsch für das neue Jahr ab. Zum Beispiel:

1822
Adje du liebes altes Jahr
An Einnehm ich zufrieden war
O Schenke ferner uns Gewinn
Und leit uns mit Gesundheit hin!

1831
Noch immer gehts den Berg hinauf,
Laß Herr noch weit die Höhe
Ruht Segen auf dem Bilderkauf
Dann ferner mir beistehe![269]

Dieser Unternehmer hatte dennoch ein Gespür für »große Ereignisse« entwickelt, und als ein solches erschien ihm auch das Jahr 1848. Vermutlich nach dem 18. März begann er mit der Herausgabe einer neuen Bilderzeitung, die er »Das merkwürdige Jahr 1848« betitelte – »Neu Ruppin zu haben bei Gustav Kühn.« Der Untertitel lautet »Europäische Freiheitskämpfe« und wird mit zwei Ausnahmen bis zum 19. Bild beibehalten. Dieses 19. Bild dokumentiert die »Ankunft St. Königl. Hoheit des Prinzen von Preußen von seiner Reise nach London. Feierlicher Empfang in Nowawes bei Potsdam«. Mit der Rückkehr des »Kartätschenprinzen« am 7. Juni 1849 endete in der Kühnschen Bilderzeitung der europäische Freiheitskampf per Untertitel, obwohl die noch folgenden 78 Bogen durchaus die europäischen Schauplätze veranschaulichen.[270]

Der 52-jährige Unternehmer hatte in den ersten Bilderbogen mit der Erstürmung der Tuilerien und den Berliner Märzereignissen Zeitgeschichte dokumentiert, die für jedermann zu jener Zeit von größtem Interesse war und sicheren Absatz versprachen. Mit dem 11. Bild »An das deutsche Volk« ergriff Kühn deutlich Partei für die Revolution und für die aus allen Ständen kommenden Revolutionäre, die er bewusst und deutlich sichtbar abbildete. In die Mitte des Bildes positionierte er einen kampfentschlossenen Arbeiter, der eine Fahne trägt. »In dem auf die Fahne geschriebenen Gedicht, das mit großer Wahrscheinlichkeit auch aus Kühns eigener Feder stammt, rühmt er das Volk, weil es die Ketten der Unfreiheit gesprengt habe. Aber er warnt auch, nicht die Waffen gleich zu strecken, denn ›weißt Du ja doch nicht, was die Wiege der neuen Zeit Dir noch beschert‹. In der dritten Strophe schließlich lehnt er jeden Standesunterschied ab. ›Steh männlich da, nicht Herr'n und Knechte, ein einig Volk von Brüdern sei!‹ In der letzten Strophe erkennt er über dem Volk nur eine höhere Instanz an, ›des Volkes – Gottes Stimme ist‹.«[271]

Es ergibt sich nun die Frage, sprach aus diesem Gedicht der clevere Geschäftsmann, der sich dem Zeitgeist anpasste, um den Absatz zu sichern, oder brachte Kühn in diesem Gedicht seine eigene Gesinnung zum Ausdruck? Entgegen den bisherigen gängigen Deutungen, die diesen Bogen lediglich dem Geschäftssinn Kühns zuordnen, denke ich, dass er zum Zeitpunkt des Entwurfs und der Herstellung dieses Bogens durchaus dieser Überzeugung war. Auch ein weniger politisch eindeutiger Bogen hätte sich zu dieser Zeit gut verkauft. In seiner radikalen Form der Darstellung bringt Kühn das Zeitempfinden jener Wochen zum Ausdruck, das wenig später schon wieder andere Züge trug. Für diese Sichtweise spricht auch die Tatsache, dass Kühn bis zum Februar 1849 das Ruppinische Volksblatt druckte, in dem der Lehrer Kühling »die Demokratie verteidigte«. Erst danach wurde das Blatt in Zehdenick gedruckt.[272]

Außerdem ist dieser Bogen »An das deutsche Volk« nur eine logische Fortsetzung seiner bisherigen Berichterstattung, die eines nationalen Enthusiasmus nicht entbehrte und schon mit Blick auf Schleswig-Holstein das preußische Militär auch anders, positiver beleuchtete.

In diesen ersten Monaten des Jahres 1848 überschlugen sich die Ereignisse, und Kühn wählte sehr bewusst aus, welches Ereignis er »verkaufen« wollte. Dabei folgte er doch mehr seiner eigenen Überzeugung als der Überlegung, was den größten Gewinn abwirft. Sonst hätte er sich den Berliner Zeughaussturm als Medienereignis nicht entgehen lassen.

Kühn hatte, wie viele engagierte Bürger jener Zeit, die größten Probleme mit der Radikalisierung der Auffassungen seiner Mitmenschen und er begann sich zunehmend nach dem gesitteten, friedlichen Umgang der Menschen, wie er ihn aus alten Zeiten zu erinnern glaubte, zu sehnen. Innenpolitisch plädierte er immer lauter für »Ruhe ist die erste Bürgerpflicht«. Außenpolitisch vertrat er eindeutig nationale Interessen, wie die zahlreichen Darstellungen der Schlachten, des Militärs und das von ihm vermittelte Bild des Königshauses offenbaren.

Der Unternehmer Kühn durchlebte 1848 verschiedene Phasen der Erkenntnis, die ihn angesichts des bedrohlichen Verhaltens der Volksmassen und des kompromisslosen Auftretens vieler Demokraten zunehmend an das »Gottesgnadentum« des preußischen Königshauses glauben ließen. Auch hier folgte er eigentlich nur dem Zeitgeist seiner unmittelbaren Umgebung, für die nach den Turbulenzen des Jahres 1848 »Ruhe und Ordnung« an erster Stelle stand und eben diese schien nur der König zu garantieren.

Gustav Kühn verstarb am 29. August 1868 in Neuruppin als ein erfolgreicher Unternehmer. Zu den Sprüchen seines Kassabuches passt auch sein »Letzter Wunsch«:

> *Rufe mich, wenn's Dir gefällt;*
> *Sie wird mir immer enger,*
> *die wunderliche Welt!*
> *Und wenn ich von ihr scheide,*
> *sterb ich vielleicht nicht ganz:*
> *es blüht wohl noch ein Weilchen*
> *mein Bilderbogenkranz.*[273]

Ist Gustav Kühn nun ein typischer Vertreter des deutschen Kleinbürgers, der bekanntlich monarchisch gesinnt und national orientiert war? Seine Beweggründe wurden angeblich vom Kirchturmhorizont bestimmt, das heißt, er hatte kleinlich, engstirnig, fremdenfeindlich und devot zu sein. Diese Vorstellungen vom Kleinbürger wurden häufig von Zeitgenossen geprägt, die sich gern ihrer kleinbürgerlichen Herkunft erwehrt hätten, oder von Literaten, die sich so mit zeitgenössischen Problemen auseinander setzten.

Zu allen Zeiten waren es wohl weniger die Zeitumstände als die Binnenstruktur jenes Kleinbürgertums, die eine eindeutige Zuordnung zu dieser »Mittelklasse« so erschwert. Heinz-Gerhard Haupt und Geoffrey Crossick bieten daher in ihrem Buch »Die Kleinbürger« keine Definition des Begriffs »Kleinbürger«, sondern betonen völlig zu Recht die nach Lebensphasen und wirtschaftlichem Erfolg oder Misserfolg mögliche Zugehörigkeit einzelner Berufe zu dieser »Mittelklasse«. »Diese Instabilität kleinbürgerlicher Geschäfte und Lebenswelten wird für die Herausbildung eines gemeinsamen Erfahrungshorizonts ebenso wie die besondere Position des Kleinbürgertums innerhalb der Struktur der Klassenbeziehungen nachteilig gewirkt haben.«[274] Neben liberalen Unternehmern, Handwerkern und Händlern finden sich in den brandenburgischen Städten auch demokratisch oder konservativ gesinnte Kleingewerbetreibende. Hier werden weitere biographische Forschungen sicherlich einen besseren Einblick in die Vielfalt der Entwicklungen geben und erst dann wird man auch zu verallgemeinernden Aussagen kommen können.[275]

Eindeutiger lässt sich die politische Gesinnung von Alexander Gentz verankern. Wie oben bereits beschrieben, erlebte Alexander die 48er Revolution in Paris. Seine Briefe aus dieser Zeit offenbaren eine radikal demokratische Haltung. Doch als er dann wieder nach Neuruppin zurückkehrte und die Nachwehen der Revolution für sich verarbeitet hatte, wechselte er in das liberal-konservative politische Lager. Als solcher wurde er dann auch 1859 zum Stadtrat gewählt, denn wie schon sein Vater, so machte auch Alexander aus seiner politischen Überzeugung kein Geheimnis. Beispielsweise gehörte er 1867 dem liberalen Wahlkomitee an, das die Wahlen zum Norddeutschen Reichstag entsprechend dem neuen Wahlgesetz vom 15. Oktober 1866 vorbereitete. Viel Aufklärungsarbeit war vonnöten, denn bis dahin wurden die Liberalen häufig angefeindet und verfolgt. Das neue Wahlgesetz sollte dies verhindern und so warben Alexander Gentz, der Mühlenbesitzer Baumann, der Maurerpolier Hermann, der Kriegsrat Knoevenagel, der Rechtsanwalt Juncker, der Stadtrat Mollius, der Maler Paris, um nur einige Namen zu nennen, für die Wahl ihres liberalen Abgeordneten von Arnim-Gerswalde (Flugblatt »An die liberalen Wähler«). Der Aufruf wurde übrigens bei Eduard Buchbinder gedruckt, der später eine der Bilderbogenfabriken gemeinsam mit Carl Mootz übernahm.

Alexander Gentz setzte sich nicht nur für die kommunalen Belange der Stadt ein, sondern er engagierte sich mit vielen anderen Bürgern gemeinsam für die überregionale und nationale Politik. Längst hatten die Interessen der Bürger den Bannkreis der Stadt verlassen. Diese beiden Beispiele sollten auch nur die komplizierten Entwicklungsbedingungen der Bürger jener Zeit veranschaulichen und dem weit verbreiteten Vorurteil vom »tatenarmen« und unpolitischen Bürger entgegenwirken.

Bürgerliche Kultur als Ausdruck bürgerlichen Selbstbewusstseins

Die Kultur, die in den Jahrhunderten zuvor überwiegend von traditionellen Denk- und Verhaltensmustern geprägt wurde und mit dem kirchlichen Leben eng verwoben war, veränderte sich nachhaltig. Die Kunst, das Theater, die

Literatur und die Bildung im Allgemeinen nahmen im Leben einer immer breiter werdenden Schicht von Bürgern einen wichtigen Platz ein. Ganz selbstverständlich engagierten sich die Neuruppiner je nach Interessen, Vorlieben und sozialer Verantwortung in den verschiedensten Vereinen. Die aktive Mitarbeit in städtischen Kommissionen und Deputationen war für Bürger, die etwas auf sich hielten, spätestens seit der Einführung der Städtereform von 1808/10 selbstverständlich.

Am 3. Mai 1850 debattierten die Neuruppiner Stadtverordneten beispielsweise über das Bildungswesen, denn nach den gesellschaftlichen Erschütterungen der 48er Revolution hielt man es für ratsam, sich um die Zukunft der Jugend rechtzeitig Gedanken zu machen. Im Protokoll heißt es: »Unter allen Gegenständen unserer Verwaltung ist keiner, welcher im höheren Sinne eine Gemeinde-Angelegenheit genannt zu werden verdiente als der Unterricht und die Erziehung des heranwachsenden Geschlechts, aus welchem unserer Stadt einst eine neue Generation von Bürgern erwachsen wird. Das künftige Wohl und Wehe der Gemeinde hängt von dem Geiste ab, in welchem die Jugend derselben herangebildet wird.«[276]

Das Schulwesen erfuhr in den folgenden 100 Jahren einen sichtbaren räumlichen Ausbau und erhebliche inhaltliche Veränderungen. Die zahlreichen privaten Mädchenschulen der ersten Hälfte des 19. Jahrhunderts, die, um eine Zulassung zu erhalten, noch betonen mussten, dass sie besonders die weiblichen Fertigkeiten fördern würden[277], wurden durch kommunale Mädchenschulen abgelöst. Seit 1838 befand sich eine Mädchenschule im »Frey-Haus« in der Kommandantenstraße (Friedrich-Ebert-Straße 8).[278] 1889 plante die Stadt den Bau einer größeren höheren Töchterschule. Der moderne Schulneubau mit Ziegelfassaden und großen Klassenräumen wurde in der Wichmannstraße 17 errichtet.[279] Immer mehr Mädchen strebten um die Jahrhundertwende vom 19. zum 20. Jahrhundert einen höheren Schulabschluss an und so nahm die Zahl derjenigen, die das Lyzeum besuchten, beständig zu. Die weniger bemittelten Familien schickten ihre Töchter in die Gemeindemädchenschule, die nun in die Räumlichkeiten des alten Lyzeums in der Kommandantenstraße und 1920 in das Gebäude des Präparandenheims in der Markgrafenstraße (Rosa-Luxemburg-Straße 16) zog.[280] Die Aufbauschule für Mädchen wurde 1926 mit dem städtischen Lyzeum zur »Oberrealschule in Aufbauform« vereint und als Fontaneschule bezeichnet. Diese Schule befand sich zuerst in der heutigen Pestalozzischule. Später wurde sie die Oberschule für Mädchen genannt und zog in die ehemalige Mittelschule (heute Schule des Friedens/Montessori-Schule) um. Sie behielt aber ihren Namen – Fontaneschule. Auch das Schulwesen der Jungen differenzierte sich weiter. Neben dem Gymnasium konnten die Jungen seit 1829 die Knabenbürgerschule (Siebmannstift) am Schulplatz (Karl-Marx-Straße 33) und seit 1898 die moderne Knaben-Doppel-Schule (heute Puschkinschule) besuchen. Die Knabenbürgerschule wurde in eine Mittelschule umgewandelt. Die Gemeindeknabenschule, die die ärmeren Jungen besuchten, befand sich von 1866 bis 1874 und dann wieder seit 1880 bis 1897 in der Ludwigstraße/August-Bebel-Straße 51. Für jene Schüler, die einer besonderen schulischen Förderung bedurften, wurde 1927 eine Hilfsschule in der Schifferstraße 5b, dem Gebäude der einstigen Irrenanstalt, eröffnet. 1875 entstand die gewerbliche Fortbildungsschule, die für die berufliche Ausbildung von großer Bedeutung wurde.

Der besondere Stellenwert der Bildung dokumentiert sich wie in den Jahrhunderten zuvor in einem besonderen Engagement der wohlhabenden Bürger für die verschiedenen Bildungseinrichtungen, für die Schüler und für die Lehrenden. Der Rechtsanwalt Hermann Juncker stiftete beispielsweise sein Vermögen der Stadt Neuruppin. Von den Zinsen sollten besonders befähigte Lehrer unterstützt werden, denn noch immer ließ gerade der Verdienst der Lehrer an den einfachen Schulen sehr zu wünschen übrig.

Um die Ausbildung der Lehrer bemühte sich das evangelische Schullehrer-Seminar. Es nahm 1874 in der heutigen August-Bebel-Straße 51 mit 24 Seminarteilnehmern seine Arbeit auf. In dieser Einrichtung sollten Volksschullehrern gezielt didaktische und fachliche Kenntnisse für ihren Unterricht in den niederen Schulen vermittelt werden. Vieles, was schon die Schulreformer Lieberkühn und Stuve 1777 diskutiert hatten, wurde nun abermals thematisiert und den Zeitumständen angepasst. Auch der Staat und in diesem konkreten Fall die Provinz Brandenburg unterstützten die spezifische Ausbildung der Volksschullehrer. Da die Räumlichkeiten für eine effiziente Ausbildung völlig unzureichend waren, plante man einen Neubau. Schon 1880 konnte der neue Bau des Lehrerseminars (Parkstraße / Puschkinstraße 5c, heute Pestalozzischule) eingeweiht werden. Bis 1926 erlernten dort 1500 Lehrer ihren Beruf. Zu den Absolventen des Seminars gehörte u. a. Rudolf Bellin, der von 1920 bis 1945 an der Knabenmittelschule und von 1946 bis 1962/63 an den verschiedenen Fontaneschulen unterrichtete. Dr. Bellin erwarb sich als Lehrer, Heimatforscher und Denkmalschützer eine große Anerkennung. Dank seiner Zivilcourage in den Nachkriegsjahren blieb der Stadt auch viel von ihrer historischen Substanz erhalten und an historischem Wissen bewahrt.

Ein weiterer bekannter Absolvent des Seminars war Erich Arendt, der am 15. April 1903 als Sohn des Gärtners Ernst Arendt geboren wurde. Sein Vater übernahm im Dezember 1907 die Tätigkeit eines Schuldieners an der Mädchenschule. Nach dem Schulbesuch ging er zum Lehrerseminar, an welchem er am 16. März 1923 die Prüfung als Volksschullehrer bestand. Seine erste Anstellung erhielt er in Berlin-Neukölln.[281]

Neben der speziellen Berufsausbildung engagierten sich die Lehrkräfte und die Seminarteilnehmer auch auf sportlichem und kulturellem Gebiet. Der Chor und die Theateraufführungen sorgten für Abwechslung in der Stadt. Der eigene Ruderverein stand sicherlich im sportlichen Wettbewerb mit den anderen Neuruppiner Vereinen.

Das Lehrerseminar wurde 1926 aus finanziellen Gründen geschlossen, da das Land die dafür erforderlichen Ausgaben nicht mehr aufbringen konnte. Der Seminardirektor Berg begründete dann die Aufbauschule für Mädchen und Jungen, auch Fontaneschule genannt, als höhere allgemein bildende Schule in dem Gebäude.[282] Neben diesem Lehrerseminar bemühte sich auch ein Privat-Lehrerinnen-Seminar (1877/81) um die spezielle Ausbildung der Lehrerinnen.[283]

Zu jenen Lehrern, die besondere Verdienste um das Neuruppiner Schulwesen erworben haben, zählt u. a. Wilhelm Bartelt (1855–1934). Er hatte in Jena studiert und kam 1894 als Rektor an die Knabenmittelschule. Bartelt entsprach den veränderten Anforderungen an das Bildungsniveau der Jugend, die nicht das Abitur anstrebten, indem er seine Schule reformierte. Er führte eine zweite Fremdsprache und den Schwimmunterricht ein. Zur besseren Verständigung von Lehrern und Eltern wurden Elternabende durchgeführt. Nebenbei beschäftigte er sich intensiv mit der Geschichte des Kreises Ruppin. Nach seiner Pensionierung 1920 arbeitete er bis 1930 ehrenamtlich als Stadtarchivar.

Zu den reformfreudigen Pädagogen der Stadt ist auch Dr. Wilhelm Schwartz zu zählen, der 1864 Direktor des Gymnasiums wurde und den Lehrplan ebenso reformierte wie die Schulorganisation im Allgemeinen. Seinem Engagement war es zu verdanken, dass nun endlich die Zieten-Sammlung als sehenswerte Schulsammlung gezeigt werden und das Gymnasium 1865 ein ansprechendes 500-jähriges Jubiläum feiern konnte. Als 1889 Dr. Heinrich Begemann Rektor des Gymnasiums wurde, begann er den Inhalt der Sammlung zu katalogisieren. Der von ihm dann veröffentlichte Katalog sorgte für Furore. Man dachte über eine geeignetere Räumlichkeit zur Präsentation nach. So zog die Zieten-Sammlung in die Gentz-Villa des Tempelgartens. Am 24. Mai 1911 weihte Landrat Dr. Bernus das neue Zieten-Kreismuseum feierlich ein. In fünf Räumen konnten die Besucher Historisches und Naturkundliches über Neuruppin und den Kreis erfahren. Neuruppiner Lehrer betreuten auch weiterhin das Museum. Der Lehrer Karl Waase, der ab 1911 die Museumsarbeit leitete, schrieb einen »Illustrierten Führer durch den Tempelgarten«. Dr. Ernst Weisker erweiterte das Museum und sorgte für die Aufnahme in die Vereinigung brandenburgischer Museen. Während der Naziherrschaft kümmerte er sich ebenfalls um das Museum. Nach dem Krieg entsprach er dem SMAD-Befehl Nr. 349/IV und richtete es zur Wiedereröffnung her. Am 20. August 1946 konnten die Neuruppiner wieder durch die Museumsräume gehen und Teile der alten Sammlungen besichtigen.[284]

Als letztes Beispiel eines besonders engagierten Pädagogen sei Hugo Rausch erwähnt, der als Lehrer an verschiedenen Schulen von 1911 bis 1958 wirkte. Nebenbei engagierte er sich als Botaniker und Naturschützer. Schulwanderkarten und Handkarten zeugen noch heute von seiner Begeisterung für die regionale Naturlandschaft. Der Tempelgarten wurde von ihm zum botanischen Wanderpfad gestaltet und im Kreismuseum kümmerte er sich um die sachge-

Wilhelm Bartelt (1855–1934), Lehrer und Regionalhistoriker, erwarb sich durch seine Veröffentlichungen bleibende Verdienste.

Hugo Rausch (4. März 1884 – 12. Dezember 1963) war in Neuruppin vielseitig und verdienstvoll als Lehrer, Lehrerbildner, Heimatforscher und Naturschützer tätig.

rechte Betreuung der naturwissenschaftlichen Abteilung, die er auch erweiterte.[285] Dieses naturwissenschaftliche Engagement wurde von einigen Biologielehrern bis in die Gegenwart weiter gepflegt, wie man beispielsweise an der Entwicklung der Naturschutzstation Zippelsförde sehen kann.

Städtische Vereine und Gesellschaften

Eine Vielzahl von Vereinen und Gesellschaften wurde in der zweiten Hälfte des 19. Jahrhunderts gegründet. Die Ursachen dieser auffälligen Zunahme von Vereinsgründungen wurden bereits kurz ausgeführt. Das sportliche und kulturelle Engagement der Bürger entsprach aber auch zunehmend der bürgerlichen Lebensweise. Bekanntlich hatte Turnvater Jahn schon unmittelbar nach den Befreiungskriegen in vielen Städten Nachahmer gefunden, die sich für eine breite ständeübergreifende Turnbewegung einsetzten. In Neuruppin organisierten um 1850 Alexander Gentz, Carl Loose und Carl Born das eigentlich noch verbotene gemeinschaftliche Turnen auf dem Holzplatz. Erst als 1861 das Turnverbot aufgehoben wurde, konnte sich das sportliche Vereinswesen ganz entfalten. Carl Loose gründete 1861 den Männer-Turn-Verein, denn wie so vieles in jener Zeit war auch das Turnen erst einmal Männersache. Zur 50-Jahr-Feier des Vereins im Jahr 1911 wurde dem Gründer, Carl Loose, und dem Turnvater Jahn ein Denkmal gesetzt, das zuerst gegenüber der heutigen Puschkinschule seinen Platz fand und später vor dem Jahn-Bad aufgestellt wurde.

Die Turner bildeten auch den Kern der ersten organisierten Brandschützer Neuruppins. Am 6. August 1867 formierte sich die freiwillige Turnerfeuerwehr im Männer-Turn-Verein unter dem Kommando von Carl Loose. 1897 verselbstständigten sich beide Vereine, da die spezifischen Aufgaben der freiwilligen Feuerwehr dies ratsam erscheinen ließen. Am 22. September 1912 bildete sich der Ruppiner Kreisverband der Freiwilligen Feuerwehren, der sich insbesondere der Ausbildung und Förderung des Feuerlöschwesens widmete.

Dem Männer-Turn-Verein wurde 1898 die erste Damenriege angeschlossen. Als Turnstätte standen nun schon seit einiger Zeit eine moderne Turnhalle und ein komfortabler Turnplatz zur Verfügung. Die Stadtverordneten und der Magistrat bewilligten 32 213 Mark für den Neubau der Turnhalle nebst Turnplatz, die 1888 in der Rosenstraße fertig gestellt worden war.[286]

Die sozialen Differenzierungen der städtischen Gesellschaft gingen natürlich auch an den sportlichen Vereinen nicht spurlos vorbei. 1878 gründeten einige begeisterte Segler den Segelclub »Norderney«, der allerdings bald wieder einging. Zuvor fanden auf dem Ruppiner See Segelwettkämpfe statt. 1874 konnten die Bürger ein Flachbodenschiff, eine Tjalk aus Holland und 1875 selbst gebaute Segelboote auf dem See bewundern. Das Interesse am Segeln blieb auch in den folgenden Jahren erhalten. 1890 gründeten die aktiven Segler wieder einen Segelclub. Nunmehr lebten in der Stadt genug wohlhabende Bürger, die Zeit und Geld in diesen Sport investieren konnten. Der neue Segelclub hatte Bestand. Regatten wurden gewissenhaft vorbereitet und als kulturelles Ereignis regelmäßig durchgeführt. Der Segelclub besaß anfänglich verschiedene Bootshäuser. Das erste Bootshaus befand sich auf dem Gelände der späteren Sportschuhfabrik. Dann zog der Club 1907 in den neu erbauten Strandgarten. 1895 erweiterte sich der Segelclub um einen Ruderclub. Der Segel- und Ruderclub existierte bis 1912. In diesem Jahr trennte sich der Ruderclub von den Seglern und gründete einen eigenen Club, den Neuruppiner Ruderclub (NRC).

1930 erwarb der Neuruppiner Segelclub das Gelände in der Regattastraße. Aus einer alten Scheune wurde ein stattliches Clubhaus, das am 18. Mai 1930 feierlich eingeweiht wurde. Eine der größten Regatten fand anlässlich der verspäteten 700-Jahr-Feier der Ersterwähnung Neuruppins statt. 1939 nahmen 238 Boote an der Regatta teil.[287]

Auf Initiative des Prof. Ernst Weisker gründete man 1906 am Friedrich-Wilhelms-Gymnasium einen Ruderclub. Zwei Jahre später schloss sich dieser Ruderverein mit dem des Lehrerseminars zusammen. Der Neuruppiner Ruderclub erhielt 1937 eine Damenriege. Neben den Ruderbooten gewannen auch die Kanus und die Paddelboote an Bedeutung. 1922 gründete sich eine Orts-

Postkarte, abgestempelt am 29. Juni 1901.

gruppe Neuruppin des deutschen Kanu-Verbandes, die 1924 den Bootsschuppen »Rhinbrüder« am Bahndamm bezog. Am 1. Juli 1924 wurde der Neuruppiner Paddelbootclub ins Leben gerufen.

Neben dem Turnen und dem Wassersport gewann das Wandern als sportliche Betätigung an Bedeutung. 1908 führte der Neuruppiner Wanderclub seine erste Wanderung durch, die der Staatsanwalt Bürkle organisierte. Zu den Mitgliedern zählte neben dem Bürgermeister Warzecha der Eisenbahndirektor Hochstädt, Unternehmer wie Mootz und Knöllner sowie einige Lehrer. Natürlich wurde auf den Wanderungen nicht nur über die Naturschönheiten geredet, sondern auch die kommunale Politik diskutiert. Diese sozialen Netzwerke, die über die Vereins- und Klubkultur etabliert und gepflegt wurden, spielten in der Kommunalpolitik keine geringe Rolle. Sie gehörten nicht nur in der Kaiserzeit zum städtischen Alltag.

Während die Mehrzahl der vorgestellten Vereine zumeist das gehobene Bürgertum anzog, gründeten Neuruppiner Arbeiter 1907 den Turnverein »Freie Turner«. 1909 entstand dann der »Arbeiter-Radfahr-Bund Solidarität«, der auf Kunst- und Tourenrädern trainierte. Den ersten Bezirksmeistertitel erkämpften sich die Kunstradler 1926. Regelmäßige Straßenrennen führten die Tourenradler durch zahlreiche Städte und Dörfer des Kreises. 1933 beschlagnahmte die Neuruppiner Kriminalpolizei alle Räder und gab sie an die SA weiter.

Doch nicht nur sportliche Einwohner schlossen sich in Vereinen zusammen. In den fünfziger Jahren des 19. Jahrhunderts gab es eine große Zahl von Vereinen in Neuruppin, die regelmäßig im Ruppiner Anzeiger inserierten und über deren Geschichte wir leider nur lückenhaft unterrichtet sind. Zu ihnen zählten beispielsweise der Ökonomische Verein, der Frauenverein, der Armenpflegeverein, die Schützengilde, der Landwehrverein, der Kriegerverein 1848/49, eine Gruppe des Gustav-Adolf-Vereins, der Verschönerungsverein, die Liedertafel, der Verein »Urania«, der Verein »Harmonie« und der Verein »Eintracht«. 1916 bemühte sich ein Mädchenverein, dem Frau Begemann und Frau Bölke vorstanden, um die schulentlassene weibliche Jugend. Ein Tierschutzverein, ein Schulschiffverein, ein Touristenclub für die Mark Brandenburg, ein Zentralverein zur Bekämpfung des Alkoholismus und ein Stenographenverein bezeugen darüber hinaus die Vielfalt des Neuruppiner Vereinslebens zu Beginn des 20. Jahrhunderts.[288] Einige dieser Vereine bestanden ja schon seit Jahrzehnten, wie die Harmonie, der Landwehrverein oder der Verschönerungsverein.

Der Schützenverein war am 12. Januar 1846 von 120 Bürgern, unter ihnen Bürgermeister Bienengräber, neu gegründet worden. Wie in den anderen märkischen Schützenvereinen wurde jährlich ein Königsschießen durchgeführt und der Schützenkönig ermittelt. Bis 1872 trugen die Neuruppiner Schützen noch eine sehr kostenaufwändige Uniform, die dann von einer einfacheren Kleidung abgelöst wurde, um auch den nicht vermögenden Bürgern den Eintritt in den Schützenverein zu ermöglichen.

Der Verschönerungsverein, den Oberst von Wulffen 1835 ins Leben rief, machte seinem Namen alle Ehre. Die Stadt fasste schon 1825 den Entschluss, das Seeufer zu befestigen und zu begradigen. Doch es fehlte an Geld. Der Regimentskommandeur von Wulffen befestigte mühevoll mit Hilfe seiner Soldaten und vieler Bürger das Bollwerk. Bäume und Sträucher wurden gepflanzt; so entstand eine ansehnliche Flaniermeile. König Friedrich Wilhelm III. schenkte der Stadt 1836 sechs Schwäne, deren Anblick die Spaziergänger erfreuen sollte. Wulffen hätte diesen Uferweg gern bis zu dem Weinberg fortgeführt. Doch er wurde 1838 leider versetzt. Der Verein engagierte sich auch in den folgenden Jahren für eine bessere Gestaltung von Wegen und Plätzen. Ab 1840 begannen die Arbeiten zur Anlage des Promenadenringes, der das Flanieren der Bürger in angenehmer Atmosphäre um die Stadt herum ermöglichen

Das Denkmal für den Obersten von Wulffen im Stadtpark. Foto vor 1940.

Postkarte um 1935.

sollte. Noch heute zeugen doppelläufige Straßen wie die Karl-Liebknecht-Straße, die Franz-Künstler-Straße und die Puschkinstraße von diesem gestalterischen Bemühen.

Infolge der Separation der Ackerflächen vor dem Altruppiner Tor erhielt der Verschönerungsverein von 50 Eigentümern ihre Parzellen geschenkt, so dass das Gelände um den Weinberg ab 1834 in einen Bürgerpark verwandelt werden konnte. 1835 wurde der Teich als Mittelpunkt der neuen Anlage geschaffen. 1839 verschwanden dann die Schießstände des Neuruppiner Infanterieregiments und das Gelände wurde dem Bürgerpark angegliedert. Auch der Berliner Landschaftsarchitekt Peter Joseph Lenné unterbreitete Vorschläge zur Gestaltung des Bürgerparks. Als der Neuruppiner Bürgerpark als Erholungsgebiet der Stadtbewohner und der auswärtigen Besucher entstand, gehörte dieser Volkspark noch zu den ganz selten anzutreffenden städtischen Parkanlagen. Der Verschönerungsverein schuf mit dem Bürgerpark etwas zu jener Zeit Neues.

Die Allee nach Alt Ruppin wurde dann mit Bäumen bepflanzt. Die Bäume spendeten den Spaziergängern den nötigen Schatten. Zwischen 1847 und 1851 erfolgte der Ausbau der Altruppiner Allee zur Kreischaussee.

Unweit des Bürgerparks errichtete die Stadt in den zwanziger Jahren des 20. Jahrhunderts eine neue See-Badeanstalt, die 1927 am Holzhof eröffnet wurde. Der Entwurf und die Ausführung des Bades erfolgten durch die Hand-

Die Seebadeanstalt, Zeichnung von Walter Kuphal, um 1933.

werkerschaft Gildenhall.[289] Dieser imposante Bau lockte viele Besucher zum Baden und zum Feiern an. In der gastronomischen Einrichtung konnte der Badegast speisen und zahlreiche kulturelle Veranstaltungen genießen.[290] Die neue See-Badeanstalt trug natürlich auch der wachsenden Bevölkerungszahl Rechnung. Die alten Badeanstalten unweit des Seetors, die um 1852 angelegt worden waren und noch nach Geschlechtern und Militärzugehörigkeit strikt getrennt waren, genügten trotz Um- und Neubauten zu Beginn des 20. Jahrhunderts den modernen Anforderungen nicht.[291]

Um die Mitte des 19. Jahrhunderts wirkten neben den sportlichen, sozialen und kulturellen Vereinen drei christliche Vereine in der Stadt. Der Missionsverein, der 1828 im Hause des Apothekers Wittcke junior gegründet worden war, veranstaltete regelmäßig Missionsfeste, auf denen jene Mitglieder, die missionarisch im Ausland tätig waren bzw. werden wollten, sprachen und von ihren Erfahrungen berichteten. Das erste derartige Missionsfest wurde am 28. Juni 1837 in der Pfarrkirche St. Marien veranstaltet. Dort sprach der Missionar Schultheiß, der beabsichtigte, nach Afrika zu gehen. Im Jahr zuvor hatte sich eine Tochterbibelgesellschaft gebildet, die am 28. März 1836 ihre Statuten erhielt und bis 1861 über 10 000 Bibeln verteilte. Im gleichen Jahr wie das erste Missionsfest wurde auch das erste Bibelfest in der Pfarrkirche gefeiert.

Der dritte christliche Verein, der Gustav-Adolf-Verein, entstand 1844. Der Leipziger Superintendent Großmann gründete den ursprünglichen Verein 1832 zur »Straffung des Protestantismus und zugleich (als) Bollwerk gegen den

Katholizismus«.²⁹² Daher verbreitete sich der Verein lange Zeit nicht über Sachsen hinaus. Da man in Neuruppin angesichts der kleinen katholischen Gemeinde wohl kaum gegen den Katholizismus zu Felde ziehen musste, galt das Interesse der Mitglieder hier der Festigung des Protestantismus. Auf alle Fälle stellten die Feste dieses Vereins eine kulturelle Bereicherung dar. Am 28./29. Juni 1859 fand in Neuruppin das Jahresfest des brandenburgischen Hauptvereins statt. Zahlreiche Vereinsmitglieder vieler Zweigvereine trafen ein, um von ihrer Arbeit zu berichten. Schon damals wurde die Pfarrkirche zur Konzerthalle umgewandelt. Ferdinand Möhring, der bekannte Chorleiter und Komponist, führte den »Paulus« von Felix Mendelssohn-Bartholdy auf. An diesem Jahresfest nahmen auch viele Honoratioren der Stadt und Schüler des Gymnasiums teil. Nach einem gemeinsamen Gottesdienst und einem festlichen Mahl klang der Abend im geselligen Beisammensein im Tempelgarten, wo Alexander und Johann Christian Gentz die Gastgeber waren, aus.

Einen besonderen Entwicklungsschub erfuhr das Vereinswesen während und nach der 1848er Revolution. Die Neuruppiner organisierten sich zunehmend ihren Interessen und Neigungen entsprechend. 1855 trafen sich historisch interessierte und engagierte Bürger, um einen Geschichts- und Altertumsverein zu gründen, der allerdings nach kurzer Zeit wieder einging. Erst am 29. November 1881 erhielt Neuruppin mit der Gründung des Historischen

Das Denkmal für Ferdinand Möhring auf dem Kirchplatz in Alt Ruppin, 2004.

Moritz Pretzsch (1895–1939), Gemälde von Theodor Wirth.

Vereins der Grafschaft Ruppin einen für die damalige Zeit typischen historischen Verein. Der 62-jährige Theodor Fontane, dessen »Wanderungen durch die Mark Brandenburg« regen Zuspruch gefunden hatten, wurde ebenso wie Dr. Wilhelm Schwartz, der das Zietenmuseum begründete, Ehrenmitglied dieses Vereins. Als Erster Vorsitzender des Vereins agierte Landrat Siegfried von Quast.

1873 wurde der Ferdinand-Möhring-Chor in Alt Ruppin gegründet, der das kulturelle Angebot wesentlich erweiterte. Auch Theaterveranstaltungen gehörten zum Alltag der Stadt. Daneben versuchten die Pfarrer, Lehrer und andere gebildete Bürger mit Vorträgen das kulturelle Leben der Stadt zu bereichern. Dem Ruppiner Anzeiger ist beispielsweise zu entnehmen, dass Pfarrer Hanstein über China referierte oder Professor Könitzer über die Veränderungen der Erde oder Hauptmann von Przysiecki über das Pflanzen- und Tierleben in den Alpen.

Zum bürgerlichen Leben jener Zeit gehörte auch die häusliche Geselligkeit. Die Unternehmer, Fabrikanten und Akademiker luden zu Empfängen, Gesellschaften, Tee- und Kaffeekränzchen in ihre Häuser ein. Der Nachlass

Walter Kuphal (1890–1937), Gemälde von Theodor Wirth.

der Familie Gentz gewährt uns Einblicke in diese Art der Geselligkeit, die jene, die die Provinzialität Neuruppins stets betonen, wohl kaum erwarteten. Alexander Gentz, der das Unternehmen anfänglich mit seinem Vater und später allein führte, hatte 1856 Helene Campe geheiratet. Die junge Frau wuchs wohl behütet und gebildet im Hause ihres Vaters, des Verlagsbuchhändlers Julius Campe, in der pulsierenden Hansestadt Hamburg auf. Campe verlegte Heine, Börne, Fallersleben und andere Autoren des »Jungen Deutschland«. Im Hause Campe verkehrten viele politisch aktive Künstler und Schriftsteller jener Zeit, die später eben aus diesem Grunde verfolgt wurden. Julius Campe selbst engagierte sich in der Kommunalpolitik Hamburgs und kämpfte dort im wahrsten Sinne des Wortes gegen den alten patrizischen Filz. Als Helene zu ihrem Mann in die brandenburgische Stadt Neuruppin zog, hoffte sie, auch hier eine adäquate Geselligkeit vorzufinden. Die Gästelisten der Familie Gentz bezeugen, dass im Hause dieses aktiven und aus seiner liberal-konservativen Gesinnung kein Geheimnis machenden Kommunalpolitikers viele angesehene Bürger der Stadt, Adlige der Region und Künstler aus Berlin verkehrten. Neben Theodor Fontane, seiner Mutter und Schwester gehörten Familienmitglieder

der Kühns und Oehmigkes, Dr. Kaempf, der Rechtsanwalt Hermann Juncker, Professor Adolf Stahr und Fanny Lewald aus Berlin sowie andere Künstler, Architekten, Akademiker zu ihren Gästen. Diese sozialen Kontakte dienten jedoch nicht nur der Unterhaltung und der Geselligkeit, sondern sie verwoben sich mit den unternehmerischen Vorhaben. Die künstlerische Gestaltung des Tempelgartens zeugt heute ebenso davon wie der innovative Versuch, ein mustergültiges Agrarunternehmen in Gentzrode aufzubauen.

Als der Gründer des Unternehmens, Johann Christian Gentz, 1867 verstarb, nahmen an dem Leichenbegräbnis 377 Neuruppiner aus allen »politischen Lagern« und 157 Auswärtige teil. Professor Adolf Stahr ließ es sich ebenso wenig nehmen, am Grabe dieses verdienstvollen »Torflords« zu stehen, wie der Romancier Theodor Fontane, der Künstler Adolf Menzel, der Architekt von Diebitsch oder von Zieten-Schwerin aus Wustrau. Die beiden Gentz, Vater und Sohn, meisterten binnen weniger Jahre nicht nur einen beachtlichen wirtschaftlichen Aufschwung, sondern sie erarbeiteten sich auch eine weitreichende gesellschaftliche Akzeptanz, die Parteigrenzen und kommunale Parteiungen überschritt. Alexander genoss diese Achtung und Anerkennung nicht nur, sondern er lebte die neue Bürgerlichkeit auf einem hohen Niveau aus. Dazu gehörten Besuche von Theatern, Opern und Bällen in Berlin sowie der Bau des herrschaftlichen Landhauses in Gentzrode. Bei all seinen politischen, gesellschaftlichen und kulturellen Aktivitäten scheint er jedoch die Wirtschaftlichkeit seines Unternehmens aus den Augen verloren zu haben. Der Konkurs 1880 traf ihn unvorbereitet und hart. Der gesellschaftliche Abstieg dieser bürgerlichen Familie ging, wie die Akten belegen, einher mit Verleumdungen, Schadenfreude und Genugtuung der weniger Erfolgreichen und weniger Anspruchsvollen. Auch das gehört zum bürgerlichen Leben. Der Wegzug der Familie aus Neuruppin ist nur eine konsequente Reaktion auf das durch den Konkurs folgende veränderte Verhalten der Neuruppiner Bürger gegenüber der Familie Gentz.[293]

Zu den kulturellen Aktivitäten der Stadt gehörten seit dem Mittelalter die verschiedensten Theateraufführungen. Die Theaterarbeit des Lehrerseminars wurde schon erwähnt. Aber auch die neue Landesnervenklinik gründete mit 20 bis 30 Mitgliedern eine Theatertruppe, die kleinere Stücke aufführte. Daneben sorgten eine Musikkapelle und weitere Sportclubs für die kulturelle Unterhaltung in der Klinik.[294]

Aber auch private Theater erwarben sich in Neuruppin großen Ruhm. So wurde beispielsweise 1893 in Köhlers Gasthof, dem späteren Schlossgarten an der Altruppiner Allee, das Bühnenstück von Max Messner »Joachim von Brandenburg« aufgeführt. Dieser Kurfürst führte 1539/40 die Reformation in seinem Land ein und er versuchte, seine Besitzungen zu erweitern und zu konsolidieren. Die Aufführung des Stückes kam nicht nur bei den Neuruppinern gut an, sondern sie erregte überregionales Aufsehen. Die brandenburg-preußischen Traditionen gewannen eben nicht nur in der borussischen Geschichtsschreibung jener Jahre an zentraler Bedeutung, sondern auch im Theaterschaffen der Garnisonstadt Neuruppin.

Zu den wertvollen Neuruppiner Traditionen zählte zweifelsohne die Tatsache, dass in der Stadt auch immer Künstler tätig waren. Die Bilder von Walter Kuphal, der am 26. Juni 1890 in Neuruppin als Sohn eines Schuhmachers in der Friedrich-Wilhelm-Straße 69 (Karl-Marx-Straße) geboren wurde, lassen nicht nur das Herz von Einheimischen höher schlagen. Walter Kuphal besuchte von 1896 bis 1906 die Knabenmittelschule und ließ sich anschließend bei der Firma Oehmigke und Riemschneider als Lithograph ausbilden. Der Unternehmer Gollert beschäftigte ihn um 1910 in seiner Theatermalerei als Hilfskraft. Hier lernte der junge Mann viele Künstler kennen und konnte mit deren Unterstützung sein eigenes handwerkliches Können verbessern. Der Berliner Landschaftsmaler Hans Licht nahm Kuphal als Studierenden in sein Atelier auf. Nach dem Ersten Weltkrieg kehrte Kuphal nach Neuruppin zurück. Es gelang ihm, sich von seiner Malerei sowie von einzelnen Aufträgen zu ernähren. Sein Atelier befand sich in der Möhringstraße 1, wo er aus ungeklärten Gründen am 9. Mai 1937 im Alter von 47 Jahren verstarb.[295] Dieser Maler genoss die Wertschätzung der Stadtverwaltung. Mehrfach, wenn es galt, Bürger besonders zu ehren, erhielt Kuphal den Auftrag, ein Bild zu malen. Beispielsweise beschloss der Magistrat am 28. Juni 1928, dass dem Ehrenbürger der Stadt, Hermann Schultze, zu seinem 80. Geburtstag ein Ölgemälde mit einer Ansicht der Stadt Neuruppin überreicht werden soll. Für 150 Reichsmark sollte Kuphal dieses Bild mit Rahmen und Widmung anfertigen. Auch Stadtrat Schmidt wurde anlässlich seiner silbernen Hochzeit mit einem Ölgemälde Kuphals für 75 Reichsmark geehrt.[296]

Die kulturelle und sportliche Vielfalt, wie sie sich in der zweiten Hälfte des 19. Jahrhunderts entwickelte, erhielt in den zwanziger Jahren des 20. Jahrhunderts noch weitere moderne Impulse. Mit der Machtergreifung des Faschismus wurden viele Vereine »gleichgeschaltet« und andere aufgelöst oder verboten. Weitere Forschungen sind erforderlich, um über die Sozialstruktur der einzelnen Vereine und deren Ziele und Aufgaben im Wandel der Zeiten Aufschluss zu geben.

Toleranz und Untertänigkeit – der Mikrokosmos einer preußischen Garnison- und Behördenstadt

Neuruppin nahm in den 100 Jahren zwischen 1850 und 1945 eine eher beschauliche Entwicklung und teilte damit das Schicksal vieler Städte, denen im Hinterland der boomenden Industriemetropole Berlin kaum reale industrielle Entwicklungspotenziale blieben. Doch auch diese Potenziale konnte die Stadt nicht ausschöpfen, weil die schwerfällige Bürokratie in vielem hinderlich war. Wirtschaftliche Innovationen und eine moderne Infrastruktur entwickelten sich nur allmählich. Es ist auch müßig darüber zu spekulieren, ob Neuruppin eine andere Entwicklung genommen hätte, wenn sich die Stadt schon 1847, wie beabsichtigt, an eine der großen Bahnlinien angeschlossen hätte.

Trotz aller externen und internen Hemmnisse veränderte sich der städtische Charakter in dieser Zeit in einer Weise, die alles andere als kleinstädtisch oder provinziell war. Die industrielle Entwicklung Neuruppins in der zweiten Hälfte des 19. Jahrhunderts zeugt zum einen vom flexiblen Unternehmergeist des mittelstädtischen Bürgertums, zum anderen von den wirtschaftlichen Standortvorteilen der Stadt, die immer wieder auswärtige Unternehmer anzogen. Ohne eine akzeptable Infrastruktur hätten sich wohl kaum drei Bilderbogenfabriken in Neuruppin etabliert, von denen sich zwei über viele Jahrzehnte am krisenanfälligen Markt behaupteten. Die drei Stärkefabriken profitierten ebenfalls von der günstigen Verkehrslage und dem ländlichen Umfeld der Stadt. Bemerkenswert an der Entwicklung in diesen beiden Branchen ist die Tatsache, dass jeweils erst ein erfolgreiches Unternehmen (Kühn und Scholten) sozusagen den Standort und den Markt testete, bevor sich weitere Unternehmen hier gründeten.

Dass Industriebetriebe Konkurs gehen oder aus verschiedenen internen oder externen Gründen einfach schließen, gehört zur kapitalistischen Wirtschaftsweise. Mit Provinzialität hat das weniger zu tun. Denn auch in den großen Industriezentren gab es viele Unternehmen, die wieder eingingen.[297]

Ein weiteres typisches Charakteristikum der industriellen Revolution stellt der Wandel der Produktionsstruktur dar. In Neuruppin ging die Tuchproduktion allmählich zurück, bis auch die letzte Ebellsche Fabrik ihre Tore schloss. Statt Tuche stellte man Fahnen, Theaterdekorationen, Schuhe und Feuerlöscher her. Es ist doch bemerkenswert, dass die alten Fabrikgebäude neu genutzt wurden und sich immer wieder Nachfolgeunternehmer fanden, die den Wirtschaftsstandort Neuruppin zu schätzen wussten. So entwickelte sich die einstige Berliner MINIMAX AG in den alten Backsteingebäuden der Ebellschen Tuchfabriken in der Knesebeckstraße 12 zu dem markt-»führenden Unternehmen des chemischen Feuerlöschwesens und größte(n) Spezialbetrieb(es) dieser Art«.[298] Als die Neuruppiner Bilderbogen nicht mehr den gewünschten Absatz fanden, überlebten die beiden großen Druckereien (Oehmigke & Riemschneider und Kühn) mit einem anderen Produktionsprofil. Auch viele kleine Handwerksbetriebe sicherten ihre Existenz in dieser Industrialisierungsphase durch eine zeitgemäße Modernisierung und Mechanisierung ihrer Werkstätten. Die Unternehmen stellten sich je nach eigenem Kapital und Ressourcen mehr oder weniger schnell auf die veränderten Marktbedingungen ein.

Prägten in der frühen Neuzeit die Tuchmacher, die Ackerbürger und die Garnison das städtische Sozialgefüge Neuruppins, so wurde der städtische Charakter in der Neuzeit stärker durch die erfolgreichen Unternehmer, die Beamten und das gesellige Leben des Offiziercorps dominiert. Zu allen Zeiten nahmen aber die kleinen Handwerksmeister zahlenmäßig die führende Position in der

Stadt ein. Neuruppin blieb also eine Handwerkerstadt, in der sich die wirtschaftliche Leistungsfähigkeit vor allem in den Bilanzen dieses Mittelstandes spiegelte. Erst an dritter Stelle kamen dann die vielen Kleingewerbetreibenden, die wesentlich dazu beitrugen, Neuruppin in der Fremdenverkehrsbranche ein neues wirtschaftliches Betätigungsfeld zu erschließen. Darüber hinaus sorgten die zahlreichen Behörden (das Steueramt, das Hauptzollamt, das Wasserbauamt, die Kreisverwaltung, das Land- und Kreisgericht oder die Ruppiner Eisenbahndirektion) mit ihren Mitarbeitern für eine Erweiterung des sozialen Spektrums. Neuruppin entwickelte sich zu einer Garnisons- und Behördenstadt, deren Architektur sowohl von den neuen Militärbauten um 1900 als auch von den stattlichen Villen in den drei neuen Vorstädten geprägt wurde.

In den Jahren zwischen der 1848er Revolution und 1945 verfestigte sich ein neues bürgerliches Wertesystem, das überkonfessionell Kultur, Bildung, wirtschaftliche Leistungsfähigkeit und politisches Engagement nachhaltig prägte. Am Anfang dieser Metamorphose stand das Erlernen toleranter religiöser Verhaltensweisen.

Die Einwohner gehörten seit der Einführung der Reformation 1539/41 mehrheitlich der lutherischen Konfession an. Am Ende des 17. Jahrhunderts siedelten sich die ersten Reformierten und in der Mitte des 18. Jahrhunderts die ersten Katholiken in der Stadt an. Das Zusammenleben der Angehörigen der drei Konfessionen gestaltete sich nicht immer konfliktarm. Der alltägliche Umgang reduzierte jedoch allmählich Vorbehalte und Vorurteile, so dass man sich zunehmend achtete und respektierte. Die einzelnen Pfarrer übernahmen in diesem Annäherungsprozess eine wichtige Mittlerfunktion. Mischehen zwischen reformierten und lutherischen Gemeindemitgliedern zeugten ebenso von diesem Prozess wie gegenseitige Patenschaften und Vertretungen der Pfarrer bei Krankheit. Im karitativ-sozialen Bereich engagierte man sich ebenfalls gemeinsam. Das gute Einvernehmen der lutherischen und reformierten Konfessionsangehörigen führte dazu, dass nach dem großen Stadtbrand 1787 keine separate reformierte Kirche mehr erbaut, sondern die Kirche St. Marien als Simultankirche genutzt wurde. Natürlich lagen dieser Entscheidung auch handfeste wirtschaftliche und finanzielle Ursachen zu Grunde, denen sich einige reformierte Gemeindemitglieder gern widersetzt hätten.

Als 1817 die Union zwischen Reformierten und Lutheranern staatlich verordnet wurde, ergaben sich daraus für die Gläubigen in Neuruppin kaum Probleme. Erst gegen die Zwangseinführung einer einheitlichen Agende 1823 protestierten die Neuruppiner gemeinsam mit den Bürgern anderer Städte. In Glaubenssachen wollten sie sich vom Staat nichts mehr vorschreiben lassen, zumal laut Allgemeinem Landrecht allein die Gemeindemitglieder über die Änderung der Liturgie zu entscheiden hatten. Konfessionelle Vorbehalte lagen dem Agendestreit nicht zu Grunde. Längst lebten die Konfessionen im friedlichen Einvernehmen miteinander.

Während die evangelische Gemeinde im alltäglichen Umgang mit der reformierten Gemeinde relativ schnell ihre Vorbehalte abbaute und sich das Verhältnis der Konfessionen zueinander friedlich gestaltete, benötigten sie schon mehr Zeit, um den Zuzug von jüdischen Glaubensangehörigen nach der Vertreibung 1571 wieder zuzulassen. Die ersten Juden, die sich nach der Einführung der Städtereform 1808/09 und dem Emanzipationsedikt von 1812 hier niederließen, scheinen jedoch durchaus von der Mehrheit der Einwohner akzeptiert worden zu sein. Die Wahl jüdischer Bürger in die Stadtverordnetenversammlung und der würdige Umgangston zwischen der Stadtverwaltung und dem jüdischen Gemeindevorstand zeugen darüber hinaus von einem guten, sich gegenseitig tolerierenden Verhältnis. Die Assimilation der jüdischen Einwohner erleichterte das Zusammenleben.[299]

Die katholische Gemeinde Neuruppins vergrößerte sich seit der Mitte des 18. Jahrhunderts nur allmählich und so wuchsen die katholischen Gemeindemitglieder mehr oder weniger reibungslos in das alltägliche städtische Leben hinein. Geburten, Heiraten und Todesfälle wurden selbstverständlich im lutherischen Kirchenbuch verzeichnet. Für ihre meist vierteljährlichen Gottesdienste nutzten sie die evangelischen Kirchen. Über dieses friedliche Miteinander ereiferten sich in Berlin Gegner dieser religiösen Toleranz. Sie publizierten beispielsweise in der Berlinischen Monatsschrift ihre Sichtweise auf die von den Katholiken ausgehende Gefahr für die lutherische Kirche. Die Neuruppiner Pfarrer ließen sich offenbar davon nicht beeindrucken.

Fast ein Jahrhundert betreuten die Berliner katholischen Geistlichen die kleine Neuruppiner Gemeinde. Erst 1849 richteten die Katholiken in der Prinzenstraße 245 eine eigene Kapelle und eine Schule ein. Nunmehr wurde auch ein Geistlicher fest angestellt. Das heutige katholische Anwesen in der Präsidentenstraße wurde dann 1883 erbaut.[300] Die häusliche und die personelle Etablierung der Neuruppiner Katholiken geschah nicht zufällig 1849, sondern sie ergab sich aus der Notwendigkeit, die kleine Gemeinde innerlich zu festigen. Eine neue katholische Reformgemeinde drohte in turbulenten Zeiten zweifelnde katholische Gemeindemitglieder an sich zu binden und so die kleine katholische Gemeinde in Neuruppin erheblich zu schwächen.

Unter der Führung des Kaplans Johannes Ronge hatte sich die »Frei-von-Rom-Bewegung« in vielen Städten organisiert. Die Deutsch-Katholiken lehnten das Hierarchieprinzip und die kirchlichen Götzenfeste ab. Ronge wurde als »neuer Luther« gefeiert, der längst fällige Veränderungen anmahnte.[301] Auch in Neuruppin gründete sich 1845 eine deutsch-katholische Gemeinde als Potsdamer Tochtergemeinde, die anfänglich 33 und später 72 Mitglieder zählte. Am 7. August 1845 fand der erste deutsch-katholische Gottesdienst in der Siechenhauskapelle statt. Zuvor war in der ganzen Stadt eine Hauskollekte durchgeführt worden, um die junge Gemeinde finanziell zu unterstützen. Auch die Stadtverwaltung gewährte der Gemeinde eine Summe von 25 Talern aus der Stadtkasse.[302] Die mehrheitlichen evangelischen Einwohner unterstützten so die Gründung einer neuen kirchlichen Gemeinde in ihrer Stadt, und das zu einer Zeit, als es vielen Bürgern wirtschaftlich durchaus nicht gut ging. Die Reformideen der Deutsch-Katholiken scheinen zu diesem Zeitpunkt, als auch Friedrich Wilhelm IV. für eine interkonfessionelle Annäherung plädierte und wirkte, in Neuruppin Anklang gefunden zu haben. Am 3. Osterfeiertag des Jahres 1848 konnten die Deutsch-Katholiken ihre Messe in der Neuruppiner Pfarrkirche St. Marien feiern. Die einstige Simultankirche wurde in diesem »merkwürdigem 48er Jahr« zum erneuten Symbol interkonfessioneller Verständigung in einem städtischen Mikrokosmos, der allzu vorschnell als kleinlich und eng charakterisiert wurde, in dem es jedoch zeitweise toleranter zuging, als es die Nachwelt wahrhaben wollte.[303]

Mitte der fünfziger Jahre, als in der städtischen Gesellschaft die konservativen Kräfte dominierten und die liberalen und reformfreudigen Einwohner in den privaten Raum abgedrängt wurden, verlor auch die deutsch-katholische Gemeinde an Zulauf und ging allmählich ein. Einige Gemeindemitglieder schlossen sich der römisch-katholischen Gemeinde an und andere konvertierten zum evangelischen Glauben.

In der Aufbruchsstimmung des Jahres 1847 organisierten sich auch jene Lutheraner, die mit der staatlich verordneten Union unzufrieden waren. Die Altlutheraner gründeten 1848 eine eigene kleine Gemeinde, die sie an das

Die Kreuzkirche der Evangelisch-Lutherischen Kreuzgemeinde (1853 erbaut) in der Steinstraße.

Oberkirchenkollegium in Breslau anschlossen. Bereits 1853 bauten sich die Altlutheraner in der Steinstraße die heute noch bestehende Kreuzkirche. Der Prediger Räthien hielt dort die ersten Gottesdienste.[304] Ob die wohlhabenden Breslauer Altlutheraner der jungen Gemeinde zu ihrem eigenen Gotteshaus verhalfen oder ob eine Kollekte in Neuruppin durchgeführt wurde, bleibt angesichts des jetzigen Forschungsstandes eine unbeantwortete Frage. Heydemann verweist lediglich darauf, dass es innerhalb der Altlutheraner nochmals zu einer Spaltung zwischen jenen, die sich von der Breslauer Oberkirche lösten, und jenen, die dort verankert blieben, kam. Um 1863 lebten noch einige Baptisten in Neuruppin, so dass neben der großen evangelischen Gemeinde noch weitere vier kleinere religiöse Gemeinden in der Stadt existierten, die sich alle offenbar mit Achtung begegneten. Später gründete sich noch die neuapostolische Gemeinde und am 19. Dezember 1908 die Adventsgemeinde.[304a]

Konfessionelle Vielfalt gehörte bis 1933 zum selbstverständlichen städtischen Alltag. Die parteipolitische Akzeptanz des jeweils anderen wurde hingegen lange Zeit durch die allzu starre preußische Gesetzgebung und deren Überwachungsmaschinerie verhindert. Auch nach der Aufhebung des Sozialistengesetzes 1890 blieben die Vorbehalte gegen die sozialdemokratisch gesinnten Stadtbewohner bei einem großen Teil der Einwohner bestehen. Erst ganz allmählich fand das soziale Engagement der Sozialdemokraten und später auch das der Kommunisten allgemein Anerkennung. Die Wahlergebnisse der 20er- und 30er-Jahre des 20. Jahrhunderts deuten dies an. Doch aus der »Hochburg der Konservativen« wurde auch in diesen Jahrzehnten keine für alle politischen Strömungen offene Bürgergesellschaft. Das staatstragende und königstreue Militär sorgte neben den zumeist konservativen bzw. liberal-konservativen Mitgliedern des Magistrats für eine entsprechende politische Atmosphäre in der Stadt.

Die Mitglieder der Künstlerkolonie Gildenhall bewiesen mit ihren Annäherungsversuchen, dass eine kulturelle Akzeptanz Andersdenkender eher möglich war als eine politische. So blieb Neuruppin bis zur Gleichschaltung durch die Nationalsozialisten eine von den konservativen Parteien dominierte Stadt, in der die braven Untertanen nur ganz allmählich kritischer wurden. Die Sozialdemokraten und Kommunisten eroberten zwar zunehmend mehr Stimmen bei den Wahlen, doch zu einem grundsätzlichen Wandel in der politischen Kultur der Stadt konnte es in der Kürze der zur Verfügung stehenden Zeit nicht kommen. Beständige demokratische Strukturen und vor allem demokratische Denk- und Verhaltensweisen hatten sich noch nicht in breiten Kreisen der Stadtbevölkerung nachhaltig verfestigt, als der Faschismus an Boden gewann. Nach dem Machtantritt der Nationalsozialisten 1933 und dem Verbot der demokratischen Parteien wirkten diese zwar vereinzelt intern und geheim weiter, aber der Großteil der Einwohner ließ sich in den Bann der NSDAP und ihrer zahlreichen Organisationen ziehen. Der gezielten Verfolgung Andersdenkender und Andersseiender durch die Faschisten stand die Mehrheit der Bevölkerung zumeist indifferent gegenüber. Der religiösen Toleranz des 19. Jahrhunderts folgte vorerst keine politische Toleranz, die die Akzeptanz anderer politischer Grundüberzeugungen ganz selbstverständlich zur Voraussetzung hatte.

Die städtische Entwicklung war eingebettet in die Evolution des preußischen Nationalstaates und sie blieb abhängig von der großen Politik. Gründerboom und Gründerkrach, die Kriege 1864/66 und 1870/71, der Erste Weltkrieg 1914–1918, die Inflation 1923 und die Weltwirtschaftskrise 1929, die Machtergreifung der Faschisten 1933 und der Zweite Weltkrieg 1939–1945 hinterließen tiefe Spuren in Neuruppin.

IV. Neuruppin auf dem Weg in das 21. Jahrhundert

Das letzte Kapitel der Stadtgeschichte gliedert sich in zwei Zeitabschnitte, die jeweils durch gesellschaftliche Umbrüche geprägt wurden, die verschiedener nicht sein konnten. Das Ende des Zweiten Weltkrieges 1945 erzwang extern einen gesellschaftlichen Neubeginn, der den Menschen in der sowjetischen Besatzungszone keine Wahlmöglichkeiten ließ, wenn sie nicht in eine andere Besatzungszone emigrieren wollten. Im ersten Abschnitt werden die wirtschaftlichen und kulturellen Folgen dieses Bruches kurz beschrieben. Ein umfassendes Bild Neuruppins zur Zeit der DDR kann angesichts des jetzigen Forschungsstandes nicht gezeichnet werden, auch wenn Peter Pusch bereits sehr viele Daten und Fakten zusammentrug. Vielmehr soll lediglich ein Einblick in einzelne Lebensbereiche der DDR-Gesellschaft vermittelt werden, die partielle Modernisierungserfolge aufwiesen. Die Arbeit der einzelnen Verwaltungen, der Parteien, der Staatssicherheit und die Interaktionen dieser auf den verschiedenen gesellschaftlichen Ebenen sollten mit der nötigen Distanz erst solide erforscht werden, bevor sie dargestellt werden.

Der zweite Abschnitt widmet sich den Brüchen 1989/90 und der postsozialistischen Entwicklung Neuruppins. Das Ende der DDR und die demokratische Umgestaltung der Gesellschaft danach zeugen von einer breiten Verankerung demokratischer und freiheitlicher Orientierungen, die bereits in der DDR-Bevölkerung vorhanden waren.[305] Nach 1990/91 wandelte sich nicht nur der städtische Charakter Neuruppins – aus der Garnisonstadt wurde ein multifunktionales Mittelzentrum ganz ohne Militär –, sondern es vollzog sich auch ein grundlegender Wertewandel der Bewohner. Erhalten blieb der Stadt nach all diesen Brüchen die Anziehungskraft für Kulturschaffende, die sich auch nach der Wende hier niederließen bzw. hier blieben, sowie die Neugierde der Touristen, die die landschaftliche Schönheit und die zahlreichen Kulturorte zu schätzen wissen, und last but not least das große Engagement vieler Einwohner in den zahlreichen Vereinen und Organisationen.

Das Ende des Zweiten Weltkrieges und der erwartungsvolle Neubeginn

Das Ende des Zweiten Weltkrieges veränderte die politischen, wirtschaftlichen und sozialen Verhältnisse der Bewohner Neuruppins grundlegend. Neuruppin lag in der sowjetischen Besatzungszone. Die sowjetische Besatzungsmacht erwirkte eine zielgerichtete gesellschaftliche Umstrukturierung, an der anfänglich eine Vielzahl von antifaschistisch gesinnten Einwohnern mit unterschiedlichen

*Gertrud (Trude) Marx
(3. Juni 1904 – 3. Mai 1989)
war vom 24. April 1946 bis
zum 16. Dezember 1947
Bürgermeisterin von
Neuruppin.*

parteipolitischen Orientierungen bewusst und aktiv teilnahm. Diese überparteiliche Koalition brach erst durch die immer deutlicher zutage tretenden Repressionen gegen Andersdenkende und durch die sich verfestigenden Fronten des Kalten Krieges auseinander.

Die Bündnissysteme (NATO und Warschauer Pakt) rüsteten auf und standen sich unversöhnlich gegenüber. Die außenpolitische Situation fand in einer mit dem Freund-Feind-Bild operierenden Innenpolitik ihre Entsprechung. Der ungarische Aufstand 1956, der Mauerbau 1961 oder der Prager Frühling 1968 manifestierten den uneingeschränkten Machtanspruch des sozialistischen Lagers, das Reformansätzen und inneren Konflikten mit militärischer Übermacht begegnete. Erst mit der Ostpolitik Willy Brandts änderte sich das Ost-West- und somit auch das deutsch-deutsche Verhältnis allmählich. Der Grundlagenvertrag zwischen der DDR und der BRD 1971/72 und später die Schlussakte von Helsinki 1975 verbesserten für DDR-Bürger die Besuchsmöglichkeiten bei Verwandten in der BRD sowie für Ausreisewillige das Verlassen der DDR. Dennoch konnten bzw. wollten nicht alle mit der DDR Unzufriedenen ausreisen. Was diese Menschen in der DDR hielt oder warum die DDR trotz ihrer inneren Krisen vier Jahrzehnte Bestand hatte, beantworten Soziologen und Politologen heute sehr verschieden.[306]

Nachdem die Verwaltungen von der SMAD an die deutschen Behörden übergeben und die DDR am 7. Oktober 1949 gegründet worden war, nahm die sowjetische Besatzungsmacht mittelbar Einfluss auf die Gestaltung der Entwicklung. Die sowjetischen Truppen lebten zwar in abgeschlossenen Räumen für sich, doch die alltägliche Präsenz blieb bis 1991 für alle wahrnehmbar. Die vielfältigen Interaktionen zwischen sowjetischer Militärbevölkerung und der Neuruppiner Zivilbevölkerung können in diesem Buch nicht thematisiert werden, da es an den erforderlichen Forschungen mangelt. Für die strukturelle Entwicklung in der Zeit der DDR erwies sich die Anwesenheit der sowjetischen Truppen als systemstabilisierend, wie unlängst der Soziologe Detlef Pollack darlegte. Pollack geht davon aus, dass die DDR nicht, wie zumeist angenommen wurde, durch die gemeinsame sozialistische Ideologie, die viele als politische Kultur akzeptierten, zusammengehalten wurde, sondern dass der Bestand der DDR durch die Einsicht in das Unabänderliche der Übermacht der Sowjetunion garantiert wurde.[307] Daher folgte der Reformpolitik Michael Gorbatschows, die bei unterschiedlichen Kreisen in der DDR auf positive Resonanz traf, das gewaltfreie Ende der DDR. Doch kehren wir noch einmal zum Ende des Krieges zurück.

Im April 1945 wurde Neuruppin Ziel von anglo-amerikanischen Bombenangriffen. Neben Wohnhäusern, Teilen des jüdischen und evangelischen Friedhofs wurden auch der Hauptbahnhof, die Bahnanlagen und das Gleisbett getroffen. Den Bombenangriffen fielen zahlreiche Menschen zum Opfer.[308] Geschützdonner aus der Gegend um Rheinsberg ließ die nahende Front erahnen. Sichere Informationen über den Frontverlauf gab es schon lange nicht mehr. Gerüchte breiteten sich aus. An den Ausfallstraßen Neuruppins wurden Panzersperren errichtet. Verängstigte Menschen ergriffen mit Handwagen oder Fahrrädern die Flucht aus der Stadt in Richtung Elbe. Ein Tross von 30 000 Häftlingen aus Sachsenhausen tangierte Neuruppin an der Altruppiner und Wittstocker Allee. An der Wegstrecke verstarben viele Häftlinge, die ihre letzte Ruhe auf dem Hauptfriedhof fanden. Gedenksteine erinnern heute an das Leid der Häftlinge.

In der Landesanstalt befand sich seit 1941 ein Lazarett mit 1000 Betten. Ein Jahr später wurden Teile der Irrenanstalt in andere Einrichtungen verlagert, da einige Berliner Krankenhäuser nach Neuruppin verlegt wurden. Mit den Kranken kamen auch Berliner Ärzte, Schwestern und Pfleger sowie viele Menschen, die vor den Bomben flohen. Die Landesklinik beherbergte von 1943 bis 1945 das Berliner Verbandskrankenhaus und ein Siechenkrankenhaus. Von den einstigen ca. 2000 Geisteskranken lebten 1945 wohl noch 400 bis 500 in der Anstalt.[309] Viele Ärzte, Pfleger und Krankenschwestern hatten die Anstalt bereits verlassen. Die Geisteskranken blieben sich selbst überlassen. Im April irrten viele dieser Patienten unbetreut und schutzlos durch die Anstalt und deren Umgebung. Einige verhungerten, andere kehrten wieder in die Anstalt zurück.[310]

Am 30. April rückten die ersten russischen Truppen in Wuthenow und Gildenhall ein. Der Wuthenower Bürgermeister Bünger bemühte sich um Ruhe und Ordnung angesichts der militärischen Besetzung. Am 1. Mai sprengten der Kreisjägermeister Stute und zwei Hitlerjungen auf Befehl des Kreisleiters Kerner beide Bahndammbrücken. Panikstimmung breitete sich aus.

Die NSDAP-Kreisleitung befand sich in der Ludwigstraße 14/15 und der letzte Kriegskommandant war Hauptmann von Boddin. Nazis wie Kreisleiter Kerner, Landrat von Uslar-Gleichen, Bürgermeister und SS-Führer Krüger regierten bis zuletzt selbstherrlich und kompromisslos.

Der Inhaber der Märkischen Zeitung Walter Engelbrecht wurde festgenommen und wegen eines Extrablattes, das zur Kapitulation aufforderte, zum Tode verurteilt. Ihm gelang die Flucht. Wenige Tage später kehrte er nach Neuruppin zurück. Weniger Glück hatten drei Soldaten, die im Hof des heutigen Heimatmuseums noch in letzter Minute erhängt wurden.

Vom gegenüberliegenden Seeufer wurden die Neuruppiner per Lautsprecher zur Kapitulation aufgefordert. Zwei Männer und eine Frau ruderten mit einer selbst gefertigten weißen Fahne zum anderen Ufer, nachdem die Verantwortlichen in der Stadt Montag und Dienstagvormittag zu keinem Entschluss ge-

Auf dem Kirchplatz, Foto von Ursula Kühn, 1946.

kommen waren, um den sowjetischen Truppen mitzuteilen, dass sich Neuruppin ergeben werde. Am Abend des 1. Mai kamen dann die drei mit den sowjetischen Truppen über Alt Ruppin in die Stadt zurück. Hier hatten inzwischen Erich Dieckhoff (SPD), Herbert Vick (Kaufmann), Max Sasse (Elektromeister), Hermann Jerx (Druckereimitarbeiter) und der Pastor Reinhold Bittkau weiße Tücher auf den Kirchen und der Schule des Friedens gehisst. Dank der Zivilcourage jener Einwohner blieb Neuruppin ein militärischer Angriff mit vielen Opfern und sinnloser Zerstörung erspart.

Der Einzug der sowjetischen Truppen veränderte das Leben der Neuruppiner und insbesondere der Neuruppinerinnen nachhaltig. Ob die Einwohner und die Flüchtlinge das Einrücken fremder Truppen zu jener Zeit wie beispielsweise Richard von Weizsäcker empfunden haben, ließe sich nur vermuten. Weizsäcker sagte am 8. Mai 1985 rückblickend: »Wir waren befreit, wir waren aber auch besiegt.«

Die Kasernen, in denen viele Flüchtlinge und später die Umsiedler untergekommen waren, wurden nun von den sowjetischen Truppen beansprucht. Zahlreiche andere städtische Einrichtungen und privater Wohnraum in Kasernennähe wurden ebenfalls konfisziert. Bis 1947 waren von diesen Räumungsaktionen 95 Neuruppiner Familien betroffen.[311] Den Bewohnern blieb meist nicht sehr viel Zeit, um eine Übergabe ihrer Wohnungen oder Häuser vorzubereiten. Die erste Bürgermeisterin Neuruppins, Trude Marx, die als fünfter Nachkriegsbürgermeister am 24. April 1946 ihr Amt antrat, griff bei derartigen Willkürakten schon mal couragiert zugunsten der Betroffenen ein und verschaffte sich dadurch bei den Neuruppinern, aber auch bei den sowjetischen Soldaten den nötigen Respekt.[312] Trude Marx, die als Widerstandskämpferin im Konzentrationslager Ravensbrück interniert war und nach ihrer Entlassung zwangsdienstverpflichtet wurde, arbeitete 1945 in Rheinsberg als stellvertretende Bürgermeisterin. Von dort wurde sie in die Garnisonstadt Neuruppin versetzt. Als selbstbewusste und lebenserfahrene Frau erwarb sie sich sehr schnell innerhalb der Verwaltungen auf Stadt- und Kreisebene sowie bei den Bürgern Achtung und Anerkennung. Ihre erste öffentliche Rede am 14. Oktober 1946 vor den Honoratioren der Stadt spricht für sich: »Meine Damen und Herren, Herr Kreisrat und Stadtverordnete! ... Es war für Sie sicherlich nicht ganz einfach, sich einen Bürgermeister vor die Nase setzen zu lassen, der erstens nicht einmal Neuruppiner ist und zweitens noch dazu eine Frau. Ich wünsche und hoffe, dass in allen Verwaltungen unseres deutschen Vaterlandes die Frau im öffentlichen Leben so anerkannt wird, wie in der Stadtverwaltung und -gemeinde Neuruppin.«[313]

Die sachliche Kompetenz und das organisatorische Talent verschafften der Frau Bürgermeister binnen eines halben Jahres eine allgemeine Wertschätzung. So kann es auch nicht verwundern, dass sie von den Stadtverordneten mit 36 der 37 Stimmen zur Bürgermeisterin gewählt und so in ihrem Amt bestätigt wurde.[314]

Der Paulinenauer Bahnhof ging ebenfalls in die Verwaltung der Sowjets über. 40 Jahre lang lebten dort sowjetische Familien, die das historische Gebäude ihren wechselnden Bedürfnissen anpassten. Das dort eingerichtete Textil-Magazin diente der speziellen Versorgung der Offiziersfamilien. Nach der Wende erfuhr dieses denkmalgeschützte Gebäude mit seiner historischen Backsteinfassade abermals eine Metamorphose. Zwei kreative Fachärzte verwandelten den Bahnhof im Innern in ein ansehnliches medizinisches Versorgungszentrum und äußerlich in ein erinnerungsträchtiges historisches Ensemble.

Kurzzeitig übernahmen die sowjetischen Truppen auch Teile der Landesnervenklinik, die schon seit 1940 teilweise als Lazarett genutzt wurde. Die Bombardierungen Berlins führten zur Verlegung der dortigen Krankenhäuser. Einige der Insassen dieser kirchlichen Krankenhäuser kamen in Begleitung von Ärzten in der Neuruppiner Landesnervenklinik unter. Teile des Lazaretts 102 wurden in den letzten Kriegstagen noch nach Schleswig-Holstein transportiert, so dass das Krankenhaus beim Einrücken der russischen Truppen freie Betten aufwies, in die verletzte und verwundete sowjetische Soldaten gelegt wurden. Bereits im Herbst verlegte die SMAD ihr Krankenhaus in das Kreiskrankenhaus in der Neustädter Straße, und das dortige Krankenhaus kam in einem kleinen Anstaltsgebäude in der Fehrbelliner Straße unter.[315]

Im Kreis waren 1945 42 Brücken zerstört, von denen im folgenden Jahr 25 wieder aufgebaut werden konnten. Der Aufbau und der Ausbau der Infrastruktur gingen relativ schnell voran, zumal Neuruppin ja nicht so schwer wiegende Zerstörungen wie beispielsweise Berlin, Dresden, Frankfurt (Oder), Oranienburg oder andere zerbombte Städte aufzuweisen hatte.

Die alltägliche Versorgung der Bevölkerung, die Unterbringung der Umsiedler und Flüchtlinge und der Aufbau demokratischer Strukturen beschäftigten die Mitarbeiter der Stadtverwaltung rund um die Uhr. Hinzu kam, dass sich das anfängliche Zusammenleben mit den sowjetischen Soldaten nicht gerade konfliktarm gestaltete. Dennoch zeugen die Akten der Stadtverwaltung jener ersten Nachkriegsjahre von einem beeindruckenden Gestaltungswillen, einem parteiübergreifenden konstruktiven Agieren der gewählten Stadträte und Stadtverordneten und einer politischen Kultur, wie sie wohl nur abrupte gesellschaftliche Brüche und die grenzenlose Hoffnung auf einen Neubeginn zu entfalten vermögen.

Deutschland wurde in vier Besatzungszonen eingeteilt. Am 5. Juni 1945 übernahmen die vier Siegermächte die oberste Regierungsverwaltung. Berlin teilten sie in vier Sektoren und unterstellten diese einer Militärkommandantur. Neuruppin lag in der sowjetischen Besatzungszone und wurde von der Sowjetischen Militäradministration in Deutschland (SMAD) verwaltet.

Das wirtschaftliche, politische und kulturelle Leben nahm nun Schritt für Schritt neue Formen und Gestalt an. Kreativität und Improvisation ermöglichten allmählich wieder einen geregelten Arbeits- und Tagesablauf. Wo einst

Der 1. Mai 1947 auf dem Paradeplatz.

für die Rüstung produziert wurde, stellte man nun, wie in der MINIMAX, Kochtöpfe, Eimer, Bratpfannen und andere Waren des täglichen Bedarfs her.[316] Bald arbeiteten in der Stadt wieder an die 200 Ladengeschäfte und 1000 Gewerbebetriebe, soweit es ihnen die Rohstofflieferungen und die Infrastruktur ermöglichten. Auf der Industrie-Ausstellung 1946 in Neuruppin erschienen 100 000 Besucher. Die Abschlüsse auf dieser Ausstellung sicherten einen Gewinn von 80 000 Mark, die den Umsiedlern zum Ankauf von Geräten und Maschinen zur Verfügung gestellt wurden.

1947 produzierte beispielsweise die Firma Möbel-Bolle Möbel im Wert von 50 000 Reichsmark, die Firma Oehmgke & Riemschneider eine Million Schreibhefte, die Gießerei Richter sieben Tonnen Buntmetallformguss oder die Schuhfabrik Kass Schuhe im Wert von 57 600 Reichsmark. Die Stadtwerke bemühten sich um eine kontinuierliche Strom-, Gas- und Wasserversorgung, was aber nicht immer gelang. Strom und Gas standen meist nur stundenweise zur Verfügung.

Der Kreis Ruppin zählte 1939 94 779 Einwohner. Im Jahr der Gründung der DDR 1949 lebten in diesem Kreis noch 75 145 Alteinwohner. Dazu waren 50 680 Umsiedler gekommen, so dass insgesamt 125 825 Einwohner verzeichnet wurden. In Neuruppin wohnten 1939 24 559 zivile und ca. 4000 Militärpersonen. Bis 1947 kamen noch 8239 Umsiedler in die Stadt. Insbesondere für die Umsiedler galt es, Wohnraum und Arbeitsmöglichkeiten zu schaffen und sie in die neue Umgebung zu integrieren.

Sowohl die Alteinwohner als auch die Umsiedler mussten ihre Erfahrungen mit dem Faschismus, dem Krieg und den darauf folgenden Brüchen, die die einen als Zusammenbruch und die anderen als Befreiung erlebten, verarbeiten und sich gleichzeitig dem Neuen stellen. Diejenigen, die in der SBZ blieben, verinnerlichten sehr bald eine antifaschistische Grundhaltung, die Schuldgefühle einschloss und eine kritische Reflexion der Handlungsweisen der sowjetischen Besatzungsmacht kaum noch zuließ.

Die natürliche Bevölkerungsentwicklung der Nachkriegsjahre spricht für sich. 364 Geburten, 1217 Gestorbene und 179 Eheschließungen verdeutlichen die prekäre Situation der negativen Bevölkerungsbilanz 1946/47. Typhus, Tuberkulose, Lungenentzündung, Diphtherie, Krebs und Unfälle wurden als häufige Todesursachen verzeichnet. Die Auswirkungen der schlechten hygienischen Bedingungen gerade für die Umsiedler und die mangelhafte Ernährung spiegeln sich in diesen Todesursachen ebenso wider wie die schlechten medizinischen Versorgungsmöglichkeiten.[317] Im Mai 1945 und in den folgenden Monaten wurden zwei Menschen von Plünderern erschossen, zehn Einwohner wurden vom Feind erschossen, zwei erhängt und einer erschlagen. Zwei Schüler fanden den Tod, weil sie mit herumliegender Munition spielten. 67 Personen nahmen sich in jenen Monaten selbst das Leben.[318] Ernährungsstörungen waren ebenfalls häufige Todesursache.

In der einstigen Landesklinik erhöhte sich die Patientenzahl ab Mai 1945 innerhalb von wenigen Monaten von 600 auf 1350 Kranke. Seuchen breiteten sich aus. Es mangelte an Medikamenten, an Nahrungsmitteln und an Fachpersonal. Im Sommer 1946 zogen die Berliner Verbandskrankenhäuser wieder nach Berlin. Dafür traf ein Transport mit geistig Kranken aus dem Sudetenland ein. Das Ende des Zweiten Weltkrieges mit dem Potsdamer Abkommen verursachte unvorstellbare Migrationswellen. Zwischen 50 und 70 Millionen Menschen wurden in Europa vertrieben, umgesiedelt oder wanderten aus.

Die medizinische Versorgung musste angesichts der neuen Herausforderungen (Seuchen, Unterernährung und Kriegsverletzungen) neu organisiert werden. So wurde erst Frau Dr. Dierks und vier Wochen später Heinz Sawatzki Direktor der Landesanstalt und des Kreiskrankenhauses. Sie mühten sich, die Verwaltungsstrukturen den Nachkriegsbedingungen anzupassen. Aus der einstigen Landesanstalt entwickelte sich allmählich eine vielseitige Krankenversorgungseinrichtung mit einem Tuberkulosekrankenhaus (320 Betten), einer orthopädischen Landesklinik (150 Betten), einer Zahnklinik, einer Kinderabteilung, einer Apotheke, einem Café und einem Frisör. Die medizinische Versorgung verbesserte sich zwar Schritt für Schritt, aber ein Grundproblem jener Nachkriegsjahre blieb bis zum Mauerbau 1961 bestehen. Immer wieder verließen gut ausgebildete Ärzte, Schwestern und Pfleger die Stadt in Richtung

Westberlin oder Westdeutschland. Derartige Fluktuation von Fachkräften erschwerte die Arbeit der Bleibenden. Sie musste durch Kreativität und eine bemerkenswerte Einsatzbereitschaft des vorhandenen Personals kompensiert werden.

In den Jahren des Aufbaus und der Einrichtung neuer Fachabteilungen war ohnehin stets ein besonderes Engagement erforderlich, um die internen und externen Hürden zu überwinden. Dennoch bemühten sich die Mitarbeiter des Kreiskrankenhauses, mit der allgemeinen Entwicklung auf medizinischem Gebiet Schritt zu halten. 1955 nahm die erste Massageschule der DDR im Krankenhaus Neuruppin ihre Arbeit auf. Später kamen viele moderne Fachabteilungen hinzu.[319] Eine bemerkenswerte Neuerung im Neuruppiner Gesundheitswesen stellte auch die Einrichtung des Entbindungsheims in der Fontanestraße 9 bis 10 1950 dar. In einer sauberen und angenehmen Atmosphäre konnten die Mütter nun ihre Kinder zur Welt bringen. Im Jahr darauf wurde dem modernen Entbindungsheim noch eine Kinderwochenkrippe für Säuglinge und Kleinkinder angegliedert. Dort konnten berufstätige Mütter ihre Kleinkinder betreuen lassen.[320] Diese Wochenkrippen sollten den jungen Frauen die Möglichkeit einräumen, ohne Einschränkungen ihrer Arbeit nachzugehen.

In der Industrie wurden wie auf dem Lande Kriegsverbrecher und Faschisten laut Befehl 124 der SMAD enteignet. In Neuruppin betraf das 26 Betriebe und Unternehmen. Zu diesen gehörten auch weithin bekannte Firmen wie die Buchdruckerei Gustav Kühn K.G. oder die MINIMAX AG, aber auch kleine Handwerksbetriebe, Verkaufsstellen und Ärzte. Ihre Betriebe wurden beschlagnahmt, teilweise für Reparationen demontiert oder mit dem Beschluss der brandenburgischen Provinzialverwaltung vom 5. August 1946 in Volkseigentum überführt. Nach der Gründung der DDR gingen die kleineren VEB und auch die Privatbetriebe in die Verantwortung der Kreise über. In sechs Fällen beschloss die Provinzialkommission die Rückgabe des Eigentums. Zu den Enteigneten gehörte auch die Ruppiner Eisenbahn AG, die aus 27 Neben- und Kleinbahnen bestand und an der der Kreis Ruppin mit 6,7 Millionen Mark beteiligt war. Die Einnahmen der Ruppiner Bahn AG stellten im Neuruppiner Haushalt eine sichere Quelle dar. So kämpften der Kreis und die Stadt gegen die Enteignung, die ja lediglich aus der Betriebsgröße resultierte. Der Kreistag legte dann am 10. April offiziell Einspruch gegen die Enteignung der Bahn AG ein, weil 92 Prozent des Grundkapitals im Eigentum der öffentlichen Hand lägen und demnach die Bestimmungen des Befehls Nummer 124 nicht auf die Bahn AG zutrafen. Die Antwort bestätigte zwar die Rechtmäßigkeit der Enteignung. Dennoch wollte man nach einer Sonderregelung suchen und die Ruppiner Eisenbahn in der Selbstverwaltung des Kreises und als Sondervermögen erhalten.[321] Es blieb jedoch bei diesen alternativen Überlegungen, denn die parteipolitischen Vereinheitlichungsbemühungen ließen kaum Raum für Ausnahmen oder Sonderregelungen. Die Ruppiner Eisenbahn AG

1956 erhielt der Schulplatz den Namen des Antifaschisten Karl Kurzbach.

Karl Kurzbach mit seinen Kindern nach dem Tode seiner Frau, Foto 1916.

wurde 1947 durch den Beschluss des Neuruppiner Kreistages in »Volkseigentum« übernommen und gehörte ab 1. Januar 1950 zur »Deutschen Reichsbahn«.

Von den einstigen 18 600 Lokomotiven der DR waren in den letzten Kriegstagen ca. 12 600 beschädigt oder völlig zerstört worden. Laut Befehl der SMAD vom August 1945 wurde der Eisenbahnbetrieb wieder aufgenommen. Schließlich galt es, die Versorgung der Bevölkerung mit dem Wichtigsten zu sichern. Das verhinderte aber nicht, dass viele Loks, Triebwagen und Waggons als Reparationsleistungen in die Sowjetunion transportiert wurden.[322]

Am 8. Mai 1945 wurden die Stadt- und die Kreissparkasse auf Grund des Befehls der SMAD geschlossen. Danach öffneten die Sparkassen separat wieder und am 1. Juli 1950 vereinte man beide zur Kreissparkasse Neuruppin. Die Spareinlagen der Stadtsparkasse erhöhten sich von 3 800 000 Reichsmark 1946 auf 5 100 000 Reichsmark 1947. Da im alltäglichen Warenangebot selbst das Notdürftigste fehlte, brachten die Menschen ihr mühsam verdientes Geld aufs Sparbuch. 1948 ersetzte die Währungsreform die Reichsmark durch die Deutsche Mark der SBZ.

In den Umbrüchen der Nachkriegsjahre erfolgten auch vorübergehende Betriebsstilllegungen. Viele Mitarbeiter wurden arbeitslos. 1947 waren davon 150 Arbeiter der ehemaligen MINIMAX AG, 120 Mitarbeiter von Reitsema/Bölke, 26 Angestellte von Carl Knöllner, 47 Arbeiter von Oehmigke & Riemschneider oder 35 Arbeiter von Nährmittel Brandt betroffen. Rohstoffmangel oder andere Ursachen führten zu diesen vorübergehenden Schließungen. Jene in Volkseigentum überführten Betriebe wurden dann durch die so genannte Verluststützung vor dem Konkurs gerettet, das heißt sie bekamen staatliche Zuschüsse, um Gehälter, Weihnachtsgeld usw. zahlen zu können. Der Abbau der Arbeitslosenzahlen hatte Priorität, zumal sich der Aufbau einer antifaschistisch-demokratischen Ordnung angesichts von Arbeitslosigkeit nicht überzeugend propagieren ließ.[323]

Schon 1945 begann man die Schäden, die die Bombenangriffe in Neuruppin hinterlassen hatten, zu beseitigen. Neben zwölf total zerstörten Häusern mussten an die 337 Wohnungen wieder hergestellt werden. Die Instandsetzung der Wohnungen löste allerdings nicht das Wohnungsproblem. Die zahlreichen Umsiedler benötigten neuen Wohnraum und so begann man am Stadtrand auf dem Gelände an der Kränzliner Straße, an der Junkerstraße und in Wuthenow neue Siedlungen zu errichten. Ein Berliner Architekt entwarf zwei Typen von Siedlungshäusern, die im Stadtbauamt diskutiert wurden. Gebaut wurden später sechs verschiedene Typen von Einzel-, Doppel- und Reihenhäusern. Am 21. März 1947 wurde das Stadtbauamt beauftragt, die Vorbereitungen zum Bau von drei Probehäusern zu treffen.

In der Magistratssitzung vom 23. Mai 1947 stand die Vorlage des Sozialamtes über die Instandsetzung des Friedhofes der jüdischen Gemeinde auf der Tagesordnung.[324] Die löbliche Initiative versandete offenbar, denn 1951 befand sich der jüdischen Friedhof in einem traurigen Zustand und daran änderte sich bis zur Initiative der evangelischen Gemeinde 1985 kaum etwas.[325]

Im Handel entstanden 1946 die Konsumgenossenschaft Kreis Ruppin e.G.m.b.H. (Konsum) und 1950 die Handels-Organisation (HO) mit ihren Filialen. Schon seit 1946 konnten die Neuruppiner in vier Verteilungsstellen des Konsums einkaufen. Daneben existierten noch 234 private Handelsunternehmen, sieben Hotels mit 69 Betten und 31 Gaststätten in der Stadt. 347 reine Versorgungsbetriebe einschließlich der Stadtwerke mühten sich um die Erfüllung der ersten Planvorgaben. Die Taxi-Union verfügte über 23 Fahrzeuge und neben den beiden Sparkassen konnten die Neuruppiner ihr Geld der Landeskreditbank und der Volksbank anvertrauen.[326]

Die Versorgung der Bevölkerung insbesondere mit Lebensmitteln war in den ersten Jahren nach dem Krieg ein großes Problem. Die landwirtschaftlichen Betriebe wurden hier besonders in die Pflicht genommen. Wer seinen Ablieferungsverpflichtungen nicht nachkam, musste mit hohen Geldstrafen und Gefängnis rechnen. Diese harte Vorgehensweise sollte die Ernährungslage der Bevölkerung insbesondere in den Städten verbessern. Diesem extremen Druck entzogen sich viele Bauern durch die Flucht in den Westen oder durch die Aufgabe ihrer Wirtschaft, die dann in die ÖLB (Örtlich geleiteter Landwirtschaftsbetrieb) überführt wurden.

Für die Neuruppiner Stadtverordneten blieb die Ernährungssituation in der Stadt noch längere Zeit ein wichtiger Tagesordnungspunkt. Am 14. Januar 1947 beschlossen die Stadtverordneten auf ihrer Sitzung beispielsweise die Freigabe von Pferdefleisch für die gesamte Bevölkerung und die gesonderte Versorgung der Säuglinge mit Weizenmehl bzw. Weizenbrot sowie die Zuteilung von einem Viertelliter Magermilch für Schüler vom vollendeten siebenten Lebensjahr an. Die Ernährungssituation blieb auch in den folgenden Jahren prekär. Am 25. November 1948 gab Landrat Baumann beispielsweise bekannt, dass die Lebensmittelkarten II/1, 2, 3 und 4 zu 50 Prozent mit Grütze und Stärkemehl und die Fleischmarken mit Käse beliefert wurden. Die einheitlichen Lebensmittelkarten waren am 1. Oktober 1945 in der Provinz Mark Brandenburg eingeführt worden. Erst 1958 hatte sich die Ernährungssituation so weit stabilisiert, dass die Lebensmittelkarten wieder abgeschafft werden konnten.

Die Versorgungslage verbesserte sich also nur allmählich. Daneben gewannen zunehmend politische Fragen an Bedeutung. Schon im Sommer 1945 konnten sich aufgrund des Befehls Nr. 2 der SMAD vom 11. Juni einzelne Parteien und Organisationen wieder gründen. In den Verwaltungen hatte die Entnazifizierung begonnen. Am 12. Juni gründete sich die KPD, am 16. Juli die SPD sowie die CDU und die LDP. Die Vereinigung von KPD und SPD erfolgte am 31. März 1946. 1947 nahm eine Gruppe des Kulturbundes die Arbeit in der Stadt auf und im Jahr darauf entstanden die Betriebssportgruppen. Die FDJ, die DSF, der DFD und andere Organisationen gründeten sich ebenfalls, so dass das gesellschaftliche und politische Leben schon in den ersten Jahren nach dem Krieg durchaus vielschichtig war.

Auch die kirchlichen Gemeinden engagierten sich bei der Bewältigung der alltäglichen Sorgen und Nöte jener Zeit. Die Mehrheit der Neuruppiner Gläubigen gehörte nach wie vor der evangelischen Gemeinde an. Daneben gab es die katholische Gemeinde in der Präsidentenstraße, die evangelisch-lutherische Gemeinde in der Steinstraße, die evangelische Freikirche in der Ernst-Toller-Straße, die evangelische methodistische Kirche in der August-Bebel-Straße und die Gemeinschaft der Siebenten-Tags-Adventisten in der Wallstraße. Die neuapostolische Kirche beantragte am 9. Dezember 1949 bei der Stadtverwaltung, ihr die Siechenhauskapelle zur Nutzung zu überlassen. Am 23. Dezember 1949 wurde der Nutzungsvertrag unterzeichnet.[327] Die neuapostolische Kirche nutzte die Siechenhauskapelle bis 2002. Das neu erbaute Gotteshaus befindet sich nun in der Fehrbelliner Straße.

Die ersten Wahlen auf Gemeinde-, Kreis- und Landesebene 1946 zeugen von einer erwartungsvollen Aufbruchsstimmung. Diese erste und letzte relativ freie Listenwahl ermöglichte dem Wählenden, der 21 Jahre alt und unbescholten sein musste, eine gezielte Wahl seines Kandidaten bzw. seiner Partei. Später schränkte die Einheitsliste die Wahlmöglichkeiten rapide ein. An dieser ersten Wahl beteiligten sich 80 Prozent der Wahlberechtigten, das waren ca. 13 527 Einwohner. Von den 25 806 Einwohnern waren 16 909 wahlberechtigt (65,5 Prozent). Auf den Wahlvorschlagslisten standen 40 Bewerber der SED, 32 der LDP, 40 der CDU und 15 für den Frauenausschuss. Die ersten Listenplätze nahmen Gertrud Marx, der Fabrikant Hermann Huch, der Justizrentmeister Adolf Schmidt und die Hausfrau Erna Huch ein. Die Neuruppiner durften 30 Stadtverordnete wählen, bei der Einführung der Städteordnung 1809 waren es immerhin 36 gewesen. Dem Magistrat gehörten im November 1946 als Bürgermeisterin Gertrud Marx an sowie Herr Robiné, Herr Laue (SED), Herr Fürmann (SED), Herr Dr. Beythien (LDP), Herr Vick (LDP) und Adolf Schmidt (CDU).

Daneben bemühten sich noch elf Ausschüsse mit 50 Bürgern der Stadt um das städtische Wohl. Seit der Einführung der Städteordnung 1809/10 hatte sich die ehrenamtliche Arbeit der engagierten Bürgerinnen und Bürger in den verschiedenen Kommissionen und Deputationen bewährt. Viele Probleme der städtischen Entwicklung konnten so ins öffentliche Bewusstsein gebracht und meist auch gelöst werden. Daher gedachten die Neuruppiner, aber auch viele Flüchtlinge und Umsiedler, diese alte und bewährte Tradition wiederzubeleben. In den ersten Nachkriegsjahren gelang den gewählten Vertretern der verschiedenen Parteien eine sachliche und überparteiliche Zusammenarbeit in den verschiedenen Verwaltungsebenen. Viele, die in den Jahren des Faschismus verfolgt worden waren, nahmen nun am Aufbau aktiv teil. Zu ihnen zählten beispielsweise der jüdische Arzt Dr. Hirsch und der Kommunist Erich Schulz. Beide erwarben sich durch ihre engagierte Arbeit Achtung und Anerkennung. Erich Schulz, der am 24. Oktober 1950 infolge eines Verkehrsunfalls verstarb, wurde 1973 mit einer Straßenbenennung geehrt. Als Dr. Hirsch am 22. Februar 1948 verstarb, würdigten die Stadtverordneten seine Arbeit in einer Sitzung sehr ansprechend. Im Stadtverordnetenprotokoll heißt es: »Er hat soweit es seine Gesundheit zuließ sich von Anfang an zur Mitarbeit im Stadtparlament zur Verfügung gestellt. Auch überall dort, wo er als Arzt gebraucht wurde, hat er immer geholfen. Wir ehren sein Andenken und werden seine Mitarbeit nicht vergessen.«[328] Leider ist bis heute keine Straße und kein Platz nach ihm benannt worden.

Die einzelnen Jahresberichte der Stadtverwaltung zeugen von einem bemerkenswerten demokratischen Charakter der Arbeit der Stadtverordneten und der Kommissionsmitglieder. So diskutierten die Mitglieder des Ausschusses für Straßenreinigung, Wege-, Park- und Friedhofangelegenheiten am 15. März 1947 beispielsweise darüber, von welcher Partei der Vorsitzende des Ausschusses sein durfte. Denn die Mitglieder hatten Dr. Rothe (CDU) zum Vorsitzenden gewählt und die Mitglieder der SED-Fraktion protestierten gegen diese Wahl, da sie den Vorsitzenden stellen wollten.[329] Man verständigte sich dann interfraktionell. Der Ausschuss bemühte sich um die Gestaltung und Pflege der Plätze, Wallanlagen, der Stadtmauer und des Tempelgartens. Auch in den vielen anderen Ausschüssen, im Sozial- und Gesundheitsausschuss, im Umsiedlerausschuss, im Bauausschuss oder in der ständigen Kommission für Kultur arbeiteten die Mitglieder überparteilich an der Bewältigung der schwierigen Alltagsprobleme der Stadt. Improvisation, originelle Ideen, Flexibilität und Sachkompetenz ermöglichten eine erfolgreiche Arbeit.

Allmählich wurde jedoch durch die Professionalisierung der städtischen Verwaltung und die parteipolitische Dominanz der SED während des Ausbaus sozialistischer Strukturen und deren Prämissen das ursprünglich bürgerlich-demokratische Gestaltungspotenzial zurückgedrängt. In Neuruppin engagierten sich zwar auch weiterhin Vertreter des traditionellen Bürgertums in der »gesellschaftlichen Arbeit«, aber in vielen Bereichen dominierten bald »sozialistische Denk- und Verhaltensweisen«. Mit dem Verlust an Bürgerlichkeit auf allen Ebenen des städtischen Lebens verzichtete man auch auf jahrhundertealte städtische Traditionen, die man durch neue, sozialistische zu ersetzen gedachte. Im Jahresbericht der Stadtverwaltung 1956 wurde über die »Bedeutung der breiteren Entfaltung der Demokratie« diskutiert, da »bei einzelnen Bürgern die Meinung vertreten wird, dass es bei uns keine echte Selbstverwaltung gibt...«[330]

Der Aufbau des Sozialismus und der kulturelle Wertewandel

Die staatliche Konsolidierung begann mit der Gründung der DDR am 7. Oktober 1949. Bereits am 24. Mai 1949 gründete sich die Bundesrepublik Deutschland aus den westlichen Besatzungszonen. Die zwei deutschen Länder entwickelten sich in den folgenden vier Jahrzehnten angesichts des Kalten Krieges, der Integration in unterschiedliche Wirtschafts- und Militärbündnisse sehr verschieden.

Mit der Kreisgebietsreform 1952 wurden die einstigen Länder der DDR aufgelöst und neue Bezirke und Kreise gebildet. So entstanden auch die Kreise Neuruppin, Kyritz und Wittstock, die zum Bezirk Potsdam gehörten. Alle drei Kreise wiesen eine ausgesprochen agrarische Wirtschaftsstruktur auf. Die Industrie war in diesen Kreisen nur schwach entwickelt. Das Vorgehen der sowjetischen Besatzungsbehörden und der DDR-Behörden in der Zeit von 1945 und 1956 gegen die privaten Betriebe erschwerte den Ausbau des industriellen Sektors.

Die sozialistische Planwirtschaft und ihre Folgen

Durch die staatliche Wirtschaftspolitik sahen sich die privaten Betriebe immer mehr bedrängt. Die Vertreibung der großen Bauern von ihren Höfen und die Enteignungen der Gastwirte verunsicherten gerade jene DDR-Bürger, die private Unternehmen bzw. Betriebe besaßen. Zur Verschlechterung der Lebensbedingungen Anfang der 50er-Jahre trugen allerdings nicht nur ökonomische Ursachen bei, sondern auch das übersteigerte Misstrauen gegen die Jungen Gemeinden und die offensichtliche politische Inanspruchnahme der Medien durch die SED. Diese Entwicklung gipfelte im Aufstand vom 17. Juni 1953. »Spitzbart, Bauch und Brille – sind nicht des Volkes Wille« lautete der Slogan jener dramatischen Tage um den 17. Juni. Die sowjetischen Panzer beendeten den Aufstand sehr schnell und sie hinterließen bei den Betroffenen auch ein Gefühl der Ohnmacht. Die Verfolgung der aktiven und der vermeintlichen Aufständischen verbesserte das politische Klima nicht. Dennoch veränderte die SED-Führung danach ihre Strategie etwas und räumte u. a. auf kulturellem Gebiet etwas mehr Bewegungsspielraum ein.[331]

Viele Besitzer privater Betriebe gaben nach den Ereignissen von 1953 auf und gingen in den Westen. Daran änderte langfristig auch der kulantere Umgang des Staates mit diesen Betrieben nichts. Die privaten Betriebe blieben ein Dorn im Auge der SED-Politik. Zwar bot die neue Eigentumsform, die die Betriebe mit staatlicher Beteiligung darstellten, den privaten Besitzern etliche Vorteile und ermöglichte so ein besseres Wirtschaften innerhalb des starren Wirtschaftssystems der DDR, aber eine sichere Grundlage für die Zukunft stellte auch sie nicht dar. Zwischen 1956 und 1959 ließen sich viele kleine und mittlere Privatbetriebe aus unterschiedlichen Gründen auf diese staatliche Beteiligung ein. Am 26. März 1959 wurde dann die »Verordnung über die Bildung halbstaatlicher Betriebe« erlassen. Auch im Landkreis Ostprignitz-Ruppin gab es fortan etliche halbstaatliche Betriebe. Die Autowerkstatt Hardt, die Firma Kühlanlagenbau Poldrack, die Firma Heizungsbau Clajus, die Kunstharzpresserei Woelk oder die Getreidemühle Mau zählten 1958 beispielsweise zu jenen Betrieben. Verträge als Kommissionshändler schlossen 1957 u. a. der Einzelhändler Wurzbach und die Firma »Radio Sasse« ab. 1958 entstand dann eine Vielzahl von Produktionsgenossenschaften des Handwerks.

Der vom III. Parteitag der SED im Juli 1950 beschlossene erste »Fünfjahr-

Trauerzug zum Tode Stalins 1953.

plan zur Entwicklung der Volkswirtschaft der DDR für die Jahre 1951 bis 1955« setzte den Kurs des Zweijahresplanes hinsichtlich der weiteren Verdrängung des privaten Sektors zugunsten des sozialistischen Sektors fort. Das Hauptziel des Fünfjahrplanes war die weitere Steigerung der Produktion, um eine bessere Versorgung der Bevölkerung gewährleisten zu können. Die erste Brigadebewegung mit ihren mobilisierenden Aktivitäten diente dem Hauptziel des Planes. Das Wachstum der industriellen Bruttoproduktion hatte sich im Verlaufe des ersten Fünfjahrplanes (1950=100) auf 190 erhöht. Die Schattenseiten der sozialistischen Planwirtschaft zeigten sich sehr bald in der weiteren wirtschaftlichen Entwicklung der DDR. Die kontinuierliche Versorgung der Bevölkerung mit Grundnahrungsmitteln und hochwertigen Konsummitteln blieb problematisch.[332]

1948 verfügte Neuruppin über 5297 Hektar Grundfläche. In der Stadt lebten 19 800 Dauereinwohner und 6006 Umsiedler. Die Bevölkerung setzte sich aus 7660 Männern, 11 615 Frauen und 6531 Kindern zusammen. Der durch den Krieg bedingte Frauenüberschuss blieb noch lange Zeit nicht nur statistisch spürbar. Von der Gesamtbevölkerung befanden sich 1948 4000 Einwohner in sozialer Betreuung. Die natürliche Bevölkerungsbewegung verzeichnete 1950 wieder einen kleinen Geburtenüberschuss. 370 Sterbefälle standen 386 Geburten gegenüber. 257 Ehen wurden geschlossen. Fünf Jahre nach dem Kriegsende normalisierte sich das Leben allmählich.

Am 3. Juni 1952 fasste das Politbüro den Beschluss zur Förderung von

Produktionsgenossenschaften und auf der 2. Parteikonferenz im Juli 1952 wurden die Bauern aufgerufen, sich freiwillig in Landwirtschaftlichen Produktionsgenossenschaften (LPG) zusammenzuschließen. Diesem Aufruf folgte sehr schnell ein erheblicher politischer Druck, der jedoch angesichts der zunehmenden Versorgungsengpässe 1953 etwas zurückgenommen wurde. In der Phase der Entstalinisierung wurde die Kollektivierungspolitik von einigen Funktionären und Spezialisten stark kritisiert. Politbüromitglied Fred Oelßner verlangte die Auflösung unrentabler LPG und MTS. Kurt Vieweg, Agrarökonom, setzte sich für die Gleichbehandlung von LPG und bäuerlichen Kleinbetrieben ein. Wolfgang Harich, Schriftsteller, Schüler Brechts, kritischer Geist und zeitweiliger Neuruppiner, sah in einem erfolgreichen Klein- und Mittelbauerntum die Entwicklungschance der DDR. Diese kreativen und alternativen Überlegungen zur Entwicklung der Landwirtschaft fanden bei den meisten Herren des Politbüros kein offenes Ohr. Die Kritiker der SED-Politik wurden diffamiert und verfolgt. Die »planmäßige« Kollektivierung nahm in den fünfziger Jahren schubweise ihren Fortgang.

Mit dem zunehmenden Druck auf die Bauern erhöhte sich auch die Zahl der Republikflüchtigen. Bis zum April 1960 waren 500 000 Bauern von der Zwangskollektivierung erfasst worden. Die ca. 20 000 LPG mit ihren rund 945 000 Mitgliedern bewirtschafteten 84,4 Prozent der landwirtschaftlichen Nutzfläche der DDR. Die Versorgungssituation in den Städten widerspiegelte die Probleme der sozialistischen Umgestaltung der Landwirtschaft.

In Neuruppin kamen mit dem Beschluss der Volksammer vom 18. Januar 1956 zahlreiche große Betriebe verwaltungstechnisch zum Rat der Stadt. Zu diesen Betrieben gehörten der Maschinenbau, die Eisengießerei, die Vulkanisieranstalt, die Tischlerei, die Papierverarbeitung, das Presssteinwerk, die Schuhfabrik, das Nährmittelwerk und die Stärkefabrik.

Walter Ulbricht verkündete auf dem V. Parteitag der SED 1958 als »ökonomische Hauptaufgabe«, »daß bis 1961 der Pro-Kopf-Verbrauch unserer werktätigen Bevölkerung mit allen wichtigen Lebensmitteln und Konsumgütern den Pro-Kopf-Verbrauch der Gesamtbevölkerung in Westdeutschland erreicht und übertrifft«. Der FDGB inszenierte nun die zweite Brigadebewegung. Die »Brigaden der sozialistischen Arbeit«, die ab 1959 entstanden, sollten mithelfen, die hohen Ziele der Wirtschaftspolitik der SED zu verwirklichen. Die wirtschaftlichen Erfolge der letzten Jahre schienen den Optimismus, den Wettbewerb mit dem Westen gewinnen zu können, zu begründen. Dennoch wurde jenes Ziel dann im Siebenjahrplan in das Jahr 1965 verlegt, weil man einsah, dass es innerhalb von zwei Jahren nicht zu realisieren war. 1960 verschlechterte sich die wirtschaftliche Entwicklung der DDR aus verschiedenen Gründen rapide. Das alltägliche Warenangebot wies erhebliche Engpässe auf. Diese wiederum und die schwierigen Produktionsbedingungen bewirkten, dass zunehmend mehr Menschen in den Westen emigrierten. Die Westemigranten wiederum verstärkten die ohnehin schon schwierigen wirtschaftlichen Verhältnisse, da sie der DDR nun als Arbeitskräfte und Humankapital fehlten. Die Wirtschaftskrise spitzte sich in den Jahren 1960/61 dramatisch zu. Der Bau der Mauer am 13. August 1961 sollte Abhilfe schaffen und eine interne Stabilisierung der DDR-Gesellschaft ermöglichen.

Schon seit längerem wurde in der DDR auf verschiedenen Ebenen über eine Wirtschaftsreform nachgedacht, die nun angesichts der Krisenerscheinungen ernsthaft in Angriff genommen wurde. Das »Neue Ökonomische System der Planung und Leitung der Volkswirtschaft« sollte als erste Phase der Reform (1964–1967) der Effizienz und der Modernisierung der Wirtschaft dienen. Aber schon in der ersten Phase zeigten sich erhebliche Umsetzungsprobleme, die in der zweiten Reformphase des »Neuen Ökonomischen Systems des Sozialismus« (1967/68–1970/71) durch eine Modifizierung des ursprünglichen Konzeptes auch nicht gelöst werden konnten. Wirtschaftliche Dynamik und Effizienz ließen sich mit dem Anspruch der führenden Rolle der Partei nicht vereinbaren. Inkompetenz, innerparteiliche Rivalitäten und die Fallstricke der sozialistischen Planwirtschaft führten die DDR-Wirtschaft am Ende der sechziger Jahre wieder in eine Krise.

Wie in allen Kreisen so wurde auch in den Kreisen Neuruppin, Kyritz und Wittstock die Wirtschaft nach zentralen Vorgaben regional und lokal geplant. Über den Bezirk und den Kreis wurden die einzelnen Planvorgaben an einzelne Betriebe dieser bevölkerungsschwachen und ländlich geprägten Kreise weitergereicht.

Die Kreise Kyritz, Neuruppin und Wittstock im Jahr 1966[333]

Kreis	Gemeinden	Fläche in km²	Einwohner	Einwohner pro km²
Kyritz	64	809	39 251	48,5
Neuruppin	77	1264	66 405	52,0
Wittstock	32	574	22 879	39,8
Gesamt	173	2647	128 535	48,6

Von allen drei Kreisen war der Kreis Wittstock am stärksten agrarisch geprägt (60,3 Prozent). Aber auch in den anderen Kreisen spielte die Landwirtschaft eine bedeutende Rolle. Lediglich im Kreis Neuruppin nahm der sekundäre Sektor (Industrie und Bau) mit fast einem Drittel der Beschäftigten eine markante Stellung ein, während in den anderen Kreisen der tertiäre Sektor die Wirtschaft neben der Landwirtschaft dominierte. Im gesamten Bezirk Potsdam hingegen nahmen die in der Industrie Beschäftigten mit 27,8 Prozent aller Beschäftigten nicht einmal ein Drittel ein. Im Durchschnitt der DDR arbeiteten 36,8 Prozent aller Beschäftigten zu jener Zeit in der Industrie.

Mit dem weiteren Ausbau des Sozialismus wurde die sozialistische Industrialisierung vorangetrieben. Dazu zählte auch, dass der Unterschied zwischen

Stadt und Land allmählich beseitigt werden sollte. Die Kollektivierung der Landwirtschaft und die Industrialisierung von ländlichen Regionen wurden bewusst forciert, ebenso wie die weitere Umwandlung privater Betriebe in Betriebe mit staatlicher Beteiligung. Da diese halbstaatlichen Betriebe nur eine »Übergangsform« innerhalb der sozialistischen Wirtschaft darstellen sollten und die Gewinne der aktiven und passiven Komplementäre erheblich waren, kam es um die Jahre 1970/71 – die DDR hatte wieder erhebliche wirtschaftliche Schwierigkeiten – zu einer internen Diskussion auch gerade über diese Eigentumsform. Das »Neue Ökonomische System« mit seinen starren Planvorgaben hatte sich nicht bewährt. Die Weichen für die weitere wirtschaftliche Entwicklung waren neu zu stellen. Als Sieger dieses durchaus kontroversen Disputes innerhalb der Führungsriege der SED gingen jene Kräfte hervor, die für eine zentralistisch straff organisierte Volkswirtschaft plädierten. Der Machtwechsel von Ulbricht zu Honecker 1971 bereitete jenen Kräften vollends den Weg. Ulbricht hatte jene Eigentumsform gefördert und für deren Erhalt als ostdeutsche Besonderheit plädiert. Honecker beendete im Frühjahr 1972 diese »Übergangslösung«. Auf Beschluss des Politbüros des ZK der SED vom 8. Februar 1972 und unterstützt durch die Blockparteien, begannen die Verstaatlichungen der halbstaatlichen Betriebe. Bereits bis April 1972 hatten 94 Prozent der Betriebe der Verstaatlichung zugestimmt und Anfang Juli 1972 konnte diese Aktion abgeschlossen werden. Parallel dazu wurden auch die privaten Industrie- und Baubetriebe und die industriell produzierenden PGHs verstaatlicht. Damit waren aber jene Betriebe verstaatlicht wurden, die zuvor erheblich zur Vielfalt des täglichen Warenangebots beigetragen hatten. Die wirtschaftliche Gleichschaltung des industriellen Mittelstandes ging zu Lasten der Individualität und der Innovation.[334]

Gleichzeitig erfolgten der Ausbau bestehender Betriebe sowie der Neubau von sozialistischen Großbetrieben. Zu ihnen zählten in dem Kreis Neuruppin Plakotex Fehrbellin (580 Beschäftigte), das Feuerlöschgerätewerk Neuruppin (1000 Beschäftigte), das Steingutwerk Rheinsberg (500 Beschäftigte), das Fertighauswerk Werder (1600 Beschäftigte), das Obertrikotagenwerk Wittstock (2400 Beschäftigte), die Elektro-Physikalischen Werke Neuruppin/Rheinsberg (3500 Beschäftigte) und das Kernkraftwerk Rheinsberg (650 Beschäftigte).

Ein Magnet für Spezialisten der verschiedensten Fachrichtungen stellte der größte Betrieb der Region, die Elektro-Physikalischen Werke Neuruppin (EPN), dar. Der Betrieb wurde 1951 mit einem anderen Profil gegründet. Mit 23 Mitarbeitern begann man in der August-Bebel-Straße 48 Bettwärmer, Metallsucher, Ladegleichrichter, Schweißtrafos und Lautsprecher herzustellen. 1969 wurde dann in Rheinsberg ein Betriebsteil eröffnet, der Filter für Fernseher produzierte. Bald folgten in Neuruppin weitere Betriebsteile (Werk II am Bullenwinkel und Werk III in der Steinstraße). Auf Beschluss des Ministerrates der DDR wurde der Betrieb zwischen 1970 bis 1973 zum größten Leiterplattenhersteller der DDR ausgebaut. In Treskow entstand ein völlig neues Werk. Die Arbeitskräfte kamen aus vielen Regionen der DDR. Forschung, Entwicklung, Instandsetzung sowie Ein- und Verkauf erfolgten autonom. Hinzu kamen die betriebseigenen Küchen, Verkaufsstellen, zwei Gaststätten, das Heizwerk, die Ionenaustauschanlage, die Betriebsberufsschule, eine Betriebsakademie, ein Arbeiterwohnheim, ein Lehrlingswohnheim, zwei Kindereinrichtungen, die Betreuung in den Kinderferienlagern, die Betriebspoliklinik, eine Bibliothek und der Betriebsfunk. Die EPN stellten somit innerhalb von Neuruppin ein autonomes Terrain dar.[335]

Die Entwicklung dieses Großbetriebes zu einem fast autonomen Wirtschaftsgebilde widerspiegelt auch gleichzeitig die gröbsten Fehlentwicklungen innerhalb der DDR-Wirtschaft. Angesichts des Dauermangels an Rohstoffen, Teilfabrikaten usw. versuchten die Betriebe, möglichst viele Bereiche der Produktionsvorbereitung, aber auch der Forschung unter ihrem Dach zu vereinen. Diese angestrebte »Selbstversorgung« sollte eine möglichst kontinuierliche Produktion erlauben und diente somit der Erfüllung der zentralstaatlich festgelegten Plankennziffern. Diese Überfrachtung des eigentlichen Produktionsprofils blieb nicht ohne betriebswirtschaftliche negative Folgen, da sie Entwicklungspotenziale und Arbeitskräfte ineffizient band.

Unter den leitenden Mitarbeitern des Werkes besteht wohl Einigkeit darin, dass das Werk im Kern, also ohne jene betriebsfernen Bereiche, konkurrenzfähig war. Dennoch wurde es aus eben jenem Grund geschlossen, die Marktbereinigung vollzogen.[336]

Der zweite große Industriebetrieb der Stadt produzierte seit 1905 die weithin bekannten Feuerlöscher. Der persönliche Einsatz des damaligen Werkleiters Erwin Lau verhinderte, dass das Werk als Reparationsleistung in die Sowjetunion transportiert wurde. Die Kreativität von Dr. R. Beythien, der sich auch aktiv am demokratischen Aufbau der Stadtverwaltung beteiligte, ermöglichte die von der Zentralverwaltung in Berlin-West und den westlichen Zulieferern unabhängige Produktionsaufnahme. Schon im IV. Quartal 1946 lieferte die MINIMAX Feuerlöscheinrichtungen und -geräte für 700 000 RM an die Rote Armee. Darüber hinaus stellte die wichtigste Nachkriegsfirma Neuruppins noch Ersatzteile für Autos, Motor- und Fahrräder her.[337] Im Gründungsjahr der DDR 1949 produzierte die Firma 116 000 Feuerlöscher. Die Einführung der vermeintlichen sozialistischen Planwirtschaft brachte für die MINIMAX einige strukturelle Veränderungen mit sich, die auch das Produktionsprofil betrafen. Das volkseigene Werk wurde einer Zentralverwaltung (VVB POLYGRAPH, dann Betriebswirtschaftsrat Potsdam) unterstellt. Es durfte nur noch Löscher mit ein bis zwölf Kilogramm produzieren, die größeren Löscher kamen nun aus Apolda. So konkurrierten die Feuerlöschproduzenten in der DDR nicht miteinander, sondern sie stimmten ihre Produktion und ihr Marketing ab. Den Vertrieb und den Service übergab man externen Zuständigkeiten. Damit verlor der Betrieb aber auch wichtige Einflussmöglichkeiten und sichere Einnahmen. Ein Gewinn bringender Export wurde durch die wechselnden und zumeist inkompetenten Exportunternehmen der DDR, die mit Handfeuerlöschern wenig anfangen konnten, mehr verhindert als gefördert. Die MINIMAX-Produkte erhielten neue Markennamen wie PYREX oder EMIX, bis dann »neuruppiner« der Markenname wurde. Für seine qualitativ guten Erzeugnisse wurden die »neuruppiner« viermal mit der Goldmedaille der Leipziger Messe ausgezeichnet. Die konkurrenzlose Herstellung von diesen speziellen Feuerlöschern ermöglichte eine rasante Steigerung der Produktion. Stellten die Neuruppiner Mitarbeiter im Jahr 1958 noch 252 000 Feuerlöscher her, so waren es 1984 eine Million und 1988 ca. 1,3 Millionen. Auch im internationalen Vergleich zählte das Neuruppiner Werk zu den größten Feuerlöscherproduzenten. Als ein ausländischer Hauptabnehmer der Erzeugnisse sicherte die ČSSR seit 1966 den kontinuierlichen Absatz der Produkte aus Neuruppin. Im Inland hatten diese Feuerlöscher ohnehin ihren zuverlässigen Markt. Wo es die Brandschutzbestimmungen erforderten, befanden sich Neuruppiner Feuerlöscher. Die Produktionserweiterung wurde durch einen internen und externen Ausbau des Betriebes ermöglicht. Dazu gehörten dann beispielsweise die Vereinnahmung der Gildenhaller Eisengießerei, der Ausbau des alten Produktionsstandortes sowie der Neubau der Produktionshallen in Treskow. Die qualitative Verbesserung der Erzeugnisse, die internationalen Standards entsprachen, führte dazu, dass die »neuruppiner« auch in die BRD, in die arabischen Staaten, nach Österreich, Belgien und Griechenland exportiert werden konnten.

Mit dem Ausbau des Betriebes erhöhte sich auch die Zahl der Beschäftigten von ca. 350 im Jahr 1945 bis auf ca. 800 in den achtziger Jahren. Die staatlich verordnete Kombinatsbildung vereinte das Feuerlöschgerätewerk 1981 zu einem eigentlich ungelenkigen Konglomerat von sieben Betrieben aus vier Kreisen mit nunmehr ca. 1400 Mitarbeitern. Diese bezirksgeleiteten Betriebe effizient zu koordinieren und für sie optimale Produktionsbedingungen zu schaffen, war kaum möglich. Es fehlten dem Neuruppiner Feuerlöschgerätewerk auch seit langem dringend erforderliche Investitionsmittel zur Instandsetzung und Modernisierung. Als mit der Wende der sichere Absatzmarkt wegbrach, entging das Werk dem Konkurs nur durch die Privatisierung 1992 durch die München Trust Holding (MTH), die die Produktion in den Hallen im Gewerbegebiet Neuruppin-Treskow mit 150 Mitarbeitern fortsetzte. Der traditionsreiche Produktionsstandort am Ruppiner See ging in den Besitz der Treuhand über.[338]

Die Ergebnisse der sozialistischen Industrialisierung und der sozialistischen Umgestaltung der Landwirtschaft dokumentieren sich in den Statistiken jener Jahre. Dennoch sollte diese extensive, auf quantitatives Wachstum ausgerichtete Wirtschaftsentwicklung ihr eigentliches Ziel verfehlen.

Es fand in allen drei Kreisen, wenn auch in unterschiedlichem Ausmaß, eine Verlagerung der Arbeitskräfte vom primären Sektor (Land- und Forstwirtschaft) in den sekundären Sektor statt. Die sozialistischen Großbetriebe boten hoch qualifizierten Fachkräften ebenso eine sichere Arbeit wie der großen Schar von Facharbeitern und Teilfacharbeitern. Die industrielle Bruttoproduktion hatte sich seit 1970 (1970 = 100) ständig erhöht. So verzeichnete der Kreis Kyritz bis 1981 einen Zuwachs von 191,9 Prozent, der Kreis Neuruppin von 155,4 und der einst am stärksten agrarisch geprägte Kreis Wittstock sogar einen Zuwachs von 268,7.

Aber auch der tertiäre Sektor konnte in jenen Jahren einen leichten Zuwachs an Arbeitskräften verzeichnen, obwohl im Handel die Beschäftigtenzahlen etwas zurückgingen. Eine Erklärung für den Rückgang der Arbeitskräfte im Handel könnte die größere Attraktivität eines Arbeitsplatzes in einem der Großbetriebe darstellen. Denn ein Schichtarbeiter beispielsweise im EPN verdiente nicht nur mehr als ein Verkäufer oder eine Verkäuferin in der HO oder im Konsum, sondern ihm wurde auch eine Vielzahl von Vergünstigungen (mehr Urlaub, Sonderzuteilung von begehrten Waren usw.) zuteil. Darüber hinaus konnte er als Betriebsangehöriger innerbetriebliche Einrichtungen, die das alltägliche Leben durchaus erleichterten, nutzen. Im Vergleich dazu bot der sozialistische Einzelhandel zwar die Möglichkeit des leichteren Zugangs zu begehrten Waren, aber dies kompensierte wohl kaum den alltäglichen Ärger mit den zumeist unzufriedenen Kunden, die den Mangel insbesondere an hochwertigen Konsumgütern beklagten.

Trotz vieler Bemühungen zur Vereinheitlichung der sozialistischen Wirtschaftsstruktur überlebten auch in Neuruppin viele kleine traditionelle Handwerksbetriebe und Kleingewerbetreibende. Das Bestattungshaus Fritz Weber, das 1924 gegründet wurde, zählte ebenso zu jenen Betrieben wie die Fahrschule Emil Schröder, die wohl als erste seit 1924 in Neuruppin Fahrschulunterricht erteilte. Im selben Jahr eröffnete auch Karl Völker sein Geschäft, das viele Gartenbesitzer, Waagenbenutzer und die ländliche Bevölkerung sicherlich noch in guter Erinnerung haben. Manche Geschäfte gründeten sich auch neu, so zum Beispiel am 1. Dezember 1955 das Uhren- und Schmuckgeschäft von Willi Hallex in der Karl-Marx-Straße 51. In der Märkischen Volksstimme vom 4. Februar 1978 konnte man in der Rubrik »Euer Fritze« Folgendes lesen: »Die Pfannkuchen von Lenz, die Schuhe von Krentz, die Funzel von Brunzel, die Liesen von Wiesen, die Reifen von Beier, von der KIM die Eier, mein Wunsch und Wille von Fichtner 'ne Brille, von Dumrath die Uhr und den Korb von Jurasch, ein Foto von Gerlich, all das ist herrlich.«[341] Ohne diese vielen erfahrenen privaten Handwerks- und Handelsbetriebe, die die Hürden der sozialistischen Planwirtschaft kreativ zu nehmen wussten, hätte die alltägliche Warenversorgung auch in Neuruppin noch schlechter ausgesehen.

Die größeren Betriebe mit mehr als zehn Beschäftigten hatten keine Wahl und wurden in Volkseigene Betriebe umgewandelt. Zu ihnen zählte zum Beispiel das Schreibgerätewerk von Martin Woelk. Sein Vater gründete im Jahr 1953 den Betrieb. Er fertigte zuerst mit nur wenigen Mitarbeitern Kugelschreiber. 1972 wurde der Betrieb verstaatlicht und hieß dann VEB Schreibgeräte.

Statistische Angaben zu den Kreisen Neuruppin, Kyritz und Wittstock 1975 und 1981[339]

Kreise	Fläche [km²]	Gemeinden	Einw.	Erwerbsfähige	Berufstätige
			1975		
Kyritz	809	50	36 513	21 618 *(59,2%)*	15 684 *(72,6%)*
Neuruppin	1264	73	65 045	38 300 *(58,9%)*	29 379 *(76,7%)*
Wittstock	574	31	22 275	13 213 *(59,3%)*	9 601 *(72,7%)*
Gesamt	2647	154	123 833	73 131 *(59,0%)*	54 664 *(74,7%)*
			1981		
Kyritz	809	49	35 057	22 365 *(63,8%)*	16 245 *(72,6%)*
Neuruppin	1264	73	64 391	40 750 *(63,3%)*	31 161 *(76,5%)*
Wittstock	574	30	22 947	14 743 *(64,2%)*	11 398 *(77,3%)*
Gesamt	2647	152	122 395	77 858 *(63,6%)*	58 804 *(75,5%)*

Die branchenmäßige Zuordnung der Berufstätigen der Kreise Kyritz, Neuruppin und Wittstock der Jahre 1975 und 1981[340]

Branchen	Kyritz	Neuruppin	Wittstock
	1975		
Land-/Forstwirtschaft	6166 *(39,8%)*	6863 *(23,5%)*	2921 *(30,7%)*
Industrie	1960 *(12,7%)*	7468 *(25,6%)*	2422 *(25,5%)*
Bauwirtschaft	869 *(5,6%)*	2845 *(9,8%)*	573 *(6,1%)*
Handwerk	409 *(2,6%)*	899 *(3,0%)*	250 *(2,6%)*
Verkehr/Post	1213 *(7,8%)*	1521 *(5,2%)*	541 *(5,7%)*
Handel	1707 *(11,1%)*	3233 *(11,1%)*	800 *(8,4%)*
nichtprod. Bereiche	3159 *(20,4%)*	6362 *(21,8%)*	1998 *(21,0%)*
Gesamt	15 483 *(100%)*	29 191 *(100%)*	9505 *(100%)*
	1981		
Land-/Forstwirtschaft	5902 *(37,1%)*	6857 *(22,2%)*	2786 *(24,5%)*
Industrie	2188 *(13,7%)*	9161 *(29,6%)*	3737 *(32,9%)*
Bauwirtschaft	1042 *(6,5%)*	1910 *(6,2%)*	646 *(5,7%)*
Handwerk	436 *(2,7%)*	805 *(2,6%)*	258 *(2,3%)*
Verkehr/Post	1314 *(8,3%)*	1601 *(5,2%)*	603 *(5,3%)*
Handel	1625 *(10,2%)*	3205 *(10,4%)*	904 *(7,9%)*
nichtprod. Bereiche	3418 *(21,5%)*	7387 *(23,8%)*	2436 *(21,4%)*
Gesamt	15 925 *(100%)*	30 926 *(100%)*	11 370 *(100%)*

1983 produzierten 33 Mitarbeiter täglich ca. 500 Kugelschreiber, das ergab im Jahr fünf Millionen Stück. Das Sortiment bestand aus fünf bis sechs Modellen, die alle vier Jahre verändert wurden.

Ein weiteres Beispiel für einen traditionellen Handwerksbetrieb, der auch schwierige Zeiten überdauerte, stellte die Bäckerei Prager dar. Der Bürger und Bäckermeister Christian Friedrich Prager heiratete am 15. April 1793 die Jungfrau Regine Sophie Petri. Im Jahr der Eheschließung begründete er auch sein Geschäft in dem Eckhaus Wichmannstraße/Friedrichstraße. Der junge Bäcker avancierte in den folgenden Jahren innerhalb seiner Zunft zum Alt- und Gildemeister. Als er bereits am 6. November 1814 am Schlagfluss verstarb, hinterließ er seine Frau und sechs minderjährige Kinder. Sein Sohn Johann Christian Ludwig, der am 4. Juni 1799 geboren wurde, übernahm nach der erforderlichen Lehre und der Gesellenwanderung die Bäckerei. Am 6. Juli 1824 heiratete der junge Bäcker die Tochter des Töpfermeisters Finger.[342] Entsprechend der Familientradition übernahm nach dem Tod von Ludwig Prager wieder ein Sohn das Geschäft, der es räumlich erweiterte. 1862 erwarb die Familie das Nachbarhaus Wichmannstraße 15, wo dann die vierte Bäckergeneration das Unternehmen modernisierte. 1926 produzierte Ernst Prager mit seinen Söhnen die berühmten Schokoladenherzen und die »Ruppiner Bissen« in großen Stückzahlen. Längst ging ein Teil der Erzeugnisse über die Berliner und andere auswärtige Ladentische. Als Willy Prager 1947 starb, übernahm sein Sohn Joachim Prager das traditionsreiche Unternehmen und führte es erfolgreich weiter. Das Unternehmen war weder von der Enteignung bedroht, noch hatte es wirtschaftliche Schwierigkeiten, die sich in den Akten dokumentierten. Dennoch erwies es sich sicherlich nicht als einfach, zu jener Zeit die erforderlichen Rohstoffe zu beschaffen. Ein Jahr nach der Währungsunion verpachtete Joachim Prager seinen Betrieb an die Konsumgenossenschaft, die nun als Konsum-Keks- und Honigkuchenfabrik die bewährten Leckereien weiterproduzierte. Die Neuruppiner Lebkuchenherzen, die »Ruppiner Bissen« und vieles mehr hatten auch im 20. Jahrhundert Stammkunden im In- und Ausland. 1969 brachte die Konsum-Keks-Fabrik die große Kekstüte »Weekend« und das Käsegebäck »Party-Brick« auf den Markt. Die Namensgebung deutet eher auf einen westdeutschen Trend als auf eine sozialistische Marktorientierung hin.[343] Der Absatz der Produkte bereitete zur Zeit der DDR kaum Schwierigkeiten. Im Gegenteil: Von den begehrten Exportwaren hätten auch die Neuruppiner gern das eine oder andere erworben. Doch der Export hatte Vorrang.

Eine Folge der sozialistischen Industrialisierung und der Verstaatlichung war der zunehmende Mangel an hochwertigen und modernen Konsumgütern. Daher wurden in den achtziger Jahren die Betriebe aufgefordert, zusätzlich Konsumgüter zu produzieren. So überlegte man beispielsweise im VEB Vereinigte Holzindustrie Neuruppin, wie man neben dem üblichen Schnittholz und der Holzware (Kisten und Paletten) auch Möbel und Spielzeug herstellen könnte. In der Abteilung Forschung und Entwicklung wurden dann Modelle entworfen und Proben gebaut. Als Muster entstanden rustikale Sitzgruppen, variabel gestaltbare Flurgarderoben, Kinderspielmöbel, Wandborte oder Balkongarnituren. An Ideen fehlte es nicht. Jedoch bedurfte es zur Herstellung des neuen Sortiments abgelagerter und trockener Holzarten, an denen es ebenso mangelte wie am verfeinerten Verfahren der erforderlichen Oberflächenbearbeitung.

Auch die legendäre VEB Kunstschmiede Neuruppin, ein Relikt aus der 1921 gegründeten Freilandsiedlung Georg Heyers, wurde angehalten, die Palette der Konsumgüter zu erhöhen. 1984 wurden an die 20 Erzeugnisse – von der Feuerzangenbowle aus Kupfer, über Fondue- und Zigeunertöpfe bis zu Bratpfannen und Kasserollen – hergestellt.

In den siebziger und achtziger Jahren hatte sich infolge der Industrialisierung und der vom VIII. Parteitag beschlossenen sozialpolitischen Maßnahmen einschließlich des ehrgeizigen Wohnungsbauprogramms die Lebensqualität der meisten DDR-Bürger erheblich erhöht. Das errechnete Realeinkommen der DDR-Bürger nahm 1988 im Vergleich zu 1970 um 129 Prozent zu. In diese Statistik flossen die ständig wachsenden Angebotslücken natürlich nicht mit ein. Auch die Kehrseite dieser Wirtschaftspolitik blieb nicht ohne sichtbare Folgen. Beispielsweise kam Anfang der 70er-Jahre dem »gesellschaftlichen Fonds« die Hälfte der Industrie-Investitionen zugute. Am Ende der 80er-Jahre hatte sich diese Proportion zuungunsten der Industrie-Investitionen derart verschoben, dass der »gesellschaftliche Fonds« doppelt so groß war wie der industrielle. Die starre Subventionspolitik einer greisen Regierung fand selbst bei der eigenen Bevölkerung kein Verständnis mehr. Was nutzten da all die sozialpolitischen Maßnahmen, die besondere Unterstützung für kinderreiche Familien, die Ehekredite, die Erleichterungen für die arbeitenden Mütter, wenn die Diskrepanz zwischen Angebot und Nachfrage immer größer wurde.

Die Unzufriedenheit in der Bevölkerung nahm zu. Die Ursachen für diese Entwicklung waren sehr vielfältig und reichen weit in die Geschichte der DDR zurück. Der Reformstau, die begrenzten Entwicklungsmöglichkeiten gerade für junge Leute und die Art und Weise des Umgangs des Staates mit seinen Bürgern waren nur äußere Anzeichen einer über Jahrzehnte gewachsenen inneren Krise. Die verschiedenen Generationen der DDR-Bevölkerung unternahmen jeweils spezifische Versuche, die Krisen zu bewältigen. Doch gelungen ist es keiner Generation, zumal auch innerhalb der Generationen ein tragfähiges Bündnis zwischen den Interessen der Intelligenz und der Arbeiter nie zustande kam. Und so war die Wende angesichts der außenpolitischen Konstellationen auch kein reiner Zufall, sondern eher ein weiterer spezifischer Versuch der Krisenbewältigung.

Das kulturelle Leben in der DDR

Schon wenige Wochen nach dem Ende des Zweiten Weltkrieges gewann das kulturelle Leben an Bedeutung. Der Drang, nun endlich wieder Kulturveranstaltungen genießen zu können, war groß. Etwas Ablenkung von den alltäglichen Sorgen und den Traumata des Erlebten war auch im Interesse der sowjetischen Administration. Eine kulturelle Neuorientierung nach zwölf Jahren faschistischer Diktatur war ohnehin geboten.

Neuruppin hatte das Glück, dass in der Stadt viele künstlerisch begabte und kulturell interessierte Menschen lebten, die sehr schnell den vorgegebenen kulturellen Bewegungsspielraum ausfüllen konnten. Ein städtischer Rundfunksender mit Chor, eine Tanzschule, Bibliotheken und eine Volkshochschule sorgten für Abwechslung und Unterhaltung.

Zu den herausragenden Ereignissen der ersten Nachkriegsjahre zählten zweifelsohne die Ausstellungen der Galerie Ferdinand Möller und die Aufführungen des Neuruppiner Theaters. Theateraufführungen gehörten ja bekanntlich schon seit dem 16. Jahrhundert zur Neuruppiner Geschichte. Immer wieder initiierten einzelne Bürger in der Schule, im Lehrerseminar oder in der Landesanstalt die Gründung von Laientheatern, die dann mehr oder weniger beständig Theaterstücke zur Aufführung brachten. Darüber hinaus gastierte beispielsweise in den zwanziger Jahren des 20. Jahrhunderts das Ostdeutsche Landestheater von Oktober bis April einmal monatlich in der Stadt. Der Lehrer Hans Thörner schuf in Zusammenarbeit mit den Gildenhaller Künstlern, die kreativ Kostüme und Dekorationen gestalteten, eine Laienspielgruppe, die verschiedene Theaterstücke zur Aufführung brachte.

Ob sich nun der Theaterleiter, Kapellmeister und Komponist Herbert Walter, der im November 1943 vor den Bomben aus Berlin nach Neuruppin geflohen war, all der Neuruppiner Theatertraditionen bewusst war, mag dahingestellt bleiben. Jedenfalls ergriff er 1945 die Gelegenheit und gründete in Neuruppin ein neues Stadttheater. Angesichts der unsicheren und brüchigen Zeiten musste man schon von solch einer Idee besessen sein, um all die bürokratischen Hürden nehmen und den Mangel an allem für das Theaterspielen Erforderlichen überwinden zu können. Herbert Walter besaß diplomatisches Geschick im Umgang mit der neuen Besatzungsmacht. Immerhin ließ er in der Kühnschen Druckerei das erste deutsch-russische Wörterbuch drucken, um die Verständigung zu erleichtern. Auch kannte er sich in der russischen Literatur und Kultur etwas aus. Das erleichterte ihm sicherlich die Kontaktaufnahme zu den russischen Offizieren, die irgendwann seinen Plan, ein Stadttheater zu gründen, akzeptierten und unterstützten. Offenbar mit eigenem Geld und der erforderlichen Lizenz von russischer Seite nahm die Landesbühne Neuruppin im Hintergebäude des Hauses Schulplatz 10, früher Volkshaus, dann Trocadero und später Keksfabrik, seine Arbeit auf. Allein die technische und materielle Ausstattung des Theaters bedurfte schon organisatorischer

Das Programm der »Neuen Bühne«, die als »Landesbühne Neuruppin« gegründet wurde. Am 1. August 1945 wurde das Theater im Saal von Emil Bugges Gasthaus, Schulplatz 10, eröffnet. Als »Städtebund-Theater« beendete es mit der Spielzeit 1949/50 seine Existenz.

Meisterleistungen. Offenbar hatte sich der Berlin-Flüchtling Walter sehr schnell in Neuruppin etabliert, so dass er trotz des allgemeinen Mangels das Bühnenbild und die Kostüme der Akteure, die ja auch noch zu finden und zu motivieren waren, binnen kurzer Zeit erfolgreich organisieren konnte. Schon am 1. August 1945, also drei Monate nach dem Einmarsch der russischen Truppen in die Stadt, lud er zur großen Tanzrevue »Regenbogen« ein. Der Unternehmergeist Walters wurde von der Stadt in der Person von Fritz Suckrow sehr gelobt. Auch die Neuruppiner honorierten die Arbeit des Theaterleiters mit regem Interesse. Die ersten Stücke, Revuen, Operetten und Schwänke dienten der Unterhaltung eines sich nach Abwechslung sehnenden Publikums. Bei Stücken wie »Dreimal Wien« oder »Der Raub der Sabinerinnen« oder »Ich suche meine Frau« konnten die Zuschauer ihren Alltag etwas vergessen. Nach den anfänglichen Erfolgen und einer längeren Pause gedachte Walter, im Oktober 1946 nunmehr als Neue Bühne anspruchsvollere Stücke aufzuführen. Die Theaterbesucher wurden mit Werken von Goethe, Schiller, Rilke, Hauptmann, Molière, Lope de Vegas, Shaw ebenso konfrontiert wie mit aktuellen Stücken, wie z. B. Weisenborns »Die Illegalen«, oder mit sowjetischen Theaterstücken. Über 36 verschiedene Bühnenstücke bezeugen ein leistungsfähiges Theaterteam, das nicht nur unterhalten, sondern auch bilden wollte. Bürgerliche Kultur und Werte wurden von der Neuen Bühne vermittelt und vom Publikum angenommen. Mit der dritten Spielzeit, die im Mai 1948 endete, schloss das erste private Nachkriegstheater Neuruppins seine Pforten. Im Jahresbericht der Stadtverwaltung Neuruppin 1947 wurde das Theater mit seinen 400 Plätzen, 25 Künstlern und technischen Mitarbeitern noch positiv erwähnt. Immerhin hatten die Mitarbeiter 19 neue Bühnenstücke inszeniert und fünf Kinderveranstaltungen durchgeführt.[344] Neben finanziellen Problemen häuften sich, wie Lisa Riedel schrieb, die politischen Auseinandersetzungen. Am 25. Oktober 1948 wurde Herbert Walter aus der SED, deren Mitglied er über die KPD geworden war, ausgeschlossen. Im Winter zog er mit seiner Frau nach Berlin-West, wo er 1958 verstarb.[345]

Drei Jahre nach dem Kriegsende begannen sich vielfältige Veränderungen im Umgang mit der traditionellen bürgerlichen Kultur bemerkbar zu machen. Von der Aufbruchsstimmung und dem demokratischen Gestaltungswillen eines großen Teils der Überlebenden blieb angesichts des zunehmenden dogmatischen Kurses der SED und des Drucks der sowjetischen Administration von Jahr zu Jahr immer weniger Potenzial. Die schwierigen wirtschaftlichen und politischen Verhältnisse jener Jahre ließen andererseits auch wenig Spielraum für alternative und kreative Denk- und Verhaltensweisen gerade der zumeist mehrfach überforderten lokalen Funktionäre. So wurde schon frühzeitig auf das eigentlich zu integrierende bürgerliche Kulturgut – im weiteren Sinne des Wortes – verzichtet und auf die Herausbildung eines neuen Wertesystems gesetzt.

Die Neuruppiner Stadtverwaltung und der Kreis suchten nach dem Wegzug Walters nach einem neuen Theaterleiter bzw. Intendanten. Es dürfte kein Zufall gewesen sein, dass der neue Intendant, Konrad Kloss, ein Häftling des Konzentrationslagers Sachsenhausen gewesen war. Konrad Kloss versprach schon auf dem Programmblatt zu »Emilia Galotti«, aus der Neuen Bühne ein wahres Volkstheater zu entwickeln mit dem Ziel, »die endliche Verbrüderung aller Werktätigen der Erde, gleich welcher Rasse und Hautfarbe ...« zu erwirken.[346] Parteipolitische Bedenken schlossen sich bei der Vergangenheit des neuen Intendanten schon mal aus. Offenbar verstand er es, zu seinen Schauspielerkolleginnen und -kollegen ein gutes Verhältnis aufzubauen, so dass das Theater weiter erfolgreich agierte. Neben leichter Unterhaltung wurden wie unter Walter deutsche und sowjetische Klassiker geboten. Trotz der guten Besucherzahlen rechnete sich das Theater jedoch nicht. Die erforderlichen Zuschüsse aus der Stadt- und Kreiskasse reichten nicht aus, um den Spielbetrieb finanziell abzusichern. Auf Initiative der Landesregierung in Potsdam wurde daher ein Städtebundtheater gegründet, das in den Kreisen Ruppin, Ost- und Westprignitz sowie in der Stadt Wittenberge gastierte. Doch auch dieses Theater hatte keinen Bestand. Seine Spielzeit endete 1949/50. Danach sorgte das

Potsdamer Hans-Otto-Theater regelmäßig für einen ansprechenden Theatergenuss in Neuruppin.[347] 1954 wandte sich das Potsdamer Theater mit einer Bitte an die Stadtverwaltung. Um für die eigene Arbeit mehr Planungssicherheit zu schaffen, wollten die Potsdamer von den Neuruppinern die Nutzung des Stadtgartensaales vertraglich zugesichert haben. Die Stadtverwaltung lehnte das Begehren jedoch ab, da der einzige Saal der Stadt flexibel verfügbar sein sollte. So endeten dann die regelmäßigen Theateraufführungen. Fortan kam das Hans-Otto-Theater zu Gastspielen in die Stadt. Speziell zu den Neuruppiner Festtagen gehörte das Theater meist zum Programm. 1958 genossen die Neuruppiner die Aufführung von »Minna von Barnhelm«. Wer eine Festtagsplakette für 1,10 DM erworben hatte, zahlte für eine Theaterkarte lediglich 3,50 DM.[348] Das Interesse an der Theatertradition blieb in Neuruppin wach. Irene Gustavs wandte sich 1956 mit dem Vorschlag, eine Laienbühne zu errichten, an die Stadtverwaltung. Nach dem Vorbild des Lehrers Hans Thörner sollte der Rat der Stadt doch wenigstens versuchen, »in Neuruppin eine leistungsfähige Laienbühne zu schaffen, die Spielern und Zuschauern gleichzeitig Freude, Entspannung und Bildung vermitteln wird.«[349]

Irene Gustavs engagierte sich auch bei der Vorbereitung und Durchführung der 700-Jahr-Feier Neuruppins 1956. Die Tanzschule Gustavs war 1934 gegründet worden und erfreute sich auch nach dem Krieg eines regen Zuspruchs. Innerhalb des Festprogramms inszenierte Irene Gustavs das Programm »Aus der Chronik einer kleinen Stadt«, das jeweils vor ausverkauftem Haus aufgeführt wurde. Der Künstler Gustavs stellte zahlreiche Kunstmappen zum Jubiläum zusammen, die auch regen Absatz fanden. Alle Beteiligten gestalteten das Stadtjubiläum 1956 zu einem beeindruckenden Erlebnis, das noch lange Zeit in guter Erinnerung blieb.[350]

Ein weiteres Beispiel für den Gestaltungswillen nach dem Krieg waren, wie oben schon erwähnt, die kulturhistorisch wertvollen Ausstellungen. 1946, als im Theater 28 bunte Abende, mehrere Konzerte, Abende mit klassischer Musik stattfanden, Gedenkveranstaltungen für Schubert, Puschkin, Gorki, Gogol, Heine, Herwegh, Schubart und Beethoven organisiert wurden, lud die Galerie Ferdinand Möller zu zwei bemerkenswerten Ausstellungen ein.[351] Möller, der sich besonders für die Expressionisten einsetzte, zählte zu den renommiertesten Berliner Galeristen. Am 3. August 1946 eröffneten die Neuruppiner Bürgermeisterin Trude Marx und Professor Willy Kurth im Karl-Marx-Haus eine Ausstellung mit 120 Gemälden und Grafiken, die Ferdinand Möller organisiert und gestaltet hatte. Die Neugierde auf diese kunsthistorisch bedeutenden Bilder, die jahrelang von den Nazis verfemt worden waren, war groß. Die Zahl von 1400 Besuchern sprach für sich. Neulehrer und Betriebe belegten Kurse, in denen ihnen Einblicke in die Kunstgeschichte vermittelt wurden. Ferdinand Möller, der in seinem Landhaus in Zermützel viele von den Nazis 1937 verbotene und der Vernichtung bzw. dem Verkauf ins Ausland freigegebene Gemälde retten konnte, stellte nun einem staunenden Publikum Werke von Barlach, Kollwitz, Schmitt-Rottluff, Feininger, Heckel, Hofer, Kirchner, Kokoschka und Pechstein vor. Die zweite Ausstellung widmete er Arbeiten seiner Frau Maria Möller-Garny. Angesichts der großen Resonanz erarbeitete er dann eine Gedächtnisausstellung für Max Liebermann und Käthe Kollwitz. Otto Nagel, Mitbegründer des Kulturbundes zur demokratischen Erneuerung Deutschlands und Vorsitzender des Landesvorstandes Brandenburg, bat Ferdinand Möller, auch für Potsdam eine Ausstellung zu organisieren. Werke, die er unter Lebensgefahr vor den Nazis gerettet hatte und die in seinem Landhaus in Zermützel den Krieg unbeschadet überstanden hatten, verlieh er beispielsweise 1946 an die Initiatoren der »Allgemeinen Deutschen Kunstausstellung« in Dresden. Als die Verantwortlichen sich dann jedoch weigerten, ihm sein Eigentum zurückzugeben, wurde er gegenüber der Kulturpolitik in der sowjetischen Besatzungszone misstrauisch. Als seine mühsam gerettete Sammlung, also sein gesamtes Lebenswerk, alsbald nicht mehr nur inhaltlich, sondern auch besitzrechtlich zur Diskussion stand und man ihm mit Konfiszierung drohte, verließ er kurz vor der Gründung der DDR – die BRD existierte bereits – Zermützel. In Köln eröffnete er 1951 eine neue Galerie.[352] Die in Zermützel und Berlin ansässige Ferdinand-Möller-Stiftung stellt erhebliche Mittel zur Erforschung des Expressionismus bereit. Auch das Anwesen Möllers in Zermützel wurde von der Stiftung wieder einem künstlerischen Zweck zugeführt. Darüber hinaus finanzierte die Stiftung u. a. ein Forschungsvorhaben des Kunsthistorischen Instituts der Freien Universität Berlin, das sich speziell mit »entarteter Kunst« und dem Schicksal der einzelnen Werke beschäftigt.[353]

Statt an der fragwürdigen bürgerlichen Kultur sollten sich die Bürger der DDR an sowjetischen kulturellen Vorbildern orientieren. Schritt für Schritt änderten sich die Prämissen in der Volksbildung und der öffentlich angebotenen Kultur. Die Gründung der Gesellschaft zum Studium der Kultur der Sowjetunion, der das ehemalige Offizierskasino als Puschkinhaus zur Verfügung gestellt wurde, und die Schaffung eines Kulturhauses sowie der FDJ-Chor mit seinen ersten 25 Mitgliedern und die FDJ-Tanzgruppe mit ihren 18 Tänzern dienten mittelbar der beabsichtigten kulturellen Neuorientierung. Natürlich begeisterten sich die jeweiligen Teilnehmer für das, was sie taten. Denn ein gesamtgesellschaftlicher Bruch, wie ihn das Ende des Zweiten Weltkrieges nun einmal darstellte, stärkte doch auch die Hoffnung auf Neues. Gerade die jungen Menschen wollten voller Elan Neues gestalten und erleben. Auch auf sportlichem Gebiet machte sich diese Aufbruchsstimmung bemerkbar. Die alten Neuruppiner Sporttraditionen belebten sich schnell wieder. Im Jahresbericht der Stadtverwaltung 1947 stand, dass sich ein gesunder Volkssport entwickelt hatte. Fußball, Handball, Leichtathletik, Wassersport und Schwimmsport erfreuten sich regen Zuspruchs. Neuruppinerinnen und Neuruppiner erkämpften sich auf Grund der guten Trainingsbedingungen und der fachlich kompetenten Betreuung bei den Wettkämpfen zahlreiche Titel der Landes-, Europa- und Weltmeisterschaften.[354]

Das Volksbildungsamt übernahm die Kontrolle der privaten Leihbibliotheken und der Bücherbestände der Betriebe. Die Volksbücherei besaß 1947 einen Bestand von 4868 Büchern. Neuruppin verfügte damit über eine der zwei Freihandbibliotheken des Landes Brandenburg. Neben den Buchbeständen konnte der Leser 1951 zwölf Tageszeitungen und acht Monatsschriften aus Politik, Kultur und Technik nutzen. Zu den Tageszeitungen gehörte auch das Ruppiner Kreisblatt, dessen erste Ausgabe am 17. Juni 1947 für 0,10 RM angeboten wurde. Um auch den Werktätigen die Möglichkeit einzuräumen, nach der Arbeit in die Bibliothek zu gehen, wurden die Öffnungszeiten an drei Werktagen bis 19 Uhr erweitert. Noch sollten sich die Einwohner möglichst vielseitig informieren können.[355] Daher fasste der Rat der Stadt am 8. Dezember 1953 auch den Beschluss, in Neuruppin eine Fernsehstube einzurichten. Offenbar entspann sich um diese Möglichkeit der Kommunikation innerhalb der städtischen Verwaltung ein Disput. Wenig später ist im entsprechenden Protokoll nur zu lesen, dass der Beschluss aufgehoben wurde, »da die Einrichtung einer Fernsehstube aus technischen Gründen nicht ratsam ist.«[356] Vermutlich befürchteten die Genossen, die ja durch die Ereignisse des Aufstandes vom 17. Juni 1953 verunsichert worden waren, dass die Bürger durch das Westfernsehen negativ beeinflusst und gegen den Sozialismus aufgehetzt werden könnten.

Als Leser der Volksbibliothek wurden 1947 616 Männer, 933 Frauen und 482 Jugendliche registriert. In dem entsprechenden Bericht der Stadtverwaltung heißt es: »Beachtlich ist der hohe Prozentsatz der Frauen. Man sieht, dass auch in unserer Stadt die Frau eifrig bemüht ist, sich durch Lesen Wissen anzueignen, um somit der geistigen Überlegenheit des Mannes, die ja vorhanden sein soll, nahezukommen.«[357] Traditionelle Denk- und Verhaltensweisen gerade hinsichtlich der Geschlechterbeziehungen bestimmten noch lange Zeit den Alltag. In der Nachkriegsgesellschaft der SBZ mussten sich die Frauen ihre gesellschaftliche Anerkennung auch erst Schritt für Schritt erkämpfen. Die rechtlichen Rahmenbedingungen erleichterten ihnen diesen Kampf. Vorbehalte und Vorurteile den Frauen in den verschiedenen Positionen gegenüber blieben jedoch noch lange Zeit erhalten. Immerhin zählten 1951 sechs Frauen zu den 46 Mitgliedern der Stadtverwaltung (Rat und Stadtverordnetenversammlung). Im ersten Jahr nach dem Krieg saßen fünf Frauen in zehn Dezernaten und 1947 gehörten dem Magistrat sechs Frauen und zehn Männer an.[358] Wie groß ihr Einfluss auf die städtische Verwaltung wirklich war, bleibt noch zu untersuchen. Die Schlüsselpositionen blieben, bis auf das kurze Intermezzo von Trude Marx als Bürgermeisterin, erst einmal in den Händen der Männer.

Der Demokratische Frauenbund Deutschlands (DFD), der 1947 u. a. von Trude Marx und Erna Huch gegründet worden war, und die Frauenausschüsse sorgten sich um die sozialen Belange in der Stadt. 1950 wurde die Würdigung einer hilfsbedürftigen Frau anlässlich des »Tages der Frau« mit einem 12-tägigen Aufenthalt im Heim des DFD in Menz noch als etwas Besonderes im

Bericht hervorgehoben. Später gehörten die Feiern und Würdigungen der Frauen zum 8. März zum sozialistischen Alltag. Diese Feiern mutierten jedoch zu einer kulturellen Pflichtveranstaltung, die wiederum Ausdruck der fragwürdigen Geschlechterbeziehung in der DDR war.[359] Die verschiedenen Aktivitäten des DFD dokumentieren hingegen das vielschichtige Wirken von Frauen, die sich aus sozialer Verantwortung heraus für die alltäglichen Belange der sozial Schwachen und Hilfsbedürftigen einsetzten. In Neuruppin sorgten die traditionellen Veranstaltungen des DFD wie z. B. die Osterwiese seit 1978 oder die Teilnahme an dem von den Journalisten organisierten Blumenbasar für Furore.

Das sehr differenzierte Neuruppiner Schulwesen wurde nach 1945 allmählich umgestaltet und vereinheitlicht. Zwei Zentralschulen, zwei Oberschulen, eine Volkschule, eine Hilfsschule, eine Berufs- und Wirtschaftsschule sowie die Heimatschule Treskow bemühten sich um die Bildung der heranwachsenden Generation. Aus der Knabenschule wurde die Puschkinschule, aus der Gemeindemädchenschule die Rosa-Luxemburg-Schule und aus der Hilfsschule die Pestalozzischule. 1950/51 erfolgte die Zusammenlegung des Gymnasiums für Jungen (Schillerschule) mit der Fontaneschule (Oberschule für Mädchen) zur Oberschule für Jungen und Mädchen mit dem Namen Fontane-Oberschule. Diese erhielt in den 60er-Jahren die Bezeichnung Erweiterte Oberschule (EOS). Mit dem Umzug dieser Schule aus dem alten Gymnasium in den Neubau an der heutigen Gerhart-Hauptmann-Straße 1970 erhielt sie den Namen »Ernst-Thälmann-Schule«. Eine Zehnklassige Polytechnische Oberschule im Neubaugebiet durfte den Namen »Fontaneschule« übernehmen. 1950 konnten die Gildenhaller Kinder in ihre neue Heimatschule gehen.[360]

1956 bemühte man sich, den polytechnischen Unterricht in den Schulen einzuführen und die Voraussetzungen für den Werkunterricht zu schaffen. 1958 erhielten die Schüler der 7. und 8. Klasse Unterricht in der Produktion (UTP). Im gleichen Jahr konnte das zuvor von der sowjetischen Besatzungsmacht geräumte ehemalige Lehrerseminar als »Schule der Deutsch-Sowjetischen-Freundschaft« neu eröffnet werden. Drei Jahre zuvor nahm die Landwirtschaftliche Berufsschule ihren Ausbildungsbetrieb auf, die historischen Wurzeln dieser Schule reichen in das Jahr 1912 zurück.

Die Versorgung der heranwachsenden Schüler mit ausreichenden Nahrungsmitteln stellte für die Verantwortlichen ein wichtiges Problem dar. Im April 1950 legte das Jugendschutzgesetz fest, dass jeder Schüler in der Schule eine warme Mahlzeit erhalten sollte. Die Umsetzung dieser Bestimmung bereitete den zuständigen Behörden auch in Neuruppin erhebliches Kopfzerbrechen. Die Einrichtung von Schulküchen war unter den Bedingungen der 50er-Jahre ebenso schwer zu bewerkstelligen wie die Versorgung der Küchen mit ausreichenden Nahrungsmitteln. Immerhin begann 1950 die Schulspeisung in Neuruppin, die die Schulkinder mit einer warmen Mahlzeit am Tag versorgte, und sie gehörte bis zur Wende zum Alltag der Schulen.

Eine Schulspeisung mit einem Viertelliter Milch und einem großen Weiß-

Der Fontane-Raum im neu eingerichteten Museum, um 1955.

brötchen wurde schon 1924 von der Stadt organisiert und durch eine Mischfinanzierung, an der die Stadt und die Eltern u. a. beteiligt waren, ermöglicht.[361] Die Versorgung der Schüler wurde auch in den Ferien gewährleistet. Schon 1950 konnten die Kinder an den Ferienspielen teilnehmen, die während der Schulferien für die Betreuung der Kinder sorgten. Im Jahr darauf öffneten die ersten örtlichen und betrieblichen Ferienlager ihre Tore, die vielen Kindern durchaus erfreuliche Erlebnisse bescherten. Über die Gesundheit der Schüler wachte 1950 die Schulärztin Frau Just.[362] Für eine mehr oder weniger kreative und abwechslungsreiche Nachmittagsgestaltung sorgten die Pionierleiter gemeinsam mit den Klassenleitern an den Schulen und das am 21. Dezember 1952 eingeweihte Pionierhaus in der Gerhart-Hauptmann-Straße (Straße des Friedens) 11. Jenen Kinder, die verwaist waren oder zu Hause nicht betreut werden konnten, standen 1947 ein ständiges Kinderheim für 77 Schulkinder und acht Säuglinge sowie ein Tageskinderheim zur Verfügung. Auswärtige Schülerinnen, die in Neuruppin die höhere Schule besuchten, konnten im Schülerinnen-Internat wohnen.[363]

Das Zieten-Museum in der Gentz-Villa wurde am 22. September 1946 eröffnet. Der erste Direktor nach dem Krieg wurde der Gymnasiallehrer Dr. Alfred Hirsch. Die umfangreiche Sammlung des Museums kam in den Räumen der Gentz-Villa nur partiell zur Geltung. Die Verantwortlichen plädierten für eine räumliche Veränderung. Insbesondere Alfred Hirsch setzte sich für die Ehrung Karl Friedrich Schinkels und Theodor Fontanes in speziellen Räumen ein. Dem Museum sollte mehr Platz zur Verfügung stehen. Das imposante Bürgerhaus in der August-Bebel-Straße 14/15 schien dafür bestens geeignet zu sein.

Die 700-Jahr-Feier aus Anlass der Stadtrechtsverleihung 1256 in Schnappschüssen von Dr. med. Heinz Budde (1908–1976) im Jahre 1956.

Bis zum Kriegsende residierte dort die NSDAP, und nach dem Krieg hatten im Haus verschiedene Behörden und eine Umsiedlerberatungsstelle Unterkunft gefunden. 1954 zog das Zieten-Museum in einige Räume dieses geschichtsträchtigen Bürgerhauses, das der reformfreudige und umtriebige Bürgermeister Ernst Daniel Noeldechen 1790 erbauen ließ. Mit dem Umzug ging die Umbenennung in »Heimatmuseum Neuruppin« einher. Am 16. August 1954 erfolgte die feierliche Einweihung des neuen Heimatmuseums mit einer Sonderausstellung. Schon am 21. August betrat der 1000. Besucher das neue Museum. Das allgemeine Interesse an historischen Fragen war also beachtlich.

In Vorbereitung der 700-Jahr-Feier der Verleihung des Stadtrechtes wurde auch an der Erweiterung der Ausstellungen des Heimatmuseums gearbeitet, so dass der Besucher 1956 sieben Räume durchschreiten konnte. Jeweils ein Raum würdigte das Leben der beiden Neuruppiner Söhne Schinkel und Fontane. 1955 öffnete das Waldmuseum Stendenitz wieder seine Tür. Zwischenzeitlich diente es als Ferienlager.[364]

Lisa Riedel, ausgerüstet mit kulturhistorischen Kenntnissen und Kontakten aus ihrer Leipziger und Dresdner Zeit, übernahm 1958 das Neuruppiner Heimatmuseum und baute es zu einem anerkannten Regionalmuseum aus. Die

Graphikerin Annli Zimmermann garantierte die ansprechende Umsetzung der von Lisa Riedel konzipierten Neugestaltung und Erweiterung der Räume. 1964 gestaltete sie die erste Ausstellungswand zu den Neuruppiner Bilderbogen und im Mai 1983 konnte sie dann die erste ständige Bilderbogenausstellung, die Originale zeigte und Einblicke in die Herstellung gewährte, eröffnen. Sie organisierte auch viele Ausstellungen in anderen Städten der DDR, z. B. in Frankfurt (Oder), Potsdam, Köthen, Sangerhausen usw., und in der Schweiz, Italien oder Polen. Darüber hinaus holte sie Kunstwerke aus Tschechien, Polen oder Rumänien in die Räume des Museums. Auch sorgte sie dafür, dass das Schaffen des Neuruppiner Künstlers Walter Kuphal wieder in das Bewusstsein der zeitgenössischen Kulturszene rückte. Schon 1960 eröffnete sie die erste Kuphal-Ausstellung im Neuruppiner Tempelgarten zum Gedenken an den 70. Geburtstag des Malers. Im Jahr darauf würdigte das Heimatmuseum den großen Baumeister Karl Friedrich Schinkel mit einer ansprechenden Ausstellung. 1963 erhielt das Museum einen neu gestalteten Raum, der Einblicke in die Auswirkungen des verheerenden Stadtbrandes vom 26. August 1787 ermöglichte. 11 581 Besucher kamen 1962 in die kulturellen Einrichtungen des Heimatmuseums (Waldmuseum Stendenitz, Ausstellungsräume in der Villa des Tempelgarten und das Museum selbst). Das Interesse an historischen und naturwissenschaftlichen Informationen hielt, geht man von diesen hohen Besucherzahlen aus, weiterhin an.

Viel beachtete Höhepunkte der Arbeit Lisa Riedels waren die Wilhelm-Gentz-Ausstellung 1980 und die Schinkel-Ehrung 1981. Eine erneute Walter-Kuphal-Ausstellung, die 120. Sonderausstellung, krönte 1985 die erfolgreiche Arbeit der Direktorin. Allein in diesem Jahr kamen an die 22 500 Besucher in die Einrichtungen des Heimatmuseums. Im folgenden Jahr würdigte das Museum 40 Jahre FDJ, den 200. Todestag Friedrichs II. und die Arbeit der Künstler der Region jeweils mit einer Sonderausstellung.[365]

Der Aufbau des Museums mit seinen Einblicken in die Ur- und Frühgeschichte, in das Wirken von Karl Friedrich Schinkel und Theodor Fontane, in die Bilderbogenproduktion und in die Gildenhaller Freilandsiedlung trägt bis heute ihre Handschrift. Am 30. November 1986 übergab Lisa Riedel das Museum an Irina Rockel, die den Museumsbetrieb während der Generalrekonstruktion des Museums von 1988 bis 1992 aufrecht erhielt und viele bewährte Traditionen weiterführte.

Die langjährige Direktorin Lisa Riedel, die 1987 zum Obermuseumsrat ernannt wurde, verband mit ihrer Museumsarbeit stets auch die Vernetzung der künstlerischen Aktivitäten in der DDR überhaupt. Die verschiedensten Künstler konnten sicher sein, dass sie Beachtung und häufig auch mit Ausstellungen in den Räumen des Museums ihre Wertschätzung erfuhren. Bereits 1961 veranstaltete sie eine Personalausstellung, die das Schaffen des Ehepaares Suse und Josef Hoffmann würdigte. Beide Künstler lebten in der einstigen Künstlerkolonie Gildenhall. Nach dem Zweiten Weltkrieg bemühten sie sich in vielfältiger Weise um die Vermittlung kultureller Werte und Fertigkeiten. Suse Hoffmann bot Kunstzirkel und Vorlesungen zur Kunstgeschichte in der Volkshochschule an und organisierte Ausstellungen. Ihr eigenes künstlerisches Schaffen – Aquarelle, Gouachen und Ölbilder – sowie die ihres Mannes wurden durch jene Ausstellungen des Heimatmuseums gewürdigt. Lisa Riedel hielt den Kontakt zur Künstlerin auch, als diese nach dem Tod ihres Mannes 1968 zu ihrer Schwester nach Cuxhaven ausreiste. Die Künstlerin wurde 1991 in den Räumen des Alten Gymnasiums und 1996 im Heimatmuseum abermals mit Ausstellungen geehrt und ihrem künstlerischen Schaffen so eine nachhaltige Würdigung erwiesen.366

Die Ateliergemeinschaft Karl Fulle, Sigrid Artes und Ursula Zänker, die sich 1980 in der Erich-Mühsam-Straße niedergelassen hatte, gehörte ebenfalls zu jenen von Lisa Riedel geförderten Künstlern. Die Absolventen der künstlerischen Ausbildung auf der Burg Giebichenstein, die bei Gertraud Möhwald ihr Handwerk erlernten, etablierten sich in Neuruppin. Ihre Verkaufsausstellungen im Museum wurden ein Besuchermagnet.367 Viele weitere Künstler der Region (Kurt Hirschel, Dagmar Elsner-Schwintowsky, Heinz Heisig, Hartmut Clemens) schätzten das Museum als Kommunikationszentrum, in dem man zum Gedankenaustausch zusammenkam oder wo man sich Anregungen für die eigene Arbeit holte. Die Sammlung des Museums weist heute viele Gemälde, Grafiken und andere Arbeiten der zeitgenössischen Künstler auf, für deren Ankauf sich Lisa Riedel vorausschauend einsetzte.

1972 erhielt das Museum beispielsweise 20 Zeichnungen von Lea Grundig geschenkt. Lisa Riedel kannte die Künstlerin noch aus ihrer Dresdner Zeit. So erklärt sich wohl auch die Schenkung an das Museum. 1984 eröffnete Lisa Riedel die 100. Ausstellung in den Räumen des Museums. Viele Künstler wurden enge Partner des Museums.

Ausstellung von Werken der Bildhauerkunst der DDR im Heimatmuseum, 1985. Links die Bildnisstele des Dichters Erich Arendt (1903–1984) von Prof. Wieland Förster.

Die vielseitige Künstlerin Marianne Kühn-Berger, ein Umsiedlerkind aus Breslau, dürfte vielen modebewussten »Magazin«-, »Für Dich«-, »Sibylle«- oder »Wochenpost«-Lesern aus der DDR noch in bester Erinnerung sein. Aber auch ihre Glasgestaltung erregte Aufsehen. Zum Beispiel gestaltete sie die Tür im Puschkinhaus 1977 oder ein Fenster des Clubraumes des Kernkraftwerkes Rheinsberg 1978/79. Im Mai 1980 organisierte Lisa Riedel für Marianne und ihren Mann Kurt-Hermann eine Ausstellung im Museum, die großen Anklang fand. Einen kleinen Eindruck vom Schaffen des Malers Kurt-Hermann Kühn kann man sich verschaffen, wenn man den großen Festsaal der Ruppiner Kliniken GmbH besichtigt. Von 1987 bis unmittelbar vor seinem Tod 1989 arbeitete der Künstler dort an vier Wandbildern, die über das beeindruckende Künstlerische hinaus seine Lebensbotschaft allegorisch versinnbildlichen.[368] Die künstlerische Vielfalt Marianne Kühn-Bergers zeigte sich auch bei der Gestaltung eines Neuruppiner Cafés kurz vor der Wende. Die Neuruppiner konnten die komplette Neugestaltung des Cafés Rosengarten, die in allen Details die Handschrift von Marianne Kühn-Berger trug, allerdings nur kurze Zeit genießen.[369]

Viele Künstler, die Lisa Riedel um sich scharte, zeugen mit ihren unterschiedlichen Biographien und der Vielseitigkeit ihres Schaffens von der heute viel zu selten gewürdigten künstlerischen Kreativität, die auch oder gerade in der DDR möglich war. Es waren Künstler, Schriftsteller, Filmschaffende und all die anderen Kulturschaffenden, die den Alltag in der DDR farbiger und abwechslungsreicher gestalteten. Die Stadt Neuruppin zog auch in den vierzig Jahren der DDR immer wieder Künstler in ihren Bann, weil sich stets ein interessiertes Publikum fand, das die künstlerischen Arbeiten zu genießen wusste. An dieser Stelle kann dann nur auf die vielen kulturellen Aktivitäten der einzelnen Gewerkschaftsgruppen, betrieblichen Organisationen und privaten Initiativen verwiesen werden.

Zu den wieder belebten kulturellen Traditionen Neuruppins nach dem Krieg zählten natürlich auch die zahlreichen Sportvereine. Der Arbeiter-Radfahr-Bund Solidarität erhielt 1945 einige seiner 1933 beschlagnahmten Räder zurück. Diese Räder wurden im Sommer mit viel Erfindungsgeist wieder repariert und schon im Herbst wurden die ersten Darbietungen der Kunstradsportler gezeigt. Der erste Übungsleiter nach dem Krieg wurde Helmut Schliebner. Auch die Vereinsarbeit der anderen Clubs belebte sich im Sommer 1945 wieder. Das Gelände des Segelclubs hatte 1945 die Sowjetarmee besetzt und als diese das Gelände räumte, richtete dort die Wasserschutzpolizei einen Stützpunkt ein. Die geretteten Boote wurden wieder hergerichtet. Die Ruderer, Segler, Paddler und Motorbootbesitzer gründeten am 26. Mai 1946 eine Wassersportgemeinschaft. Nach drei Jahren, am 19. Dezember 1949, gründete sich der Segelclub als Sektion der Zentralsportgemeinschaft Eintracht der ehemaligen RSC Männer neu. 1950 wurde das erste Ansegeln mit einem großen Fest gefeiert. Der Segelclub bemühte sich nun auch um sein Eigentum in der Regattastraße. Doch 1951 fiel das Gelände unter die Enteignungen und wurde dem Club nur zur Nutzung überlassen. 1952 erbauten die Clubmitglieder einen großen Bootsschuppen und organisierten die Brandenburgischen Landesmeisterschaften. Eine geplante Ost-West-Pfingstregatta konnte 1955 jedoch nicht mehr stattfinden. Der Kalte Krieg warf seine Schatten und die verhärteten Fronten zwischen den beiden politischen Lagern ließen auch sportliche Wettkämpfe kaum mehr zu. Viele Neuruppiner Segler verließen die Stadt. Diejenigen, die blieben, versuchten als selbstständiger Club, der sich nicht den 1948 gegründeten Betriebssportgemeinschaften als einheitliche, staatlich gebilligte Sportvereinigungen anschloss, zu überleben.[370] Das gelang dem Segelclub mit einem intensiven und geselligen Clubleben während der Zeit der DDR durchaus.

Neben den traditionellen Vereinen entstanden neue Betriebssportgemeinschaften. Die Fußballer, die Angler, die Radfahrer und die Boxer organisierten ihr regelmäßiges Training und eine erfolgreiche Nachwuchsbetreuung. 1957 wurde der Deutsche Turn- und Sportbund der DDR gegründet. Neuruppin erhielt einen Kreisvorstand, der sich um den Sport des Kreises kümmern sollte. Schon seit 1948 gab es einen Kreisausschuss Ruppin, der die Arbeit der ca. 60 Sportgemeinschaften koordinierte. Der Hubertuslauf oder der Neuruppiner Triathlon gingen auf die Initiative des DTSB zurück. Am 10. März 1959 begannen in vielen freiwilligen Aufbaustunden Sportler, an Sport Interessierte und sowjetische Soldaten das Stadion der Freundschaft an der Altruppiner Allee aufzubauen. Schon am 8. Mai konnte auf dem großen Platz ein Fußballspiel zwischen der BSG Lok Neuruppin und einer sowjetischen Mannschaft stattfinden. Die vollständige Fertigstellung wurde am 7. Oktober 1959, anlässlich des 10. Jahrestages der DDR, mit zahlreichen sportlichen Darbietungen gefeiert.[371] Die Gestaltung des Stadions mit seinen monumentalen Skulpturen an der Hauptallee und dem später auf dem Sockel des Friedrich-Wilhelm-Denkmals errichteten Lenin-Statue erinnerte unübersehbar an sowjetische Vorbilder der dreißiger Jahre oder den imperialen Baustil jener Aufbaujahre.

Sport wurde zunehmend eine wichtige Angelegenheit der einzelnen Betriebe, die die dafür erforderlichen Gelder aufbrachten. Große Betriebe wie die Elektro-Physikalischen Werke, das Post- und Fernmeldeamt oder der Rat des Kreises Neuruppin errichteten spezielle Trainingszentren für die gezielte Nachwuchsförderung. Talente, die während des Schulsports entdeckt wurden, erfuhren dann in diesen Trainingszentren eine weitere systematische Förderung. Viele erfolgreiche Sportler der DDR gingen aus diesen Neuruppiner Trainingszentren hervor.[372]

Der traditionsreiche Stadtgarten avancierte in der DDR zu einem beliebten Treffpunkt für die an Sport und Kultur interessierten Einwohner. In den ersten Jahren nach dem Krieg fanden hier die Boxvergleichswettkämpfe vor bis zu 1000 Zuschauern statt.[373]

Der rote Backsteinbau des Stadtgartens wurde am 22. April 1897 seiner Bestimmung übergeben. Ursprünglich befand sich auf dem Gelände, wo die Wallgräben vom Soldatenkönig per Ordre in Gärten verwandelt wurden, ein Fachwerkhaus mit großem Saal. 1889 gehörte es dem erfolgreichen Brauereibesitzer Wilhelm Schönbeck, der noch eine Kegelbahn und eine Musikhalle anbauen ließ und die hygienischen Bedingungen etwas verbesserte. 1895 wurde der Neubau geplant und bis 1897 realisiert. Der Stadtgarten mit seinem großen Saal diente der Geselligkeit und der Unterhaltung. 1940 nutzte man den Saal als Lazarett und 1943 als Ausweichlager der Garbaty-Zigarettenfabrik. Nach dem Krieg zog dort die Kreisleitung der SED ein. Der Stadtgarten avancierte nun zum »Karl-Marx-Haus«. 1953 pachtete das Ehepaar Golde den Stadtgarten für zehn Jahre. Der große Saal diente verschiedenen Veranstaltungen und den schon erwähnten Theateraufführungen des Hans-Otto-Theaters Potsdam. Die Gaststätte hatte einen guten Ruf. 1961 schlug die Stadtverwaltung vor, den Stadtgarten im Rahmen der Jugendförderung der Jugend zu übergeben. Da den Goldes im Falle der vorzeitigen Auflösung des Pachtvertrages das »Alte Casino« als Ausweichobjekt angeboten wurde, konnte die Jugend das nunmehrige Jugendclubhaus »Philipp Müller« übernehmen. Doch von der sozialistischen Planung bis zur Umsetzung vergingen oft Jahre. Zu einem von der Jugend angenommenen und geschätzten kulturellen Treffpunkt wurde der Stadtgarten erst, als dort 1982 das Jugendfreizeitzentrum gegründet wurde. Arne Krohn, Wolfgang Freese und Andreas Kirsch organisierten vielseitige Film- und Musikveranstaltungen. Wöchentliche Diskotheken sorgten ebenso für Abwechslung und Unterhaltung wie die offenen Gesprächsrunden und interessanten Vorträge. Viele Jugendliche beteiligten sich an der Gestaltung der Räume im vorderen Teil des Stadtgartens und an der Durchführung der Veranstaltungen. Die Stadträtin für Kultur übergab am 30. April 1983 das Zentrum offiziell an die Jugend. Das Jugendzentrum entwickelte sich zu einem Sammelbecken junger Leute, die selbstbewusst nach alternativen Gestaltungswegen innerhalb des real existierenden Sozialismus suchten und diese diskutierten. Projekte wie die »Anti-Alkohol-Woche«, da sich die Beschaffung von wohlschmeckenden alkoholfreien Getränken schwierig gestaltete, oder die Einladung an die umstrittenen Künstler Freya Klier und Stephan Krawczyk sorgten für eine erhöhte Wachsamkeit der zuständigen Sicherheitsorgane. Viele, die sich in diesem Jugendfreizeitzentrum engagierten, gehörten später zu den Gründungsvätern des Neuen Forum.[374]

Im großen Saal des Kulturhauses fanden darüber hinaus eine Vielzahl von kulturellen Veranstaltungen vom Fasching über Abibälle, Jugendweihen bis zu Konzerten und Theateraufführungen statt. 1969 erfolgte ein kombinierter Um- und Neubau von Teilen des Seitenflügels des Stadtgartens. Das Haus erhielt seine heutige Gestalt. Jährlich zog es Tausende von Besuchern in das Haus. Ob Schlager-, Rock-, Jazz- oder Klassik-Freunde – alle Musikrichtungen wurden je nach Bedarf oder Erlaubnis mit Veranstaltungen bedacht.

Nach der Wende bemühte sich Jörg Stahl als Leiter des Hauses wieder um ein abwechslungsreiches und unterhaltsames Programm unter marktwirtschaftlichen Bedingungen, so dass das große Haus seinen Platz im Neuruppiner Kulturleben behielt.[375]

Märkte und Feste

Viele alte Traditionen wurden nach 1945 wieder aufgegriffen und neu belebt. Dazu zählten die Neuruppiner Festwochen und der Martinimarkt. Die Industrieschau des Jahres 1946 erinnerte an die seit 1893 mit Unterbrechungen durchgeführten Ruppiner Wochen ebenso wie die spätere Leistungsschau, auf der die Betriebe des Kreises ihre Erzeugnisse präsentierten. Mitunter betrachteten die Besucher im Stadtgarten Produkte, die sie in den Läden nicht erwerben konnten. 1950 tolerierten die Bürger noch die Diskrepanz zwischen Angebot und Nachfrage, da sie zum normalen Alltag der Nachkriegsjahre gehörte. Später lernten die Menschen, die Bedarfslücken durch kreative Eigeninitiativen zu schließen.

Aus den Ruppiner Wochen wurden die Volksfestwochen, die im Sommer stattfanden. Die Volksfestwoche (30. August bis 6. September) des Jahres 1953 lud u. a. zu einem Bootskorso am Neuruppiner Bollwerk und zu verschiedenen Turnieren ein. Einige Funktionäre der SED erkannten nach dem 17. Juni 1953, dass der Sozialismus wohl nur gemeinsam mit den Bürgern aufzubauen war, und sie bemühten sich um eine bessere Kommunikation, die mit einer Preissenkung einherging. Nun sollten auch die kulturellen Traditionen wieder stärker berücksichtigt werden. Dieser Einsicht verdankt Neuruppin die Wiederbelebung des Martinimarktes, den es immerhin schon seit 1665 gegeben hatte. Vom 8. bis 14. November 1953 gastierte auf dem FDJ-Platz ein großer Vergnügungspark und im Stadtgarten stellten die Betriebe der Region ihre besten Erzeugnisse aus. Ein Bauernmarkt versorgte die Besucher mit vielen verschiedenen Produkten aus dem ganzen Land. Schließlich galt es, Erfolge beim Aufbau des Sozialismus zu dokumentieren. 1954 wurde der Martinimarkt wieder mit einem großen Pferdemarkt gekoppelt. Der spätere Martinimarkt mutierte zu einem großen Rummel.[376] Am 12. November 1983 fand in Neuruppin wieder ein großer Pferdemarkt statt. Mehr als 150 Pferde und andere Tiere wie Hunde, Gänse, Fasane oder Kaninchen konnten besichtigt und auch erworben werden. Die Wiederbelebung der alten Tradition stieß auf eine große Resonanz in der Bevölkerung. Auch viele Auswärtige reisten zu diesem Ereignis an.

Seit 1958 avancierten die Arbeiterfestspiele zur Festkultur der DDR. Sie fanden jährlich in verschiedenen Bezirken statt. 1966 gehörte Neuruppin neben Rheinsberg zum Austragungsort der 8. Arbeiterfestspiele. Aus diesem Anlass organisierten viele Bürger der Stadt einen Großputz. Die Grünanlagen wurden gereinigt und teilweise neu gestaltet, die Häuserfassaden erhielten neue Anstriche. So ein kultureller Anlass konnte das Stadtbild schon erheblich verändern. Tausende von Besuchern strömten dann in die Stadt, um dem bunten Treiben der Schausteller und künstlerischen Ensembles beizuwohnen.

1950 erließ die Stadt eine Wochenmarktordnung, die die Bedingungen für die Durchführung des wöchentlichen Marktes am Dienstag und Sonnabend auf dem Schulplatz von 8 Uhr bis 14 Uhr regelte.[377]

Die Karnevalsveranstaltungen gehörten ebenfalls zur städtischen Festkultur. Doch mit der sozialistischen Umgestaltung der Gesellschaft betrachteten die Verantwortlichen diese bürgerliche Geselligkeit zunehmend misstrauisch. 1956 verlangte man, dass vom Karnevalskomitee »in Zukunft jede Veranstaltung vorher bei der Abteilung Finanzen-Steuerwesen ordnungsgemäß anzumelden ist und hierfür die erforderlichen Eintrittskarten zur Abstempelung vorgelegt werden«.[378] Die außenpolitischen Spannungen und der ungarische Aufstand sorgten für die Verunsicherung der Funktionäre. Eine Reaktion dieser Verunsicherung dokumentiert sich in verstärkten Kontrollen der gesellschaftlichen Aktivitäten.

Neu etablierten sich in Neuruppin seit 1959 ein Pressefest und später der von den Journalisten seit 1976 organisierte jährliche Blumenbasar. Ab 1970 nahmen die Neuruppiner Festtage wieder einen festen Platz im kulturellen Leben der Stadt ein.

Bevölkerungs- und Stadtentwicklung zur Zeit der DDR

Die Neuruppiner Bevölkerung verzeichnete während der vierzig Jahre sozialistischer Entwicklung kaum ein signifikantes Wachstum. 1989 lebten nur wenig mehr Einwohner in der Stadt als 1946. Dennoch hatte es innerhalb der städtischen Bevölkerung erhebliche Bewegungen gegeben. Viele Umsiedler ließen sich in der Stadt nieder und trugen so dazu bei, dass die Abwanderungsquote jener Neuruppiner, die die Stadt verließen, ausgeglichen werden konnte. 1964 lebten in Neuruppin 22 453 Einwohner und somit 3587 Menschen weniger als 1946. Bis 1985 erreichte die städtische Bevölkerung wieder das Nachkriegsniveau.

Die sowjetische Militärbevölkerung ist bislang in ihrer Sozialstruktur nicht erforscht worden. Diese mit eingerechnet lebten also viel mehr Menschen in der Stadt, als die bekannten Zahlen widerspiegeln. Hier bedarf es jedoch noch intensiver Untersuchungen, um die Zu- und Abwanderungsströme sozial differenziert eruieren zu können. Vermutlich gab es eine beachtliche Land-Stadt-Wanderung, die dem großen Arbeitskräftebedarf der Industriebetriebe Rechnung trug, sowie eine Zuwanderung von Spezialisten, die für den Auf- und Ausbau des EPN und anderer Betriebe erforderlich waren. Die zu allen Zeiten der DDR übliche Abwanderung insbesondere nach Berlin wurde anfänglich durch die gesonderten Bestimmungen für den Aufenthalt in Berlin und später durch den akuten Wohnungsmangel dort reglementiert. Der Mauerbau am 13. August 1961 schränkte diese Abwanderungsbewegung massiv ein.

Lukrative Arbeitsplätze, die mit einem Wohnungsangebot gekoppelt waren, zogen Werktätige in andere Regionen. Umgekehrt lockten die EPN und andere Betriebe ihre Arbeitskräfte so in die Stadt. Neben dieser durch die Arbeit oder durch das Wohnungsangebot bedingten Migration wurde die Abwanderung in mehr oder weniger starken Intervallen stets durch die Ausreise von Neuruppinern aus der DDR gespeist.

Obwohl die Einwohnerzahl fast stagnierte, mangelte es an Wohnraum. Die Kernfamilien (Eltern und Kind) strebten nach eigenen Wohnungen. Das Zusammenwohnen mehrerer Generationen in einem Haus oder einer Wohnung galt schon lange Zeit nicht mehr als erstrebenswert und praktikabel. 1962 verfügte die Stadt über 2184 Wohnhäuser und 6813 Wohnungen. Nimmt man die Wohnungen zur Grundlage, dann ergibt sich eine Behausungsziffer von 3,3 Personen pro Wohnung. In Neuruppin wohnten die Menschen daher nicht zu eng beieinander, sondern sie lebten häufig in schlechten Wohnungen. 975 Wohnungen besaßen weder einen Wasser- noch einen Gasanschluss. Ohne Bad mussten 4929 Mieter leben.[379] Der fehlende Komfort und der schlechte bauliche Zustand zahlreicher Wohnungen führten dazu, dass viele Einwohner sich nach einer Neubauwohnung sehnten. Die sozialpolitischen Maßnahmen und das große Wohnungsbauprogramm des VIII. Parteitages der SED versprachen gerade jungen Familien ihre eigenen vier Wände. Überdies hatte der Mangel an Baumaterialien zum Verfall der Altbauten erheblich beigetragen. Das eigene Haus, zumal wenn es sich um ein Mehrfamilienhaus handelte, wurde in der DDR zunehmend eine Last. Niedrige Mieten und die schlechten Bedingungen der Versorgung im Bauhandwerk gestatteten kaum die nötigsten Instandsetzungsmaßnahmen der Häuser. An die Modernisierung und die Sanierung ihrer Häuser konnten die meisten Hausbesitzer nur mit einer heute kaum vorstellbaren Kraft- und Zeitanstrengung gehen. Auf die Auswahl ihrer Mieter hatten die Besitzer keinen Anspruch. Die Vergabe von Wohnraum geschah seit 1945 durch das städtische Wohnungsamt. Verzweifelte Hausbesitzer übereigneten der Kommunalen Wohnungsverwaltung ihre Häuser, um sich dieser Last zu entledigen. Aber auch ein Generationswechsel hatte nicht selten zur Folge, dass die Kinder auf das Erbe eines Mehrfamilienhauses verzichteten.

Die Neuruppiner Altstadt dokumentierte in ihrer Geschlossenheit jedoch ein einmaliges architektonisches Ensemble, das auch die DDR-Behörden nicht völlig dem Verfall preisgeben wollten. Allmählich entstand für diese Bausubstanz ein Verantwortungsbewusstsein. Schon 1957 wurden 270 Häuser unter Denkmalsschutz gestellt. Am 26. November 1976 gründete sich dann die Neuruppiner Interessengemeinschaft für Denkmalpflege innerhalb des Kulturbundes. In den achtziger Jahren wurden große Anstrengungen unternommen, den historischen Stadtkern vor dem weiteren Verfall zu retten. Nach einer längeren Bauzeit konnte beispielsweise das alte Gymnasium 1982 vollständig restauriert seiner neuen Bestimmung übergeben werden. Dort wurden zwei Bibliotheken, das Kreiskabinett für Kulturarbeit, Räume für Lesungen und Ausstellungen, die Musikschule und das Standesamt nebst Trauzimmer untergebracht.

1985 jährte sich die Gründung des Tempelgartens zum 250. Mal und aus diesem Anlass wurden mal wieder umfangreiche Rekonstruktionsarbeiten in der Anlage durchgeführt. Schon 1951 hatte man konkrete Pläne zur Nutzung des Gartens diskutiert. Im Protokoll des zuständigen Ausschusses heißt es: »Der Tempelgarten ist kein Spielplatz für Kinder, sondern eine Erholungsstätte für die werktätige Bevölkerung. Er soll als Botanischer Garten angelegt werden, so dass auch ein Zusammenhang mit dem Museum besteht. Es könnten dann Schulklassen unter Aufsicht ihrer Lehrer für ihren naturwissenschaftlichen Unterricht die nötigen Anregungen sammeln. Der Tempelgarten soll an den Wochentagen und auch an Sonntagen bis zum Einbruch der Dunkelheit geöffnet sein.«[380] An Vorstellungen, wie dieser schöne Garten zu nutzen wäre, hatte es nie gefehlt. Doch die Realisierung dieser und die kontinuierliche Pflege erforderten erhebliche finanzielle Aufwendungen, die nicht immer vorhanden waren. Vandalismus und jugendlicher Übermut hinterließen darüber hinaus so manche Spuren.

1966 eröffnete in der Gentzschen Villa des Tempelgartens, in der bis dahin immer wieder interessante Ausstellungen gezeigt wurden, ein Café, das wegen seines schönen Ambientes regen Zuspruch fand. Um noch mehr Besucher bewirten zu können, entschloss man sich dann leider 1969, diesem Café einen Anbau anzufügen. Dieser Anbau entsprach dem damaligen Bedürfnis nach mehr Gaststättenplätzen. Im Keller des historischen Gebäudes fand auch eine stark frequentierte Sauna ihren Platz.

Zum großen Sanierungsprogramm der 80er-Jahre – die DDR entdeckte die preußische Geschichte als pflegenswertes Erbe – gehörte 1984 die von Friedrich II. in Auftrag gegebene Kaserne in der Ludwigstraße und ein Jahr später die Kaserne in der Friedrichstraße. In dieser Zeit erhielt Neuruppin auch seinen ersten architektonisch angepassten Lückenbau (Präsidentenstraße/Friedrich-Engels-Straße). Der damalige Stadtbaudirektor Conrad bemühte sich darum, das historische Stadtbild zu bewahren.

Sozialistischer Wohnungsbau

Bereits 1947 hatte sich, wie oben beschrieben, der Magistrat um die Schaffung zusätzlichen Wohnraumes Gedanken gemacht und den Bau von Häusern verschiedenen Typs an der Kränzliner Straße in die Wege geleitet. Dort bestand ja schon seit 1934 eine Häusersiedlung. 1953 beschloss der Rat der Stadt ein weiteres Wohnungsbauprogramm. In der Stadt sollte für freiwillige

Postkarte um 1985.

Aufbauschichten geworben werden. Eine dreistündige Arbeitszeit galt als eine Aufbauschicht, von der für die eigene Wohnung etliche zu leisten waren. Daneben wurden in der Rosa-Luxemburg-Straße 5 bis 8 die zerstörten Häuser neu aufgebaut.[381] 1957 gründete sich die Arbeiter-Wohnungsbau-Genossenschaft »Karl Friedrich Schinkel«, die ihre ersten Wohnungen an der Fehrbelliner Straße baute. Zwei Jahre später konnten dort die ersten 18 Familien ihre zweieinhalb Zimmer mit Bad und Balkon beziehen. Für 33 Mark Miete lebte man sehr komfortabel. Die 59 Gründungsmitglieder erhielten in den folgenden Jahren regen Zuwachs. 1961 gehörten der Genossenschaft 509 Mitglieder und 80 Betriebe an. Das Neubaugebiet mit seinen elf Blöcken und 213 Wohnungen erfreute sich großer Beliebtheit, auch wenn man die Öfen noch mit Kohlen heizen musste. 1961 suchten 1800 Bürger in Neuruppin eine Wohnung und davon zählten 600 zu den dringend zu versorgenden Notständen.[382]

Der Bedarf an Wohnraum stieg beständig. 1964 wurde die staatliche Wohnungsverwaltung in Neuruppin gegründet. Drei Jahre später konnten die ersten Mieter die Ein-Raum-Wohnungen (Drachenburg) in der Gerhart-Hauptmann-Straße beziehen. Doch die Wohnungsnot blieb ein akutes Problem. Allein bei der AWG warteten 1974 1399 Wohnungssuchende auf eine neue Wohnung. Die Einführung der Plattenbauweise ermöglichte dann einen beschleunigten Bau von Neubauwohnungen. Die für die sozialistischen Städte so typischen Plattenbausiedlungen wurden nun auch in Neuruppin am Rande der Altstadt errichtet. Die Wohnungen des Typs WBS 70 mit Fernheizung zählten zu den begehrten Neubauwohnungen, um die viele Neuruppiner und Zuziehende jahrelang auf unterschiedlichen Ebenen kämpfen mussten. Preiswert und komfortabel zu wohnen, das strebten aber auch zunehmend die Bewohner der Neuruppiner Altbauwohnungen an. So reichte die Baukapazität nach wie vor nicht aus, um die steigende Nachfrage zu befriedigen. 1984 lebten bereits 6000 Menschen im Neubaugebiet und damit bewohnte ca. jeder fünfte Neuruppiner eine Neubauwohnung. Dennoch suchten allein 1987 noch 1057 Neuruppiner eine Wohnung. Zwar entstanden zwischen 1970 und 1987 immerhin 4162 Plattenwohnungen und 183 Eigenheime, aber dennoch reichten die großen Anstrengungen des Wohnungsbauprogramms der DDR nicht aus, das Wohnungsproblem als soziales Problem zu lösen, wie man es sich vorgenommen hatte.[383]

Zum Standardprogramm der Plattenbauten zählte auch die nötige Infrastruktur. Schulen, Kinderkrippen und -gärten, Spielplätze, Kaufhallen wurden ebenfalls in einheitlicher Plattenbauweise errichtet. Die Schule befand sich sozusagen vor der Haustür der Kinder. Auch die Jüngsten mussten keine allzu weiten Wege in die Kindereinrichtung zurücklegen. Die Eltern, die einen Kindergartenplatz wünschten, bekamen diesen für wenig Geld zugeteilt. Wer eine alternative Erziehung bevorzugte, gab sein Kind in den evangelischen Kindergarten in die Rudolf-Breitscheid-Straße. Hier erhöhte sich gerade in den achtziger Jahren der Bedarf erheblich.

Sozialistischer Alltag

Am Rande der Neubaugebiete und in unmittelbarer Nachbarschaft zum Kreiskrankenhaus baute man eine Schwimmhalle, die ab 1986 regen Zuspruch fand. Der Schweizer Bürger Paul Schwemer, der in Neuruppin geboren worden war, vererbte seiner Geburtsstadt eine Million Schweizer Franken, die die Stadt für den Bau der Halle verwenden wollte. In den 80er-Jahren wurde auch in der DDR über eine bewusste und gesunde Lebensweise in der Öffentlichkeit diskutiert und gerade die jüngere Generation hielt nach alternativen Lebensmodellen Ausschau.

Der Schwimmhalle gegenüber befand sich schon seit 1964 das moderne Gebäude der Blutspendezentrale. Zu Veränderungen des äußeren Stadtbildes führten nach dem Krieg nicht nur der Wohnungsbau, sondern auch die Ausweitung der Kleingartensparten. 1922 wurde ja bereits die Kleingartensparte »Abendfrieden« gegründet, die so ganz in der Schrebergartentradition stand. Unmittelbar nach dem Krieg entstanden weitere Kleingartenanlagen, unter ihnen die Sparte »Gute Hoffnung« auf der nördlichen Wiese (Mesche) vor der Stadt. Später kamen weitere Anlagen hinzu. Viele Familien nutzen diese Gärten

Vor dem Pionierhaus (ehem. Wohnhaus Dr. Just, heute Sitz des Schul- und Kulturamtes der Kreisverwaltung OPR) in der Gerhart-Hauptmann-Straße, Foto um 1960.

auch für die Selbstversorgung mit Obst und Gemüse. 1967 entstand die Kleingartensparte »Seeblick«, die sich zwischen dem Rheinsberger Tor und dem Jahn-Bad erstreckt, und 1988 kam noch jene Sparte hinter der Käthe-Kollwitz-Schule dazu. Das gegenüberliegende Ufer der Kolonie Wuthenow lockte schon vor dem Krieg Erholungssuchende an, die dort Häuser bauten. Nach dem Krieg pachteten viele Neuruppiner dort Land, um darauf Bungalows zu errichten.

In den ersten Jahren nach dem Krieg boten die großen Neuruppiner Plätze einen sonderbaren Anblick. Um die eigene Ernährungssituation etwas zu verbessern, hatten einige Neuruppiner auf dem Kirchplatz und auf dem späteren OdF-Platz Beete angelegt, um sich selbst mit Kartoffeln und Rüben versorgen zu können. Erst 1950 bemühte sich die Stadt, die Plätze wieder ihrer ursprünglichen Bestimmung zuzuführen. Innerhalb der Altstadt kam es dann in Intervallen zu Verschönerungsarbeiten, Fassaden wurden gestrichen und Plätze neu gestaltet.

Zu Veränderungen des Stadtbildes trug auch der Neubau der Poliklinik an der Neustädter Straße bei. Dieser moderne Zweckbau wurde am 15. September 1961, nur wenige Wochen nach dem Mauerbau, feierlich eingeweiht. Selbst der Gesundheitsminister der DDR, Max Sefrin, erschien, um das moderne Haus in Augenschein zu nehmen. Diese medizinische Einrichtung verbesserte die ambulante Versorgung der Bevölkerung vieler Kreise erheblich. Die Investition von ca. 1,6 Millionen Mark erklärt dann auch, warum sich der Bau über drei Jahre hinzog. Die wirtschaftlichen Schwierigkeiten der DDR waren zu jener Zeit überall spürbar.

Die alte Poliklinik hatte sich in der Karl-Marx-Straße 81, in dem ehemaligen »Hotel zur Krone« befunden, wo sie am 1. Juli 1948 mit acht Fachabteilungen und diagnostischen Einrichtungen eröffnet worden war. Die wachsenden Besucherzahlen und der Straßenlärm erschwerten den Mitarbeitern die Arbeit in dem aus allen Nähten platzenden Gebäude. Ein Neubau wurde notwendig. In das alte Gebäude zog schon am 23. Dezember 1961 das Feierabendheim mit acht Bürgern ein. Die feierliche Eröffnung fand dann am 10. März 1962 statt.[384]

Dieser Poliklinikneubau genügte jedoch nur kurze Zeit den medizinischen Anforderungen. Für weitere Fachärzte benötigte man zusätzliche Räume. Ein Anbau wurde erforderlich und entsprach dem erhöhten Bedarf. Ein Zitat aus der satirischen Wochenzeitschrift »Eulenspiegel« (43/1988) ermöglicht einen kleinen Einblick in die Tücken des Alltags eines ärztlichen Direktors. Zu jener Zeit, also 1988, plagte sich Dr. Adler mit dem allgemeinen Mangel an Personal und technischer Ausrüstung. Der Eulenspiegel schrieb nun: »Ärzte und Schwestern sind für die Patienten da. Denken die Patienten. Auch unter Ärzten und Krankenschwestern ist diese Auffassung sehr verbreitet. Dabei ist das

Die von Prof. Fritz Cremer (1906–1993) geschaffene Büste des Begründers des wissenschaftlichen Sozialismus wurde 1959 an der Stelle aufgestellt, wo einst das Königsdenkmal stand, heute im Rosengarten.

medizinische Personal noch zu ganz anderen Sachen zu gebrauchen. Man muss es nur richtig motivieren. Wie zum Beispiel den Kollegen, der in der Poliklinik Neuruppin als so eine Art Hausverwalter arbeitet. Ehrenamtlich. Lange lebte er in der Annahme, diese Tätigkeit nicht bewältigen zu können. Schon wegen seiner hauptamtlichen Funktion. Als Chefarzt der Poliklinik. Inzwischen hat Dr. Adler seine Bedenken überwunden. Seine technischen Kenntnisse nahmen eine ausgesprochen erfreuliche Entwicklung. Die Diagnosen Dr. Adlers, warum etwas kaputt ist, sind mittlerweile messerscharf. Ob Schwamm, TGL oder Salpeter, der Chefarzt sieht durch. Einen technischen Leiter, den er früher für unentbehrlich hielt, ersetzt er spielend. Nur vor der praktischen Ausführung der Arbeiten, das sei hier kritisch angemerkt, hat er noch Respekt. So verschenkte er die Möglichkeit, einen Sterilisator anzuschließen, der seit 1985 herumstand. Anstatt zuzupacken, zauderte der Klinikchef. Ein Elektriker nutzte das aus, erschien drei Jahre nach der Lieferung des Gerätes und schloss es innerhalb von zwei Stunden an. Ein von Dr. Adler bisher ungenutztes Bewährungsfeld bietet der Poliklinik-Altbau, da er und seine Kollegen die Sanierung nicht selbst übernehmen, kommt der Zerfall der Freitreppe gut voran. Der Schwamm ebenso. Diese Furcht vor gewissen praktischen Tätigkeiten ist auch in anderen Gesundheitseinrichtungen noch nicht ganz überwunden...«[385] Soweit der »Eulenspiegel«. Treffender kann man die Problematik der sozialistischen Planwirtschaft nicht beschreiben. Nach zwanzig Jahren hätte auch in die bauliche Erhaltung der Poliklinik investiert werden müssen, doch es mangelte an Geld, Personal und Material. Nur wer zur Selbsthilfe griff, konnte wenigstens die allgemeine Versorgung der Patienten sichern.

Das Gebäude der Feuerwache in der Schinkelstraße hatten sich die Mitglieder der freiwilligen Feuerwehr mühsam erkämpft. Es wurde am 15. Juni 1927 feierlich übergeben. Die moderne Feuerwache mit den vier Toren erhielt an ihrer Fassade Verzierungen des Gildenhaller Künstlers Hans Lehmann-Borges. Im Jahr darauf konnte die Feuerwache zwei Feuerwehr-Kraftfahrzeuge in ihren Bestand aufnehmen; sie verfügte damit über eine moderne Ausrüstung. Nach dem Krieg standen der Feuerwehr drei Einsatzwagen, ein Wagen mit Rettungsleiter und vier Spritzen zur Verfügung.[386] 1987 feierte die Freiwillige Feuerwehr ihr 110-jähriges Bestehen mit einem großen Fest im Stadtzentrum. Nach der Wende erweiterte man die Feuerwache abermals. 1997 wurde der moderne Erweiterungsbau vollendet.

Auch dieser Zeitabschnitt kann mit einer spezifischen Denkmalsgeschichte aufwarten. Schon am 11. September 1947 entfernte man die Bronzefigur Friedrich Wilhelms II. vom Sockel, da die preußischen Traditionen für die faschistische Diktatur mitverantwortlich gemacht wurden. Zu dem radikalen Neubeginn gehörte also auch der Bruch mit dem preußischen Erbe. Die Stadtverordnetenversammlung beschloss am 24. März 1950 die Verschrottung des Denkmals. Das Schinkeldenkmal und der Sockel des Königsdenkmals blieben vorerst verschont, da Teile der Stadtbevölkerung sich dafür einsetzten.

Die Skulpturengruppe »Tröstender, Leidender und Kämpfender« des Potsdamer Bildhauers Horst Misch wurde als Mahnmal für die Opfer des Faschismus am 7. November 1981 eingeweiht.

Wo einst das Denkmal Friedrich Wilhelms II. stand, stellte man am 6. Oktober 1959 eine von Fritz Cremer geschaffene Karl-Marx-Büste auf und flankierte diese später mit zwei Springbrunnen. Die Diskussion um diese Springbrunnen begann 1961. Die ständige Kommission für Kultur, der u. a. Dr. Vock, Frau Dr. Bellin, Dr. Kaiser und Dr. Lettow angehörten, berichteten 1962 über die Schwierigkeiten bei dem Bau der Brunnen.[387] Mit großen Mühen gelang es dann doch, die beiden Springbrunnen fertig zu stellen.

Das Jahn-Loose-Denkmal gegenüber der Puschkinschule musste einem Spielplatz weichen. Nach einer anfänglichen Überlegung, ob man das Denkmal vielleicht an der Präsidentenstraße neben dem Tempelgarten aufstellen sollte, verbannte man es dann doch vor die neue Badeanstalt, dem Jahn-Bad.[388]

Auf dem Platz der Opfer des Faschismus (OdF-Platz) befand sich ein Gedenkstein, der den Häftlingen des KZ Sachsenhausen gewidmet worden war. Dieser Gedenkstein wurde am 7. November 1981 durch ein neues Denkmal ersetzt. Der Potsdamer Bildhauer Horst Misch schuf eine Gruppenplastik, die das Opfer, die Anklage und den Kampf gegen die Nationalsozialisten verkörperte.

Ebenso wie die Geschichte der Denkmäler zeugen auch die Straßenumbe-

Festsitzung zur 725-Jahr-Feier im Kreiskulturhaus (Stadtgarten), links Bürgermeister Harald Lemke.

nennungen von den politischen Veränderungen nach 1945. Die Straßen der Neuruppiner Altstadt erhielten ihre Namen zumeist nach dem Wiederaufbau der Stadt, dem berühmten Retablissement von 1787/88 bis 1806. So spiegelte die Namensgebung auch den Zeitgeist wider, der die preußische Königsfamilie (Friedrich Wilhelm II., Friedrich II., Prinz Heinrich, Prinz Ferdinand) mit Straßennamen ehrte. Im äußeren, vom Brand verschonten Altstadtbereich erhielten sich die alten Straßennamen. Hundert Jahre später wurden aus Anlass des Jubiläums des Wiederaufbaus von Neuruppin zwölf Straßen neu benannt. Der Stadtphysikus Bernhard Feldmann, der Baumeister Schinkel und andere verdienstvolle Bürger aus dem zivilen Bereich und dem Militärwesen (Zieten, Friedrich Franz von Mecklenburg-Schwerin, Bismarck, Günther, Goering, Juncker, Wulffen, Quast, Knesebeck) wurden mit Straßennamen gewürdigt. Weitere Straßenumbenennungen fanden 1918/19, nach 1933 und nach 1945 statt. Zur Zeit der DDR diskutierte die Kommission für Volksbildung und kulturelle Massenarbeit des Öfteren mögliche Straßenumbenennungen. Die

Am Rheinsberger Tor wurde zur 725-Jahr-Feier (Verleihung der Stadtrechte) im Jahre 1981 ein historischer Markt aufgebaut.

fachliche Kompetenz von Dr. Bellin und anderen Mitgliedern verhinderte mitunter, dass nun allen mehr oder weniger gut gemeinten Initiativen zur Würdigung von Dichtern, Denkern, Weltfestspielen oder Stadtjubiläen entsprochen wurde. Die Straße des Friedens oder der Weltjugend zeugen von der Relativität dieser Bemühungen. So erhielt also auch Neuruppin – wie so viele andere Städte der DDR– 1953 eine Stalinstraße (Bahnhofstraße) zu Ehren des gerade erst verstorbenen sowjetischen Parteivorsitzenden Josef Stalin. 1961 erfolgte die Rückbenennung in Bahnhofstraße. Da man schon mal Parteivorsitzende ehrte, gaben die Stadtverordneten der Präsidentenstraße den Namen Wilhelm-Pieck-Straße.[389] Wer gedachte 1953 schon der großen Leistungen, die der Präsident von Voß für den Wiederaufbau Neuruppins vollbracht hatte. Immerhin gelang es aber der Kommission, den Bölkeanger namentlich zu erhalten, denn der Unternehmer Bölke zählte nicht nur zu den ausbeutenden Kapitalisten, sondern er stiftete diese Siedlung für Kriegsopfer und deren Hinterbliebene und engagierte sich in vielfältiger Weise sozial.

Zur kulturellen Vielfalt der DDR-Zeit trugen auch die zahlreichen Veranstaltungen der Kirchengemeinden Neuruppins bei. Darüber hinaus verfügten die Gemeinden über einen sehr geschätzten Bücherfundus, der Interessierten ermöglichte, Bücher zu lesen, die in den öffentlichen Bibliotheken und Buchhandlungen nicht zur Verfügung standen. Die jungen Gemeinden boten Raum und Gelegenheit für alternative Kommunikationsformen über »Gott und die Welt«, die staatlicherseits stets misstrauisch überwacht wurden. Nachdem die Klosterkirche – die Gemeinde hatte jahrelang Spendengelder gesammelt – nun endlich 1984 ihre neue schöne Sauer-Orgel der berühmten Firma aus Frankfurt an der Oder erhalten hatte, gestalteten sich die Orgelkonzerte zu kulturellen Höhepunkten in Neuruppin. Daneben fanden in der neu restaurierten Klosterkirche viele kulturelle Veranstaltungen statt, die nicht nur Gläubige in die alten Gemäuer lockten.

Die kirchlichen Gemeinden Neuruppins ermöglichten den Gläubigen über den seelsorgerischen Aspekt hinaus auch die Pflege ihres Brauchtums und ihrer Kultur, wenn auch nur unter dem wachsamen Auge des Staates. Die Kirchen gewährten in der DDR Andersdenkenden Schutz und brachten ihnen Verständnis entgegen. Für den privaten Rückzug in die Nische »Kirche« – daneben existierten noch andere Nischen – bedurfte es dennoch Mut und Entschlossenheit. Andererseits gehörten die Kirchen zum Alltagsleben in der DDR.

Trotz zunehmender Säkularisierung und staatlich geförderter atheistischer Erziehung gewannen die Kirchen gerade für junge Menschen in den achtziger Jahren an Bedeutung, da sie alternative und thematisch offene Gesprächsrunden boten. Demokratische Spielregeln, kontroverse Diskussionen, ein besonderes Umweltbewusstsein und anderes mehr erlernten und pflegten die Jugendlichen in den verschiedenen kirchlichen Veranstaltungen. Diese kirchliche Streitkultur ermöglichte u. a. auch den friedlichen Aufbruch im Herbst 1989.

Doch auch in den staatlichen Organisationen und Gesellschaften breitete sich in den achtziger Jahren eine zunehmend kritische Reflexion des sozialistischen Alltags aus. Wie in dem 1982 gegründeten Jugend-Freizeit-Zentrum pflegten viele Jugendliche mehr oder weniger offen Kritik an den bestehenden Zuständen in der sozialistischen Gesellschaft. Auch hier hatten sich demokratische Denk- und Verhaltensweisen fest etabliert, die 1989 auf andere Weise praktisch erprobt und realisiert wurden.

Die DDR-Gesellschaft erhielt nach 1989 von verschiedenen Forschungsdisziplinen zahlreiche Bezeichnungen, die sie treffend beschreiben sollten. »Ständegesellschaft«, »durchherrschte Gesellschaft«, »Arbeitsgesellschaft«, »kommode Diktatur«, »Fürsorgediktatur« oder auch »entdifferenzierte Gesellschaft« sollten eine »komplexe, funktional ausdifferenzierte, hochorganisierte und kulturell pluriforme Gesellschaft mit dem Hinweis auf ein einziges Merkmal«[390] erfassen. Da die DDR-Gesellschaft aber alles andere als homogen, widerspruchsfrei und undifferenziert war, lässt sie sich auch kaum mit einer einzigen Bezeichnung charakterisieren. Für Detlef Pollack war die DDR eine konstitutiv widersprüchliche Gesellschaft, der man nur gerecht wird, wenn man ihre Komplexität und Vielschichtigkeit in der Forschung berücksichtigt.

Während das politische System erstarrte und das Demokratiedefizit die Modernisierung der DDR blockierte, hatten in anderen gesellschaftlichen Bereichen Modernisierungsanstrengungen durchaus Erfolg. Die Diskrepanz zwischen dem erstarrten politischen System und der »alltagsweltlichen Kultur« führten zu jenen Konflikten, die den Untergang der DDR bewirkten.

Die Wende 1989 und die wirtschaftlichen Folgen

Die Ereignisse des Jahres 1989 hatten eine lange Vorgeschichte und dennoch erstaunen sie uns auch heute noch, da die Dynamik und der friedliche Verlauf die Erwartungen der Betroffenen übertrafen. Die Broschüre »Aufbruch '89«[391] versuchte ein erstes Resümee des Geschehens für den Landkreis OPR. Im Folgenden wird daher nur ein kurzer Überblick der Ereignisse gegeben.

Die Kommunalwahlen am 7. Mai 1989 wurden von Mitgliedern der Jungen Gemeinde Neuruppins kritisch begleitet. Die nicht öffentliche Stimmenauszählung des Sonderwahllokals und andere Unstimmigkeiten mehrten die Zweifel an der Rechtmäßigkeit dieser einheitlichen Listenwahl. Die Junge Gemeinde wandte sich mit einer Eingabe an den Stadtausschuss der Nationalen Front. Doch noch glaubten die Verantwortlichen, ohne den Dialog mit Andersdenkenden weiter regieren zu können. Auch der öffentliche Protest von Mitgliedern der Jungen Gemeinden Neuruppins und Lindows am 12. Mai auf dem Schulplatz gegen die blutige Niederschlagung des Pekinger Studentenprotestes wurde durch die Polizei noch demonstrativ beendet. Zwar durften die Christen am 1. September 1989, dem 50. Jahrestag des Beginns des Zweiten Weltkrieges, mit staatlicher Billigung demonstrieren, aber eine Dialogbereitschaft signalisierte diese Erlaubnis nicht. Erst eine Bündelung verschiedener Ereignisse und Erlebnisse veränderte allmählich die Denk- und Verhaltensweisen der Menschen in den Schaltzentralen der Macht und auf der Straße.

An die Aufbruchsstimmung im Herbst 1989 erinnern sich noch heute viele Menschen gern. Im Anschluss an den Erntedankgottesdienst vom 1. Oktober sammelten die Initiatoren des Neuen Forum Stimmen für die Zulassung ihrer Organisation. Im großen Festsaal des Krankenhauses diskutierten am 3. Oktober auf Initiative von Gudrun Wagner ca. 350 Interessierte mit Vertretern des ZK und der SED-Parteiführung über die politischen und wirtschaftlichen Probleme des Landes. Der offene und kritische Dialog zwischen den Bürgern und seiner Regierung blieb nicht ohne Folgen. Am 10. Oktober 1989 fand das erste Friedensgebet in der Klosterkirche statt. Dort wurde über die erschütternden Ereignisse am Rande der Feierlichkeiten zum 40. Jahrestages der DDR in Berlin berichtet und so mancher ergriff das Wort, um seinen Unmut über die bestehenden Verhältnisse zum Ausdruck zu bringen. Die Bemühungen der SED-Kreisleitung, das zweite Friedensgebet geplant zu stören und die Kampfgruppen einzusetzen, scheiterten an der nicht vorhandenen Bereitschaft der

Angesprochenen, dabei mitzuwirken. Viele Menschen ließen sich nicht mehr instrumentalisieren. Wöchentlich fanden nun Friedensgebete statt. Zum Neuruppiner Pendant der Leipziger Montagsdemonstrationen trafen sich die Neuruppiner jeweils am Dienstag, um die Ereignisse in Leipzig am Bildschirm verfolgen zu können.[392]

Am 29. Oktober trafen sich im überfüllten Saal des Stadtgartens Vertreter der SED-Kreisleitung und des Rates des Kreises zu einem öffentlichen Dialog, der dann in verschiedenen Formen weitergeführt wurde. Runde Tische, kleine und große Gesprächsrunden, neue Parteien und Organisationen entstanden nun vielerorts. Das Neue Forum wählte am 3. November in der Klosterkirche seinen provisorischen Sprecherrat. Immerhin hatten 2000 Bürger im Kreis für die Zulassung des Neuen Forum »Partei« ergriffen. Dr. med. Dieter Nürnberg, Dr. med. Nikolaus Hohlfeld, Traugott Kuhnt, Hartwin Schulz, Wolfgang Freese, Arne Krohn, Gerhard Neumann, Eckhard Richter, Angela Schott und Reinhold Dzienian wurden in den Sprecherrat gewählt. Am 10. Dezember 1989 gründete sich die SDP in der Neuruppiner Wohnung der Familie Elke und Arthur Wienhold. Zu den weiteren Unterzeichnern des Gründungsprotokolls zählten Kurt Gronau, Hans-Jürgen Scherfke, Hans Hänsel und Roland Wolter. Weiterhin entstanden die DSU (Geschäftsführer Dr. Christian Göhlert) und die FDP.[393] 1990 bildeten sich das Frauenforum, das aus Frauen der SDP, UFB, DFB, PDS und dem Neuen Forum bestand, sowie der Verein Frauen für Frauen, der das Frauenhaus betreute. Am 18. Juni 1990 wurde der Historische Verein der Grafschaft Ruppin wieder zu neuem Leben erweckt.

Diese Aktivitäten zeugten von einem demokratischen Grundverständnis und Verantwortungsgefühl vieler DDR-Bürger. Gesellschaftliche Räume wie die Gewerkschaften, kulturelle oder sportliche Vereine und die Kirchen boten zahlreiche Möglichkeiten, demokratische Verhaltens- und Denkweisen zu prägen.

Die gespaltenen Reformkräfte der dritten DDR-Generation, die einen organisierten die Friedensgebete in den Kirchen und die anderen luden zu Reformdiskussionen ein, vermochten nicht über ihre Schatten zu springen und ihre Kräfte zu bündeln. Daher ist auch der Verlauf der Wende kein Zufall, sondern resultiert aus dieser Spaltung der reformfreudigen Bürger in separat handelnde soziale Gruppen.

Der 9. November 1989 und die Öffnung der Mauer weckten bei vielen Menschen ganz andere Sehnsüchte und Hoffnungen, die von jenen Kräften, die auf eine eigenständige Reform der DDR setzten, kaum noch zu steuern waren. Es entwickelte sich eine Eigendynamik des Geschehens, die sich in den Wahlergebnissen vom 18. März 1990 ebenso spiegelte wie in der Währungsunion und dem Beitritt der DDR zur BRD.

Den wenigsten Bewohnern Neuruppins waren die gravierenden Folgen der Währungsunion und der deutschen Wiedervereinigung am 3. Oktober 1990 bewusst. Viele ahnten vielleicht, dass es schwer sein würde, ihre Betriebe im internationalen Konkurrenzkampf zu behaupten. Das Ausmaß der 1990 beginnenden Deindustrialisierung übertraf bei weitem die Vorstellungskraft der Menschen.[394]

Während viele Bürger mit der Bewältigung ihrer alltäglichen neuen Erfahrungen beschäftigt waren, begannen auf entscheidenden politischen und Verwaltungsebenen die Verteilungskämpfe um das einstige Volkseigentum. Allein das volkseigene Industrievermögen wurde 1990 auf 650 Milliarden Mark geschätzt.[395]

Der größte Betrieb der Region, der VEB EPN, hatte sich im Mai 1990 zu einer Aktiengesellschaft (EPW AG) umgebildet, deren Anteile zu 100 Prozent der Treuhandanstalt gehörten. Bereits wenige Monate nach der Währungsunion und der Wiedervereinigung wurde mit der Liquidierung dieses Betriebes begonnen und im Juni 1991 vollzogen. Im Februar 1991 wurde für die Beschäftigten die Arbeitsfördergesellschaft BEQUA gegründet. Der Liquidator Dr. Grub setzte sich gegenüber der Treuhandanstalt dafür ein, dass auf dem Gelände des EPN später ein Gewerbepark entstehen konnte. Zum 1. Juli 1996 wurde die Liquidation der EPW AG aufgehoben und ein Aufsichtsrat berufen sowie ein Vorstand der AG bestellt. Die aus der Metamorphose des EPW hervorgegangene EPW AG ist heute eine 100-prozentige Tochter der TLG Treuhandliegenschaftsgesellschaft mbH.[396]

Die Handelsfilialen der Märkha GmbH (früher HO) mussten ebenfalls im Juni 1991 schließen. Bereits im Mai 1991 gab es im Kreis 3556 Arbeitslose. Die Arbeitslosenquote lag bei 10,1 Prozent. Einige Betriebe überlebten die Währungsunion und ihre Folgen. Dazu gehörte das Feuerlöschgerätewerk Neuruppin, das 1992 als Feuerlöschgeräte GmbH Neuruppin privatisiert wurde. Das VEB Feuerlöschgerätewerk hatte vor der Wende 650 Beschäftigte und produzierte nunmehr mit 80 Mitarbeitern.

1993 wurde der Nachfolgebetrieb der traditionsreichen Neuruppiner Druckereien, die 1976 als »Druckerei Franz Maecker« aus der Zusammenlegung der Betriebe der Druckereien Franz Maecker (ehemals Kühn) und dem Papierverarbeitungswerk (ehemals Oehmigke & Riemschneider) hervorgegangen waren, in den Konkurs getrieben. 1994 wurde der Fertighaus-Hersteller »Mein Haus« in Werder mit seinen ca. 1650 Beschäftigten liquidiert. Im gleichen Jahr wurde der Meisterback Neuruppin geschlossen. 1995 schloss auch die Ruppiner Keksfabrik ihre Tore. Auch die erfolgreiche Sportschuhfabrikation stellte 1995 ihre Produktion ein. Das traditionsreiche Gebäude Seeufer 16 (früher Knesebeckstraße 16/17), wo früher Tuche und später Fahnen und Theaterdekorationen hergestellt wurden, beherbergte seit 1945 eine Schuhfabrik. Zuerst stellte man dort Pantoffeln und Holzgaloschen her. Dann profilierte sich die Firma zu einem beachtlichen Sportschuhproduzenten. Seit 1979 gehörte der VEB Sportschuhfabrik dem Kombinat Schuhe Weißenfels an. Zwischen 1983 und 1985 erfolgten der Ausbau und die Modernisierung der Fabrik. 1986 wurde der Anbau fertig gestellt. 170 Arbeitskräfte, überwiegend Frauen, waren in der Sportschuhfabrik beschäftigt. Sie verloren mit der Stilllegung der Fabrik am 31. Mai 1995 ihre Arbeit.[397]

Innerhalb der ostdeutschen Wirtschaft hatte eine beachtliche sektorale Verschiebung stattgefunden. Während die Zahl der Erwerbstätigen im primären Sektor von ca. 900 000 auf 200 000 und im sekundären Sektor von etwa 4 Millionen auf 2,3 Millionen sank, nahm die Zahl der Erwerbstätigen im tertiären Sektor von 3,6 Millionen auf 4 Millionen zu.[398]

Diese sektoralen Verschiebungen führten zur erheblichen Verdrängung Erwerbstätiger aus dem Arbeitsprozess und kaum zu beruflicher Mobilität. Von 1990 bis 1994 verblieben 56 Prozent der ostdeutschen Erwerbstätigen und 69 Prozent der westdeutschen in ihrer Statuslage, während im Osten 26 Prozent und im Westen 11 Prozent einen sozialen Abstieg in Kauf nehmen mussten. Aus dem Erwerbsleben wurden in jenem Zeitraum dauerhaft oder vorübergehend 33 Prozent (Ost) und 19 Prozent (West) ausgegliedert. Von der Arbeitslosigkeit waren in Ostdeutschland vorwiegend ältere, weniger qualifizierte Personen und speziell die Frauen betroffen. In den ersten fünf Jahren nach der Wende konnte lediglich etwas mehr als ein Drittel der ehemals Erwerbstätigen den beruflichen Status wahren, während bis zu zwei Drittel ihre Position verloren. Im Vergleich dazu behielten in Westdeutschland zwei Drittel bis zur Hälfte ihren beruflichen Status.[399]

Der Landkreis wurde in seiner jetzigen Form im Dezember 1993 entsprechend dem Kreisneugliederungsgesetz des Landes Brandenburg gebildet. In diesem Landkreis gingen die früheren Kreise Kyritz, Wittstock und Neuruppin auf. Die historischen Bezüge von Teilen dieses Landkreises zu den einstigen Kreisen Ostprignitz und Ruppin bewirkten die Namensgebung Ostprignitz-Ruppin.

Der Landkreis Ostprignitz-Ruppin befindet sich innerhalb des bekannten, stark ausgeprägten Nord-Süd-Wirtschaftsgefälles in einer Mittellage. Vom Ballungszentrum Berlin profitieren unmittelbar nur die südlichen Randgebiete des Landkreises, während einige kulturell und landschaftlich besonders attraktive Regionen mittelbar und saisonbedingt aus dem Tourismus Nutzen ziehen können.

In dem eher dünn besiedelten Landkreis (46 Einwohner je km^2) kristallisierte sich eine größere »Entwicklungsregion« heraus. Dies ist die Stadt Neuruppin mit 107 Einwohnern je km^2 und einer Beschäftigtenzahl von 14 352, die weit über der in Neuruppin lebenden Zahl von 11 968 Beschäftigten liegt. Neuruppin profilierte sich als Verwaltungs- und Dienstleistungszentrum. Das Technologie- und Gründerzentrum Ostprignitz-Ruppin und die angestrebte Gründung einer privaten Fachhochschule sollen der weiteren Verfestigung dieses Wirtschafts- und Innovationsstandortes dienen.[400]

Die postsozialistische Transformation und die neue Bürgerlichkeit

In der Transformationsforschung besteht weitgehend Einigkeit darüber, dass nach der Einführung institutioneller und verfassungsrechtlicher Voraussetzungen von Demokratie gesprochen werden kann. Blickt man nun auf Neuruppin und fragt nach dem Grad des Konsolidierungsprozesses, kann man wohl davon ausgehen, dass die minimalistischen Anforderungen erfüllt sind. Es haben sich eine demokratische Parteienlandschaft und demokratische Spielregeln innerhalb der Verwaltungen etabliert, die von der Mehrheit der Bevölkerung akzeptiert werden. Wie zur Zeit der Einführung der städtischen Selbstverwaltung 1808/09 spielen auch heute die ständigen und die zeitlich befristeten Kommissionen und Arbeitsgruppen innerhalb der städtischen Verwaltung eine wichtige Rolle. Engagierte Bürgerinnen und Bürger investieren viel Zeit, um den gewählten Vertretern bei der Bewältigung der vielschichtigen Aufgaben behilflich zu sein. Dieses ehrenamtliche Engagement zum Wohle der Stadt kennzeichnet nicht nur die erfolgreiche postsozialistische Transformation, sondern auch die Neubelebung einstiger bewährter bürgerlicher Traditionen. Denn auch in der DDR – das sei hier nochmals betont – beteiligten sich Neuruppiner ehrenamtlich in verschiedenen Bereichen der Stadtverwaltung. Allerdings blieb der Handlungsspielraum durch die parteipolitischen Strukturen bzw. durch die Dominanz des politischen Systems begrenzt. Heute bedarf es des Wissens um die Funktionsweise der demokratischen Strukturen, um sich erfolgreich kommunalpolitisch zu engagieren.

Eine Besonderheit der Neuruppiner Stadtverwaltung ergibt sich aus der Arbeit des Frauenbeirates. In Neuruppin hatte sich ein parteienübergreifendes Frauenforum gebildet, ein Frauenstammtisch, der gemeinsam Frauenpolitik initiierte. Aus der anfänglichen Abendveranstaltung wurde Jahre später der Arbeitskreis für Frauenfragen, der bei der Gleichstellungsbeauftragten angesiedelt wurde und noch immer parteiübergreifend agiert. Dieser Arbeitskreis wiederum ergriff die Initiative zur Gründung eines Frauenbeirates, der nun neben dem Jugendbeirat und dem Seniorenbeirat zum Alltag der Neuruppiner Kommunalverwaltung zählt. Einen Frauenbeirat haben in Brandenburg die wenigsten Kommunen und er unterstreicht die besondere Frauen-Power in der Stadt. Dennoch beklagen die aktiven Frauen ein langsames Auseinanderdriften der Interessen der parteipolitisch eingebundenen Frauen, da angesichts der zunehmend knapper werdenden finanziellen Ressourcen auch die Vernetzung unter den Frauen aufzubrechen droht.

Die einzelnen Wahlen und die Wahlbeteiligung deuten auf eine sehr differenzierte politische Kultur innerhalb der Bevölkerung hin. An den Kreistagswahlen am 5. Dezember 1993 nahmen von 86 345 Wahlberechtigten 57,9 Prozent (49 724 Wähler) teil. Gewählt wurden acht Parteien, Verbände und Bündnisse.

Wahlbeteiligung im Landkreis Ostprignitz-Ruppin

Wahlen	Wahlbeteiligung
Europawahl am 12. Juni 1994	37,76 %
Landtagswahl am 11. September 1994	50,72 %
Bundestagswahl am 16. Oktober 1994	65,47 %
Bundestagswahl am 27. September 1998	76,99 %
Kommunalwahl am 27. September 1998	75,96 %
Europawahl am 13. Juni 1999	28,67 %
Landtagswahl am 5. September 1999	55,35 %

Die Wahlbeteiligung an den folgenden Wahlen schwankte sehr stark. Die Tabelle zeigt deutlich, wie unterschiedlich die Bürgerinnen und Bürger die einzelnen Wahlen gewichteten. Das geringste Interesse hatten die Wähler an den Europawahlen und an den Landtagswahlen 1994. Hingegen erhöhte sich die Wahlbeteiligung bei den Kommunalwahlen von 57,59 Prozent (1993) auf 75,96 Prozent (1998) ganz erheblich. Diese hohe Wahlbeteiligung wurde nur noch von der Beteiligung an den Bundestagswahlen 1998 mit 76,99 Prozent übertroffen. Die Wähler des Landkreises gewichten offenbar stark, wann sie von ihrem Wahlrecht Gebrauch machen und wann nicht. Die Bundes- und die Kommunalwahlen mobilisierten die Wähler weit mehr als die Landes- oder gar die Europawahlen.

Zahlreiche Bürgerinitiativen, von denen wohl der Kampf der BürgerInnen gegen das Bombodrom in der Kyritz-Wittstocker Heide die bekannteste ist, die Gründung und Wiederbelebung von Vereinen und das soziale und kulturelle Engagement vieler BürgerInnen zeugen von den ersten Konsolidierungsprozessen.[401] Der Einsatz der Bürgerinnen und Bürger für das Gemeinwohl und für sozial schwache Mitbürger wird in den nächsten Jahren an Bedeutung zunehmen.

Hannah Arendt wird oft als Kassandra bemüht, wenn es um den Disput über die gesellschaftliche Bedrohung durch die rapide steigende Arbeitslosigkeit geht. So schrieb sie: »Was uns bevorsteht, ist die Aussicht auf eine Arbeitsgesellschaft, der die Arbeit ausgegangen ist, also die einzige Tätigkeit, auf die sie sich noch versteht. Was also könnte verhängnisvoller sein?« (Vita Aktiva oder Vom täglichen Leben)

Für diejenigen, die ihre Arbeit verloren, war es nicht nur aus materiellen Gründen verhängnisvoll, sondern auch, weil der erste Arbeitsmarkt kaum Zugangsmöglichkeiten für Arbeitsuchende bot. Der erste Arbeitsmarkt hatte sich verfestigt und der Austausch von Arbeitskräften fand fast ausschließlich innerhalb dieses ersten Marktes statt, so dass die Arbeitslosen auf den zweiten Arbeitsmarkt angewiesen blieben oder gänzlich ausgesteuert wurden.

Der Arbeitslosenverband und seine Initiativen

Als sich am 6. Oktober 1990 der Landesverband Brandenburg des Arbeitslosenverbandes Deutschland auf Initiative einiger weitsichtiger, engagierter Brandenburger gründete, lag die Arbeitslosenquote bei sechs Prozent[402] und die schockierende Entwicklung der Umbruchsarbeitslosigkeit stand noch bevor. In den nächsten zwei Jahren stieg die Arbeitslosenquote des Landes Brandenburg im Durchschnitt auf 15 Prozent, also um mehr als das Doppelte. Unübersehbar waren auch schon sehr bald die regionalen Unterschiede. Während die Ämter Cottbus eine Quote von 12,5 Prozent, Potsdam von 13,5 Prozent und Frankfurt (Oder) von 15,3 Prozent auswiesen, lag der entsprechende Anteil im Amt Neuruppin mit 18 Prozent und Eberswalde mit 18,3 Prozent wesentlich höher.[403] Zu diesen registrierten Arbeitslosen kamen dann noch 59 593 Arbeitslose in ABM-Stellen sowie ca. 80 000 Teilnehmer an Fortbildungs- und Umschulungsmaßnahmen. Somit müssten zu den 184 168 Arbeitslosen noch die 320 000 von Arbeitslosigkeit bedrohten Brandenburger hinzugezählt werden. Von der erwerbsfähigen Brandenburger Bevölkerung waren demnach rund 40 Prozent von Arbeitslosigkeit betroffen. In vielen Kreisen stellten die Frauen, zumeist Alleinerziehende, zwei Drittel der Arbeitslosen. Die Quote insgesamt lag bei 19,8 Prozent. Auch die Jugendlichen zählten mit 13,6 Prozent der Arbeitslosen zu den Verlierern der neuen wirtschaftlichen Verhältnisse.[404]

Obwohl man anfänglich von einer zeitlich begrenzten Initiative ausging, die nach einer Festigungsphase der neuen Strukturen überflüssig werden würde, war schon 1992 ein Bedeutungszuwachs der Arbeit des Verbandes unübersehbar. Durch die ständig steigende Arbeitslosigkeit und die zu erwartende Langzeitarbeitslosigkeit waren die Arbeitsämter schlichtweg überfordert. Die zusätzliche betreuende Tätigkeit durch Initiativen und Vereine in enger Zusammenarbeit mit den Kommunen und Arbeitsämtern war der einzige Ausweg aus diesem Dilemma. Natürlich bemühte man sich auch um die berufliche Wiedereingliederung, engagierte sich für Förderprogramme und für die Weiterbildung und Umschulung. Doch das eigentliche Schwergewicht der Tätigkeit des Verbandes lag auf der sozialen Betreuung jener Erwerbslosen, die völlig unvorbereitet mit dieser für sie neuen Erfahrung, nicht mehr gebraucht zu werden, überflüssig zu sein, allein zu sein, konfrontiert wurden.

Der Soziologe Bertold Vogel, der empirische Erhebungen im Amt Neuruppin durchführte, arbeitete in seiner Untersuchung diese Umbruchserfahrungen sehr detailliert und nach Verhaltensmustern differenziert heraus. Da er neben den Erkenntnissen aus den Interviews auch stets die spezifischen DDR-Erfahrungen seiner Probanden mitberücksichtigte, kam er zu Deutungsmustern, die eben nicht das Klischee vom unflexiblen, durch die DDR-Sozialisation geprägten Arbeitslosen bedienen, sondern die den Erkenntnisprozess der durch das Alter, den Beruf und die Sozialisation bedingten »Marktwertchancen« fassen. Die Erwerbslosen mussten die neuen Erkenntnisse verarbeiten und damit umgehen lernen. Während in den alten Bundesländern gerade für Frauen die Familie eine anerkannte Sphäre des Rückzugs, aber auch des inneren Halts darstellte, mussten die ostdeutschen Arbeitslosen zumeist ohne diesen familiären Halt die neue Lage meistern. Vogel kam zu der Erkenntnis, dass die Familien seiner Probanden häufig mit Unverständnis auf die Probleme der Arbeitslosen reagierten und diese sich auch in der Familie isoliert sahen. Von daher gewann die ehrenamtliche Arbeit des Verbandes, aber auch aller anderen zahlreichen sozialen Vereine, Einrichtungen und Organisationen einen ganz erheblichen Stellenwert im Leben der Erwerbslosen. Neben dem Arbeitslosenverband Neuruppins mit seinen inzwischen sieben Service-Einrichtungen (Schuldnerberatung, Trainingscenter, »Die Kelle« [seit 1995], »Die Neuruppiner Tafel« [seit 1997], Dialog, Beschäftigungswerkstatt und Nachbarschaftshilfe) existieren in der Stadt Neuruppin und im Landkreis OPR noch 14 weitere soziale Einrichtungen, die sich jeweils mit spezifischen Angeboten um die sozial Schwachen und die Erwerbslosen bemühen. Eine besonders intensive Betreuung erfahren aufgrund der besonderen Aktivitäten engagierter Frauen in speziellen Einrichtungen die Frauen, Mädchen und Kinder des Landkreises.

Der Pakt für Arbeit und zur Arbeitsplatzstrategie des Landes Brandenburg diente der Suche nach neuen Strategien und Wirtschaftskonzepten zur Steigerung des Wirtschaftswachstums. Angestrebt wurde die Schaffung von 50 000 Arbeitsplätzen. Jedoch zeigten die Arbeitslosenquoten der letzten Jahre, dass es äußerst schwierig ist, in einer strukturschwachen Region dauerhaft neue Arbeitsplätze zu schaffen. Der regionale Typ der »Zwei-Drittel-Gesellschaft neuen Typs« hat sich verfestigt und der Zugang zum ersten, relativ geschlossenen Arbeitsmarkt und somit zu dem einen Drittel wird für die Arbeitslosen immer schwieriger. Langzeitarbeitslose und Sozialhilfeempfänger stellten die Verantwortlichen vor neue Aufgaben, denen sich insbesondere die karitativen Verbände und Vereine annahmen. Die finanziellen Möglichkeiten setzten hier jedoch zunehmend Grenzen und so nahm die Zahl der Arbeitslosen zwar weiterhin zu, doch die Zahl der Beschäftigten in ABM wurde reduziert.

Arbeitslose und im zweiten Arbeitsmarkt Beschäftigte des Landkreises OPR 1991 bis 1997[405]

Jahr	Arbeitslose	Beschäftigte in ABM
1991	7 721	2 088
1992	10 172	796
1993	9 983	824
1994	8 827	1 663
1995	7 734	1 888
1996	8 803	1 470
1997	10 742	971

Als ein besonderes Problem wurde von den politischen Akteuren des Kreises die steigende Zahl der Sozialhilfeempfänger angesehen. 1997 lebten im Kreis 1600 Sozialhilfeempfänger und die Zahl derjenigen, die nicht mehr sozial versichert waren, stieg bedrohlich an. Auf Initiative des Landrates wurde daher eine Vereinbarung zwischen dem Sozialamt und dem Arbeitsamt sowie zwischen dem Landkreis, dem Sozialamt und potenziellen Arbeitgebern getroffen, die mit dem Projekt »Arbeit statt Sozialhilfe« Wege aus der Sozialhilfe aufzeigen sollten.

Von den Projektteilnehmern zählten 40 Prozent zu den Aussiedlern mit Arbeitsbefugnis und 40 Prozent zu den Frauen. 1997 konnten auf Grund der Vereinbarungen 20 Verträge, 1998 21 Verträge, 1999 23 Verträge und bis zum März 2000 14 Verträge mit 198 Arbeitsplätzen abgeschlossen werden. Seit 1999 wird ein Integrationsbüro erprobt, das die Zusammenarbeit zwischen Sozialamt, EAN und Arbeitsamt erleichtern sollte, indem es die Daten der Sozialhilfeempfänger per EDV erfasste und für die Bedürftigen passende Arbeitsstellen suchen sollte. Einzelne Arbeitsbeschaffungsgesellschaften und einzelne Arbeitsämter nahmen sich dieses Projektes initiativreich an. Zu ihnen zählen die RABS mbH Rheinsberg, die ASR Kyritz, die Af Wittstock e.V. und der Ostprignitz-Jugend e.V.

Gesellschaften und Vereine als Hoffnungsträger für Arbeitslose und sozial Schwache

In einer Region, in der nur ein Drittel fest im ersten Arbeitsmarkt verankert ist, während ein Drittel arbeitslos und ein weiteres Drittel in unsicheren oder befristeten Arbeitsverhältnissen wirkt, entwickelt sich nur langsam das Verständnis von der Notwendigkeit ehrenamtlicher Tätigkeit. Doch dies ist offenbar kein reines ostdeutsches Problem.

Auf der Suche nach neuen, innovativen Wegen des freiwilligen bürgerschaftlichen Engagements werden sicherlich noch viele Modelle diskutiert und erprobt werden müssen. Zumal die regionalen Rahmenbedingungen und die finanziellen Ressourcen der einzelnen Kommunen einer weiteren Expansion dieses Engagements gewisse Grenzen setzen. Andererseits aber herrscht gerade in ländlichen Regionen und speziell in Ostdeutschland noch ein großes Defizit an Kontaktstellen und freiwilligem Engagement.

Selbsthilfe und freiwilliges Engagement bedürfen in den Städten und Kreisen einer unterstützenden Infrastruktur. Die Fluktuation in diesem Bereich ist, bedingt durch die befristeten ABM-Maßnahmen, nicht zu übersehen. Doch ob es mittels der Freiwilligenarbeit gelingen wird, die anstehenden sozialen Aufgaben in den Kommunen zu lösen, bleibt zu bezweifeln.

Im Landkreis Ostprignitz-Ruppin entwickelten sich im sozial-karitativen Bereich nach der Wende zahlreiche Aktivitäten, die insbesondere von engagierten Frauen getragen wurden, die schon teilweise vor der Wende in diesen

Bereichen aktiv waren. Diese Frauen wiederum zogen weitere interessierte Frauen in diesen Kreis. So erweiterten sie den Aktionsradius ihrer Aktivitäten und gewährleisteten gleichzeitig eine intensive Kommunikation zwischen den einzelnen Akteurinnen, die für Vernetzungen eine wichtige Voraussetzung darstellen. Wobei in den Expertengesprächen immer wieder zum Ausdruck kam, dass diese Frauen in den Turbulenzen der Nachwendejahre ohne bewusste strategische Überlegungen handelten, sondern anfänglich ihren Intentionen folgten. Erst allmählich setzten sie ihre »Frauen-Power« gezielt ein. Freiwillig engagierte Frauen vertreten die Interessen des Gemeinwohls und insbesondere der sozial Schwachen auch in den Parteien oder als Stadtverordnete und in der Stadtverwaltung. Ihnen ist bewusst, dass sie gemeinsam und in ihren durchaus differenzierten Anliegen nur gut koordiniert etwas erreichen können.

Heute gibt es eine große Vielzahl von karitativen Einrichtungen. Allein der Kreisgruppe des Paritätischen Wohlfahrtverbandes gehören etwa 30 Mitgliederorganisationen an, die die verschiedensten sozialen Gruppen mit ihren spezifischen Problemlagen betreuen und unterstützen. Jede Mitgliederorganisation besteht zumeist aus weiteren Einrichtungen wie Ortsgruppen, Begegnungsstätten, Sozialstationen, Wohnprojekten, Beratungsstellen, Tagesstätten, Jugendclubs und dergleichen mehr, so dass es im Landkreis ca. 81 Einrichtungen gibt, die sich der sozial schwachen, der armen, der kranken und der behinderten Menschen sowie der Frauen und Kinder annehmen, ihnen in den unterschiedlichsten Formen Hilfe und Unterstützung anbieten. Hinzu kommen dann noch spezielle Vereine für Jugendliche, Frauen, Kinder und Senioren.

Überblickt man Aufbau, Strukturen und Zielsetzungen all dieser Gesellschaften und Vereine, kommt man unweigerlich zu der Erkenntnis, dass die Fürsorge um die Bedürftigen und Erwerbslosen ein Tätigkeitsfeld von nachhaltiger Bedeutung darstellt, vorausgesetzt, der Staat und die Kommune können die Finanzierung gewährleisten.

Im Landkreis OPR hat sich innerhalb dieser Gesellschaften und Vereine eine untereinander akzeptierte Arbeitsteilung herauskristallisiert, die laut Expertengesprächen eigentlich gut funktioniert. Allerdings ist man sich der Konkurrenzsituation insbesondere auf dem Beratungs- und Qualifizierungsmarkt sehr bewusst. Solange die finanziellen Ressourcen für alle ausreichen, wird der hier schlummernde Konflikt nicht offen ausbrechen.

EAN mbH – Entwicklungs- und Arbeitsfördergesellschaft Neuruppin

Die EAN stellt die Nachfolgegesellschaft der 1991 gegründeten BEQUA dar, die sich insbesondere um die zahlreichen Arbeitslosen des liquidierten EPN kümmerten. Zwischen 1991 und 1996 entwickelte sich diese Gesellschaft zum größten Arbeitgeber der Region, wenn man vom Arbeitsamt einmal absieht.

1996 dachte man gezwungenermaßen über strukturelle Veränderungen nach und so wurde am 18. Dezember 1996 die EAN mbH gegründet, um die

Gesamtvollstreckung zu verhindern. Die Geschäftsführung übernahm Frau Goldschmidt. Die Stadt Neuruppin erwarb 61 Prozent Anteile des Stammkapitals als Gesellschafter und die übrigen 39 Prozent der Verein zur Förderung von Initiativen zur Entwicklung des regionalen Arbeitsmarktes Neuruppin e.V. (F.A.N. e.V.). Die Industrie-Gewerkschaft Metall stellte ein Gründungsdarlehen zur Verfügung. Das modern strukturierte und organisierte Unternehmen, dessen MitarbeiterInnen sich zumeist aus dem alten Personalstamm des EPN rekurrierten, agiert auf mehreren Ebenen innerhalb des Landkreises Ostprignitz-Ruppin mit dem regionalen Schwerpunkt Neuruppin. Die breite Palette der Leistungsangebote erstreckt sich über die Projektträgerschaft, die Beratung und Entwicklung für Arbeitsbeschaffungs- und Strukturanpassungsmaßnahmen über die Beratung zu Fördermitteln und zur Arbeitssicherheit und der Unfallverhütung bis zur Dienstleistung für Kommunen im Bereich der Projektierung wirtschaftsnaher Beschäftigungsvorhaben und deren Management. Ob Arbeitsloser, Existenzgründer oder Arbeitgeber – sie alle finden in diesem Unternehmen Rat und Unterstützung. Viele kulturelle Veranstaltungen der Stadt Neuruppin, aber auch des Kreises wären ohne EAN-Projekte wie »Tourismus- und Kulturmanagement« kaum denkbar. Als Träger der Regionalstelle »Frauen und Arbeitsmarkt« sorgt die Gesellschaft insbesondere für die Integration und sinnvolle Beschäftigung von arbeitslosen und zumeist nicht sehr mobilen Landfrauen. Zur weiteren besseren Integration von Langzeitarbeitslosen und Sozialhilfeempfängern ohne Sozialversicherungen wurde in Neuruppin ein Integrationsbüro für Sozialhilfeempfänger der EAN gegründet. Dieses Büro arbeitete mit vier Vermittlern, die den Betroffenen Wege aus der Sozialhilfe aufzeigen sollen. Eine Bedarfsanalyse erfasste jene Bedürftigen, die es zu vermitteln galt. Die Vermittler sollten sich auf die Suche nach geeigneten Unternehmen begeben und diesen die Fördermöglichkeiten für den Fall, dass sie einen Sozialhilfeempfänger einstellen, aufzeigen. Das Büro ist in der Region nicht unumstritten, da Aufwand und Nutzen noch in keiner vertretbaren Relation stehen.

In Zusammenarbeit mit der Neuruppiner Stadtverwaltung, dem Institut Raum und Energie sowie mit dem Brandenburgischen Umweltforschungszentrum beteiligte sich die EAN auch an der wissenschaftlichen Erarbeitung der »Regionalen Agenda 21– Kreis Ostprignitz-Ruppin« und deren öffentlicher Präsentation.[406]

Von den eingeworbenen Mitteln dieser Gesellschaften hängen jedoch nicht nur die Fördermöglichkeiten für die Arbeitslosen und die Sozialhilfeempfänger ab, sondern auch die zahlreichen Arbeitsplätze in den Gesellschaften selbst.

So umstritten in der Zwischenzeit gerade die Arbeitsbeschaffungsmaßnahmen auch sein mögen, in strukturschwachen Regionen sind sie die Hoffnungsträger der Arbeitslosen und der Sozialhilfeempfänger.

Das kulturelle Leben nach der Wende

Neben dem sozialen Engagement widmet sich eine Vielzahl von Vereinen den verschiedenen kulturellen Interessen der Einwohner. Auch die Interessengemeinschaft Ruppiner Geschichte im Brandenburgischen Kulturbund e.V., die 1981 als IG Stadtgeschichte gegründet worden war, setzte unter dem Vorsitz von Erika Herms ihre kulturhistorische Arbeit nach der Wende fort. Zahlreiche Vorträge, Exkursionen und Diskussionen u. a. mit Wolfgang Harich bilanzieren die Arbeit des Vereins. Auf die Gründung des Historischen Vereins der Grafschaft Ruppin ist bereits eingegangen worden. Von 1990 bis 2003 führte Horst Erdmann den Vorsitz des Vereins. Im Jahr 2003 wählte der Verein Uta Land zur Vorsitzenden. Die Mitglieder dieser Vereine sorgen durch die Vortragsreihen, die Ausflüge und durch die Mitteilungsblätter für die Verbreitung historischen Wissens über die Geschichte der Stadt, des Landkreises und anderer Regionen. Auch das Jahrbuch Ostprignitz-Ruppin und der Kreiskalender OPR bilden eine Plattform für einen historischen, kulturellen und sozialgesellschaftlichen Diskurs.

Am 27. Juni 1993 bildete sich der Ruppiner Kunstverein – Förderverein für Kunst und Kultur e.V., dessen Initiativen vielerorts von nachhaltiger Wirkung sind.

Das Heimatmuseum schloss nach der Wende die 1988 begonnenen Rekonstruktionsmaßnahmen ab. In schönerem Gewand und im Innern modernisiert stand das Museum nun wieder neuen Projekten offen. Irina Rockel bemühte sich um die Erweiterung der Dauerausstellungen. Künstler wie der Orientmaler Wilhelm Gentz, der Bildhauer Max Wiese oder der Chorleiter Ferdinand Möhring wurden mit Ausstellungen gewürdigt. Darüber hinaus etablierte sich das Museum auch in der schwierigen Nachwendezeit als kultureller Mittler in der Stadt. Volker Braun las dort. Günter Grass diskutierte mit Ulrich Wickert im Fontane-Zimmer über seinen Roman »Ein weites Feld«. 1994 konnten sich die Einwohner und Besucher der französischen Stadt Nantes in einer bemerkenswerten Ausstellung »Promenades brandenbourgeoises« über die Kultur (Theodor Fontane), Kunst (Bilder von Dagmar Elsner-Schwintowsky, Fotos von Günter Rieger, Entwürfe von Karl Friedrich Schinkel und Wilhelm Gentz) und die Neuruppiner Bilderbogen informieren. Das 130. Gründungsjubiläum wurde u. a. würdig mit einer Papiertheater-Aufführung des »Freischütz« mit originalen Figuren und Dekorationen von Gustav Kühn gefeiert.

Die umfangreiche Bilderbogensammlung des Museums, die 1994 durch den Erwerb einer bedeutenden Privatsammlung erweitert werden konnte, erhielt mit der Gründung des Bilderbogen-Dokumentationszentrums 1998 eine ihrer Wertigkeit angemessene wissenschaftliche Betreuung. Die Immobilienfirma RENTACO offerierte für eine Dauerausstellung der Bilderbogen Räumlichkeiten in dem ehemaligen Gebäude der Kühnschen Druckerei, die 1998 feierlich eingeweiht wurden. 2002 zog das Zentrum jedoch aus Kostengründen in

Das im Sommer 1998 eröffnete Handwerksmuseum im Museumshof, Fischbänkenstraße 3. Postkarte von 2000.

die renovierten Räume des Alten Gymnasiums um. In den Räumlichkeiten des Alten Gymnasiums finden nun auch abwechslungsreiche Ausstellungen statt. So wurden bisher Retrospektiven der Neuruppiner Künstler Robert W. Wagner und Marianne Kühn-Berger durchgeführt. Am 29. November 2003 eröffnete dort beispielsweise der Kultur- und Sportbetrieb der Stadt Neuruppin gemeinsam mit dem Ruppiner Kunstverein die Ausstellung »ein paar von liebe« der jungen Berlin-Brandenburger Künstlerin Silke Thal.

Einer privaten Initiative verdankt Neuruppin die Gründung eines »Handwerksmuseums«. Der Molchower Möbelrestaurator Manfred Neumann erwarb das Grundstück in der Fischbänkenstraße 3, um dort gemeinsam mit dem am 14. Mai 1998 gegründeten »Förderverein Handwerksmuseum Ruppin e.V.« ein »lebendiges« Handwerksmuseum und Ausstellungsräume für restaurierte Möbel und Kunsthandwerk zu errichten. Die Besucher sollten nicht nur gegenständlich mit alten Handwerken vertraut gemacht werden, sondern es ging dem Initiator auch um das Erleben einzelner Handwerker bei der Arbeit. Nach der feierlichen Eröffnung des Museums am 1. Juni 1998 konnten schon am 26. September 1998 die Wollwerkstatt und die Keramikwerkstatt besucht werden. Im Jahr darauf, am 1. Mai 1999, wurde die Galerie

Impressionen vom
Brandenburg-Tag
in Neuruppin
am 7. September 2002

»Werkstatt« und am 11. Juni die Schaudruckerei eröffnet. Ein freundliches Café, das am 1. April 2000 die ersten Gäste empfing, rundet das vielseitige Angebot in der Fischbänkenstraße 3 ab. Wenn auch nicht alle angedachten Projekte Bestand hatten, so ist das »Handwerksmuseum« heute eine Besonderheit der Stadt, die nicht nur Touristen in das historisch interessante Stadtviertel lockt. Der Förderverein konnte in den vier Jahren seines Bestehens seine Mitgliederzahlen mehr als verfünffachen. In Neuruppin prägten das Handwerk und die Handwerker seit dem Mittelalter die Wirtschaftskraft der Stadt. Das Handwerksmuseum ermöglicht daher nicht nur historische Einblicke in alte Handwerkstechniken, sondern darüber hinaus ist es auch Kommunikationszentrum für Jung und Alt.[407]

Das vereinheitlichte sozialistische Neuruppiner Schulwesen wurde nach der Wende allmählich umgestaltet und entsprechend dem westdeutschen Schulsystem neu gegliedert. Aus der EOS »Ernst Thälmann« wurde 1993 das »Alfred-Wegener-Gymnasium«, ein Kreisgymnasium. 1991 wurde ein neues Gymnasium eingerichtet, das zog vorübergehend in die Schule der DSF und dann als Karl-Friedrich-Schinkel-Gymnasium in die ehemalige Kollwitzschule. Im gleichen Jahr wurde eine Schule für geistig Behinderte neu etabliert. Aus den Polytechnischen Oberschulen wurden Grund-, Real- und Gesamtschulen gebildet. Eine Gesamtschule trägt auch heute noch den Namen »Fontaneschule«. 1993 konnte das Evangelische Gymnasium, das erste in Brandenburg, feierlich eingeweiht werden. Nach einer provisorischen Unterbringung bezog es 1998 ein von Grund auf restauriertes Gebäude der einstigen Seekaserne.

Auch die zahlreichen Sportvereine formierten sich nach der Wende teilweise neu bzw. nahmen alte Traditionen wieder neu auf. Der Segelclub gründete sich am 15. Mai 1990 wieder als Ruppiner Segelclub (RSC). Die 100-Jahr-Feier des RSC wurde zu einem Vereinigungsfest alter und neuer Segler. 1993 erhielten sie vom Spandauer Segelclub Nordstern einen Traditionspokal gestiftet, der an die große Regatta von 1939 erinnert. 1996 betrieben über 3000 Neuruppinerinnen und Neuruppiner aktiv in 32 Organisationen Sport.[408]

Zu den kulturellen Traditionen, die seit langem zur Neuruppiner Geschichte gehören, zählt das Chorsingen. Der Möhring-Chor erfreut seit Jahrzehnten die Musikliebhaber. Ferdinand Möhring, der Schöpfer des mustergültigen Männerchores, wurde 1816 in Alt Ruppin als Sohn eines Tischlermeisters geboren. Nach dem Besuch des Gymnasiums und der Gewerbeschule in Berlin erlernte er den Beruf des Zimmermanns. Später folgte er seinem besonderen Interesse an der Musik und ging an die Akademie der Künste. Als Organist und Gesangsvereinsleiter in Saarbrücken erwarb er erste Berufserfahrungen. 1840 kehrte er nach Alt Ruppin zurück und heiratete die Tochter des Malers Karl-Friedrich Schulz. Von 1840 bis 1874 leitete er den Neuruppiner Gymnasial- und Schulchor. Nach diesem Chorleiter benannte sich nach 1900 der Altruppiner Männerchor, der »Männer-Gesangsverein Möhring-Chor«.

Die Altruppiner hatten Möhring ein Denkmal gesetzt, das dem sowjetischen

Ehrenfriedhof nach 1945 weichen musste. Am 19. Mai 1955 stellten sie das Denkmal erneut auf, nun gegenüber seinem Geburtshaus, dem Gasthaus »Zur Börse«. 2003 erhielt es seinen alten Standort im Ortszentrum zurück. Mit der feierlichen Einweihung 1955 verband der Altruppiner Männerchor auch gleich seine Rückbenennung in Möhring-Chor. Seit 1955 leitete der Uhrmacher Karl-Heinz Wollina diesen traditionsreichen Chor. Das rege Vereinsleben zeugt von dem besonderen Engagement des Chorleiters und seiner Mitglieder. 1969 fand am 21. Juni im Neuruppiner Stadtgarten ein großes Chorkonzert mit dem Schweriner Sinfonieorchester statt. Nunmehr bestand der Chor nach dem Krieg 15 Jahre und diese Kontinuität feierte er in würdiger Form. Unter der Leitung von Karl-Heinz Wollina errang der Chor u. a. 1973 den Sieg bei dem Bezirksausscheid der Chöre. Für seine Verdienste als Chorleiter erhielt der private Handwerksmeister und gläubige Katholik 1973 die Auszeichnung »Aktivist«.

Dieser Chor, der 1998 sein 125-jähriges Bestehen feierte, erlangte auch nach der Wende überregionale Anerkennung. Die Chorsänger zwischen 25 und 75 Jahren proben jeden Montag. Die 23 Veranstaltungen im Jahr 1994 zeigten, dass auch heute noch der Chorgesang gefragt ist und Spaß machen

Das Evangelische Gymnasium wurde 1993 als erstes Gymnasium der evangelischen Kirche in Brandenburg eröffnet; untergebracht ist es in einem restaurierten Kasernengebäude der ehemaligen Seekaserne, Foto 2004.

kann.[409] Der Chor wurde 1997 mit dem Fontane-Förderpreis der Stadt Neuruppin ausgezeichnet.

Eine weitere Chortradition entwickelte sich an der Erweiterten Oberschule Neuruppin. 1967 gründete Hans-Peter Schurz dort den Jugendchor. Nach der Wende setzte Herr Schurz seine Chorarbeit am Schinkel-Gymnasium erfolgreich fort. Zahlreiche Preise zeugen vom internationalen Ansehen des nunmehrigen Märkischen Jugendchores, der heute vom Förderverein in seiner Arbeit unterstützt wird.[410] Darüber hinaus pflegen noch weitere Chöre in der Stadt diese alte Tradition, so zum Beispiel der Neuruppiner A-cappella-Chor, der Chor der Ruppiner Kantorei, der Seniorenchor Bechlin, der Chor der Schule des Friedens sowie der Schulchor der Fontane-Schule.

Natürlich gibt es darüber hinaus noch eine Vielzahl von kulturellen Aktivitäten, die hier im Einzelnen nicht alle genannt werden können. Insbesondere in den kirchlichen Gemeinden finden zahlreiche kulturelle Veranstaltungen statt, die sich mit aktuellen und historischen Themen beschäftigen. Die Fontane-Buchhandlung bemüht sich ebenfalls durch ihre Lesungen und Buchpräsentationen in ansprechender Weise um die Kultur der Region.

Wie vielseitig und abwechslungsreich das kulturelle Angebot inzwischen ist, dokumentierte u.a. der Brandenburg-Tag am 7. September 2002. Die vielen Vereine präsentierten sich ebenso wie die zahlreichen Künstler, die sich in der Region niedergelassen hatten. Die Open-Air-Galerie auf dem Schulplatz und dem Rosengarten zeigte Werke von Winfried Christiansen, Jost Löber, Ralf Hentrich, Matthias Zágon Hohl-Stein, Jens Kanitz, Marianne Kühn-Berger, Karin Mason, Stephan Möller, Gunnar Möller, Susanne Oertel, Lothar Oertel, Karin Schulze, Ingolf Seidel, Rudolf Sittner, Peter M. Stajkoski, Bernd Weimar, Jan Witte-Kropius und Reinhard Zabka. Diese künstlerische Vielfalt beeindruckte nicht nur die über 230 000 Besucher.[411] Schon im Jahr zuvor organisierte Jan Witte-Kropius eine Open-Air-Galerie an der alten Stadtmauer zwischen Klosterkirche und Bollwerk. Sechs Künstler der Region präsentierten ihre Werke. Grafiken, Malerei und Skulpturen gaben am 14. und 15. Juli 2001 Auskunft über das kreative Schaffen im märkischen Raum. Die Werke konnten, begleitet von Klezmer-Tönen, bestaunt und auch erworben werden. Diese Open-Air-Galerie beendete auch gleichzeitig den traditionellen Neuruppiner Kultursommer, an dem sich der Ruppiner Kunstverein stets mit vielfältigen Aktivitäten beteiligte.[412]

Die postsozialistische Stadtentwicklung

Nach der Wende veränderte sich das Stadtbild Neuruppins in vielerlei Hinsicht grundlegend. Die Einwohner, deren Zahl in den Jahren nach der Wende durch die Eingemeindungen von 27 002 (1990) auf 33 559 im Jahr 2001 zunahm, wehrten sich erfolgreich gegen eine weitere militärische Nutzung der Liegenschaften der Garnison. Die sowjetischen Truppen zogen in den Jahren

1991 bis 1993 ab. Die militärischen Einrichtungen, Gebäude und Flächen sollten zukünftig zivil genutzt werden. Die Konversion wurde eine grundlegende, strukturelle Aufgabe.

Die Gebietsreform des Landes Brandenburg veränderte das städtische Territorium. Denn seit 1993 gehören die Stadt Alt Ruppin, die Gemeinden Buskow, Gnewikow, Gühlen-Glienicke, Karwe, Krangen, Lichtenberg, Molchow, Nietwerder, Radensleben, Stöffin, Wulkow und Wuthenow zur Stadt Neuruppin, die so mit 330 km² flächenmäßig zur fünftgrößten Stadt Deutschlands wurde.

Neuruppin erhielt im Rahmen des Landesentwicklungsprogramms Berlin/Brandenburg den Status eines regionalen Entwicklungszentrums im Städtekranz, zu dem Eberswalde, Frankfurt (Oder), Cottbus, Luckenwalde/Jüterbog und Brandenburg zählen. Das Brandenburgische Raumordnungsamt erklärte Neuruppin zu einem Mittelzentrum mit oberzentraler Teilfunktion, dem die Ansiedlung von Oberstufenzentrum, Fachhochschule, Krankenhaus, Kongress- und Konzerthallen, Warenhäusern usw. ermöglicht werden sollte. Seit 1993 ist Neuruppin, wie oben schon erwähnt wurde, auch Kreisstadt. Die zugewiesenen Standortvorteile gedachte die Stadt in vielfältiger Weise zu nutzen. Es wurde ein Stadtentwicklungskonzept »Neuruppin 2006« entworfen, dem ein Leitbild mit den drei großen Bereichen »Landschaft und Dörfer, Altstadt und Stadtränder« zu Grunde lag.

Der jeweils spezifische Charakter der Dörfer und Landschaften sollte auch künftig bewahrt werden. Großflächige Ausweisungen neuer Wohngebiete würde die typischen Dorfformen (Runddorf, Straßendorf oder Gutsdorf) verfremden, daher sollte neuer Wohnraum innerhalb der Dörfer erschlossen, Baulücken genutzt und landwirtschaftliche Gebäude umfunktioniert werden. Die Sehenswürdigkeiten der Orte spielen im Rahmen der touristischen Entwicklung eine große Rolle. Im landschaftlichen Bereich sollten der Naturschutz und der sanfte Tourismus in Einklang gebracht werden.[413]

Die Altstadt Neuruppins konnte durch die Ausweisung als förmliches Sanierungsgebiet Schritt für Schritt ihrer Bedeutung als kulturhistorisch wertvoller Geschichtsort gerecht werden. Die großen Plätze der Stadt wurden teilweise neu gestaltet. Die Pfarrkirche St. Marien wurde saniert und als Kongresszentrum einer neuen Bestimmung übergeben. An und in der Klosterkirche wurden Restaurierungsarbeiten vorgenommen. So wurde der neue Turmschmuck (Wetterhahn und Sonne) erneuert. Der Platz um die Kirche, der nunmehrige Niemöllerplatz, wurde neu gestaltet. Zur Festwoche der 750-Jahr-Feier des Klosters prägte man Gedenkmünzen, die an den ersten Prior des Klosters, Pater Wichmann, erinnern. Auch die Neugestaltung des Neuen Marktes wurde 2002 abgeschlossen. Das symbolische Fischernetz erinnert an seine ursprüngliche Bedeutung als Fischmarkt. Das Bollwerk erstrahlt ebenfalls in neuer Gestalt. Die Edelstahl-Plastik »Parzival«, geschaffen von Matthias Zágon Hohl-Stein, zeugt seit 1998 von der Wandelbarkeit nicht nur der Helden.

Im Stadtzentrum künden das neue Friedrich-Wilhelm-Denkmal am histori-

Im Jahre 2002 zog das Landgericht in die restaurierte Königstor-Kaserne ein, Foto 2004.

schen Platz, das 1998 feierlich eingeweiht wurde, seit 1994 das Denkmal der FREIen HEIDe von Matthias Zágon Hohl-Stein vor der Pfarrkirche und im Rosengarten die Karl-Marx-Büste von Fritz Cremer[414] vom Gedenken einer pluralistisch-städtischen Gesellschaft. Am Rande des alten Friedhofs, unweit vom neuen BürgerBahnhof, der 1997 im alten Bahnhofsgebäude etablierten touristischen Servicezentrale, kann man die Gedenkstätten für bedeutende Neuruppiner Persönlichkeiten (u. a. Emilie und Elise Fontane, Gustav Kühn, Philipp Oehmigke, Hermann Riemschneider und Max Wiese) besuchen.

Viele Häuser der Altstadt erstrahlen inzwischen im neuen Glanz. Einzelne Villen, wie das einstige »Russenmagazin«, wurden rekonstruiert und mit einem erweiterten Zweckbau ansprechend architektonisch verbunden. Das so entstandene neue Sparkassengebäude zeugt in dieser Hinsicht von einer architektonischen Meisterleistung, die dem Fontaneplatz durchaus angemessen ist. Aber auch eine Vielzahl von privaten Initiativen werteten das historische Stadtbild auf. Beispielsweise nahm sich Gabriele Lettow des alten Siechenhauses und des architektonisch wertvollen Ensembles an. Nur noch selten finden sich diese besonderen Uphuse (Auf- oder Oberhaus) als Kulturdenkmal. Nach aufwändigen Restaurierungen eröffnete sie am 19. Juni 1993 das Siechenhaus als Hotel und am 1. Juli 1996 das Uphus, eines der ältesten Häuser der Stadt, als Hotel mit Gaststätte. Nach längeren Verhandlungen mit dem Eigentümer, der Stadt Neuruppin, und den Nutzern der spätgotischen Siechenhauskapelle, der neuapostolischen Gemeinde, konnte sie auch die Kapelle, die nun mit Hilfe eines Fördervereins saniert wird, übernehmen. Am 26. März 2004 wurde dieses Kleinod der spätgotischen Baukunst in Neuruppin nach einer grundsätzlichen Restaurierung als anspruchsvolle Kulturstätte eingeweiht.

Aus den alten Fabrikgebäuden der Kühns und Oehmigke & Riemschneider wurden modern gestaltete Zweckbauten, in denen sich verschiedene Gewerbe, kulturelle und medizinische Einrichtungen niederließen.

Auch die Plattenbauten erstrahlen nunmehr in neuen Farben und neuem Ambiente, so dass die Neugestaltung, die auch durch die Teilnahme Neuruppins an der Initiative »Soziale Stadt« gefördert wurde, von den Bewohnern als gelungen empfunden wird. Zur weiteren Verbesserung der Infrastruktur wurde 1993 auch ein neues Ärztehaus errichtet und unweit davon 1994 das Ruppiner Einkaufszentrum (REIZ) gebaut.

Zahlreiche neue Wohngebiete entstanden nach 1990. Zu ihnen zählen u.a. das Wohngebiet »Am Klappgraben«, die »Eichendorffsiedlung«, das Gebiet »Grüner Weg Nord«, der »Treskower Ring«, die »Wuthenower Landstraße« und das Gebiet »Zur Keglitz«. Ausgebaut und saniert wurden die Wohnstand-

In die ehemalige Bergemannsche Villa zog nach einer umfangreichen Restaurierung und nach dem Anbau eines modernen Traktes die Zentrale der Sparkasse OPR am 26. April 1997 ein.

1993 wurde ein großes Einkaufszentrum an der Südperipherie eröffnet, Foto 2004.

orte am ehemaligen Flugplatz, in der Heimburger Straße und »Zu den Teichwiesen«.[415]

Als Entwicklungsziel der Stadtränder hebt die Konzeption »Neuruppin 2006« hervor, dass dem Landschafts- und Naturraum keine weiteren Flächen entzogen werden sollen, stattdessen liegt der Entwicklungsschwerpunkt auf einer effizienten Nutzung des besiedelten städtischen Raumes. Als ausbaufähig wurden das Seetorviertel, das Fehrbelliner Tor sowie die Weststadt nebst Flugplatz ausgewiesen.[416] Viele der Ziele, die in dem Papier »Neuruppin 2006« beschrieben wurden, konnten bereits realisiert werden.

Positiv ist ohne Zweifel die gelungene Konversion von militärischen Liegenschaften zu werten. Die innerstädtischen Kasernen verwandelten sich in moderne Standorte für die Stadt- und Kreisverwaltungen, die Landesbehörden, das Landesgericht, das Dialysezentrum, die Kreissparkasse, das Evangelische Gymnasium sowie für ein Sport- und Freizeitcenter und für eine Wohnnutzung. Auf dem ehemaligen Gelände des Militärflugplatzes finden sich heute Wohnungen, Gewerberäume und Freizeitmöglichkeiten. In Teilen der Panzerkaserne fanden ein Bildungs- und Technologie- sowie ein Oberstufenzentrum eine moderne Heimstatt.

Über 250 Millionen Euro konnten in den letzten zehn Jahren in die Umnutzung der Militärliegenschaften investiert werden. Das dezentrale EXPO-

Projekt »Alte Kasernen für neues Leben« und die Ausstellung »Garnison und Konversion«, die im Jahr 2000 gezeigt wurden, beeindruckten durch ihre überzeugende Darstellungsweise. Die angestrebte Etablierung der Fachhochschule gehört jedoch noch zu den zukünftigen Aufgaben der Stadtentwicklung, um die sich ein Förderverein bemüht.

Das Neuruppiner Stadtbild veränderte sich aber auch durch die dramatische Deindustrialisierung nach 1989 und die Ansiedlung neuer Gewerbe in den neu ausgewiesenen Gewerbegebieten Neuruppin-Treskow und Temnitzpark Neuruppin. Das einst am Ruppiner See gelegene Feuerlöschgerätewerk produziert nach der Privatisierung nur noch im Gewerbegebiet Treskow. Neue Betriebe wie Opitz Holzbau, Neuruppiner Fensterbau Gebr. Hübner, das Natursteinwerk, Otto Kunststoffverarbeitung, FortiFolien oder TES Frontdesign produzieren ebenfalls dort. Darüber hinaus nutzen heute der Elektrozulieferer Prettl und weitere verschiedene Betriebe die Infrastruktur dieses Gewerbestandortes, der im Jahr 2002 einen Auslastungsgrad von 77 Prozent aufwies und 1045 Arbeitsplätze bot. Der traditionsreiche Betrieb Behälterbau Huch ließ sich im Temnitzpark nieder, ebenso Atotech Deutschland.

Zu den traditionellen wirtschaftlichen Strukturen Neuruppins zählen jene Betriebe, die die landwirtschaftlichen Erzeugnisse des Umlandes verarbeiten. Zu ihnen gehören u. a. das Unternehmen der Fleischverarbeitung Dülfer, die Ruppiner Feingebäck oder der Betrieb Spezialfutter Neuruppin sowie Dreistern-Konserven.[417]

Die Neuetablierung von Gewerben und der Ausbau Neuruppins als Ver-

Der neue Haltepunkt West der DB.

waltungszentrum konnten jedoch die tief greifende Deindustrialisierung nach 1990 nicht wirklich substituieren. Die hohen Arbeitslosenzahlen von 17 bis 20 Prozent sprechen für sich. Unter dem mit der Deindustrialisierung einhergehenden Verlust an Kaufkraft litt der Handel im Allgemeinen und der Einzelhandel im Besonderen. Aber auch die strukturellen Veränderungen im Handel, der Neubau von Einkaufszentren mit weiträumigen Parkflächen am Stadtrand trugen dazu bei, dass in der Innenstadt zahlreiche Einzelhandelsgeschäfte schließen mussten. Traditionsreiche Familiengeschäfte, die zur kulturellen Belebung der Altstadt unerlässlich sind und die DDR überlebt haben, kämpfen heute um ihr wirtschaftliches Überleben. Längst bestimmen die Banken, Versicherungen, Verkaufsketten und die Billiganbieter das historische Stadtbild. Die Belebung der kulturell wertvollen Neuruppiner Altstadt bedarf nicht nur der neu gestalteten Plätze und der ansprechend restaurierten Häuser, sondern auch eines ausgewogenen und vielseitigen Angebots von Einzelhändlern, Gaststätten und Cafés sowie der vernetzten Vermarktung der sehenswerten Geschichtsorte und Kultureinrichtungen.

Die Siechenstraße, Foto 2004.

V. Neuruppin – ein zukunftsträchtiger Wirtschafts- und Kulturstandort?

Die Entwicklungspotenziale, die Neuruppin als Mittelzentrum in einer landschaftlich schönen Umgebung besitzt, sind noch längst nicht ausgeschöpft. Dreizehn Jahre nach der Wende ist dies auch nicht zu erwarten. Dennoch hat Neuruppin in dem letzten Jahrzehnt einen beachtlichen Schritt auf dem Weg der Modernisierung zurückgelegt. Die wirtschaftliche Entwicklung, die städtische Infrastruktur (die Stadtwerke Neuruppin, Verkehrssysteme, Straßenverkehr), der medizinische und soziale Bereich (Ruppiner Kliniken, Sozialstationen, Altenpflege, Jugendhilfe), der Bereich Ordnung und Sicherheit und die breite Palette des kulturellen Bereiches zeugen heute von moderne Strukturen und Funktionsweisen.

Die Zukunft der Städte im 21. Jahrhundert wird sich jedoch nur menschenwürdig gestalten lassen, wenn es ihnen gelingt, die Risiken und die Gefahren der Modernisierung zu bewältigen. Umwelt- und Naturschutz sowie »sanfter Tourismus« sind nur einige Schlagwörter, die es zu beachten gilt. Vieles findet sich bereits im Stadtentwicklungskonzept »Neuruppin 2006« und in den Überlegungen und Diskussionen der Parteien und Vereine wieder. Zukunftsentscheidend wird für Neuruppin sein, tolerante Denk- und Verhaltensweisen in einer pluralen multikulturellen Gesellschaft herauszubilden und zu festigen.

Der Soziologe Wolfgang Engler beschreibt in seinem neuesten Buch die Ostdeutschen als Avantgarde. Im Osten Deutschlands, wo jeder Zweite arbeitslos ist oder in Arbeitsbeschaffungs- oder Qualifizierungsmaßnahmen beschäftigt ist und die jungen Leute im Westen ihr Glück suchen müssen, soll sich nach der Meinung des Soziologen etwas Neues, Bahnbrechendes herausbilden. Eine Transfergesellschaft, die aus der Not der Massenarbeitslosigkeit eine Tugend macht, mutiert zur Freizeitgesellschaft. Immerhin reichen die Produktionsanlagen im Westen schon lange aus, um den Osten mitzuversorgen. Es bedarf auch nur 3,5 Prozent des bundesdeutschen Bruttosozialprodukts, um den ostdeutschen Arbeitskräfteüberhang zu finanzieren. Was liegt da näher als die alltägliche Erprobung eines neuen Gesellschaftsmodells, in dem die Mehrzahl der Bürger, ausgestattet mit einem Bürgergeld, eine schöne Kulisse bilden sollen für die wenigen gestressten Mitglieder einer rudimentären Arbeitsgesellschaft. Diese wiederum kommen in den Freizeitpark Ost, um hier neue Energie für ihren anstrengenden Arbeitsalltag zu tanken.[419] Gleichzeitig erleben sie etwas, was auch sie früher oder später tangieren wird. Denn, wie schon Hannah Arendt prophezeite, der Arbeitsgesellschaft geht die Arbeit aus.

Vision oder greifbare Realität? Die Zukunft wird es zeigen. Die letzten Analysen aus dem Wirtschaftsministerium des Landes Brandenburg scheinen diese Vision eher zu bestärken als zu widerlegen. Immerhin besitzt Neuruppin

Das Schinkeldenkmal nach der Restaurierung und dem Wiederaufbau der Umfassung am 28. Oktober 2003.

ein fast unerschöpfliches Potenzial, das für die weitere Entwicklung des Tourismus und die sinnvolle Freizeitgestaltung ausreichen müsste.

Immerhin bewiesen die zahlreichen Künstler der Region mit ihren Open-Air-Galerien und den Bildhauersymposien in Karwe, dass der angestrebte Dialog zwischen Künstlern und Kulturinteressenten nicht nur erwünscht, sondern auch lohnenswert ist. Wenn diese Aktivitäten auch wie zu Beginn der 20er-Jahre von den Künstlern ausgingen, so ließen sich die Interaktionen zukünftig stärker in das städtische Leben und den sanften Tourismus integrieren bzw. vernetzen. Eine Symbiose der Interessen und Neigungen, die auch bewusst alte Traditionen wieder stärker in das Bewusstsein rücken könnte, wäre ein guter Nährboden für ein geistig-kulturelles Klima in der Stadt, das viele positive Sogwirkungen erzielen könnte. Wo sich Künstler wohl fühlen und akzeptiert werden, dorthin pilgern gern auch Neugierige aus nah und fern.

Die natürlichen Ressourcen, die die Ruppiner Schweiz bietet, die zahlreichen Kulturschaffenden der Region und die geschichtsträchtigen Orte werden auch zukünftig Neugierige und Erholungsuchende in die Stadt locken. Von der Art und Weise der Vermarktung der Kultur im breitesten Sinne des Wortes wird es abhängen, wie viele Besucher nach Neuruppin reisen und wie

Am 14. November 1999 übergab der Bildhauer Wieland Schmiedel das von ihm angeregte und ausgeführte Gestaltungsprojekt für die Gräber der Opfer von Krieg und Gewalt auf dem Neuruppiner Friedhof. Eine der »Wegplatten« (links auf dem Foto) enthält die Inschrift: »An dieser Stelle sind 77 jener zahllosen Menschen beigesetzt, die als Häftlinge des KZ Sachsenhausen beim Todesmarsch 1945 ums Leben gekommen oder an dessen Folgen verstorben sind. Allein Sophie Kornreich, am 30. 8. 1910 in Tarnow, Polen, und Oliver Hersz, am 9. 12. 1925 in Gorlice, Polen, geboren, sind uns namentlich bekannt.«

viele auch wiederkommen werden, weil sie in der Stadt etwas Besonderes fanden.

Kulturelle Netzwerke, in denen alle, die etwas mit Kultur zu tun haben, zusammenarbeiten, könnten eine besucherfreundliche Atmosphäre schaffen, die einen beliebigen Tag in Neuruppin zu einem einzigartigen Erlebnis werden ließe. Doch hier bedarf es noch einer intensiven Kommunikation innerhalb der städtischen Gesellschaft. Intoleranz, Sozialneid, Resignation könnten angesichts der steigenden Arbeitslosenzahlen sehr schnell ein gesellschaftliches Klima erzeugen, das Touristen abschreckt statt anzieht. Nur wenn es den Bürgerinnen und Bürgern gelingt, weiterhin an einer modernen Zukunftsvision mit toleranten Denk- und Verhaltensweisen zu arbeiten, nützen Neuruppin die zahlreichen Standortvorteile. Toleranz erfordert jedoch ein friedliches Zusammenleben, das Miteinanderauskommen, das Wahrnehmen von

Fremden, die Koexistenz von Menschen in all ihren Verschiedenheiten, Verschiedenheiten der Religion, Konfession und Ethnie. Nur so ließe sich zukünftig ein dauerndes »bellum omnium omnes« (ein Krieg aller gegen alle) verhindern bzw. den Extremen der Toleranz, die in »anything goes« gipfeln könnten, entgehen. (Hans Zimmermann)

Fußnoten

[1] Theodor Fontane, Der Stechlin, Erstausgabe, Berlin 1899.
[2] Heute befinden sich Abschriften dieser »Miscellanea historica« im Kreisarchiv OPR und im Heimatmuseum Neuruppin. Ulrich Kriele nahm in mühevoller Arbeit eine Auswahl der Texte vor und veröffentlichte diese als Würdigung des umsichtigen und fleißigen Arztes, der auch in der städtischen Verwaltung als Senator eine wichtige Rolle spielte. Siehe Bernhard Feldmann, Miscellanea Historica der Stadt Neu Ruppin, ausgewählt und erläutert von Ulrich Kriele, Karwe 2003.
[3] Siehe Literaturverzeichnis im Anhang.
[4] Ingo Materna und Wolfgang Ribbe (Hrsg.), Brandenburgische Geschichte, Berlin 1995; 45–126; Joachim Henning, Germanen–Slawen–Deutsche. Neue Untersuchungen zum frühgeschichtlichen Siedlungswesen östlich der Elbe, in: Prähistorische Zeitschrift, 66, 1991, S. 119–133; Johannes Schultze, Die Mark Brandenburg. Bd. 1–5, Berlin 1961–1969; Gerd Heinrich, Die Grafen von Arnstein, Köln, Graz 1961.
[5] GStAPK, Gen. Dir. Kurmark, Tit. CVIIIa, Grund- und Lagerbücher, Nr. 11, Bl. 485.
[6] Heinz Stoob (Hrsg.), Die Stadt. Gestalt und Wandel bis zum industriellen Zeitalter. 2. überarbeitete und vermehrte Ausgabe, Köln, Wien 1985, S. 135.
[7] Der Orden der Predigerbrüder wurde 1215 von Dominikus gegründet und erhielt 1217 die päpstliche Approbation. Der Orden breitete sich in Frankreich und Italien schnell aus. Im Heiligen Reich Deutscher Nation fasste der Orden jedoch nur langsam Fuß (1221 in Köln und 1224 in Straßburg). Siehe W. Hinnebusch, The History of Dominican Oder. Intellectual and Cultural Life to 1500. 2 Bde., New Haven 1973.
[8] Zitiert nach einer Übersetzung von Eugenie Lecheler, Wichmann von Arnstein (1180–1270), in: Wichmann Jahrbuch des Diözesangeschichtsvereins Berlin, NF, 36/37 Jg., 1996/97, S. 15–46. Pater Wichmann trat erst 1233 vom Prämonstratenserorden zum Dominikanerorden über.
[9] Später entstanden weitere Dominikanerkonvente in Strausberg, Seehausen, Prenzlau, Soldin, Brandenburg, Cölln und Luckau. Siehe E. Lecheler, Wichmann, S. 29.
[10] Ebenda, S. 15; Pater Wichmann soll auch ein guter Freund und der erste Seelsorger der berühmten Mechthild von Magdeburg gewesen sein. Es scheint heute durchaus wahrscheinlich zu sein, dass die »Aussteigerin« und Begine Mechthild von Wichmann von Arnstein inspiriert wurde. Ob Pater Wichmann darüber hinaus auch als Mittler bei der Niederlassung von Beginen in Neuruppin wirkte, liegt im Bereich der Spekulation. Dennoch wäre es denkbar. Siehe Kurt Ruh, Geschichte der abendländischen Mystik. 2. Bd.: Frauenmystik und Franziskaner Mystik der Frühzeit, München, 1993, S. 247 ff. u. S. 292 ff.
[11] E. Lecheler, Wichmann, S. 31.
[12] Anton Friedrich Riedel, Geschichte der Klosterkirche und des ehemaligen Mönchklosters zu Neu Ruppin, Neu Ruppin 1842; Gustav Bittkau, Ältere Geschichte der Stadt Neu Ruppin. Auf Grund historischer Quellen, insbesondere eines Manuskripts des weiland Dr. Campe, Neu Ruppin 1887. (Reprint Edition Rieger, Berlin und Karwe 2000); Matthias Metzler, Landkreis Ostprignitz-Ruppin. Teil 1: Stadt Neuruppin, Worms am Rhein 1996, S. 16.
[13] G. Bittkau, 2000; Johannes Schultze, Geschichte der Stadt Neuruppin. 3. Aufl., Berlin 1995.
[14] H. Stoob, 1985; Deutsches Städtebuch: Handbuch städtischer Geschichte, begründet von Erich Keyser, fortgeführt von Heinz Stoob im Auftrag der Arbeitsgemeinschaft Historischer Kommissionen und Landesgeschichtlicher Institute. – Neu bearbeitet und

herausgegeben im Institut für vergleichende Städtegeschichte an der Universität Münster von Peter Johanek, Klaus Meyer-Schwickerath und Franz-Joseph Post. – Band 2: Städtebuch Brandenburg und Berlin. Hrg. von Evamaria Engel, Lieselott Enders, Gerd Heinrich und Winfried Schich, Redaktion: Harald Engler, Stuttgart Berlin Köln: 2000.

15 Lieselott Enders, Die Prignitz. Geschichte einer kurmärkischen Landschaft vom 12. bis zum 18. Jahrhundert, Verlag für Berlin-Brandenburg GmbH, Potsdam 2000 (=Veröffentlichungen des Brandenburgischen Landeshauptarchivs, Band 38).

16 Siehe Uta Land u. Jens-Uwe Brinkmann, Die Siechenhauskapelle zu Neuruppin, Berlin Karwe 2001.

17 G. Bittkau, 2000; J. Schultze, 1995; Uta Land u. Jens-Uwe Brinkmann, 2001.

18 Städtebuch, 2000, S. 362–370.

19 Bernhard Feldmann, Miscellanea historica der Stadt Neu Ruppin, pars II, S. 263.

20 L. Enders, 2000, S. 206 f.

21 Brigitte Meier, Neuruppin 1700 bis 1830. Sozialgeschichte einer kurmärkischen Handwerker- und Garnisonstadt, 1993, S. 15–25.

22 G. Bittkau, 2000, S. 8.

23 G. Bittkau, 2000; J. Schultze, 1995, B. Meier, 1993.

24 Werner Heise, Die Juden in der Mark Brandenburg bis zum Jahre 1571, Berlin 1932, S. 207.

25 W. Heise, 1932, S. 201.

26 Ebenda, S. 180.

27 Ebenda.

28 G. Bittkau, 2000, S. 28.

29 Ebenda.

30 G. Bittkau, 2000, S. 28–35; B. Feldmann, o. J., 265 o. 427; Bratring erwähnt das Jahr 1478, siehe Friedrich Wilhelm August Bratring, Die Grafschaft Ruppin in historischer, statistischer und geographischer Hinsicht, Berlin 1799.

31 G. Bittkau, 2000, S. 15–35.

32 Ebenda.

33 B. Feldmann, o. J., Bd. I, S. 193

34 Zur Bedeutung des europäischen Humanismus siehe u. a. Günther Böhme, Bildungsgeschichte des europäischen Humanismus, Darmstadt 1986.

35 Heinrich Begemann, Die Lehrer der Lateinschule zu Neu-Ruppin 1477–1817, Neu-Ruppin 1914; ders., Annalen des Friedrich-Wilhelms-Gymnasiums zu Neu-Ruppin, Berlin 1915.

36 G. Bittkau, 2000, S. 1–5; G. Heinrich, 1961.

37 J. Schultze, 1995, S. 64.

38 G. Heinrich, 1961; J. Schultze, 1995, S. 68.

39 Dieser Pfarrer bewies auch andernorts Zivilcourage. Der Kurfürst Joachim I. kämpfte für den Erhalt der katholischen Kirche, wie wir oben schon erfahren haben (Wormser Reichstag). Daher hatte er auch kein Verständnis dafür, dass seine Gemahlin, die Kurfürstin Elisabeth, 1527 allein zum neuen Glauben übertrat. Der Kurfürst ließ daraufhin prüfen, ob man seine Frau deswegen nicht zum Tode verurteilen könnte. So musste Elisabeth fliehen. Auf dieser Flucht nach Sachsen begleitete sie Andreas Buchovius. Gemeinsam mit der Kurfürstin kehrte er dann erst 1545 wieder in das brandenburgische Kurfürstentum zurück, wo er Hofprediger wurde. Nach dem Tod der Kurfürstin 1555

erhielt er 1556 die Pfarrstelle in Neuruppin. Der Pfarrer wurde von seinen Kollegen und der Kirchgemeinde sehr geschätzt, was sich durch die zahlreichen Patenschaften belegen lässt. Als er am 1. August 1574 starb, hinterließ er eine große Familie. In seiner Ehe mit Anna Messow wurden immerhin elf Kinder geboren.

40 Die Brandenburgischen Kirchenvisitations-Abschiede und -Register des XVI. und XVII. Jahrhunderts, 2. Bd.: Das Land Ruppin. Aus dem Nachlass von Victor Herold hrgs. v. Gerhard Zimmermann, bearb. v. Gerd Heinrich, Berlin 1963; Ferdinand Heydemann, Die evangelischen Pfarrer Neu Ruppins von der Reformation bis zur Gegenwart, Neu Ruppin 1867; G. Bittkau, 2000, S. 59–74.

41 Siehe u. a. G. Böhme, 1986, S. 34/35 und 330 ff.

42 Ebenda; M. Metzler, 1996, S. 18.

43 G. Bittkau, 2000, S. 73.

44 J. Schultze, Bd. 4, 1964; G. Bittkau, S. 59–75.

45 Brandenburgische Geschichte, S. 268–304; G. Bittkau, 2000, S. 86–104; Bratring, Friedrich Wilhelm August, Die Grafschaft Ruppin in historischer, statistischer und demographischer Hinsicht, Berlin 1799; Karl-Heinz Ahrens, Residenz und Herrschaft. Studien zur Herrschaftsorganisation, Herrschaftspraxis und Residenzbildung der Markgrafen von Brandenburg im späten Mittelalter, Frankfurt am Main u. a. 1990; Wolfgang Neugebauer, Die Hohenzollern. Bd.: Anfänge, Landesstaat und monarchische Autokratie bis 1740, Stuttgart, Berlin, Köln 1996 und zum 30-jährigem Krieg siehe u. a. Günther Franz, Der Dreißigjährige Krieg und das deutsche Volk, 4. neubearb. u. verm. Aufl., Stuttgart, New York 1979 (= Quellen und Forschungen zur Agrargeschichte, 7); Ernst Höfer, Das Ende des Dreißigjährigen Krieges. Strategie und Kriegsbild, Köln Weimar Wien 1997; Johannes Burkhardt, Der Dreißigjährige Krieg, Frankfurt am Main 1992; Geoffrey Parker, Der Dreißigjährige Krieg, Frankfurt am Main, New York 1991.

46 Heide Barmeyer (Hrsg.), Die preußische Rangerhöhung und Königskrönung 1701 in deutscher und europäischer Sicht, Frankfurt am Main 2002; Wolfgang Neugebauer, Zentralprovinz im Absolutismus. Brandenburg im 17. und 18. Jahrhundert, Berlin 2001; Ludwig Hüttl, Friedrich Wilhelm von Brandenburg, der Große Kurfürst 1620–1688. Eine politische Biographie, München 1981.

47 Gerhard Oestreich, Friedrich Wilhelm I. Preußischer Absolutismus, Merkantilismus, Militarismus, Göttingen 1977; Hans-Joachim Neumann, Friedrich Wilhelm I., Leben und Leiden des Soldatenkönigs, Berlin 1993; B. Meier, 1993, S. 26–34.

48 Ingrid Mittenzwei, Friedrich II. von Preußen, 4. Aufl. Berlin 1987; Horst Möller, Vernunft und Kritik. Deutsche Aufklärung im 17. und 18. Jahrhundert, Frankfurt am Main 1986; B. Meier, 1993, S. 35–48 und 62–74; B. Meier, Das brandenburgische Stadtbürgertum als Mitgestalter der Moderne. Die kommunale Selbstverwaltung und die politische Kultur des Gemeindeliberalismus. 1700 bis 1848, Berlin 2001, S. 83–100.

49 B. Meier, 1993, S. 92 ff.

50 Albert Naudé, Der preußische Staatsschatz unter Friedrich Wilhelm III. und seine Erschöpfung, in: Forschungen zur Brandenburg-Preußischen Geschichte, NF, Bd. 5, 1892, S. 251.

51 U. Reinisch, 2001.

52 Hans-Joachim Neumann, Friedrich Wilhelm II. Preußen unter den Rosenkreuzern, Berlin 1997.

53 Thomas Stamm-Kuhlmann, König in Preußens großer Zeit. Friedrich Wilhelm III., der Melancholiker auf dem Thron, Berlin 1992.

54 Walter Bußmann, Zwischen Preußen und Deutschland. Friedrich Wilhelm IV. Eine

Biographie, Berlin 1990; Peter Krüger u. Julius Schoeps (Hrsg.), Der verkannte Monarch. Friedrich Wilhelm IV. in seiner Zeit, Potsdam 1997; B. Meier, 2001, S. 235 ff.

[55] Lisa Riedel, Die bürgerlich-demokratische Revolution 1848/49 im Kreis Ruppin und der Stadt Neuruppin, MS, Diplomarbeit an der Humboldt-Universität zu Berlin, Neuruppin 1965, S. 20/21. Im Druck erschienen 2004.

[56] Rüdiger Hachtmann, Berlin 1848. Eine Politik und Gesellschaftsgeschichte der Revolution, Bonn 1997; B. Meier, 2001, S. 256 ff.

[57] G. Bittkau, 2000, S. 88.

[58] Ebenda.

[59] G. Bittkau, 2000, S. 105 ff.; B. Meier, 1993, S. 56 ff.

[60] F. W. A. Bratring, 1799, S. 289.

[61] Bodo Lewkowicz, Neuruppin – Geschichte einer Garnison, Neuruppin 1997, S. 72.

[62] B. Meier, 1993, S. 56–62.

[63] B. Meier, 1993, S. 56 ff.

[64] GStAPK, Gen. Dir. Kurmark, Tit. CLXIV, Stadt Ruppin, Nr. 1, Bd. 1, Bl. 237.

[65] B. Meier, 1993, S. 62 ff.

[66] GStAPK, Gen. Dir. Kurmark, Städtesachen, Tit. CLXIV, Nr. 2, Bl. 62, 64 und Tit. CCLXV, Nr. 26, Bl. 21.

[67] B. Lewkowicz, 1997, S. 56

[68] BLHA Potsdam, MdI, Rep. 77, Tit. 2833, Nr. 13, Bl. 1 ff.

[69] Friedrich Wilhelm August Bratring, Statistisch-topographische Beschreibung der gesamten Mark Brandenburg. Kritisch durchgesehene und verbesserte Neuausgabe von Otto Büsch und Gerd Heinrich. Mit einer biographisch-bibliographischen Einführung und einer Übersichtskarte von Gerd Heinrich, Berlin 1968, S. 25 (543).

[70] GStAPK Berlin-Dahlem, Gen. Dir. Kurmark, Tit. CLXIV, Stadt Ruppin, Nr. 11, Bl. 1 ff. und Sect. B, Nr. 1, Bl. 1.33.

[71] Ingrid Mittenzwei, Friedrich II. von Preußen, 4. Aufl. Berlin 1987.

[72] Wilhelm Bartelt, Die Geschichte der ehemaligen Prinzenhäuser zu Neuruppin. Mit einem Lageplan der Prinzenhäuser, Neuruppin 1928, Reprint 2002, S. 14 ff.

[73] Zitiert nach B. Meier, 1993, S. 218.

[74] Ebenda; Horst Erdmann, Kronprinz Friedrich in Ruppin und Rheinsberg, in: Ostprignitz-Ruppin Jahrbuch 2002, S. 71–78, hier S. 72.

[75] Zitiert nach B. Meier, 1993, S. 37/38.

[76] H. Erdmann, 2002, S. 73 u. zur Kronprinzenzeit siehe Siegfried Schwanz, Friedrich II. Jugendjahr, 2. Aufl., Berlin und Karwe 2001.

[77] W. Bartelt, 2002, S. 16 ff.

[78] Ebenda; Kreisarchiv OPR, I-2-20; A. Gentz, Gentzroder Turmknopfurkunde, o. O., o. J.

[79] B. Lewkowicz, 1997, S. 75.

[80] B. Meier, 1993, S. 79; F. Heydemann, 2000, S. 66–91.

[81] Siehe B. Meier, 2001, S. 129 ff.

[82] Brigitte Meier, Die erste Brillenfabrik der Mark Brandenburg. Ein ehrenwerter Versuch der wirtschaftlichen Modernisierung, in: Ostprignitz-Ruppin Jahrbuch 2000, S. 47–50.

[83] GStAPK Berlin-Dahlem, Gen. Dir. Kurmark, Fabrik.Dep., Tit. CCXLI, Nr. 310.

[84] B. Meier, 1993, S. 148 ff.

[85] GStAPK, Rep. 77, MdI, Tit. 2933, Nr.8, Bl. 36.

86 B. Meier, 1993, S. 79 ff.
87 B. Meier, 1993, S. 153 ff.; Fritz Haagen, Alexander Gentz. Aufstieg und Niedergang einer Ruppiner Kaufmannsfamilie, Neuruppin 1931.
88 Lisa Riedel, Zur Geschichte der Neuruppiner Bilderbogen, mit einem Aufsatz »Gustav Kühn« von Theodor Fontane, hrsg. v. Heimatmuseum Neuruppin 1985; Wilhelm Fraenger, Materialien zur Frühgeschichte des Neuruppiner Bilderbogens, in: Jahrbuch für historische Volkskunde, I, 1925, S. 232–306. B. Meier, 1993, S. 226 ff., B. Meier, 2001, S. 254 ff.
89 Theodor Fontane, Wanderungen durch die Mark Brandenburg, 1. Teil: Die Grafschaft Ruppin, Berlin 1976, S. 140/41.
90 GStAPK Berlin-Dahlem, Rep. 77, Nr. 64, Bl. 22.
91 W. Fraenger, 1925; L. Riedel, 1985.
92 Lisa Riedel, Neuruppiner Bilderbogen, Berlin, Karwe 2000; Heimatmuseum Neuruppin, Gustav Kühn, Kassabuch.
93 GStAPK Berlin-Dahlem, Rep. 77, MdI, Tit. 2833, Nr. 8, Bl. 36 ff.
94 BLHA Potsdam, Rep. 2A I HG 3768, Bl. 207 ff.
95 BLHA Potsdam, Rep. 2A I HG 3768, Bl. 213.
96 B. Meier, 2001, S. 250 ff.
97 Lisa Riedel, Die bürgerlich-demokratische Revolution 1848/49 im Kreis Ruppin und der Stadt Neuruppin, MS, Diplomarbeit an der Humboldt-Universität zu Berlin, MS Neuruppin 1965, S. 32.
98 Beatrice Falk und Friedrich Hauer, Tradition und Moderne. Geschichte der Sparkasse im Landkreis Ostprignitz-Ruppin, Neuruppin 1998.
99 E. W. a. Bratring, 1968, S. 547, 550, 556, 560.
100 Zu den Großstädten zählten zu jener Zeit noch Städte mit mehr als 10 000 Einwohnern. Siehe GStAPK Berlin-Dahlem, Gen. Dir. Kurmark, Tit. CCLXV, Nr. 26, Bl. 21 und Heimatmuseum Neuruppin, Gentznachlass.
101 Kreiskirchenarchiv der evangelischen Kirche Neuruppin, evangelische Kirchenbücher.
102 Kreiskirchenarchiv der evangelischen Kirche Neuruppin, reformiertes Kirchenbuch.
103 Ebenda.
104 B. Meier, 1993, S. 88 ff.
105 Franz Fritzsche, Neuruppin in der Niederländisch-ostindischen Gesellschaft, in: Ostprignitz-Ruppin Jahrbuch 2002, S. 65–70.
106 B. Meier, 1993, S. 88 ff.
107 Kreisarchiv OPR, I-1-173.
108 Kreisarchiv OPR, Stadtarchiv Neuruppin, I-1-20.
109 Siehe L. Riedel, 1965.
110 Siehe u. a. Modechai Breuer und Michael Graetz, Deutsch-Jüdische Geschichte in der Neuzeit. Bd. I: Tradition und Aufklärung 1600 bis 1780, München 1996 und Bd. II: Emanzipation und Akkulturation 1780–1871.
111 Uwe Schürmann, Die jüdischen Friedhöfe in Neuruppin, in: Historischer Verein der Grafschaft Ruppin e.V., Mitteilungsblatt Nr. 8, August 1997, S. 25–39, hier S. 25/26; B. Meier, 2001, S. 196.
112 G. Bittkau, 2000, S. 117 ff., B. Meier, 1993, S. 15 ff.
113 B. Meier, 2001, S. 118.

114 Friedrich II. von Preußen. Schriften und Briefe, hrsg. v. Ingrid Mittenzwei, Leipzig 1985, S. 178.
115 GStAPK Berlin-Dahlem, Gen. Dir. Kurmark, Tit. CLXIV, Stadt Ruppin, Nr. 12, Bl. 11 ff.
116 Kreisarchiv OPR, Stadt Neuruppin, I-2-16; Bl. 91.
117 Kreisarchiv OPR, I-4-47, Bd. 2.
118 B. Meier, 1993, S. 26 ff. und 2001, S. 131 ff.
119 L. Riedel, 1965, S. 26.
120 Kreisarchiv OPR, I-I-210 und B. Meier, 2001, S. 178.
121 Ebenda.
122 B. Meier, 2001, S. 204/05.
123 BLHA Potsdam, Rep. 2A Regierung Potsdam, I Kom, Nr. 4559.
124 B. Meier, 2001, S. 173.
125 Kreisarchiv OPR, I-2-17 und I-I-211.
126 B. Meier, 2001, S. 279 ff.
127 Die Urteile des Ruppiner Schöppenstuhls sind leider nicht mehr erhalten. Daher können die Angaben von Johannes Schultze nicht mehr überprüft und die näheren Umstände der Anklagen nicht ergründet werden. Siehe J. Schultze, 1995, S. 74.
128 Siehe auch Gerhard Schormann, Hexenprozesse in Deutschland, Göttingen 1986.
129 Heide Wunder, »Er ist die Sonn', sie ist der Mond.« Frauen in der Frühen Neuzeit, München 1992, S. 192–203.
130 Begemann, 1915; G. Bittkau, 2000, S. 66 ff.; F. Heydemann, 1867.
131 Siehe G. Böhme, 1986, S. 343.
132 Martin Luther, An die Ratsherren aller Städte deutschen Lands, daß sie christliche Schulen aufrichten und halten sollen, in: Luthers Werke (Weimarer Ausgabe), Bd. 15.
133 B. Meier, 2001, S. 79.
134 B. Meier, 2001, S. 78/79.
135 Ebenda, S. 79/80.
136 W. Begemann, 1915, S. 5/6.
137 B. Meier, 1993, S. 194 ff.; B. Meier, 2001.
138 Kreiskirchenarchiv der evangelischen Kirche Neuruppin, lutherischen Kirchenbücher.
139 GStAPK Berlin-Dahlem, Gen. Dir. Kurmark, Tit. CLXIV, Stadt Ruppin, Nr. 12, Bl. 11.
140 Ebenda, Bl. 26 und zu den Lehrinhalten siehe auch Uta Land, Ein Prophet gilt doch in seinem Vaterlande und in seinem Hause, in: Ostprignitz-Ruppin Jahrbuch 2002, S. 56–64.
141 Dabei sind die Bildungsziele der beiden mutigen Pädagogen durchaus noch immer aktuell und lobenswert. Inhalte und Methode dieser Reformschule finden sich heute in Teilen noch in den Waldorfschulen.
142 Anne-Margarete Brenker, Aufklärung als Sachzwang: Realpolitik in Breslau im ausgehenden 18. Jahrhundert, Hamburg 1999.
143 H. Begemann, 1915; B. Meier, 1993, S. 196 ff.; U. Reinisch, 2001, S. 101 ff.
144 Th. Fontane, 1976, S. 204.
145 B. Meier, 1993, S. 198.
146 F. W. A. Bratring, 1799, S. 336.
147 B. Meier, 2001, S. 96.

[148] B. Meier, 993, S. 200/201.
[149] Siehe B. Meier, 1993, S. 171 ff. u. speziell zur Irrenanstalt Karen Bellin, Der Aufbau des medizinischen Betreuungssystems psychisch Kranker in Preußen in der ersten Hälfte des 19. Jahrhunderts unter besonderer Berücksichtigung der ersten Kurmärkischen Irrenanstalt in Neuruppin 1801–1865, Leipzig 1990.
[150] GStAPK, Gen. Dir. Kurmark, Tit. CLXIV, Stadt Ruppin, Sect. a, Nr. 4, Bl. 3.
[151] B. Meier, 1993, S. 171–182; GStAPK Berlin-Dahlem, Gen. Dir. Kurmark, Tit. CLXIV, Stadt Ruppin, Sect. a, Nr. 4.
[152] Siehe F. Heydemann, 2000, S. 283.
[153] Ruppinsches Wochenblatt, 1819, Nr. 1, Bl. 1.
[154] W. Begemann, 1915; B. Meier, 2001, S. 217 ff.
[155] Ruppinsches Wochenblatt, 1819, Nr. 3.
[156] Ebenda.
[157] Ebenda.
[158] W. Begemann, 1915, S. 28.
[159] B. Meier, 2001, S. 217–220.
[160] Kurt Wernicke, Julius Berends (1817–1891). Ein Berliner Linker von 1848, in: Helmut Bleiber, Walter Schmidt, Susanne Schötz, Akteure eines Umbruchs. Männer und Frauen der Revolution von 1848/49, Berlin 2003, S. 83–138, hier S. 91.
[161] Ebenda; Julius Berends erwarb sich dann praktische Kenntnisse in der Buchdruckerei und wurde ein erfolgreicher Unternehmer. Als aufrechter Demokrat nahm er aktiv an der 1848er Revolution teil und musste dann ins Exil gehen. Er wanderte nach Amerika aus. Später kam er zurück und ließ sich 1874 noch einmal in Neuruppin nieder. 1882 übersiedelte er dann in die Schweiz, wo er 1891 verstarb.
[162] Ebenda, S. 102.
[163] L. Riedel, 1985 und 2001; Angelika Iwitzki, Europäische Freiheitskämpfe. Das merkwürdige 1848. Eine neue Bilderzeitung von Gustav Kühn in Neuruppin, Berlin 1994; W. Fraenger, 1925.
[164] Berlinische Monatschrift, 1785.
[165] U. Reinisch, 2001, S. 251/52.
[166] Th. Fontane, 1976, S. 55.
[167] F. Heydemann, 2000, S. 181 ff. und 221 ff.
[168] F. Heydemann, 2000, S. 87 ff.
[169] Ebenda, S. 89.
[170] Bericht über die Hundertjahrfeier der Johannesloge »Ferdinand zum roten Adler« im Orient Neuruppin am 10. März 1812, Sonderdruck aus dem Bundesblatt 1912, Heft 8 und 9.
[171] Ebenda.
[172] Heimatmuseum Neuruppin, Gustav Kühn, Kassabuch; W. Fraenger, 1925.
[173] L. Riedel, 1995, S. 62.
[174] L. Riedel, 1965; Rüdiger Hachtmann, Berlin 1848. Eine Politik- und Gesellschaftsgeschichte der Revolution, Bonn 1997; B. Meier, 2001.
[175] L. Riedel, 1965.
[176] Reinhart Koselleck, Preußen zwischen Reform und Revolution. Allgemeines Landrecht, Verwaltung und soziale Bewegung von 1791 bis 1848, 4. Aufl. 1989, S. 14.
[177] Kreisarchiv OPR, I-I-210 ff.

178 L. Riedel, 1965, S. 132.
179 Märkische Zeitung, 26.2.1926.
180 Beatrice Falk u. Friedrich Hauer, 1998, S. 59.
181 Märkische Zeitung, 12.11.1918.
182 Vom schweren Anfang, Neuruppin 1978, S.8 ff., Kämpfende Klasse, Neuruppin 1980, S. 7.
183 Kreisarchiv OPR, I-117/11.
184 Ebenda; Dietmar Tripke, Die Wahlen der 20er bis 40er-Jahre in Neuruppin und im Ruppiner Land; in: Kreiskalender OPR 1998, S. 93–95; Lisa Riedel, Zur Geschichte der sozialdemokratischen Partei in Neuruppin von der Gründung bis 1919, in: Ostprignitz-Ruppin Jahrbuch 2002, S. 131–135.
185 Wolfgang Harich, Ahnenpaß. Versuch einer Autobiographie, hrsg. v. Thomas Grimm, Berlin 2000, S. 68 ff.
186 Märkische Zeitung.
187 Gerd Heinrich, Der Landrat und die preußischen Traditionen. Hundert Jahre Kreishaus am Neuruppiner Kirchplatz, in: Ostprignitz-Ruppin Jahrbuch 2003, S. 36–48, hier S. 43/44.
188 Krüger musste 1918 infolge des Versailler Friedensvertrages Polen verlassen.
189 Kreisarchiv OPR, I-10-32.
190 Kreisarchiv OPR, I/A/2.4./29.
191 Vom schweren Anfang, S. 8 ff.; D. Tripke, 1998; L. Riedel, 2002.
192 Robert Stupperich, Otto Dibelius. Ein evangelischer Pfarrer im Umbruch der Zeiten, Göttingen 1989; Friedrich Gollert, Dibelius vor Gericht, München 1959; Reinhold Bittkau, 24 Stunden im Gefängnis. (Ein Bericht, den mir seine Tochter, Eva-Maria Klucke, freundlicherweise aus ihrem Privatarchiv zur Verfügung stellte.)
193 F. Gollert, 1959, S. 31.
194 Siehe Magdalena Strahl, Ein Beitrag zur Geschichte Neuruppins. Erinnerungen an die ehemalige Theatermalerei und Fahnenfabrik P. Gollert (später Sportschuhfabik), Privatarchiv Magdalena Strahl.
195 F. Gollert, 1959, S. 35/36.
196 Ebenda, S. 126.
197 Ebenda, S. 188.
198 R. Stupperich, 1989, S. 251/52.
199 Heinz-Joachim Karau, Spurensuche nach jüdischen Mitbürgern in Neuruppin, in: Ostprignitz-Ruppin Jahrbuch '95, S. 72–75; Uwe Schürmann, Die Neuruppiner Juden zur Zeit des Nationalsozialismus, in: Historischer Verein der Grafschaft Ruppin e.V., Mitteilungsblatt Nr. 10, Oktober 1999, S. 1–22.
200 Uwe-Rolf Hinze, Der Militärflugplatz Neuruppin 1916–1991, Berlin und Karwe 2002, S. 20.
201 Brandenburgische Geschichte, S. 659.
202 BLHA Potsdam, Pr. Br. Rep. 2A Regierung Potsdam, I HB Nr. 1599.
203 Ebenda, Pr. Br. Rep. 6 C Kreisausschuss Ruppin, Nr. 518.
204 Ebenda, Nr. 390.
205 Ebenda, Pr. Br. Rep. 12 B Staatsanwalt beim Landgericht Neuruppin. Siehe auch Brigitte Meier, Die »Sklaven des 20. Jahrhunderts« – Zwangsarbeit im Kreis OPR, in: Ostprignitz-Ruppin Jahrbuch 2004, S. 73–79.

[206] Städtebuch, S. 364.
[207] Fritz Haagen, Alexander Gentz. Aufstieg und Niedergang einer Ruppiner Kaufmannsfamilie, Neuruppin 1931, S. 35.
[208] Heimatmuseum Neuruppin, Gentznachlass.
[209] Die großbürgerliche Villa in der Heinrich-Heine-Straße 1 ließ beispielsweise Otto Knöllner 1906/7 erbauen. Das heutige Sparkassengebäude in der Junckerstraße 30 bzw. Fontaneplatz 1, die so genannte »Knöllner-Villa« (auch: »Begemannsche Villa«), gehörte auch zu den Besitzungen ebenso wie das Haus Friedrich-Engels-Straße 44 in Alt Ruppin. Siehe M. Metzler, 1996, S. 209, 237/38 und 255.
[210] J. Schultze, 1995, S. 175/76.
[211] Ulrich Kriele, Von Neuruppiner Bier und Wein, in: Ostprignitz-Ruppin Jahrbuch 1997, S. 58–63; B. Meier, 1993, S. 56 ff.
[212] Kreisarchiv OPR, I-34-1a; I-38-1, Bd. I–III; eine gut illustrierte Geschichte der Stadtwerke bieten Cerstin Meschonat/Peter Pusch, Neuruppin – eine Stadt in der Entwicklung vom 19. bis zum 21. Jahrhundert, Neuruppin 2003, S. 26 ff.
[213] Die Ruppiner Eisenbahn. Stationen, Geschichte und Geschichten. 100 Jahre Eisenbahnlinie Berlin–Neuruppin, Berlin 1998, S. 9 und 13.
[214] Ebenda, S. 26.
[215] Ebenda, S. 28.
[216] Ebenda, S. 45.
[217] Ebenda.
[218] Das Kinderheim wurde nicht wie ursprünglich geplant von der Freiland-Siedlung gebaut, sondern vom Kreis Ruppin an der von der Siedlung vorgesehenen Stelle errichtet. Der Kreisausschuss beauftragte Otto Bartning mit der Ausführung seines Entwurfs. Siehe Kristina Bake, Die Freiland-Siedlung Gildenhall. Kunsthandwerk, Lebensreform, Sozialutopie, Frankfurt am Main, Berlin, Bern 2001, S. 39 ff.
[219] K. Bake, 2001; Lisa Riedel, Ein Gang durch Gildenhall, in: Ostprignitz-Ruppin Jahrbuch '92, S. 12–16.
[220] Siehe W. Harich, 2000, S. 68.
[221] K. Bake, 2001, S. 81 ff.
[222] Ebenda, S. 81–87.
[223] Lisa Riedel, Zur Geschichte der sozialdemokratischen Partei in Neuruppin von der Gründung bis 1919, in: Ostprignitz-Ruppin Jahrbuch 2002, S. 131–135.
[224] Was uns alte Neuruppiner Häuser erzählen. Knesebeckstraße 16/17, in: Märkische Heimat, Beilage zur Märkischen Zeitung, 15. Jg., März 1942, Nr. 3.
[225] BLHA Potsdam, Rep. 2A II. Gen. Ne. 1492.
[226] L. Riedel, 2000, S. 17.
[227] BLHA Potsdam, Rep. 2A, I HG 45/1.
[228] L. Riedel, 2000, S. 18.
[229] Hans Martin Schreiber, Feuer breitet sich aus..., in: Ostprignitz-Ruppin Jahrbuch 1997, S. 64–69; Kreisarchiv OPR, I/A/2.4/21.
[230] Kreiskalender OPR 1997, S. 49.
[231] Ingrid Michel, »Onkel Jenge tute mal«, in: Kreiskalender OPR 1993, S. 67–70.
[232] Edith Debik, Martin Hirschberg – Erbauer der Türme der Klosterkirche, in: Ostprignitz-Ruppin Jahrbuch 1995, S. 39–61; G. Bittkau, 2000.
[233] Siehe M. Metzler, 1996.

234 Um 1939 nannte man diesen Gasthof dann »Schlossgarten«. Ebenda, S. 193.
235 Ernst Dietz, Das Ereignis des Jahres, in: Kreiskalender OPR 1993, S. 76/77.
236 M. Metzler, 1996, S. 165.
237 U. Land, J.-U. Brinkmann, 2001, S. 28.
238 Die mühevollen Recherchen zum Orgelbauer Hollenbach verdanke ich Herrn Arndt von der Friedhofsverwaltung Neuruppin, wofür ich ihm an dieser Stelle herzlich danken möchte.
239 B. Meier, 1993, S. 146.
240 Kreiskalender OPR 2002, S. 49.
241 Siehe Neuruppiner Adressbücher.
242 U.-R. Hinze, 2002, S. 16/17, M. Metzler, 2000, S. 37–46.
243 U.-R. Hinze, 2000, S. 54.
244 Ebenda, S. 55.
245 Harald Welzer, Das soziale Gedächtnis, in: ders. (Hrsg.), Das soziale Gedächtnis. Geschichte, Erinnerung, Tradierung, Hamburg 2001, S. 9–21; Keppler, Angela, Soziale Formen des Erinnerns, in: Harald Welzer Hrsg.), Das soziale Gedächtnis. Geschichte, Erinnerung, Tradierung, Hamburg 2001, S. 137–159.
246 Irina Rockel, »Ihr, die ihr die Zeit überlebt, vergesst nicht!« Angehörige der Neuruppiner Garnison im Kampf gegen den deutschen Nationalsozialismus, in: Ostprignitz-Ruppin Jahrbuch 1997, S. 53–57. Seit 1996 hat Neuruppin auch eine Paul-von-Hase-Straße.
247 U. Kriele, 2001, S. 48–50.
248 Kreisarchiv OPR I/A/2.4/41.
249 M. Metzler, 1996, S. 226, 209 u. 212 .
250 Kreiskalender OPR 1999, S. 165; M. Metzler, 1996.
251 Und über allem..., 2000, S. 13; Hinweis zu Westphal von Lisa Riedel.
252 Die Landräte nutzten die Räumlichkeiten bis 1860 sporadisch, da sie bis zu diesem Zeitpunkt von ihren Gütern aus ihre Arbeit verrichteten. Erst 1860 wurde der Dienstsitz in das Landratsamt verlegt.
253 Jahrbuch Ostprignitz-Ruppin 1996, S. 94/95.
254 Siehe M. Metzler, 1996; W. Bartelt, 2001.
255 Und über allem..., 2000, S. 27.
256 Magdalena Strahl, Die Fehrbelliner Straße in Neuruppin. Privatarchiv u. M. Metzler, 1996.
257 L. Riedel, 1995, S. 38.
258 M. Metzler, 1996, S. 193 u. 207.
259 U. Schürmann, 1997, S. 32–33; Erika Herms, Gedenkstätte alter Friedhof in Neuruppin, in: Ostprignitz-Ruppin Jahrbuch 1996, S. 68–71.
260 Lisa Riedel, Zur Entstehungsgeschichte des Kreisheimatmuseums in Neuruppin, in: Neue Museumskunde, 4, 1978, S. 229–240.
261 G. Rieger, Max Wiese und Neuruppin. Vor 150 Jahren wurde der Schöpfer des Fontane-Denkmals geboren, in: Ostprignitz-Ruppin Jahrbuch, 1997, S. 121–123, hier S. 127.
262 Ebenda, S. 121.
263 Ebenda, Lisa Riedel, Zur Geschichte des Theodor-Fontane-Denkmals in Neuruppin, in: Ostprignitz-Ruppin Jahrbuch 1997, S. 111–118; Ina Schneider, Max Wiese und die Hanauer Zeichenakademie, in: Ostprignitz-Ruppin Jahrbuch 1997, S. 119–120.

[264] G. Rieger, 1997, S. 122.
[265] B. Lewkowicz, 1997, 13–16.
[266] GStAPK, Rep. 77, II, Tit. R, Nr. 64, Bl. 19 ff.
[267] Ebenda.
[268] Ebenda.
[269] Heimatmuseum Neuruppin, Kassabuch.
[270] A. Iwitzki, 1994, S. 55.
[271] Ebenda, S. 41–43.
[272] L. Riedel, 1995, S. 62–67, S. 65.
[273] A. Iwitzki, 1994, S. 188.
[274] Heinz-Gerhard Haupt u. Geoffrey Crossick, Die Kleinbürger. Eine europäische Sozialgeschichte des 19. Jahrhunderts, München 1998, S. 19.
[275] B. Meier, 2001, S. 274–278.
[276] Kreisarchiv OPR, I-I-214.
[277] Kreisarchiv OPR, I-106-2a.
[278] Der Tuchfabrikant Carl Ebell hatte das ursprüngliche Freihaus, den Grafenhof, 1827 erworben.
[279] Kreisarchiv OPR, I-106-1a.
[280] Emil Sack, Geschichte der Neuruppiner Städtischen Oberschule für Mädchen 1838–1938, Neuruppin 1939.
[281] Arendt erlangte in der DDR als Lyriker und Nachdichter spanischer Literatur große Beachtung. Da er zu den Erstunterzeichnern der Biermann-Petition von 1976 zählte und eine kritische Distanz zur Kulturpolitik der DDR aufgebaut hatte, verlebte er seine letzten Lebensjahre zurückgezogen in Wilhelmshorst bei Potsdam. Arendt starb 1984. Siehe Lisa Riedel, Erich Arendts Neuruppiner Wurzeln, in: Ostprignitz-Ruppin Jahrbuch 2004, S. 17–22 u. Alexander Bandilla, Einlauschend ins Eigene. Zum 100. Geburtstag des Dichters Erich Arendt, in Ostprignitz-Ruppin Jahrbuch 2004, S. 7–16.
[282] D. Tripke, 1998, S. 66–68.
[283] Kreisarchiv OPR, I-102-5.
[284] Kreisarchiv OPR, I/A/2.4/1.
[285] Horst Siggel, Hugo Rausch. Lehrer–Erzieher–Lehrerbildner–Heimatfreund–Naturschützer, in: Ostprignitz-Ruppin Jahrbuch 1997, S. 123–125.
[286] Kreisarchiv OPR, I/I/4.8/11.
[287] D. Neuparth, B. Steinberg, 1996, 127/28.
[288] Kreisarchiv OPR, I-139-10.
[289] Den Hinweis auf die »Gildenhaller« verdanke ich Lisa Riedel.
[290] 1967/68 wurde das traditionsreiche Bad teilweise neu gestaltet und die alten Gebäude saniert. Die Holzstege wichen neu angeordneten Betonstegen und die Zahl der Strandkörbe erhöhte sich von 24 auf 54. Siehe F. Heydemann, 1863, 2000, 214; J. Schultze, 1995, 182. Kreiskalender OPR, 2002, 137.
[291] Kreisarchiv OPR, I-22-1.
[292] K. Nowak, 1995, 116.
[293] Heimatmuseum Neuruppin, Gentznachlass.
[294] M. Strahl, E. Dietz, 1995, 136.
[295] G. Rieger, 1982 und 1985.

296 Kreisarchiv OPR, I-3-29 und I-1.4.-3-29.
297 Ch. Buchheim, 1994; C. M. Cipolla 1985; H. Matzerath, 1985.
298 H. M. Schreiber, 1997, S. 66.
299 B. Meier, 1993 und 2001.
300 Archiv des Katholischen Pfarramts.
301 K. Nowak, 1995, S. 70.
302 F. Heydemann, 1863, 2000, S. 305.
303 Kreisarchiv OPR, I/89/1a.
304 F. Heydemann, S. 306.
304a Dr. Daniel Heinz danke ich für die Übersendung von Lebensbericht und Pressemitteilung. Siehe auch Daniel Heinz, Kriegsdienstverweigerer und religiöser Pazifist: Der Fall Anton Brugger und die Haltung der Siebenten-Tag-Adventisten im Dritten Reich, in: Jahrbuch 1996 des Dokumentationsarchivs des österreichischen Widerstands, S. 41–56.
305 Detlef Pollack, Wie modern war die DDR?, Frankfurt (Oder) 2001, S. 25.
306 Siehe u. a. Jürgen Kocka, Eine durchherrschte Gesellschaft, in: Hartmut Kaelble, Jürgen Kocka und Hartmut Zwahr, (Hrsg.), Sozialgeschichte der DDR, Stuttgart 1994, S. 547–553; Wolfgang Engler, Die Ostdeutschen. Kunde von einem verlorenen Land, Berlin 2000; Konrad H. Jarausch, u. Martin Sabrow (Hrsg.), Der innere Zerfall der DDR, Göttingen 1999.
307 D. Pollack, 2001, S. 23.
308 Die Angaben zu den Zahlen schwanken sehr stark. Magdalena Strahl erinnert sich an über 300 Tote. Peter Pusch erwähnt 141 Tote und verweist auf die fehlenden Angaben seitens des Militärs. Siehe Privatarchiv Magdalena Strahl; P. Pusch, 2003, S. 88; Das Sterberegister verzeichnet 104 Tote, die infolge der Bombenangriffe starben. Siehe BLHA Potsdam, Rep. 46, Kreis Neuruppin, Stadt Neuruppin, 1945.
309 Und über allem, 2000, S. 31.
310 Privatarchiv M. Strahl.
311 Kreisarchiv OPR, I/A/2.4/1.
312 Sigrid Jacobeit u. Lieselotte Thoms-Heinrich, Kreuzweg Ravensbrück – Lebensbilder antifaschistischer Widerstandskämpferinnen, Leipzig 1987.
313 Kreisarchiv OPR, I/A/2.4/1.
314 Ebenda.
315 M. Strahl, 1995, S. 136; Und über allem, 2000, S. 29 ff.
316 M. Schreiber, 1997, S. 67.
317 Kreisarchiv OPR, I/A/2.4/1.
318 BLHA Potsdam, Rep. 46, Kreis Neuruppin, Stadt Neuruppin, 1945.
319 Und über allem, 2000.
320 Kreiskalender 2002, S. 66.
321 Kreisarchiv OPR, I/A/2.4/1 und 21.
322 Die Ruppiner Eisenbahn, 1998.
323 Kreisarchiv OPR, I/A/2.4/21 u. 22.
324 Kreisarchiv OPR, I/A/2.4/21.
325 U. Schürmann, 1997, S. 36; K.-H. Karau, 1995, S. 72.
326 Kreisarchiv OPR, I/A/2.4/21.
327 Kreisarchiv OPR, I/A/2.4/21.

328 Ebenda, I/A/2.4/1.
329 Kreisarchiv OPR, I/A/2.4.28.
330 Kreisarchiv OPR, I/A/2.4./7.
331 Volker Koop, Der 17. Juni 1953. Legende und Wirklichkeit, Berlin 2003; Torsten Knabe, Der 17. Juni 1953. Ein deutscher Aufstand, München 2003; Torsten Diedrich, Waffen gegen das Volk. Der 17. Juni 1953 in der DDR, München 2003.
332 Brigitte Meier, Erwerbsmuster des Landkreises OPR 10 Jahre nach der Wende, MS 2000.
333 Kreiskalender OPR, 1999, S. 204.
334 Monika Kaiser, Machtwechsel von Ulbricht zu Honecker. Funktionsmechanismen der SED-Diktatur in Konfliktsituationen 1962 bis 1972, Berlin 1997; André Steiner, Die DDR – Wirtschaftsreform der sechziger Jahre. Konflikt zwischen Effizienz und Machtkalkül, Berlin 1999.
335 W. Abelt, 1998, S. 100–104.
336 Interviewarchiv der Verf., 2000.
337 Kreisarchiv OPR, I/A/2.4/1.
338 H. M. Schreiber, 1997, S. 67–69.
339 Kreiskalender OPR, 1999, S. 208.
340 Ebenda.
341 Kreiskalender OPR 2003, S. 209.
342 Kreiskirchenarchiv Neuruppin, Lutherische Kirchenbücher.
343 Kreiskalender 2002, 83, 143.
344 Kreisarchiv OPR, I/A/2.4/21.
345 L. Riedel, 1994, S. 60–66.
346 Ebenda, S. 64.
347 Ebenda, S. 66.
348 Kreisarchiv OPR, I/A/2.4/22 u. 41.
349 Kreisarchiv OPR, I/A/2.4/41.
350 Kreisarchiv OPR, I/A/2.4/22.
351 Kreisarchiv OPR, I/A/2.4/1.
352 G. Rieger, 1997, S. 138–140.
353 Ferdinand Möller gehörte, das sei hier noch erwähnt, zu jenen wenigen deutschen Galeristen, die von den nationalsozialistischen Kulturpolitikern auserwählt wurden, um als Verwerter bzw. Verkäufer moderner Kunst (»Entarteter Kunst«) zu agieren. Diese Verstrickung Möllers in die nationalsozialistische Kulturpolitik wird bis heute kontrovers diskutiert. Tatsache bleibt jedoch, dass Möller viele Werke der »entarteten Kunst« vor der Vernichtung retten konnte. Siehe B. Schulz, 2003.
354 Kreisarchiv OPR, I/A/2.4/21.
355 Kreisarchiv OPR, I/A/2.3/3 u. 21.
356 Kreisarchiv OPR, I/A/2.4/22.
357 Kreisarchiv OPR, I/A/2.4/1.
358 Kreisarchiv OPR, I/A/2.4/21.
359 Kreisarchiv OPR, I/A/2.4/3.
360 Kreisarchiv OPR, I/A/2.4/1.
361 Kreisarchiv OPR, I/1.4/8-4, Bd. 2.
362 Kreisarchiv OPR, I/A/2.4/21.

363 Kreisarchiv OPR, I/A/2.4/21.
364 Kreisarchiv OPR, I/A/2.4/7; L. Riedel, 1978.
365 Interview mit Lisa Riedel, 2002.
366 L. Riedel, 1997, S. 126–129; Briefe von Suse Hoffmann-Gildenhall an Eva Schiemenz, Privatarchiv.
367 Ch. Keisch, 1997, S. 133–134.
368 Siehe auch »Und über allem...«, S. 97–100.
369 G. Rieger, 2002, M. Kühn-Berger »Herausgegriffen«, 2002.
370 D. Neuparth/B. Steinberg, 1996.
371 Kreiskalender OPR, 1999, S. 202.
372 Namen – siehe I. Rockel, 1996, S. 125/26.
373 Kreiskalender OPR, 1999, S. 202.
374 Ulrike Rönnecke, Aufbruch '89. Neuruppin im Wandel – eine Chronik. Herbst 1989 und Frühjahr 1990, Neuruppin 1993.
375 Kreisarchiv OPR, I/A/2.4/22.
376 Kreisarchiv OPR, I/A/2.4/22.
377 Kreisarchiv OPR, I/A/2.4/3.
378 Kreisarchiv OPR, I/A/2.4/22.
379 Kreiskalender OPR 2002, S. 114.
380 Kreisarchiv OPR, I/A/2.4.28.
381 Kreisarchiv OPR, I/A/2.4/22.
382 Ebenda.
383 Kreiskalender OPR 2003, S. 246/47.
384 Kreisarchiv OPR, I/A/2.4/22.
385 Und über allem ..., S. 66.
386 Kreisarchiv OPR, I/A/2.4.21.
387 Kreisarchiv OPR, I/A/2.4/22 u. 41.
388 Kreisarchiv OPR, I/A/2.4/22.
389 Kreisarchiv OPR, I/A/2.4/41 u. a.
390 D. Pollack, 2001, S. 1.
391 Aufbruch '89, S. 31/32.
392 Interview mit Petra Torjus; »Und über allem...«, S. 101/102; Aufbruch '89.
393 Aufbruch '89, S. 56, 57, 72, 81.
394 Berthold Vogel, Ohne Arbeit in den Kapitalismus. Der Verlust der Erwerbsarbeit im Umbruch der ostdeutschen Gesellschaft, Hamburg 1999.
395 Otto Köhler, Die große Enteignung, Wie die Treuhand eine Volkswirtschaft liquidierte, München 1994, S. 44.
396 W. Albert, 1999, S. 206–207.
397 Siehe M. Strahl, Privatarchiv; Erika Herms in den Chronikblättern der Märkischen Volksstimme.
398 Hildegard Maria Nickel, Aktuelle Entwicklungen und Tendenzen der Erwerbsbeteiligung von Frauen, in: Erwerbsarbeit für alle Frauen – Vision oder reale Möglichkeit?, Magdeburg 1997, S. 20–27, S. 23.

[399] Gisela Mathwig u. Roland Habich, Berufs- und Einkommensverläufe in Deutschland nach der Vereinigung, in: Hradl, Stefan u. Pankoke, Eckard (Hrsg.), Aufstieg für alle?, Opladen 1997, S. 11–101; Regina Berger-Schmitt, Mobilität sozialer Lagen in den neuen Bundesländern seit 1990, in: Hradl, Stefan u. Pankoke, Eckard (Hrsg.), Aufstieg für alle?, Opladen 1997, S. 155–235.
[400] Landkreis 1999, 6; Raumordnungsbericht, 1991.
[401] Recherche Petra Torjus.
[402] Bericht des Arbeitslosenverbandes 1992.
[403] Ebenda, S. 3.
[404] Ebenda, S. 4.
[405] Ostprignitz-Ruppin Jahrbuch 1999, S. 165.
[406] Kreiskalender OPR 2003, S. 98–99 sowie Interviewarchiv der Verf.
[407] Gespräch mit Herrn Gorsleben; Ulrike Rönnecke, Handwerksmuseum wird eröffnet, in: Kreiskalender OPR 1998, S. 126–127.
[408] I. Rockel, 1996, S. 126; D. Neuparth/B. Steinberg, 1996, S. 128.
[409] J. Mandernach, 1996, S. 118/20.
[410] Kreiskalender OPR 1995, S. 119.
[411] Ostprignitz-Ruppin Jahrbuch 2003, S. 163–165.
[412] Ostprignitz-Ruppin Jahrbuch 2002, S. 177.
[413] A. Krohn, 1997, S. 77–89.
[414] Die Büste wich dem neuen Königsdenkmal und wurde 2000 neu aufgestellt.
[415] Kreiskalender OPR 2000, S. 171.
[416] A. Krohn, 1997, S. 88.
[417] Kreiskalender OPR, 2003, S. 88–91.
[418] D. Pollack, 2000, S. 2.
[419] Wolfgang Engler, Die Ostdeutschen als Avantgarde, Berlin 2002.

Quellen

Verschiedene Bestände folgender Archive wurden benutzt:
Brandenburgisches Landeshauptarchiv Potsdam (BLHA)
Geheimes Staatsarchiv Preußischer Kulturbesitz Berlin-Dahlem (GStAPK)
Kreisarchiv OPR
Kirchenarchiv der evangelischen und der katholischen Gemeinde Neuruppin
Privatarchiv von Frau Eva Schiemenz, Neuruppin
Privatarchiv von Frau Magdalena Strahl, Neuruppin
Privatarchiv von Frau Eva-Maria Klucke, Berlin

Literatur

Ahrens, Karl-Heinz, *Residenz und Herrschaft. Studien zur Herrschaftsorganisation, Herrschaftspraxis und Residenzbildung der Markgrafen von Brandenburg im späten Mittelalter*, Frankfurt am Main u. a. 1990.

Albelt, Wolfgang, *Die EPW AG – Geschichte und Zukunft*, in: *Kreiskalender OPR 1998*, S. 100–104.

Bake, Kristina, *Die Freiland-Siedlung Gildenhall. Kunsthandwerk, Lebensreform, Sozialutopie*, Frankfurt am Main, Berlin, Bern 2001.

Bandilla, Alexander, *Einlauschend ins Eigene. Zum 100. Geburtstag des Dichters Erich Arendt*, in: *Jahrbuch Ostprignitz-Ruppin 2004*, S. 7–16.

Barmeyer, Heide (Hrsg.), *Die preußische Rangerhöhung und Königskrönung 1701 in deutscher und europäischer Sicht*, Frankfurt am Main 2002.

Bartelt, Wilhelm, *Die Geschichte der ehemaligen Prinzenhäuser zu Neuruppin. Mit einem Lageplan der Prinzenhäuser*, Neuruppin 1928 (Veröffentlichungen des Historischen Vereins der Grafschaft Ruppin, 3), Reprint Edition Rieger, Berlin und Karwe 2002.

Bauernkämper, Arnd (Hrsg.), *»Junkerland in Bauernhand«? Durchführung, Auswirkungen und Stellenwert der Bodenreform in der Sowjetischen Besatzungszone*, Stuttgart 1996.

Begemann, Heinrich, *Die Lehrer der Lateinschule zu Neu Ruppin 1477–1817*, Neu-Ruppin 1914.

Begemann, Heinrich, *Annalen des Friedrich-Wilhelms-Gymnasiums zu Neu Ruppin zur Feier des 500-jährigen Bestehens der Schule*, Berlin 1915.

Bellin, Karen, *Der Aufbau des medizinischen Betreuungssystems psychisch Kranker in Preußen in der ersten Hälfte des 19. Jahrhunderts unter besonderer Berücksichtigung der ersten Kurmärkischen Irrenanstalt in Neuruppin 1801–1865*, Leipzig 1990.

Berger-Schmitt, Regina, *Mobilität sozialer Lagen in den neuen Bundesländern seit 1990*, in: Hradl, Stefan u. Pankoke, Eckard (Hrsg.), *Aufstieg für alle?*, Opladen 1997, S. 155–235.

Beuys, Barbara, *Der Große Kurfürst*, Reinbeck 1979.

Bittkau, Gustav, *Ältere Geschichte der Stadt Neu Ruppin. Auf Grund historischer Quellen, insbesondere eines Manuskripts des weiland Dr. Campe*, Neu-Ruppin 1887. Reprint Edition Rieger, Berlin und Karwe 2000.

Böhme, Günther, *Bildungsgeschichte des europäischen Humanismus*, Darmstadt 1986.

Bratring, Friedrich Wilhelm August, *Die Grafschaft Ruppin in historischer, statistischer und geographischer Hinsicht*, Berlin 1799.

Bratring, Friedrich Wilhelm August, *Statistisch-topographische Beschreibung der gesamten Mark Brandenburg. Kritisch durchgesehene und verbesserte Neuausgabe von Otto Büsch und Gerd Heinrich. Mit einer biographisch-bibliographischen Einführung und einer Übersichtskarte von Gerd Heinrich*, Berlin 1968 (= Veröffentlichungen der Historischen Kommission zu Berlin beim Friedrich-Meinecke-Institut der Freien Universität Berlin, Band 22 Neudruck 2).

Brenker, Anne-Margarete, *Aufklärung als Sachzwang: Realpolitik in Breslau im ausgehenden 18. Jahrhundert*, Hamburg 1999.

Breuer, Modechai und Graetz, Michael, *Deutsch-Jüdische Geschichte in der Neuzeit. Bd. I: Tradition und Aufklärung 1600 bis 1780*, München 1996.

Buchheim, Christoph, *Industrielle Revolution. Langfristige Wirtschaftsentwicklung in Großbritannien, Europa und in Übersee*, München 1994.

Burkhardt, Johannes, *Der Dreißigjährige Krieg*, Frankfurt am Main 1992.

Bußmann, Walter, *Zwischen Preußen und Deutschland. Friedrich Wilhelm IV. Eine Biographie*, Berlin 1990.

Cipolla, Carlo M. und Karl Borchardt, *Europäische Wirtschaftsgeschichte in 5 Bänden. Bd. 4: Die Entwicklung der industriellen Gesellschaften*, Stuttgart, New York 1985.

Das Haus Trowitzsch & Sohn, Berlin. Sein Ursprung und seine Geschichte 1711–1911, Berlin 1911.

Debik, Edith, *Martin Hirschberg – Erbauer der Türme der Klosterkirche*, in: Ostprignitz-Ruppin Jahrbuch 1995, S. 39–61.

Deutsches Städtebuch: Handbuch städtischer Geschichte, begründet von Erich Keyser, fortgeführt von Heinz Stoob im Auftrag der Arbeitsgemeinschaft Historischer Kommissionen und Landesgeschichtlicher Institute. – Neubearbeitet und herausgegeben im Institut für vergleichende Städtegeschichte an der Universität Münster von Peter Johanek, Klaus Meyer-Schwickerath und Franz-Joseph Post. – Band 2: *Städtebuch Brandenburg und Berlin*. Hrg. von Evamaria Engel, Lieselott Enders, Gerd Heinrich und Winfried Schich, Redaktion: Harald Engler, Stuttgart Berlin Köln: Verlag W. Kohlhammer 2000.

Die Brandenburgischen Kirchenvisitations-Abschiede und -Register des XVI. und XVII. Jahrhunderts, 2. Bd.: *Das Land Ruppin*. Aus dem Nachlass von Victor Herold hrsg. v. Gerhard Zimmermann, bearb. v. Gerd Heinrich, Berlin 1963 (Veröffentlichungen der Berliner Historischen Kommission beim Friedrich-Meinecke-Institut der Freien Universität Berlin, Bd. 6, Quellenwerke Bd. 2).

Die Ruppiner Eisenbahn. Stationen, Geschichte und Geschichten. 100 Jahre Eisenbahnlinie Berlin–Neuruppin, Berlin 1998.

Diedrich, Torsten, *Waffen gegen das Volk. Der 17. Juni 1953 in der DDR*, München 2003.

Dietz, Ernst, *Das Ereignis des Jahres*, in: Kreiskalender OPR 1993, S. 76/77.

Ebell, Max, *Geschichte des Geschlechts Ebell*, o. O. 1906.

Enders, Lieselott, *Die Prignitz. Geschichte einer kurmärkischen Landschaft vom 12. bis zum 18. Jahrhundert*, Verlag für Berlin-Brandenburg GmbH, Potsdam 2000 (= Veröffentlichungen des Brandenburgischen Landeshauptarchivs, Band 38).

Engler, Wolfgang, *Die Ostdeutschen als Avantgarde*, Berlin 2002.

Engler, Wolfgang, *Die Ostdeutschen. Kunde von einem verlorenen Land*, Berlin 2000.

Erdmann, Hannelore und Horst, *Das Kulturhaus Stadtgarten wird 100 Jahre alt*, in: Kreiskalender OPR 1997, S. 8–11.

Erdmann, Horst, *Kronprinz Friedrich in Ruppin und Rheinsberg*, in: Ostprignitz-Ruppin Jahrbuch 2002, S. 71–78.

Falk, Beatrice und Hauer, Friedrich, *Tradition und Moderne… Geschichte der Sparkasse im Landkreis Ostprignitz-Ruppin*, Neuruppin 1998.

Feldmann, Bernhard, *Miscellanea historica der Stadt Neu Ruppin*, o. O., o. J.

Feldmann, Bernhard, *Miscellanea Historica der Stadt Neu Ruppin*, ausgewählt und erläutert von Ulrich Kriele, Karwe 2003.

Fontane, Theodor, *Der Stechlin*, Erstausgabe, Berlin 1899.

Fontane, Theodor, *Wanderungen durch die Mark Brandenburg, 1. Teil: Die Grafschaft Ruppin*, Berlin 1976.

Fraenger, Wilhelm, *Materialien zur Frühgeschichte des Neuruppiner Bilderbogens*, in: *Jahrbuch für historische Volkskunde*, I, 1925, S. 232–306.

Franz, Günther, *Der Dreißigjährige Krieg und das deutsche Volk*, 4. neubearb. u. verm. Aufl., Stuttgart, New York 1979 (= *Quellen und Forschungen zur Agrargeschichte*, 7).

Fritzsche, Franz, *Neuruppin in der Niederländisch-ostindischen Gesellschaft*, in: *Ostprignitz-Ruppin Jahrbuch* 2002, S. 65–70.

Gollert, Friedrich, *Dibelius vor Gericht*, München 1959.

Haagen, Fritz, *Alexander Gentz. Aufstieg und Niedergang einer Ruppiner Kaufmannsfamilie*, Neuruppin 1931.

Hachtmann, Rüdiger, *Berlin 1848. Eine Politik- und Gesellschaftsgeschichte der Revolution*, Bonn 1997.

Harich, Wolfgang, *Ahnenpaß. Versuch einer Autobiographie*, hrsg. v. Thomas Grimm, Berlin 2000.

Haupt, Heinz-Gerhard und Crossick, Geoffrey, *Die Kleinbürger. Eine europäische Sozialgeschichte des 19. Jahrhunderts*, München 1998.

Heinrich, Gerd (Bearb.), *Heer- und Handelstraßen um 1700. Historischer Handatlas von Brandenburg und Berlin*, Abt. VI, 1973.

Heinrich, Gerd (Bearb.), Karte: *Stifte, Klöster und Komtureien bis 1520*, Berlin 1968 (= *Historischer Handatlas von Brandenburg und Berlin*, Lfg. 27; *Veröffentlichungen der Historischen Kommission zu Berlin*).

Heinrich, Gerd (Hrsg.), *Handbuch der historischen Stätten, 10: Berlin und Brandenburg*, 3. überarb. und erw. F., Stuttgart 1995.

Heinrich, Gerd, *»Drei Kerls von guten Leuten aussuchen, welche die Mägde heyraten« Nordhavelländische Siedlungs- und Sozialgeschichte im Lichte jüngerer Entwicklung in Flatow, Karolinenhof und im Amte Königshorst*, in: Beck, Friedrich und Neitmann, Klaus (Hrsg.), *Brandenburgische Landesgeschichte und Archivwissenschaften. Festschrift für Lieselott Enders zum 70. Geburtstag*, Weimar 1997, S. 191–208 (*Veröffentlichungen des Brandenburgischen Landeshauptarchivs*, 34).

Heinrich, Gerd, *Die Grafen von Arnstein*, Köln/Graz 1961 (*Mitteldeutsche Forschungen*, 21).

Heinrich, Gerd, *Friedrich der Große und die preußische Wasserstraßenpolitik. Wasserbaukunst und Bruchland-Melioration des 18. Jahrhunderts*, in: Neuhaus, Helmut (Hrsg.), *Verfassung und Verwaltung. Festschrift für Kurt G. A. Jesrich zum 90. Geburtstag*, Köln u. a. 1994, S. 103–123.

Heinrich, Gerd, *Geschichte Preußens*, Frankfurt am Main, Berlin, Wien 1984.

Heinrich, Gerd, *Der Landrat und die preußischen Traditionen. Hundert Jahre Kreishaus am Neuruppiner Kirchplatz*, in: *Ostprignitz-Ruppin Kreiskalender* 2003, S. 36–48.

Heinz, Daniel, *Kriegsdienstverweigerer und religiöser Pazifist: Der Fall Anton Brugger und die Haltung der Siebenten-Tag-Adventisten im Dritten Reich*, in: *Jahrbuch 1996 des Dokumentationsarchivs des österreichischen Widerstands*, S. 41–56.

Heise, Werner, *Die Juden in der Mark Brandenburg bis zum Jahre 1571*, Berlin 1932.

Henning, Joachim, *Germanen–Slawen–Deutsche. Neue Untersuchungen zum frühgeschichtlichen Siedlungswesen östlich der Elbe*, in: *Prähistorische Zeitschrift*, 66, 1991, S. 119–133.

Herms, Erika, *Gedenkstätte alter Friedhof in Neuruppin*, in: *Ostprignitz-Ruppin Jahrbuch* 1996, S. 68–71.

Heydemann, Ferdinand, *Die neuere Geschichte der Stadt Neu-Ruppin*, Neu-Ruppin 1863, Reprint Edition Rieger, Berlin und Karwe 2000.

Heydemann, Ferdinand, *Die evangelischen Prediger Neu-Ruppins von der Reformation bis zur Gegenwart*, Neu-Ruppin 1867.

Hinnebusch, W., *The History of Dominican Oder. Intellectual and Cultural Life to 1500*. 2 Bde., New Haven 1973.

Hinze, Uwe-Rolf, *Der Militärflugplatz Neuruppin 1916–1991*, Berlin und Karwe 2002.

Höfer, Ernst, *Das Ende des Dreißigjährigen Krieges. Strategie und Kriegsbild*, Köln Weimar Wien 1997.

Hüttl, Ludwig, *Friedrich Wilhelm von Brandenburg, der Große Kurfürst 1620–1688. Eine politische Biographie*, München 1981.

Iwitzki, Angelika, *Europäische Freiheitskämpfe. Das merkwürdige 1848. Eine neue Bilderzeitung von Gustav Kühn in Neuruppin*, Berlin 1994.

Jacobeit, Siegrid und Thoms-Heinrich, Lieselotte, *Kreuzweg Ravensbrück – Lebensbilder antifaschistischer Widerstandskämpferinnen*, Leipzig 1987.

Jacobs, Jörg, *Einstellungen zur politischen Ordnung in Transformationsländern*, Frankfurt (Oder) 1999.

Jarausch, Konrad H. und Sabrow, Martin (Hrsg.), *Der innere Zerfall der DDR*, Göttingen 1999.

Kaiser, Monika, *Machtwechsel von Ulbricht zu Honecker. Funktionsmechanismen der SED-Diktatur in Konfliktsituationen 1962 bis 1972*, Berlin 1997 (= Zeithistorische Studien, 10)

Karau, Heinz-Joachim, *Spurensuche nach jüdischen Mitbürgern in Neuruppin*, in: Ostprignitz-Ruppin Jahrbuch 1995, S. 72–75.

Keisch, Christiane, *Die Keramikerin Ursula Zänker*, in: Ostprignitz-Ruppin Jahrbuch 1997, S. 133–134.

Keppler, Angela, *Soziale Formen des Erinnerns*, in: Harald Welzer (Hrsg.), *Das soziale Gedächtnis. Geschichte, Erinnerung, Tradierung*, Hamburg 2001, S. 137–159.

Knabe, Torsten, *Der 17. Juni 1953. Ein deutscher Aufstand*, München 2003.

Kocka, Jürgen, *Eine durchherrschte Gesellschaft*, in: Kaelble, Hartmut, Kocka, Jürgen und Zwahr, Hartmut (Hrsg.), *Sozialgeschichte der DDR*, Stuttgart 1994, S. 547–553.

Köhler, Otto, *Die große Enteignung. Wie die Treuhand eine Volkswirtschaft liquidierte*, München 1994.

Kolb, *Märkischer Jugendchor des Karl-Friedrich-Schinkel-Gymnasiums Neuruppin*, in: Kreiskalender OPR 1995, S. 119–120.

Koop, Volker, *Der 17. Juni 1953. Legende und Wirklichkeit*, Berlin 2003.

Koselleck, Reinhart, *Preußen zwischen Reform und Revolution. Allgemeines Landrecht, Verwaltung und soziale Bewegung von 1791 bis 1848*, 4. Aufl. 1989.

Kreiskalender OPR der Jahrgänge 1991 bis 2003.

Kriele, Ulrich, *Ruppin hält sich noch* (enthält u. a. die nachfolgenden Aufsätze), Karwe 2003.

Kriele, Ulrich, *Ein Sohn unserer Stadt – Karl Friedrich Schinkels Neuruppiner Wurzeln*, in: Ostprignitz-Ruppin Jahrbuch 2002, S. 86–104.

Kriele, Ulrich, *Neuruppiner Veduten. 350 Jahre Ortgeschichte im Spiegel der Kunst*, in: Ostprignitz-Ruppin Jahrbuch 2001, S. 45–51.

Kriele, Ulrich, *Von Neuruppiner Bier und Wein*, in: Ostprignitz-Ruppin Jahrbuch 1997, S. 58–63.

Krohn, Arne, *Stadtentwicklungsplanung für Neuruppin. Konzepte für das kommende Jahrzehnt (Jahrhundert, Jahrtausend?)*, in: Ostprignitz-Ruppin Jahrbuch 1997, S. 77–89.

Krüger, Peter und Schoeps, Julius in Verbindung mit Irene Dieckmann (Hrsg.), *Der verkannte Monarch. Friedrich Wilhelm IV. in seiner Zeit*, Potsdam 1997.

Marianne Kühn-Berger, *»Herausgegriffen«. Werke aus fünf Jahrzehnten*, hrsg. v. Ruppiner Kunstverein e.V. 2002.

Land, Uta und Brinkmann, Jens-Uwe, *Die Siechenhauskapelle zu Neuruppin*, Berlin und Karwe 2001.

Land, Uta, *Ein Prophet gilt doch in seinem Vaterlande und in seinem Hause*, in: Ostprignitz-Ruppin Jahrbuch 2002, S. 56–64.

Landkreis Ostprignitz-Ruppin. Der Standort mit Zukunft im Land Brandenburg, Neuruppin 1999.

Lecheler, Eugenie, *Wichmann von Arnstein (1180–1270)*, in: *Wichmann Jahrbuch des Diözesangeschichtsvereins Berlin*, NF, 36/37 Jg., 1996/97, S. 15–46.

Lewkowicz, Bodo, *Die Denkmäler auf dem Neuruppiner Schulplatz*, in: *Kreiskalender OPR 1997*, S. 13–16.

Lewkowicz, Bodo, *Neuruppin – Geschichte einer Garnison*, Neuruppin 1997.

Lindenberger, Thomas (Hrsg.), *Herrschaft und Eigen-Sinn in der Diktatur: Studien zur Gesellschaftsgeschichte der DDR*, Köln 1999.

Mandernach, Joachim, *Der Möhring-Chor Alt Ruppin*, in: *Kreiskalender OPR 1996*, S. 118–120.

Mathwig, Gisela und Habich, Roland, *Berufs- und Einkommensverläufe in Deutschland nach der Vereinigung*, in: Hradl, Stefan und Pankoke, Eckard (Hrsg.), *Aufstieg für alle?*, Opladen 1997, S. 11–101.

Materna, Ingo und Ribbe, Wolfgang (Hrsg.), *Brandenburgische Geschichte*, Berlin 1995.

Matzerath, Horst, *Urbanisierung in Preußen 1815–1914*, Stuttgart, Berlin, Köln, Mainz 1985 (*Schriften des Deutschen Instituts für Urbanistik*, 72).

Meier, Brigitte, *Bürgertum und Stadteliten im 18. Jahrhundert. Das Beispiel der Mark Brandenburg*, in: Raingard Eßer und Thomas Fuchs (Hrsg.), *Kulturmetropolen – Metropolenkultur. Die Stadt als Kommunikationsraum im 18. Jahrhundert*, Berlin 2002, S. 59–79.

Meier, Brigitte, *Das brandenburgische Stadtbürgertum als Mitgestalter der Moderne. Die kommunale Selbstverwaltung und die politische Kultur des Gemeindeliberalismus. 1700 bis 1848*, Berlin 2001 (= *Veröffentlichungen des Brandenburgischen Landeshauptarchivs*, Bd. 44).

Meier, Brigitte, *Der lange Weg zu Aufklärung und Toleranz, Ortstermine. Stationen Brandenburg-Preußens auf dem Weg in die moderne Welt*, Berlin 2001, S. 39–45.

Meier, Brigitte, *Die erste Brillenfabrik der Mark Brandenburg. Ein ehrenwerter Versuch der wirtschaftlichen Modernisierung*, in: Ostprignitz-Ruppin Jahrbuch 2000, S. 47–50.

Meier, Brigitte, *Erwerbsmuster des Landkreises OPR zehn Jahre nach der Wende*. MS 2000.

Meier, Brigitte, *Neuruppin – ein deutsches Aufklärungszentrum?*, in: Ostprignitz-Ruppin Jahrbuch 2000, S. 17–20.

Meier, Brigitte, *Neuruppin 1700 bis 1830. Sozialgeschichte einer kurmärkischen Handwerker- und Garnisonstadt*, Berlin 1993.

Meier, Brigitte, *Von der Alltagserfahrung der Stadtbürger zur politischen Kultur des Gemeindeliberalismus in brandenburgischen Städten 1809–1830*, in: Klaus Neitmann (Hrsg.), *Das brandenburgische Städtewesen im Übergang zur Moderne. Stadtbürgertum, kommunale Selbstverwaltung und Standortfaktoren vom preußischen Absolutismus bis zur Weimarer Republik*, Berlin 2001, S. 101–134 (Veröffentlichungen des Brandenburgischen Landeshauptarchivs, Bd. 43)

Meier, Brigitte und Schultz, Helga (Hg.), *Die Wiederkehr des Stadtbürgers. Städtereformen im europäischen Vergleich 1750 bis 1850*, Berlin 1994.

Meier, Brigitte, *Die »Sklaven des 20. Jahrhunderts« – Zwangsarbeit im Kreis OPR*, in: *Ostprignitz-Ruppin Jahrbuch 2004*, S. 73–79.

Meschonat, Cerstin und Pusch, Peter, *Neuruppin – eine Stadt in der Entwicklung vom 19. bis zum 21. Jahrhundert*, Neuruppin 2003.

Metzler, Matthias, *Landkreis Ostprignitz-Ruppin. Teil 1: Stadt Neuruppin*, Worms am Rhein 1996.

Metzler, Matthias, *Neuruppiner Militärbauten aus drei Jahrhunderten*, in: *Ostprignitz-Ruppin Jahrbuch 2000*, S. 37–46.

Michel, Ingrid, *»Onkel Jenge tute mal«*, in: *Kreiskalender OPR 1993*, S. 67–70.

Mittenzwei, Ingrid, *Friedrich II. von Preußen*, 4. Aufl. Berlin 1987.

Möller, Horst, *Vernunft und Kritik. Deutsche Aufklärung im 17. und 18. Jahrhundert*, Frankfurt am Main 1986

Naudé, Albert, *Der preußische Staatsschatz unter Friedrich Wilhelm II. und seine Erschöpfung*, in: *Forschungen zur Brandenburg-preußischen Geschichte*, NF, Bd. 5, Leipzig 1892, S. 203–256.

Neugebauer, Wolfgang, *Zentralprovinz im Absolutismus. Brandenburg im 17. und 18. Jahrhundert*, Berlin 2001.

Neugebauer, Wolfgang, *Die Hohenzollern. Bd.: Anfänge, Landesstaat und monarchische Autokratie bis 1740*, Stuttgart, Berlin, Köln 1996.

Neumann, Hans-Joachim, *Friedrich Wilhelm I. Leben und Leiden des Soldatenkönigs*, Berlin 1993.

Neumann, Hans-Joachim, *Friedrich Wilhelm II. Preußen unter den Rosenkreuzern*, Berlin 1997.

Neuparth, Dietrich und Steinberg, Bernd, *Mehr als 100 Jahre Segeln in Neuruppin*, in: *Kreiskalender 1996*, S. 126–128.

Nickel, Hildegard Maria, *Aktuelle Entwicklungen und Tendenzen der Erwerbsbeteiligung von Frauen*, in: *Erwerbsarbeit für alle Frauen – Vision oder reale Möglichkeit?*, Magdeburg 1997, S. 20–27.

Nowak, Kurt, *Geschichte des Christentums in Deutschland. Religion, Politik und Gesellschaft vom Ende der Aufklärung bis zur Mitte des 20. Jahrhunderts*, München 1995.

Oestreich, Gerhard, *Friedrich Wilhelm I. Preußischer Absolutismus, Merkantilismus, Militarismus*, Göttingen 1977.

Ostprignitz-Ruppin Jahrbuch der Jahrgänge 1992 bis 2003.

Parker, Geoffrey, *Der Dreißigjährige Krieg*, Frankfurt am Main, New York 1991.

Pollack, Detlef, *Wie modern war die DDR?*, Frankfurt (Oder) 2001 (Frankfurter Institut für Transformationsstudien, Nr. 4/01).

Raumordnungsbericht, hrsg. v. Bundesministerium für Raumordnung, Bauwesen und Städtebau, Bonn 1991.

Reinisch, Ulrich, *Der Wiederaufbau der Stadt Neuruppin nach dem großen Brand von 1787 oder Wie die preußische Bürokratie eine Stadt baute. Nach Akten rekonstruiert und erläutert*, Worms 2001 (Forschungen und Beiträge zur Denkmalpflege im Land Brandenburg, 3).

Riedel, Anton Friedrich, *Geschichte der Klosterkirche und des ehemaligen Mönchklosters zu Neu-Ruppin*, Neu Ruppin 1842. Reprint Karwe 2000.

Riedel, Lisa, *Die bürgerlich-demokratische Revolution 1848/49 im Kreis Ruppin und der Stadt Neuruppin*, MS, Diplomarbeit an der Humboldt-Universität zu Berlin, Neuruppin 1965. Als Buch erschienen 2004.

Riedel, Lisa, *Zur Entstehungsgeschichte des Kreisheimatmuseums in Neuruppin*, in: Neue Museumskunde, 4, 1978, S. 229–240.

Riedel, Lisa, *Gottlieb Friedrich Ludwig Kühling: Biographische Skizze über einen revolutionären Demokraten aus der Zeit der bürgerlichen Revolution 1848/49*, in: Ostprignitz-Ruppiner Jahrbuch 1995, S. 62–67.

Riedel, Lisa, *Hans Lehmann-Borges zum 50. Todesstag*, in: Ostprignitz-Ruppin Jahrbuch 1995, S. 38.

Riedel, Lisa, *Kornett und Landrat. Friedrich Emil von Zieten, der Sohn des Husarengenerals*, in: von dem Knesebeck, Karl Friedrich, *Die Seeschlacht von Carwe*, Berlin, Karwe 1998, S. 14–31.

Riedel, Lisa, *Neuruppiner Bilderbogen*, Berlin, Karwe 2000.

Riedel, Lisa, *Theater in Neuruppin 1945 bis 1950*, in: Ostprignitz-Ruppin Jahrbuch 1994, S. 60–66.

Riedel, Lisa, *Zur Geschichte der Neuruppiner Bilderbogen mit einem Aufsatz »Gustav Kühn« von Theodor Fontane*, hrsg. v. Heimatmuseum Neuruppin 1985.

Riedel, Lisa, *Zur Geschichte der sozialdemokratischen Partei in Neuruppin von der Gründung bis 1919*, in: Ostprignitz-Ruppin Jahrbuch 2002, S. 131–135.

Riedel, Lisa, *Zur Geschichte des Theodor-Fontane-Denkmals in Neuruppin*, in: Ostprignitz-Ruppin Jahrbuch 1997, S. 111–118.

Riedel, Lisa, *Ein Gang durch Gildenhall*, in: Ostprignitz-Ruppin Jahrbuch 1992, S. 12–16.

Riedel, Lisa, *Erich Arendts Neuruppiner Wurzeln*, in: Ostprignitz-Ruppin Jahrbuch 2004, S. 17–22.

Rieger, Günter, *Walter Kuphal. Maler in Neuruppin*, Neuruppin 1985.

Rieger, Günter, *Das Große und das Kleine. Ausstellung »Herausgegriffen« zum 75. Geburtstag der Neuruppiner Künstlerin Marianne Kühn-Berger im Alten Gymnasium der Fontanestadt*, in: Märkische Allgemeine, 12. 3. 2002, S. 4.

Rieger, Günter, *Die Avantgarde in Neuruppin. Zur Erinnerung an Ferdinand Möller*, in: Ostprignitz-Ruppin Jahrbuch 1997, S. 138–140.

Rieger, Günter, *Max Wiese und Neuruppin. Vor 150 Jahren wurde der Schöpfer des Fontane-Denkmals geboren*, in: Ostprignitz-Ruppin Jahrbuch, 1997, S. 121–123.

Rieger, Günter, *Radierungen und Aquarelle von Walter Kuphal*, in: Märkische Volksstimme, 27. 8. 1982.

Rieger, Günter, *Robert W. Wagner. Maler und Grafiker in Neuruppin*, in: Ostprignitz-Ruppin Jahrbuch 2000, S. 187–190.

Rieger, Günter, *Ruppiner Kunst. Versuch einer Bestandsaufnahme*, in: Ostprignitz-Ruppin Jahrbuch 2000, S. 176–186.

Rieger, Günter, *Neuruppin und rund um den See*, Erfurt 1998.

Rockel, Irina, *»Ihr, die ihr die Zeit überlebt, vergesst nicht!« Angehörige der Neuruppiner Garnison im Kampf gegen den deutschen Nationalsozialismus*, in: Ostprignitz-Ruppin Jahrbuch 1997, S. 53–57.

Rockel, Irina, *Christian Rose, Rector in Neuruppin*, in: Ostprignitz-Ruppin Jahrbuch 2002, S. 53–54.

Rockel, Irina, *Neuruppiner Sporttraditionen*, in: Kreiskalender OPR 1996, S. 122–126.

Rönnecke, Ulrike, *Aufbruch '89. Neuruppin im Wandel – eine Chronik. Herbst 1989 und Frühjahr 1990*, Neuruppin 1993.

Rönnecke, Ulrike, *Handwerksmuseum wird eröffnet*, in: Kreiskalender1998, S. 126–127.

Roters, Eberhard, *Galerie Ferdinand Möller Breslau – Berlin – Köln 1917–1956. Die Geschichte einer Galerie für moderne Kunst in Deutschland*, Berlin 1984.

Ruh, Kurt, *Geschichte der abendländischen Mystik. 2. Bd.: Frauenmystik und Franziskaner Mystik der Frühzeit*, München, 1993.

Sack, Emil, *Geschichte der Neuruppiner Städtischen Oberschule für Mädchen 1838–1938*, Neuruppin 1939.

Schneider, Ina, *Max Wiese und die Hanauer Zeichenakademie*, in: Ostprignitz-Ruppin Jahrbuch 1997, S. 119–120.

Schormann, Gerhard, *Hexenprozesse in Deutschland*, Göttingen 1986.

Schreiber, Hans Martin, *Feuer breitet sich aus...*, in: Ostprignitz-Ruppin Jahrbuch 1997, S. 64–69.

Schultze, Johannes, *Die Mark Brandenburg. Bd. 1–5*, Berlin 1961–1969.

Schultze, Johannes, *Geschichte der Stadt Neuruppin*, 3. Aufl., mit einem Nachwort versehen und herausgegeben von Gerhard Knoll, Berlin 1995.

Schulz, Bernhard, *Katalog der Schandtaten. Eine neue Forschungsstelle an der Freien Universität fahndet nach 1937 beschlagnahmter »Entarteter Kunst«. Die Museen warten auf ihre Werke*, in: Tagesspiegel, 26. 4. 2003, S. 26.

Schürmann, Uwe, *Der Novemberpogrom in Neuruppin*, in: Ostprignitz-Ruppin Jahrbuch 2002, S. 136–139.

Schürmann, Uwe, *Die jüdischen Friedhöfe in Neuruppin*, in: Historischer Verein der Grafschaft Ruppin e.V., Mitteilungsblatt Nr. 8, August 1997, S. 25–39.

Schürmann, Uwe, *Die Neuruppiner Juden zur Zeit des Nationalsozialismus*, in: Historischer Verein der Grafschaft Ruppin e.V., Mitteilungsblatt Nr. 10, Oktober 1999, S. 1–22.

Schwanz, Siegfried, *Friedrich II. Jugendjahre*, 2. Aufl., Berlin und Karwe 2001.

Siggel, Horst, *Hugo Rausch. Lehrer – Erzieher – Lehrerbildner – Heimatfreund – Naturschützer*, in: Ostprignitz-Ruppin Jahrbuch 1997, S. 123–125.

Städtebuch Brandenburg und Berlin, hrsg. v. Evamaria Engel, Lieselott Enders, Gerd Heinrich und Winfried Schich, Redaktion Harald Engler, Stuttgart, Berlin, Köln 2000 (*Deutsches Städtebuch. Handbuch städtischer Geschichte*, begründet v. Erich Keyser, fortgeführt v. Heinz Stoob, neubearbeitet u. hrsg. v. Institut für vergleichende Städtegeschichte, Bd. 2).

Stamm-Kuhlmann, Thomas, *König in Preußens großer Zeit. Friedrich Wilhelm III., der Melancholiker auf dem Thron*, Berlin 1992.

Steiner, André, *Die DDR – Wirtschaftsreform der sechziger Jahre. Konflikt zwischen Effizienz und Machtkalkül*, Berlin 1999.

Stoob, Heinz (Hrsg.), *Die Stadt. Gestalt und Wandel bis zum industriellen Zeitalter*. 2. überarbeitete und vermehrte Ausgabe, Köln Wien 1985.

Strahl, Magdalena und Dietz, Ernst, *Die Landesnervenklinik Neuruppin begeht 100. Geburtstag*, in: Kreiskalender OPR 1995, S. 135–137.

Stupperich, Robert, *Otto Dibelius. Ein evangelischer Bischof im Umbruch der Zeiten*, Göttingen 1989.

Tripke, Dietmar, *Das Neuruppiner Lehrerseminar – Bildungstradition in Verbindung von Theorie und Praxis*, in: Kreiskalender OPR 1998, S. 66–68.

Tripke, Dietmar, *Die Wahlen der 20er bis 40er-Jahre in Neuruppin und im Ruppiner Land*; in: *Kreiskalender OPR 1998*, S. 93–95.

Und über allem wacht der Rote Max. Ein Streifzug durch die Geschichte der Ruppiner Kliniken, Neuruppin 2000.

Vogel, Berthold, *Ohne Arbeit in den Kapitalismus. Der Verlust der Erwerbsarbeit im Umbruch der ostdeutschen Gesellschaft*, Hamburg 1999.

Wagner, Robert W., *Ruppiner Impressionen*, Berlin und Karwe 2001.

Welzer, Harald, *Das soziale Gedächtnis*, in: ders. (Hrsg.), *Das soziale Gedächtnis. Geschichte, Erinnerung, Tradierung*, Hamburg 2001, S. 9–21.

Wernicke, Kurt, *Julius Berends (1817–1891). Ein Berliner Linker von 1848*, in: Helmut Bleiber, Walter Schmidt, Susanne Schötz, *Akteure eines Umbruchs. Männer und Frauen der Revolution von 1848/49*, Berlin 2003, S. 83–138.

Wunder, Heide, *»Er ist die Sonn', sie ist der Mond.« Frauen in der Frühen Neuzeit*, München 1992.

Personenregister

Abraham, Dichter *113*
Achard, Karl Franz (1753–1821), Wissenschaftler und Erfinder der Zuckergewinnung aus einheimischen Rüben *79*
Adler, Helmfried, Dr. med., Chefarzt der Poliklinik *281*
Anhalt, Dr., Stadt- und Landphysikus *100, 122*
Anker, jüdische Familie, Kaufhausbesitzer *154*
Anker, Edith, Fritz und **Gerhard**, Kinder der Emma Anker *154*
Anker, Emma (1878–1942), Witwe des Kaufhausbesitzers Anker *154*
Arendt, Erich (1903–1984), Lyriker und Schriftsteller *212*
Arendt, Ernst, Gärtner *212*
Arendt, Hannah (1906–1975), Philosophin *292*
Arndt, Hermann, Apotheker *123*
Arndt, Loos und **Wilhelm**, Apotheker *123*
Arnim-Gerswalde, von, Abgeordneter *210*
Arnstein, Grafen von und Herren zu Ruppin *19, 24, 31, 32, 34, 35, 38, 43, 61, 97*
Arnstein, Anna und **Apollonia** Gräfinnen von *45*
Arnstein, Gebhard von (1189–1256) *19, 22*
Arnstein, Günther von *23*
Arnstein, Joachim (1475–1507) Graf von *44*
Arnstein, Johann und **Jakob** Grafen von *43*
Arnstein, Ulrich IV. *31*
Arnstein, Wichmann (1503–1524) *44f.*
Arnstein, Wichmann, Graf von (1180–1270), erster Prior des Dominikanerklosters Neuruppin *19, 20f., 110, 305*
Artes, Sigrid (*1953), Keramikerin *270*
Askanier *18*

Balzer, Baumeister *194*
Barleben, Fischer *180*
Barleben, Carl, Schiffseigner *179*
Barleben, Richard, Schiffseigner *179*
Bartelt, Wilhelm (1855–1934), Lehrer und Heimatforscher *213, 214*

Bartning, Otto, Architekt, Beauftragter des Deutschen Werkbundes *169*
Bassewitz, Magnus Friedrich von (1773–1858), Jurist und Staatsmann *86*
Baumann, Landrat *244*
Baumann, Mühlenbesitzer *210*
Baumann, Senator *173*
Beck, Leutnant *188*
Begemann, Frau *217*
Begemann, Heinrich, Dr., Rektor des Gymnasiums *213*
Behm, Karl, Schlosser *147*
Behrendt, Walther Curt, Herausgeber der Zeitschrift »Die Volkswohnung« *169*
Beier, Handwerksbetrieb *254*
Beiersdorf, Bürgermeister *134*
Bellin, Karen, Dr., Ärztin (*1930) *17, 283*
Bellin, Rudolf (1896–1979), Dr., Lehrer und Heimatforscher *212, 285*
Berends, Julius (1817–1891), Theologe, Demokrat und Unternehmer *127, 128*
Berg, Schuldirektor *213*
Bergemann, Friedrich Wilhelm (1822–1900), Buchhändler und Bilderbogenproduzent *86, 158*
Bergemann, Hermann, Unternehmer *160, 161*
Bernau, Ackerbürger *199*
Bernus, Alexander, Dr., Landrat von 1911–1914 *213*
Berson, Philipp Bernhard Francois (1754–1835), Oberbaurat *123, 131*
Betke, Rudolf, Gründungsmitglied der KPD *147*
Beuth, Gustav, Architekt *196*
Beyersdorf, Ratsherr *101*
Beythien, Rudolf (–1969), Dr., Ingenieur, Stadtrat und Stadtverordneter *245, 252*
Bienengräber, Ernst Adolph (1790–1864), Hauptmann und Bürgermeister *142, 144, 217*
Bischoffswerder, Hans Rudolf von (1741–1803), General und Beamter *57, 129*
Bismarck, Otto von *284*
Bittkau, Gustav (1849–1918), Pfarrer und Heimatforscher *13, 38, 39*

Bittkau, Reinhold (1880–1966), Pfarrer und Mitglied der Bekennenden Kirche *152*, *237*
Blücher, Gebhard Leberecht (1742–1819), General *108*
Boddin, Hauptmann von *236*
Bölke, Frau *217*
Bölke, Ernst (1848–1920), Fabrikbesitzer und Initiator des sozialen Wohnungsbaus *191*
Born, Carl, Turner *214*
Böttcher, Johannes, Gerichtsassessor *49*
Böttcher, Jonas (–1604), Pfarrer *49*, *50*, *111*
Brandenburg, Kurfürsten von, Könige von Preußen
— Friedrich II. (1712–1786), König in Preußen *56*, *57*, *58*, *67*, *68*, *69*, *70*, *71*, *82*, *101*, *114*, *115*, *129*, *163*, *186*, *187*, *199*, *200*, *269*, *277*, *284*
— Friedrich III./I. (1657–1713), Kurfürst von Brandenburg und König in Preußen *55*, *56*, *65*
— Friedrich Wilhelm (1620–1688), Kurfürst von Brandenburg, der Große Kurfürst *54*, *55*, *64*, *97*, *122*
— Friedrich Wilhelm I. (1688–1740), König in Preußen *56*, *66*, *67*, *74*, *100*, *101*, *111*
— Friedrich Wilhelm II. (1744–1797), König von Preußen *57*, *58*, *73*, *108*, *118*, *129*, *131*, *201*, *282*, *283*, *284*
— Friedrich Wilhelm III. (1770–1740), König von Preußen *58*, *104*, *105*, *131*, *137*, *218*
— Friedrich Wilhelm IV. (1795–1861), König von Preußen *59*, *60*, *137*, *229*
— Georg Wilhelm (1595–1640), Kurfürst von Brandenburg *54*
— Joachim I. (1484–1536), Kurfürst von Brandenburg *35*, *45*, *46*
— Joachim II. (1505–1571), Kurfürst von Brandenburg *48*, *51*
— Joachim Friedrich (1546–1608), Kurfürst von Brandenburg *52*
— Johann Georg (1525–1598), Kurfürst von Brandenburg *51*, *69*, *94*
— Johann Sigismund (1572–1619), Kurfürst von Brandenburg *52*
Brandenburg-Schwedt, Anna Elisabeth (1738–1820), Ehefrau von Prinz August Ferdinand *77*

Brandt, Willy (1913–1992), sozialdemokratischer Politiker *234*
Brasch, Bernhard Matthias (1742–1821), Bauinspektor *118*, *131*, *132*
Bratring, August Friedrich Wilhelm (1772–1829), Beamter und Statistiker *64*
Braun, Dr., Arzt, Ratsherr und Bürgermeister *101*, *103*
Braun, Volker, Schriftsteller *298*
Braunschweig-Bevern, Elisabeth Christine von (1715–1797), Gemahlin Friedrichs II. *74*
Bredickow, Paulus, Schulrektor *42*
Breitscheid, Rudolf (1874–1944), Sozialdemokrat *144*
Bremer, Johann Immanuel, Arzt *125*
Brennicke, Wilhelm, Kaufmann *173*
Brunstorf, Rebecca, Pfarrersfrau *50*
Brunzel, Anni, Geschäftsinhaberin *182*
Brunzel/Retzlaff, Lampen- und Elektrogeschäft *184*, *254*
Buchbinder, Eduard, Unternehmer *176*, *210*
Buchholz, Kaufmann *103*
Buchovius (Buchow), Andreas (–1574), Pfarrer *49*, *111*
Bückling, Kaufmann *103*
Budde, Heinz, Dr., Arzt *266*
Buddenbrock, von, preußischer Offizier *75*
Bünger, Wuthenower Bürgermeister *236*
Bürkle, Staatsanwalt *216*

Campe, Friedrich, Dr., Lehrer am Gymnasium von (1832–1852) *13*, *90*, *135*, *139*, *140*, *142*
Campe, Helene, Ehefrau von Alexander Gentz *223*
Campe, Joachim Heinrich (1746–1818), Pädagoge und Schriftsteller *117*
Campe, Julius (1792–1867), Verleger *117*, *223*
Chodowiecki, Daniel, Maler *130*
Christiansen, Winfried, Künstler *304*
Clajus, Heizungsbau *247*
Clausewitz, Carl von (1778–1831), General, Militärtheoretiker und -schriftsteller *78*
Clemens, Hartmut, Dr., Arzt und Künstler *270*
Coché, de, Mitglied der reformierten Gemeinde *92*

Coché, Louis Andres de (1702–), Sohn des de Coché *92*
Conrad, Stadtbaudirektor *277*
Cratenius, Johannes, Rektor *113*
Cremer, Fritz, Bildhauer *281, 283, 306*

Daniel, Dichter *113*
Decroly, Ovide (1871–1932), belgischer Psychologe und Pädagoge *170*
Degener, Hermann, Weinfachgeschäft *184*
Derfflinger, Georg Freiherr von (1606–1695), Generalfeldmarschall *64*
Dibelius, Otto (1880–1967), Mitglied der Bekennenden Kirche und Bischof *151, 152, 153*
Diebitsch, Karl von, Baumeister *200, 224*
Dieckhoff, Erich, Sozialdemokrat *237*
Dierks, Dr., erste Direktorin des Krankenhauses nach dem II. Weltkrieg *240*
Diestelmeier, Berliner Beamter *99*
Dieterich, Rektor *40*
Dihm, Ludwig (1849–1928), Regierungsbaudirektor *181*
Dinger, Walter, Märkische Zeitung *124*
Drescher, Adolf, Kaufmann *195*
Droysen, Hans, Historiker *75*
Drucker, Emilie (1850–1943), Jüdin (Friedrich-Wilhelm-Straße 22) *154*
Dubberke, Heinz, Flugschüler *188*
Dühring, Familie, Tuchfabrikanten *158*
Dülfer, Fleischerei *184, 309*
Dumrath, Uhrmacherfamilie *183, 184, 254*
Dumrath, Eugen, Uhrmacher *184*
Dumrath, Hans-Werner, Uhrmacher *184*
Dumrath, Ulrich, Uhrmacher *184*
Dzienian, Reinhold, Neues Forum *288*

Ebell, Familie, Tuchfabrikanten *54, 55, 177*
Ebell, Familie und Firma *80, 158, 226*
Ebell, Carl (1776–1842), Tuchfabrikant *81*
Ebell, Carl Friedrich (1747–1804), Ostindienfahrer *93*
Ebell, Carl Friedrich (1801–1869), Tuchfabrikant *174*
Ebell, Christian, Tuchfabrikant *175*
Ebell, Christian Dietrich (1731–1812), Tuchmachermeister *80, 81, 93*
Ebell, Christian Heinrich (1770–1853), Tuchfabrikant *81*

Ebell, Gottfried, Tuchfabrikant *175*
Ebell, Gottlieb Wilhelm (1778–1855), Tuchfabrikant
Ebell, Heinrich, Tuchfabrikant *82*
Ebell, Karl, Tuchfabrikant *173*
Ebell, Wilhelm Heinrich, Tuchfabrikant *174*
Eckard von Kyritz, Einwohner Neuruppins *33*
Eckhardt, Max, Architekt *169*
Eggebrecht, Opfer des Blutsonntags 1932 *149*
Eggestein, Walter (1902–1979), Reformpädagoge *170, 171*
Eichstädt, Kaufmann *120*
Eliaß, jüdische Familie *35*
Elsner-Schwintowsky, Dagmar (1939–1997), Malerin und Grafikerin *270, 298*
Engelbrecht, Walter, Inhaber der Märkischen Zeitung *236*
Engler, Wolfgang, Soziologe *313*
Erdmann, Horst, Studienrat *75, 281*

Falkenberg, Fabrikkind *175*
Falkenberg, Pfarrer und Mitglied der Deutschen Christen *152, 153*
Färber, Klaus *33*
Faulstich, Christian, Lehrer am Gymnasium *85*
Feige, Elementarschullehrer *120*
Feige & Fraunke, Maurerbetrieb *181*
Feldmann, Bernhard (1704–1776), Dr., Arzt und Senator *13, 31, 38, 101, 114, 122, 284*
Ferdinand August (1730–1813), Prinz von Preußen, Bruder Friedrichs II. *71, 77, 284*
Feuerhorst, Geselle *139*
Fichtner, Optiker *254*
Finger, Töpfermeister *256*
Fischer, David, Pfarrer der reformierten Gemeinde *92*
Fontane, Familie *123, 207*
Fontane, Elise (1838–1923), Schwester des Dichters *306*
Fontane, Emilie (1798–1869), Mutter des Dichters *306*
Fontane, Louis Henri, Apotheker, Vater des Dichters *123, 207*
Fontane, Theodor (1819–1898), Schriftsteller *82, 120, 132, 201, 222, 224, 265*

Frank, Edith, geb. Anker (1914–1943), Tochter von Emma Anker *154*
Franke, August, Sägewerkbesitzer *162*
Freese, Wolfgang, Lehrer *273, 288*
Friedrich Franz IV. (1823–1883), Großherzog von Mecklenburg-Schwerin *186, 284*
Friesecke, Carl, Schiffer *179*
Friesicke, Hermann, Unternehmer (Landmaschinen) *161*
Friesicke, Karl, Schlosser *78*
Friesicke, Theodor, Maurermeister *167, 182, 193*
Fulle, Karl (*1950), Keramiker *270*
Fürmann, Stadtrat *245*

Gabel, August, Schiffseigner *179*
Galli, Dominicus, Konrektor *113*
Ganschow, Gastwirt *172*
Gentz, Familie *80, 207, 223*
Gentz, Alexander (1826–1888), Kaufmann und Unternehmer *60, 61, 82, 83, 158, 160, 173, 196, 200, 201, 210, 214, 221, 223*
Gentz, Ismael (1862–1914), Sohn des Wilhelm G., Porträtmaler *181*
Gentz, Johann Christian (1794–1867), Kaufmann und Unternehmer *82, 158, 200, 221, 224*
Gentz, Wilhelm (1822–1890), Orientmaler *60, 83, 196, 269, 298*
Gerhard von Rheinsberg, Einwohner Neuruppins *33*
Gerlich, Fotografenfamilie *184, 254*
Giese, Optiker *184*
Gilly, David (1748–1808), Geheimer Baurat *131*
Gilly, Friedrich, Baurat, Sohn von David G. *131*
Glan, von, Hauptmann *103*
Goecke, Theodor, Architekt *196*
Goering (*1835), Justizrat und erster Direktor des Stadtgerichts *104, 284*
Goetz, Elementarschullehrer *120*
Göhlert, Christian, Geschäftsführer der DSU *288*
Golde, Gastwirt *273*
Goldschmidt, Abraham Gabriel, jüdischer Kaufmann *96*
Goldschmidt, Monika, Geschäftsführerin EAN *297*
Gollert, Friedrich, Rechtsanwalt *152, 153*

Gollert, Paul (1869–1949), Unternehmer (Theatermalerei, Fahnenfabrik) *152, 174, 225*
Gorbatschow, Michael, sowjetischer Politiker *235*
Gorgas, Fuhrunternehmer *184*
Gräden, Johann de, Schulrektor *42*
Graebe, Reeder *179*
Granzow, Erbpächter *199*
Grass, Günter, Schriftsteller *298*
Gronau, Kurt, Gründungsmitglied des SDP *288*
Gröpler, Bäcker *184*
Großmann, Leipziger Superintendent *220*
Großmann, Harry, Malerhandwerker *169*
Grothe, Oberstleutnant von *147*
Grub, Dr., Liquidator *289*
Grundig, Lea (1906–1977), Malerin *270*
Gubitz, Friedrich Wilhelm (1786–1870), Künstler *207*
Gumprecht, Richard, Druckereibesitzer *86, 167*
Günther, General *284*
Gustavs, Eggert (1909–1996), Künstler *261*
Gustavs, Irene, Tanzpädagogin *261*

Haagen, Familie, Tuchfabrikanten *158*
Haagen, Karl, Tuchfabrikant *174*
Hagen, Familie *80*
Hagen, Nikolas, Pfarrer der reformierten Gemeinde *92*
Hallex, Willi, Geschäftsinhaber *254*
Hänsel, Hans, Gründungsmitglied der SDP *288*
Hanstein, Pfarrer *222*
Harder, Pfarrer *151*
Hardt, Autowerkstatt *247*
Harich, Wolfgang, Schriftsteller und Philosoph *148, 249, 298*
Hartmann, Dr., Arzt *207*
Hase, Frau von *199*
Hase, Karl Paul Immanuel von (1855–1944), Bataillonskommandeur und Mitverschwörer vom 20. Juli 1944 *189*
Hausen, Anna, Kommunistin *147, 149, 151*
Hecker, Johann Julius (1707–1768), Pfarrer und Reformer *115*
Hegemann, Otto, Zimmerpolier
Heigener, Familie kaufte das Kaufhaus Anker *154*

Heim, Ernst Ludwig (1747–1834), Arzt *125*
Heine, Maler, Einwohner Neuruppins *33*
Heinrich, Prinz von Preußen, Bruder Friedrichs II. (1726–1802) *284*
Heinrich von Halle, Dominikaner *21*
Heinrich von Jerichow, Einwohner Neuruppins *33*
Heise, Bettenhaus *182, 184*
Heisig, Heinz (*1951), Maler und Grafiker *270*
Helldorf, Graf, Potsdamer Polizeipräsident *151*
Henrici, Johann Karl Friedrich (1754–1823), Rektor *118*
Hentrich, Ralf, Künstler *304*
Hermann, Maurerpolier *210*
Herms, Erika, Lehrerin und Vorsitzende der Interessengemeinschaft Ruppiner Geschichte im Kulturbund e.V. *298*
Hertzberg, Hermann (1870–1944), Jude (Schifferstraße 46) *154*
Hertzberg, Hermine geb. Silberstein(1885–1943), Jüdin (Schifferstraße 46) *154*
Herwig, Glaser *77*
Heydemann, Friedrich Wilhelm Ferdinand (1814–1866), Pfarrer *13*
Heyer, Georg (1880–1944), Baumeister *169, 170, 257*
Hinning, Willi, Gründungsmitglied der KPD *147*
Hirsch, Alfred (1878–1948), Jude, HNO-Arzt *245*
Hirsch, Alfred, Dr., Gymnasiallehrer *265*
Hirschberg, Joel, jüdischer Handelsmann *95, 96*
Hirschberg, Martin (1848–1925), Maurermeister *181, 182, 191, 193*
Hirschburg, Isaak, jüdischer Bürger *96*
Hirschel, Kurt (1901–1992), Maler und Grafiker *270*
Hitler, Adolf (1889–1945) *149*
Hochstädt, Karl (1875–1953), Direktor der Ruppiner Eisenbahn AG *168, 216*
Hoffmann, Kaufmann *103*
Hoffmann, Josef (1892–1968), Künstler *269*
Hoffmann, Suse, geb. Unterwaldt (1896–1996), Lehrerin und Malerin *155, 269, 270*
Hohenstein, Gräfin von *43*
Hohlfeld, Nikolaus, Dr. med., Arzt *288*

Holle, Bürgermeister *100*
Holle (1708–), Sohn des Heinrich Holle
Holle, Heinrich, Syndikus *92*
Holle, Maria Elisabeth (1704–), Tochter des Heinrich Holle
Hollenbach, Albert (1850–1904), Orgelbauer *183, 193*
Honecker, Erich (1912–1994), Politiker *251*
Hoppe, Dietrich (1694–1763), Rektor *113, 114*
Höslin, Christoph von, Bürgermeister *100*
Huch, Firma *309*
Huch, Erna, Hausfrau *245, 263*
Huch, Hermann, Fabrikant *245*
Hufeland, Christoph Wilhelm (1762–1736), Arzt *125*
Humboldt, Wilhelm von (1767–1835), Gelehrter und Politiker *121*
Huth, Otto, Topfhersteller *182*

Insel, Haushaltwarengeschäft *184*
Isaak, Dichter *113*

Jacob, Zacharias (Kipper und Wipper) *63*
Jacobus, Schulrektor *42*
Jacoby, Arnold (1869–1942), jüdischer Kaufmann (Friedrich-Wilhelm-Straße 58) *154*
Jacoby, Arthur Dr. (1897–1943), jüdischer Arzt (Friedrich-Wilhelm-Straße 64) *154*
Jacoby, Erna (1895–1943), Jüdin und Tochter des Arnold Jacoby *154*
Jahn, Friedrich Ludwig (1778–1852), Theologe, Lehrer und Demokrat *203, 214*
Jenge, Otto (1875–1934), Fischer und Reeder *180*
Jenge, Wilhelm, Fischer und Reeder *180*
Jentsch, Staatsanwalt *153*
Jerichow, Heinrich von *33*
Jerx, Hermann, Druckereibesitzer *237*
Johann von Sachsen, Kurfürst *45*
Johann von Sualenberghe, Einwohner Neuruppins *18*
Juncker, Hermann, Rechtsanwalt *210, 212, 224, 284*
Jurasch, Korbmacher *254*
Just, Grete Luise (*1916), erste Schulärztin und OMR *265*

Kaempf, Heinrich Friedrich, Dr. (1810–1888), Lehrer und Abgeordneter der Preußischen Nationalversammlung *90, 138, 139, 142, 224*
Kaempfe, Ernst, Dr., Landrat von 1921–1933 *149*
Kähne, Apotheker *103, 123*
Kaiser, Dr. *283*
Kanitz, Jens, Künstler *304*
Kant, Immanuel (1724–1804) *129*
Kapp, Wolfgang, ostpreußischer Landschaftsdirektor und Putschist *147*
Karbe, Anna (1884–1954), Lehrerin, Malerin, Sozialdemokratin und erste gewählte Frau des Stadtparlaments *147*
Kass, Schuhfabrik *239*
Katte, Hans Hermann von (1704–1730), preußischer Offizier *74*
Kautsch, Ingenieur *71*
Keppler, Angela, Kulturwissenschaftlerin *188*
Kerner, NSDAP-Kreisleiter *151, 157, 236*
Kiebach, Elisabeth (1746–1823), Frau von Christian Dietrich Ebell *80*
Kirsch, Andreas, Mitbegründer des Jugendfreizeitzentrums *273*
Kißero, Pauel (Kipper und Wipper) *63*
Klaus, Färber, Einwohner Neuruppins *33*
Kleist, von, preußischer Offizier *75*
Klier, Freya, Künstlerin *273*
Kloss, Konrad, Intendant *260*
Kluge, Samuel Gotthilfs Witwe *173*
Kluge, Samuel Gotthilf, Färbermeister *173*
Knesebeck, Carl Friedrich von dem (1768–1848), Generalfeldmarschall und Gutsherr *103, 133, 284*
Knesebeck, Friedrich Wilhelm von dem (1776–), Hauptmann *133–135*
Knobelsdorff, Georg Wenzeslaus von (1699–1753), Baumeister und Maler *75*
Knoevenagel, Kriegsrat *210*
Knöllner, Familie *80, 216*
Knöllner, Carl Eduard (1817–1896), Geschäftsmann und Bankier *159–161*
Koch, Reeder *180*
Köhler, Otto, Gastwirt *182*
Kollrep, Carl, Bürstenmacher *182*
Kollwitz, Käthe (1867–1945), Malerin und Graphikerin *262*
Könitzer, Lehrer am Gymnasium *90*
Könitzer, Mitglied des Handwerkervereins *222*

Kopernikus, Nikolaus (1473–1543), Domherr und Professor der Mathematik *47*
Krasemann, Ludwig (1852–1928), Schneider *145, 172*
Krause, August, Gründungsmitglied der KPD *147*
Krause, Walter, Opfer des Blutsonntags 1932 *149*
Krawczyk, Stephan, Künstler *273*
Krentz, Schuh- und Lederhandlung *183, 184, 254*
Kriele, Familie *50*
Kriele, Anna, Frau des Bürgermeisters *50*
Kriele, Joachim, Bürgermeister *50*
Krohn, Arne, Diplomingenieur und Stadtverwaltungsdirektor *273, 288*
Kroll, Buchdrucker *184*
Krüger, Kurt (*1894–), Bürgermeister 1933–1945 *149, 151, 157, 236*
Krüger, Wilhelm (1773–1839), Lehrer, *207*
Kube, Gauleiter *151*
Kühling, Friedrich Ludwig, Lehrer *140, 141, 208*
Kühn, Familie und Firma *80, 124, 197, 224, 226, 241, 307*
Kühn, Bernhard (1819–1889), Bilderbogenproduzent *86*
Kühn, Gustav Adolph Leopold (1794–1868), Bilderbogenproduzent *82, 84, 85, 86, 87, 128, 135, 136, 158, 167, 175, 195, 204, 205, 206, 207, 208, 209, 298, 306*
Kühn, Johann Bernhard (1750–1826), Buchbindermeister und Drucker *83, 84, 127, 128, 136, 207*
Kühn, Kurt-Hermann (1922–1989), Maler und Grafiker *271*
Kühn, Paul (1848–1921), Unternehmer *86*
Kühn, Richard (1850–1899), Unternehmer *86*
Kühn-Berger, Marianne (*1927), Künstlerin *271, 304*
Kuhnt, Traugott, Pfarrer, Neues Forum *288*
Kuphal, Walter (1890–1937), Landschaftsmaler *225, 269*
Kurth, Willy (1881–1963), Kunsthistoriker *261*
Kurzbach, Karl (–1920), Tischler *148, 242*

Laemmel, Carl, Geheimer Justizrat *166*
Lamann, Dr., Landgerichtsrat *153*
Lambert von Moringen, Einwohner Neuruppins *33*
Land, Uta, Studienrätin *183, 298*
Lau, Erwin, Werkleiter *252*
Laue, Stadtrat *245*
Lehmann, Ratsherr *102*
Lehmann-Borges, Hans (1879–1945), Bildhauer *169, 171, 198, 282*
Lemerau, Charlotte, Ehefrau von Kurt Krüger *150*
Lemm, Anna, als Hexe verbrannt *111*
Lenné, Peter Joseph (1789–1866), Landschaftsarchitekt *190, 219*
Lenz, Bäcker *254*
Leps, Dr., Prediger (1792–1850) *207*
Lettow, Dr. *283*
Lettow, Gabriele, Unternehmerin *306*
Leutinger, Nikolaus, Historiograph
Lewald, Fanny, Sängerin *224*
Licht, Hans, Maler *225*
Lieberkühn, Julius Philipp (1754–1788), Schulreformer *114, 115, 116, 117, 128, 212*
Liebermann, Max (1847–1935), Maler *262*
Lindemann, Maurermeister *192, 194*
Lindenau, von, Kriegs- und Steuerrat *115*
Lindow, Peter von *33*
Litzmann, Hausbesitzer *74*
Litzmann, Hans, Tuchmacher *48*
Löber, Jost, Künstler *304*
Loewy, Leib, jüdischer Bürger *96*
Loose, Carl Heinrich (1839–1897), Turn- und Zeichenlehrer *203, 214*
Lübke, Richard, Gründungsmitglied der KPD *147*
Ludwig, Regierungsassessor *103*
Luther, Martin (1483–1546), Theologe und Reformator *42, 45, 48, 112*

Maecker, Franz (1903–1943), Drucker und Antifaschist *151, 189*
Mantel, P., Fabrikant *161*
Manteuffel, Freiherr von, Landesdirektor der Provinz Brandenburg *201*
Martin, Ambrosius (1502–1569), Pfarrer und Lehrer *42, 48f.*
Marx, Trude (Gertrud) (1904–1989), erste Bürgermeisterin Neuruppins (24.4.1946–16.12.1947) *237, 245, 261, 263*

Masch, Andreas Georg, Zeichenlehrer *85, 86*
Mason, Karin, Künstlerin *304*
Mau, Getreidemühle *247*
Mayer, Elementarschullehrer *120*
Mechthild von Magdeburg (1200–1282), Begine und Mystikerin
Melanchthon, Philipp (1497–1560), Theologe und Reformator *112*
Mendelssohn-Bartholdy, Felix (1809–1847), Komponist *221*
Menzel, Apotheker *123*
Menzel, Adolf (1815–1905), Maler *200, 224*
Merker, Standartenführer *186*
Messner, Max, Autor *224*
Metzenthin & Kasch, Firma *191*
Meusel, Otto, Druckereibesitzer *86, 167*
Meyer, Adolf, Architekt *169*
Meyerhard, Regina (*1876), Jüdin (Neustädter Straße 46) *154*
Michel, Ingrid, Autorin *180*
Michel, Paul, Bürger *98*
Misch, Horst, Bildhauer *283*
Möbel-Bolle, Firma *239*
Mögelin, Else (1886–1982), Zeichenlehrerin, Weberin *169, 171*
Möhring, Ferdinand (1816–1887), Chorleiter und Komponist *221, 298, 302*
Möhwald, Gertrud, Keramikerin *270*
Möller, Ferdinand (1885–1956), Galerist *258, 261, 262*
Möller, Gunnar, Künstler *304*
Möller, Stephan, Künstler *304*
Möller-Garny, Maria, bildende Künstlerin *262*
Mollius, Bürgermeister und Stadtrichter *77, 101, 210*
Montessori, Maria (1870–1952), italienische Reformpädagogin *170*
Mootz, Carl, Unternehmer *176, 210, 216*
Moringen, Lambert v. *33*
Mosse, der Tochtermann von Isaak *35*
Mosse, jüdischer Einwohner *35*
Müller, Johann Friedrich, Pfarrer der reformierten Gemeinde *92*
Mutz, Richard, Töpfer in Gildenhall *169*

Nagel, Otto (1894–1967), Maler *262*
Napoleon Bonaparte (1769–1821) *78, 133, 135*

Naucke, Wilhelm, Eisengießereibesitzer *162, 173, 174*
Neumann, Gerhard, Neues Forum *288*
Neumann, Manfred, Restaurator und Museumsgründer *299*
Neuser, Ernst, Gründungsmitglied der KPD *147*
Nicolai, Friedrich (1733–1811), Buchhändler und Aufklärer *117*
Noeldechen, Daniel Heinrich (1736–1799), Justizrat und Bürgermeister *101, 102, 114, 115, 117, 118, 119, 129, 131, 266*
Noeldechen, Maria Dorothea, geborene Nose (–1822), Ehefrau von Daniel Noeldechen *114*
Nürnberg, Dieter, Dr. med., Arzt *288*

Oehmigke, Familie *224*
Oehmigke, Ludwig, Berliner Buchhändler *86*
Oehmigke, Philipp (1807–1858), Buchhändler und Bilderbogenfabrikant *86, 135, 306*
Oehmigke & Riemschneider, Bilderbogenfabrik *158, 226, 239, 307*
Oelßner, Fred, Politbüromitglied *249*
Oelze, Dr., Arzt *125, 207*
Oertel, Lothar, Künstler *304*
Oertel, Susanne, Künstlerin *304*
Oestreich, Kaufmannsfamilie *207*
Ohms, Hermann, Schiffseigner *179*

Paetsch, Schwiegersohn von Ernst Bölke *191*
Paries, Hermann, Kaufmann *195*
Paris, Maler *210*
Pascal, Berliner Hutfabrikant *80*
Pelizaeus, Architekt *194*
Peter I. (1672–1725), russischer Zar *66*
Peter von Lindow, Einwohner Neuruppins *33*
Petri, Regine Sophie, Ehefrau von Christian Friedrich Prager *256*
Pfützner, Dachdecker *184*
Plagemann, Stellmacherei *184*
Plagemann, Bäcker *184*
Plänitz, Kaufmann *103*
Pläterich, Sanna, als Hexe verbrannt *111*
Poche, Petrus, Schulrektor *42*
Podorf, Bäcker *184*
Poldrack, Kühllagenbau *247*

Prager, Christian Friedrich (–1814), Bäcker und Konditor *256*
Prager, Ernst, Bäcker und Konditor *256*
Prager, Joachim, Bäcker und Konditor *256*
Prager, Johann Christian Ludwig (1799–), Bäcker *256*
Prager, Willy (–1947), Bäcker und Konditor *256*
Pritzkow, Johann Friedrich, Sägewerkbesitzer *162*
Protz, Joachim Friedrich, Kaufmann *103*
Protzen, Johann Joachim Michael, Ackerbürger und Kaufmann *103, 105, 135*
Protzen, Samuel, Kaufmann *103*
Przysiecki, Hauptmann von *222*
Ptolemäus, Claudius (85–160 n. Chr.), antiker Gelehrter *47*
Pudewill, Maler *184*
Pusch, Peter, Heimathistoriker und Verleger *233*

Quast, Ferdinand von *284*
Quast, Siegfried von (1842–1887), Gutsherr auf Radensleben, Landrat von 1876–1874/75 *222*

Rathenow, von, preußischer Offizier *75*
Räthien, Prediger der Altlutheraner *230*
Rausch, Hugo (1884–1963), Lehrer und Naturschützer *213, 214*
Redorf(er), Wolfgang, Probst *45*
Reimann, Drogerie *184*
Reinisch, Ulrich (*1946), Kunsthistoriker *10, 118, 119, 129, 131*
Reitsema, Mente, Stärkefabrikant *161, 191*
Reitsema & Bölke, Stärkefabrik *160*
Richter, Gießerei *239*
Richter, Eckhard, Lehrer *288*
Rieck, Willi, Gründungsmitglied der KPD *147*
Riedel, Lisa (*1925), Obermuseumsrat und Direktorin des Heimatmuseums von 1958–1986 *17, 266, 269, 270, 271*
Rieger, Günter, Verleger, Fotograf und Autor *298*
Riemschneider, Hermann (1806–1856), Buchhändler und Bilderbogenproduzent *86, 135, 306*
Robiné, Stadtrat *245*
Rochow, Friedrich Eberhard von (1743–1805), Pädagoge und Reformer *115*

Rockel, Irina, Dr., Archivarin und Museumsleiterin von 1986–2003 269, 298
Roelen, Adularius, Schulrektor 42
Roland, Reederfamilie 180
Roloff, Rendant 103
Roloff, Joachim, Brauer 70, 103, 138
Ronge, Johannes, Kaplan 228
Rose, Christian (1609–1667), Rektor 93, 113
Rose, Christian, Dr. (1718–1786), Arzt und Ostindienfahrer 93
Rose, Valentin (1695–1752), Kaufmann 93
Rosenhagen, Sattlermeister 104, 138
Rothe, Dr., Ausschussvorsitzender 246
Rousset, Henriette Sophie, geb. Tournauer, Unternehmerin 173
Ruben, jüdische Familie 35
Rühl, Kaufmannsfamilie 103, 199
Ruppiler, Kürschnermeister 182

Salomon, Münzmeister, Einwohner Neuruppins 33
Sandman, Friedrich, Tuchfabrikant 175
Sartori, Constantin Philipp, Berliner Stukkateur 118
Sasse, Max, Elektromeister 237, 247
Sawatzki, Heinz, Direktor der Landesanstalt und des Kreiskrankenhauses 240
Schäfer, Karl, Gastwirt 146
Scharnhorst, Gerhard Johann David von (1755–1813), General 108
Scheibe, Fritz, Schuhmacher 169
Schenkendoff, von, preußischer Offizier 75
Schenckendorff, Friedrich Wilhelm von (1794–1861), Landrat des Kreises Ruppin 139, 141, 204
Scherfke, Hans-Jürgen, Gründungsmitglied des SDP 288
Schildicke, Jacob, Geistlicher 40
Schiller, Julius, Ackerbürger 196
Schilling, Max, Architekt 196
Schinkel, Johann Christoph (1736–1787), Pfarrer 114, 117
Schinkel, Karl Friedrich (1781–1841), Baumeister 17, 108, 131, 190, 201, 265, 269, 284, 298
Schlabrendorf, Johann von, Bischof von Havelberg 44
Schlaeger, Karl, Superintendent 151
Schlegel, Hermann, Lehrer 190

Schliebner, Helmut, Übungsleiter 271
Schmeichel, Arnold, Maurermeister 193
Schmidt, Adolf, Justizrentmeister und Stadtrat 225, 245
Schmidt, Klaus 29
Schmiedel, Weiland, Bildhauer 315
Schmutzler, Spielwarengeschäft 184
Schnackenburg, Ratsherr 101, 103
Schnehen, von, Gerichtsdirektor 90
Scholten, W. A., Stärkefabrikant 161, 226
Schönbeck, Familie 162
Schönbeck, Christian Johann Friedrich, Ackerbürger und Brauer 162
Schönbeck, Emil, Rentier 190
Schönbeck, Ernst Wilhelm, Brauereibesitzer 162, 182
Schönbeck, Friedrich Wilhelm, Brauereibesitzer 162
Schönbeck, Hermann Emil, Brauereibesitzer 162
Schönbeck, Wilhelm, Brauereibesitzer 273
Schott, Angela, Neues Forum 288
Schrammen, Eberhard, Drechsler 171
Schröder, Emil, Unternehmer (Fahrschule) 235
Schröner, Johann Gottlieb (1760–1841), Superintendent 174, 175
Schultheiß, Missionar 220
Schultz, Seifensiederfamilie 80, 183
Schultz, Gottlieb, Tuchfabrikant 174, 177
Schultze, Oberregierungsassessor 139
Schultze, Hermann, Ehrenbürger 225
Schultze, Johannes (1881–1976), Archivar und Landeshistoriker 16
Schulz, Ch. G. L. von, Premierleutnant und Bürgermeister 144
Schulz, Erich, Kommunist 149, 151, 245
Schulz, Hartwin, Neues Forum 288
Schulz, Karl Friedrich, Maler 302
Schulze, Karin, Künstlerin 304
Schurz, Hans-Peter, Lehrer und Chorleiter 304
Schuster, Hermann, Einwohner Neuruppins 33
Schwanenfeld, Apotheker 123
Schwartz, Wilhelm (1821–1899), Dr., Direktor des Gymnasiums von 1864–1872 213, 222
Schwarz, Arthur (?–1943), Jude (Friedrich-Wilhelm-Straße 46) 154

Schwemer, Paul, Schweizer Bürger 279
Seelieb, Carl Friedrich (1764–1808), Kaufmann 79
Sefrin, Max, Gesundheitsminister der DDR 280
Seidel, Ingolf, Künstler 304
Seidentopf, Johann Gottlieb (1757–1850), Pfarrer 121, 135
Seifert, Maurermeister aus Gransee 181
Siebert, Johann Georg, Pfarrer der reformierten Gemeinde 92
Siebmann, Joachim Friedrich (1741–1828), Tuchmachermeister 121
Siemers, Paul F. E., Architekt 196
Sittner, Rudolf, Künstler 304
Söhnel, Baumeister 135
Spee, Friedrich von Langenfeld (1591–1635), Jesuit und Barockdichter 111
Spieker, Christian Wilhelm (1780–1858), Theologe und Professor 120
Spier, Hans (Kipper und Wipper) 63
Spitzel, Lehnschulze 139
Stahl, Jörg, Kulturhausleiter 274
Stahr, Adolf, Professor 224
Stajkoski, Peter M., Künstler 304
Stalin, Josef W. 285
Steffen, Jacob, Unternehmer 167
Stenger, Kaufmann 103
Stockmann, Erich, Sozialdemokrat 146
Stoob, Heinz (*1919), Historiker 19
Stoye, Konditor 184
Strittmatter, Eva (*1930), Lyrikerin 11
Stülpnagel, Carl Heinrich von (1886–1944), Truppenkommandeur und Mitverschwörer vom 20. Juli 1944 (Kreisauer Kreis) 189
Stute, Kreisjägermeister 236
Stuve, Johann (1752–1793), Schulreformer 114–117, 121, 128, 129, 212
Suallenberghe, Johann von, Einwohner von Neuruppin 33
Suckrow, Fritz, Stadtverwaltung 259
Symon Reinhart, Vogt 38

Techen, von, Regimentsquartiermeister 103
Thal, Silke, bildende Künstlerin 299
Thiele, Kaufmann 103, 133
Thormeyer, Friedrich (1765–1837), Rektor 119, 128, 135
Thörner, Hans (1895–1930), Lehrer 258

Tieck, Friedrich Ludwig, Bildhauer 201
Tietze, Dr., Richter 153
Tobold, Proconsul 101, 102
Torgler, Ernst 146
Tral, Wilhelm, Gründungsmitglied der KPD 147
Trippehne, Busso (Burkhard) von, Vogt 38
Trippene bzw. Treppene, Hugo von, Schulze 1256 38
Tschammer, Oberst von, Regimentschef von 1795–1800/01 in Neuruppin 120, 199

Ulbricht, Walter (1893–1973), Politiker 249, 251
Uslar-Gleichen, Friedrich von (1882–1945), Landwirt und Landrat von 1933–1945 149, 152, 153, 186, 236

Vehr, Petrus (–1656), Rektor 113
Vick, Tabakhandlung 184
Vick, Herbert, Kaufmann 237, 245
Vieweg, Kurt, Agrarökonom 249
Vock, Dr., Arzt 283
Voigt, Heinrich Jacob, Kaufmann 82
Voigt, Walter, Tischler 169
Völker, Karl, Geschäftsinhaber 254
Völperling, Ferdinand August, Dr., Lehrer am Gymnasium 85, 124, 126, 127, 135, 204
Volpert, Fotograf 184
Voß, Otto Karl Friedrich von (1755–1823), Präsident der kurmärkischen Kammer, später Minister 58, 118, 119, 129, 131

Waase, Karl, Lehrer 213
Wache, Paul, Seifensieder 182
Wagner, Gudrun, Sekretärin 287
Wagner, Robert W. (1936–), Maler und Grafiker 299
Wallis, Dr., Arzt 90
Walsleve, Michael, Lehrer 42
Waltenberger, Helmut, Luftwaffensoldat 188
Walter, Herbert (1895–1958), Theaterleiter, Komponist und Kapellmeister 258, 259, 260
Walther, Justizamtmann 103
Warzecha, Max, Bürgermeister 201, 216
Weber, Fritz, Unternehmer (Bestattungshaus) 254

Wedel, Graf von, Landrat *153*
Weichsel, A., Maurermeister *193*
Weimar, Bernd, Künstler *304*
Weisker, Ernst (1878–1962), Lehrer und nach 1945 Museumsleiter *213, 215*
Weizsäcker, Richard von (*1920), Politiker *237*
Welzer, Harald, Kulturwissenschaftler
Wendland, Schlächtermeister *174*
Wendland, Otto *146*
Wendt, Rudolf (1886–1958), Sozialdemokrat *146*
Werlisch, Apotheker *199*
Westphal, Heinrich, Architekt *169, 192*
Wickert, Ulrich, Journalist *298*
Wienhold, Elke und Arthur, Gründungsmitglieder der SDP *288*
Wiese, Geschäftsinhaber *254*
Wiese, Max (1846–1925), Bildhauer *201, 203, 298, 306*
Wilcke, Christian Friedrich, Kantor und Lehrer *135*
Wilhelm, Kronprinz von Preußen (1882–1951) *181*
Wilhelm, Prinz von Preußen, (1797–1888)
Wilhelmine (1709–1758), Lieblingsschwester Friedrich II. *74*
Wilke, Adolph, Apotheker *123*
Wilke, Gustav, Apotheker *123*
Wittcke, August, Apotheker *123*
Wittcke, Louis, Apotheker *123*
Wittcke jun., Apotheker *220*
Witte, Bürger *50*
Witte, Caspar, Bürgermeister *50*
Witte-Kropius, Jan, Künstler *304*
Witthöft, Willi, Gründungsmitglied der KPD *147*

Woehner, Johanne Caroline Charlotte, Gustav Kühns Frau (1798–1833) *207*
Woelk, Kunstharzpresserei *247*
Woelk, Martin, Unternehmer *254*
Wölk, Raumausstatter *184*
Wollina, Uhrmacherfamilie *184*
Wollina, Karl-Heinz (–1978), Uhrmacher und Chorleiter *303*
Wöllner, Johann Christoph (1732–1800), Theologe und Beamter *57, 129*
Wolter, Roland, Gründungsmitglied der SDP *288*
Wreech, Oberst von *74*
Wulffen, Alexander von (1784–1861), Oberst und Kommandeur des 24. Infanterieregiments von 1834–1838 *132, 218, 284*
Wurzbach, Einzelhändler *247*

Zabel, A., Maurermeister *164, 193*
Zabka, Reinhard, Künstler *304*
Zágon Hohl-Stein, Matthias, Künstler *304, 305, 306*
Zander, Grete, geb. Kopp, als Hexe verbrannt *111*
Zänker, Ursula (*1951), Keramikerin *270*
Zedlitz, Carl Abraham Freiherr von (1731–1793), Staatsmann *114, 115, 117, 129*
Zieten, Friedrich Christian Graf von (1765–1854), Gutsherr auf Wustrau, Landrat *89, 105, 106, 107*
Zieten, Hans Joachim von, General unter Friedrich II. *284*
Zieten-Schwerin, Graf von, Gutsherr auf Wustrau *162, 224*
Zimmermann, Annli, Grafikerin *269*

Bildquellennachweis

Dr. Budde Erben, Neuruppin (S. 266–268); Dietlind Hintz, Neuruppin (S. 299 f.); Ursula Kühn, Neuruppin (S. 236); Uta Land, Neuruppin (S. 116 f.); Lisa Riedel, Neuruppin (S. 84, 85, 88, 121, 145, 146, 234, 265); Dr. Hans Martin Schreiber, Neuruppin (S. 178 – Jahrbuch OPR '97); alle anderen Archiv des Verlages.

© Edition Rieger 2004
Lange Straße 63
16818 Karwe
Telefon: 03 39 25/7 10 63
Fax: 03 39 25/9 06 22
E-Mail: info@edition-rieger.de
www.edition-rieger.de

Satz: Reihs Satzstudio, Köln
Druck: Druckerei Steinmeier, Nördlingen